Magdalenas sin azúcar

Paco Arenas

CiriacA

Primera edición marzo   2018
Segunda edición marzo   2019
Tercera edición julio   2019
Cuarta edición noviembre   2019
Quinta edición noviembre   2020
Sexta edición septiembre   2021
Séptima edición abril   2022
Octava edición marzo   2026

© Derechos de edición reservados.
© Paco Arenas
 Diseño de portada ©Paco Arenas
 Chica de la Portada **Galina Strashnova**

E-Mail del autor: fmlarenas@hotmail.com

ISBN: 978-8417396435

Ninguna parte de esta publicación, incluido el diseño de cubierta, puede ser reproducida, almacenada o transmitida de manera alguna ni por ningún medio, ya sea electrónico, químico, mecánico, óptico, de grabación, en Internet o de fotocopia, sin permiso previo del editor o del autor.

«Cualquier forma de reproducción, distribución, comunicación pública o transformación de esta obra solo puede ser realizada con la autorización de sus titulares, salvo excepción prevista por la ley. Diríjase a CEDRO (Centro Español de Derechos Reprográficos) si necesita fotocopiar o escanear algún fragmento de esta obra (www.conlicencia.com; 91 702 19 70 / 93 272 04 47

Magdalenas sin azúcar
Paco Arenas

Hay que recuperar, mantener y transmitir la memoria histórica, porque se empieza por el olvido y se termina en la indiferencia.

José Saramago

Advertencia innecesaria:

Todo cuanto aquí está escrito sucedió, no necesariamente en los lugares mencionados, ni por supuesto los nombres se corresponden con quienes vivieron los acontecimientos.

Prólogo

Escrito por el catedrático de la Universidad de Puerto Rico: **Jaime Flores**

Una gran metáfora sobre el amor y la libertad

Cuando llegó la novela a mis manos lo primero que me llamó la atención fue el título: Magdalenas sin azúcar. Pronto me percaté de la inmensa metáfora que esconde y que afecta a casi todos los personajes de la trama a lo largo de casi un siglo.

Podría pensarse que esta novela habla de la guerra, nada más lejos de la realidad. Habla del amor y de la Libertad, de las consecuencias de una guerra como todas innecesarias. Las guerras sacan lo peor del ser humano, dividiéndolos por encima de las ideologías en buenos y malos, en masa incapaz de discernir como individuos. Pero no, no es una novela sobre la guerra civil española, habla de personas, sentimientos, miedos y esperanzas. En los momentos difíciles hay quien da lo mejor de sí mismo y quien necesita reafirmarse ante su facción, transformándose en el monstruo que nunca pensó llegar a ser.

Las personas que aparecen tan solo buscan vivir en paz, sin mentiras ni secretos que ocultar. Sin embargo, la realidad cotidiana y sobre todo las circunstancias que las envuelven, más que su propia voluntad, determinan sus vidas, provocando que tengan secretos y mientan, incluso a las personas que más aman. Los personajes se van transformando psicológicamente a lo largo de la novela de manera sorprendente, están vivos y podemos ver su evolución.

La narrativa es ágil y sobre todo visual, el autor busca la complicidad del lector, transformándolo en un espectador capaz de ver ante sus ojos lo que sucede, no solo en el entorno, sino también en el interior de cada uno de los personajes, haciéndole capaz de sentir los miedos e inseguridades de estos, sufriendo o emocionándose con ellos, como ellos.

La mujer está muy presente, son las protagonistas, el autor realiza un homenaje a todas ellas y en especial a las maestras en el personaje de María.

La estructura de la novela nos mantiene en tensión, ideada para no desvelar antes de tiempo los misterios que ocultan episodios clave de esta, jugando con el lector, acercándolo a una historia no tan lejana. Paco Arenas ha tenido que usar más la memoria que la imaginación. La memoria, porque su relato es una plasmación a su vez de los diversos relatos basados en hechos reales, en un intento de dar voz a quienes se vieron privados de ella.

Pero donde Paco Arenas pisa fuerte, con seguridad y firmeza, donde se encuentra cómodo, es en su relato y descripción del mundo rural; lo domina, lo conoce y lo especifica bien, con acierto y destreza. Conoce su vocabulario, su jerga, sus conversaciones cotidianas, sus usos y costumbres e, incluso, la psicología de sus habitantes.

Para terminar, he de decir que los lectores se van a encontrar con una gran metáfora sobre la libertad y el amor en todas sus formas, condensándose dicha metáfora tanto en el título como en la pregunta con la que se inicia y culmina la historia:

«¿Quién llevará flores a los muertos si están bajo las aguas del pantano?»

Jaime Flores Flores es catedrático de Lengua y Literatura Española de la Universidad de Puerto Rico.

Preámbulo

30 de abril de 2013

—¿Quién llevará flores a los muertos de Gascas, si están bajo las aguas del pantano? —repitió el anciano palabras muy parecidas a la pregunta pronunciada por su madre, María Flores, veinticinco años atrás, tan solo unas semanas antes de que Gascas fuese anegado por las aguas del río Júcar.

—¿Qué dices abuelo? —preguntó extrañada la joven estudiante de periodismo Clara Vieco a su abuelo, ante esas inesperadas palabras que jamás hubiese creído escuchar. El anciano, Miguel López, aquejado por el terrible estigma del alzhéimer desde hace ya más de cinco años, lleva tres años sin despegar los labios, ni tan siquiera para pedir agua, a pesar de tener casi siempre seca la boca. Clara se quedó paralizada. Quiso, a pesar de tan triste pregunta, gritar de alegría para llamar la atención de sus padres y hermano; pero estaba sola, quedándose callada, no porque no fuera a escucharla nadie, sino por no romper la magia del momento. La mano del anciano le agarró su delgada muñeca con una fuerza desconocida, casi clavándole los huesos de sus esqueléticos dedos en su brazo.

—¿Quién llevará flores a los muertos de Gascas, si están bajo las aguas del pantano? —repitió de nuevo el anciano, intentando levantar la mirada desde la silla de ruedas.

En esos instantes, el noticiario de la televisión había hecho recordar a Miguel López Flores, que era un exiliado de sí mismo, que durante los últimos veinticinco años había huido de su pasado, de sus orígenes. Que quiso olvidar lo que dejaba atrás en Gascas, cuando por fin fue cumplida la amenaza, y aquel pueblo que exportaba hortalizas hasta Madrid y Valencia, era anegado por las aguas del Júcar. Ahora, afectado por el alzhéimer, poco a poco se había apagado hasta no articular palabra, como si fuese mudo.

En la televisión podía ver la torre del campanario de Gascas sobresaliendo por encima de las aguas del pantano, fue entonces cuando repitió las últimas palabras que escuchase a su madre, María Flores, veinticinco años atrás, añadiendo otras:

—¿Quién cantará todo lo que el jilguero no pudo cantar?

—¿El jilguero? Abuelo, ¿qué jilguero?

—El jilguero, el que se quiso escapar de la jaula, ¿no te acuerdas? —y parecía que intentaba llorar y se había olvidado de hacerlo.

Su nieta, asombrada, era incapaz de pensar, sin saber cómo reaccionar, se agachó sacando un pañuelo de celulosa para limpiar las furtivas lágrimas que comenzaban a bajarle desde el lagrimal a su abuelo.

Clara se quedó en cuclillas mirándolo fijamente a los ojos. De repente, el anciano comenzó, ya por fin, a llorar desconsoladamente. Por primera vez en muchos meses lo veía emocionarse, decir algo que parecía tener sentido; aunque ella no entendía lo que quería expresar. Se sentó a su lado, viendo llorar a su abuelo e intentando calmarlo a base de besos y caricias, mientras escuchaba al locutor y miraba las imágenes de la espadaña de la iglesia de Gascas.

La joven cogió aquella mano esquelética de su abuelo, acariciándola, hasta llegar a calmarlo. Una vez terminada la noticia meteorológica sobre la sequía que afectaba a toda España, Clara se sentó frente al anciano, mirándolo frente a frente. Quería volver a escucharle hablar. Sus palabras en los dos últimos años se habían limitado a monosílabos incoherentes. Esas palabras, eran las frases más largas surgidas de los labios de su abuelo, después de la muerte de su abuela Antonia. Al menos, que recordara Clara. El anciano, por tercera vez, de nuevo, repitió aquella pregunta:

—¿Quién llevará flores a los muertos de Gascas si están bajo las aguas del pantano?

Por mucho que lo intentó, el anciano no repitió una cuarta vez la pregunta, y ya no dijo nada, nunca más.

La muchacha notó cómo la mano de su abuelo languidecía poco a poco entre las suyas. Nunca escuchó hablar del Jilguero, ni siquiera sabía el nombre del pueblo de su abuelo, tampoco que estaba bajo las aguas del pantano, cuando ella nació, ya era algo del pasado que nadie quería recordar.

 Días después le vino a la memoria aquella vieja maleta de cartón, que contenía una, todavía más vieja, máquina de escribir marca Urania de fabricación alemana, a la cual le faltaba la letra «ñ». Aunque los vio, no les dio importancia a aquellos folios amarillentos. Sí que, ahora, recordaba que su abuela Antonia le había hablado de ellos, contándole, que unos sin firma, fueron escritos por su bisabuela María Flores y otros, por ella, su abuela Antonia de Las Heras. Esa misma maleta también contenía una caja de latón de té Hornimans, en cuyo interior guardaba su bisabuela María una bandera de la República con el escudo de España bordado a mano.

Aunque, de manera muy difusa, a Clara le sonaba ver a su abuela Antonia tecleando aquella ruidosa máquina, escribiendo renglones que nunca quiso que nadie leyese. Al hacer un esfuerzo y rememorar aquel día con su abuela, ayudándole a desenredar una madeja de lana, todavía en su mente puede escuchar sus palabras:

—Escribir es desnudar cuerpo y alma, y cuando una vieja desnuda un cuerpo viejo y arrugado, siente más vergüenza que cuando se desnuda por primera vez ante su novio. No obstante, a esta vieja le gustaría que, después de muerta, sus nietos leyesen lo escrito en sus noches de insomnio, anhelando que la recuerden joven y hermosa. Porque tu bisabuela, que era muy hermosa de cuerpo y alma, con unos ojos verdes, tan hermosos como los tuyos, se desnudó en estos papeles lo mismo que yo en estos otros; pero, ni ella ni yo, queremos que nos veáis desnudas con los pellejos colgando. Cuando muera hacéis lo que queráis…

Cuando se lo refirió, a pesar de su edad, supo que, en realidad, le estaba rogando que leyese aquellos folios cuando tuviera edad para ello. A su vez, presintió que iba a ser ella quien cumpliría el deseo primigenio de su bisabuela María Flores y de su abuela Antonia de las Heras. Sin embargo, con nueve años, Clara Vieco todavía no lo sabía y con el tiempo terminó por olvidar la escena y aquellos papeles guardados en una vieja maleta de cartón.

Cuando Clara leyó los folios, comprendió muchas cosas, entre estas, que ahora, la bisnieta de María Flores, Felipe López y de Clara De Las Heras, sería la encargada de llevar flores a los muertos de Gascas, y que a ella le correspondía dar voz a aquellos que se vieron privada de la misma. Clara Vieco López, sería el jilguero que cantaría todo lo que El Jilguero no pudo cantar.

1

El Jilguero

1923-1934

Llegó corriendo de la mano del capataz de su padre. Como siempre, cuando no estaba en la biblioteca, andaba perdido con los hijos de los jornaleros tirando piedras sobre el lecho del río. Pero ese día estaba solo y no tenía perdón de Dios, sabía que su hermano estaba muerto y él hubiese querido estarlo. Traía los ojos llenos de lágrimas y las ropas de domingo sucias, impolutas dos horas antes para el funeral, empapadas de barro y agua. El salón estaba repleto de gente, la cual se fue apartando para abrirle paso y no mancharse.

—Felipe, dale un beso a tu hermano —le indicó su madre frente al níveo ataúd, donde yacía su hermano mellizo, empujándolo suavemente al tiempo que movía la cabeza con tristeza.

El chiquillo miró con ojos llenos de incredulidad el rostro blanco y brillante, como la cera, de su hermano. Tan pálido y consumido como si la piel se le hubiese pegado a la calavera. Solo los párpados y las largas pestañas parecían mantener su tamaño habitual. Aquel niño, que de tan guapo y fino que era, parecía una chiquilla, nada que ver con su hermano mellizo, Felipe, siempre despeinado y con aire ausente. Felipe observó la escena de las gentes alrededor del blanco ataúd, con todos los ojos clavados en él, como si esperasen verle junto a su hermano muerto u ocupando su lugar.

—Era tan bueno, un ángel del Señor.

Sintió un escalofrío; se desembarazó de los brazos de su madre dando un dubitativo paso hacia atrás, indeciso. Perdido en un agobiante maremágnum de miradas y rezos en voz baja.

Incapaz de llorar, se ahogaba en lágrimas que no salían, transformándose en acuosas manos invisibles que le apretaban desde el interior de la garganta hasta ahogarlo. Sintiendo rabia, le dolía el alma y quiso escupir el dolor. Tropezó con su eminencia, el cual colocó su mano suave sobre su hombro, reteniéndolo en su marcha atrás. Percibió la dureza del anillo de esa mano a través de la camisa. De nuevo sintió un escalofrío cuando aquella mano, más suave que la de su madre, le acarició la mejilla. Borrosos recuerdos llegaron a su memoria que, aunque, olvidados, permanecían ocultos en un lugar de su cerebro. No recordaba el motivo por el cual, cada vez que veía al obispo, sentía un pavor inconsciente y unas ganas inmensas de salir corriendo.

—Dios siempre se lleva a los mejores —escuchó a sus espaldas, de nuevo, la voz del ilustrísimo obispo, que de la misma manera lo empujó para que besase a su hermano—. Dios elige a los mejores para llevarlos a su lecho. Tu hermano era muy bueno y Dios misericordioso lo quiere a su lado…

Felipe, entonces, giró la cabeza mirando al señor obispo con ojos de culpa. Su eminencia se agachó y lo miró fijamente a los ojos, sonriendo y moviendo la cabeza de un lado a otro, como si leyese el pensamiento del chiquillo.

—Tú, sin embargo, no eres bueno, no tienes fe en Dios. En todas las familias siempre hay un garbanzo negro y el demonio te ha elegido a ti. Tú tienes la culpa de la muerte de tu hermano…

Es cierto. Se siente culpable, cree que es tal y conforme lo dice el señor obispo, tal y conforme se lo había dicho su padre. Sin embargo, a su padre lo teme, al obispo no, a pesar de entrarle esos extraños escalofríos cada vez que lo ve. El obispo sonrió y él dio un paso hacia atrás y con toda su rabia le propinó una patada en la espinilla a su eminencia. Este fue su primer desencuentro, consciente, con la Iglesia, aunque no con su padre. Felipe no era un niño normal, era raro, no encajaba en aquella familia de normas estrictas. Con una doble y extraña personalidad, hasta la enfermedad de su hermano mellizo, muy unido a él, más que mellizos, parecían un solo ser. Ajenos al mundo que les rodeaba, lo mismo se encerraban en la biblioteca materna que se iban sin decir nada a nadie a tirar piedras al río, coger cangrejos y hacerles mil diabluras, o juntarse con los hijos de los jornaleros para tirar piedras. No fueron dóciles ninguno de los mellizos, pero siempre él se llevaba las culpas, porque su hermano desde que nació, todos daban por hecho que se moriría pronto, todos menos él. Tras la patada al obispo, salió corriendo como alma que lleva el diablo. Dudó si marcharse de nuevo al río o esconderse en la biblioteca. Al final se encerró en la biblioteca porque sabía que, de irse al río, se subiría a un viejo olmo seco y desde allí se tiraría al agua. Sintió miedo, no se reuniría con su hermano porque su hermano iría al cielo y él directo al infierno. Se escondió debajo de la gran mesa de la biblioteca. Su padre sabía que lo encontraría allí y poco faltó para que al día siguiente la familia terminase enterrando a los mellizos de la paliza que recibió el chiquillo. A pesar de todo, se negó a salir de la biblioteca. Su padre le encerró con llave, dejándolo hasta después del sepelio sin comer, ni cenar, con la espalda y las nalgas en carne viva, con el cinturón marcado como si fuese la tela de un colchón y sin permitir que entrase su madre.

Su madre terminó por entrar, consolándolo. Es la única que lo comprende. Fue ella quien le enseñó a refugiarse entre las páginas de los libros. Su madre inició pronto el camino al camposanto, seis años después de que lo hubiera hecho su hijo. Cuando el retraído y a la vez rebelde Felipe estaba a punto de cumplir los diecisiete años. Los seis años que transcurren desde la muerte de su hermano a la muerte de su madre se convierten en un auténtico infierno para el chiquillo. Le angustiaba la ausencia de su madre, pero también no poder verla, a pesar de saber que se estaba muriendo en un hospital de Madrid. Los médicos daban por hecho que no viviría, por mucho que don Pascual, su padre, siendo como era un rico terrateniente, pensase que el dinero y los rezos podrían obrar milagros:

—Yo por mi mujer lo que haga falta —acostumbraba a decir.

Una noche de abril, Felipe despertó sobresaltado, seguro de que su madre habría llegado de Madrid. No podría ser de otro modo. Ya no era un crío y sabía lo que ocurría cuando los muelles del somier crujían en el cuarto de sus padres. Y esa noche crujían. Se levantó de un salto de la cama.

—¡Madre!

La alegría se congeló en sus labios. No puede ser, estuvo leyendo el último libro que le trajo de Madrid hasta después de la medianoche, «Veinte poemas de amor y una canción desesperada», de un entonces, para él, desconocido poeta chileno, Pablo Neruda. Mas no tiene dudas, escuchaba con claridad los muelles del somier y, además, los gemidos de una mujer en el cuarto de sus padres. Salió de su cuarto en silencio. Por debajo de la puerta se adivinaba una luz tenue, lo cual le confirma que no es su madre quien está en la habitación. Sus padres siempre hacían el amor a oscuras. Intenta mirar por la cerradura, el quinqué deja ver con claridad a Caridad, la mujer del capataz, cabalgando sobre el terrateniente. Indignado, abrió la puerta, y de su boca salieron las peores palabras nunca pronunciadas a lo largo de su vida. De un empujón, su padre tiró a la muchacha al suelo y, desnudo, saltó de la cama con el cinturón en la mano, comenzando una paliza que jamás olvidaría. La cual le dejó varias cicatrices, sobre todo en la cara, que el tiempo terminó borrando; aunque, a él nunca dejaron de escocerle.

Trajeron a su madre para morir en su casa, cuando él todavía tenía visibles las cicatrices de la paliza recibida. No quiso decirle a su madre el motivo, sin embargo, ella lo sabía.

—Tú no entiendes de eso. Eres diferente. Tu padre es muy hombre y un hombre que es muy hombre, como lo es tu padre, necesita una mujer todas las noches en su cama. Yo no puedo dar a tu padre lo que necesita.

—Y yo, madre, no puedo consentirlo —se atrevió a contestar a su madre.

Un muchacho como él solo podía tener un camino: el sacerdocio. Ya lo había decidido su padre. Se lo había prometido al señor obispo. Felipe se había convertido en una auténtica pesadilla para don Pascual y para su amante. Desde siempre, Felipe se aficionó a cantar y recitar poesías. En no pocas ocasiones era el encargado de leer el misal en la iglesia de Gascas. Su padre, en concordancia con el señor obispo, se lo había impuesto como castigo a su rebeldía, que siempre fue en aumento conforme avanzaba la adolescencia. Lo que nunca pensó don Pascual es que fuese a llegar hasta el punto de que llegó. Cuando Caridad, la mujer del capataz, después de haber recibido la Sagrada Forma en su boca, pasó al lado de Felipe, este soltó, delante de su marido:

—Aquí está el camino de la mujer adúltera: ha comido y se ha limpiado la boca y ha dicho: No he cometido mal alguno…

Fueron muchos quienes le escucharon, el capataz se contuvo por ser quién era. Fue la gota que colmó el vaso de la paciencia de su padre. Recibió su tercera gran paliza, que estuvo a punto de costarle la vida. Si no ocurrió, fue porque su madre se puso por medio.

—El que detiene el castigo a su hijo aborrece. Mas el que lo ama, desde temprano lo corrige —replicó don Pascual ante la intromisión de su mujer—. No le gustan las sentencias bíblicas, que se las aplique, que a mí no me vuelve a dejar en evidencia. Aunque, este, ni a correazos ha de entrar en razón.

Unos días después emprendió su viaje hacia el seminario de Cuenca. La decisión estaba tomada: Felipe sería sacerdote, sus hermanos Braulio y José María estudiarían derecho, y, por último, su hermana Elvira, a sus cosas de mujer.

—Que las mujeres no necesitan saber leyes, con saber guisar, coser, cuidar de su hombre y chiquillos sobra —sentenció don Pascual.

Con diecinueve años, su padre le dio el último golpe con el cinturón. Fue cuando se escapó del seminario, después de la muerte de su madre. No esperó el segundo golpe, agarró el cinturón y mirando a su padre a los ojos fijamente, le replicó enojado, pero sin alterar su voz:

—Si me vuelve usted a poner la mano encima, le juro por su Dios y por todos los santos del firmamento que es lo último que hace en su vida, acuérdese bien de estas palabras, padre.

Su padre creyó que realmente su hijo sería capaz de matarlo. Fue tal su mirada que sintió por primera vez miedo a morir. Accedió, no sería sacerdote, ya no era aquel tímido adolescente que se marchó al seminario. A don Pascual todavía le quedaban armas para que recapacitara, ya que tampoco estaba dispuesto a estudiar. Trabajaría en el campo, pero no como el hijo del amo.

De nuevo, decidió castigarlo y ponerlo a trabajar como un jornalero más para que reconsiderase si valía la pena. Lejos de amilanarse, se convierte en uno más, a pesar de ser el hijo del amo. Felipe es un amo con el que hablan, cantan, se emborrachan y conspiran los jornaleros. Se hace un experto en el cuidado de la viña. Limpia el monte y le saca producto, más allá de la leña para calentarse la familia, comienza a utilizarlo como coto de caza, a cortar leña, a vender en los pueblos vecinos, escasos de monte y de leña.

El terrateniente, tras la muerte de su esposa, cansado de Caridad, continúa su peregrinaje del prostíbulo al confesionario. En los últimos tiempos se ha aficionado a los viajes a Madrid y termina contagiándose de sífilis, así comienza su declive físico. Don Pascual, tras lo que considera un castigo divino, deja los rezos de lado, necesita médicos y se traslada, casi de manera permanente, a Madrid. De este modo, Felipe queda como cabeza de la hacienda, con su padre enfermo y sus hermanos estudiando en Madrid. Tan solo su hermana se queda en Gascas a su lado, ejerciendo de señorita que aspira a casarse con el médico que, por primera vez, tenía consulta en el pueblo. No resulta fácil para don Pascual confiar en Felipe a pesar de su incapacidad y enfermedad. Desde el primer instante discrepa del modo como lleva a cabo su hijo la administración de la hacienda:

—Manos blandas para el trato con los jornaleros — dice—. Les das la mano y se toman el brazo. Ya se espabilará si Dios quiere —comentó resignado en más de una ocasión.

No le queda otro remedio; sin embargo, contra lo esperado, mejora los resultados. El monte infrautilizado como coto de caza lo transformó en una fuente de ingresos, comenzando a vender leña por toda la comarca. Felipe no es un terrateniente más. No es un señorito, se convierte en un jornalero más: corta leña, labra, vendimia o siega como cualquier otro. Su padre nunca llegó a coger una hoz ni tampoco ninguno de sus hermanos.

—¿No me dijo usted que tenía que ser uno más? Pues eso soy, padre, eso soy —argumentó Felipe.

Es con el contacto con el duro trabajo del campo cuando se produce el gran cambio. Felipe continuaba siendo un joven rebelde, a pesar de ello, no deja de ser un muchacho retraído, en apariencia formal, un muchacho de familia acomodada que asiste a las reuniones de Acción Católica y que va a misa domingos y fiestas de guardar, cada vez de manera más espaciada en el tiempo, demostrando de forma más clara sus desacuerdos con las ideas de su padre.

Un día descuelga una vieja guitarra y comienza a tocarla sin nociones de música. Uno de los jornaleros lo adiestra, y pronto comienza a cantar, a cantar mal, pero cantando mucho para compensar. Al mismo ritmo que aprende a tocar la guitarra, se acerca más a los jornaleros, separándose de sus amigos de siempre, de Acción Católica y de la Iglesia. Se transformó en el amo a quien nadie teme y el amigo y compañero de los jornaleros, que unos por interés y otros por verdadera amistad lo quieren tener como tal y alternar con él. Con ese cambio de amistades, pronto comienza el cambio, se transforma en un joven muy alegre y despreocupado, que alterna con los jornaleros y no se relaciona con sus iguales. Deja de ir definitivamente a la iglesia influido por sus nuevos compañeros. Don Pascual termina resignándose a que no vaya a la iglesia. Él, con su enfermedad avanzando, igualmente está perdiendo la fe, de nada sirvieron misas y vigilias por su hijo o por su mujer, tampoco las generosas donaciones al obispo. Sin embargo, quisiera que su hijo la tuviera. No obstante, él se ve incapaz de enderezarle. No tiene fuerzas para intentar convencerle de algo en lo que él comienza a dudar. Por otra parte, el terrateniente admira la manera con la que consigue «sacarles el estaño» a los jornaleros, sin amenazas, basta con decirles «vamos, esto lo tenemos que acabar hoy», para que todos se vuelquen en la faena, saben que luego tendrán su recompensa, unas veces sabiéndolo don Pascual y otras sin saberlo.

—Quien trabaja debe cobrar un jornal justo, así trabajará más y mejor —le replicó a su padre en cierta ocasión que le recriminó haberles dado más de lo estipulado.

Él siempre fue partidario de la mano dura y medidas drásticas, pero comprueba con sus ojos, que su hijo lleva razón. Lo que peor lleva el viejo terrateniente es que Felipe haya abandonado las amistades de antaño, ya no va con Mariano Echániz, ni Jacinto Posadas, hijos de familias acomodadas, con las que siempre ha tenido buena relación. Por si fuera poco, no solo iba de borrachera con los jornaleros, sino que de vez en cuando iba a la Casa del Pueblo a conspirar contra la gente de bien, a ganarse la antipatía de todos aquellos que son sus iguales.

2

El señorito y su hermano El Jilguero

Año 1934

Nunca se conocen los recovecos del destino, ni dónde nos pueden llevar; tampoco el caprichoso futuro se puede adivinar, bajo qué sombra vamos a encontrar reposo, ni de qué ojos nos vamos a enamorar. Felipe abominaba toda posibilidad de cualquier relación que pudiese atarle. Nunca le habían conocido novia hasta el punto de que hasta su propio padre lo consideraba un muchacho raro.

—Cualquier otro ya habría tenido veinte novias, es que no vas ni de putas —le recriminó su padre—, solo de borracheras. ¿No te llama ninguna muchacha la atención?

—¿Para luego acostarme con putas? Como hacía usted.

—Es lo que hacen los hombres, los de verdad. Es lo que mueve el mundo y lo que necesitas, más que los cuartos. Un día voy a quemar todos los libros…

—Me tendrá que quemar a mí con ellos.

—Tú tontea, que soy capaz de quemarlos contigo dentro, todo antes que tener a un hijo marica.

—Yo no soy marica.

—¿Entonces qué coño eres? ¿Un flojo? Para eso métete a cura, ¿por qué te escapaste del seminario, para estar como un monje de clausura entre libros o borracho entre gente baja?

—Para hacer lo que me dé la real gana, y esa gente, que usted llama baja, es la que le da de comer, a usted y a todos los vagos como…—no terminó la frase Felipe.

Su padre alzó la mano, pero se contuvo, recordando la amenaza de su hijo, tras escapar del seminario.

La inquietud o las dudas que tenía el padre las compartía su hermano Braulio, el cual a muchas muchachas había rondado y otras le habían rondado. Los dos hermanos eran un buen partido para cualquier muchacha. Braulio era el típico señorito, altivo, pagado de sí mismo y, además, guapo y elegante. Felipe parecía tan solo preocupado por las labores agrícolas, pasar el rato con los jornaleros emborrachándose y al llegar a su casa, meterse en la biblioteca de su madre, y entre las páginas de los libros, leer y soñar con una mujer a la que darle su amor, como si se tratase de un tesoro único que debía encontrar entre la tinta impresa. En ocasiones, tras leer algún poema, se quedaba como contemplando las musarañas, pensando o soñando con esa mujer única a la que dar su amor.

—¡Dios mío, paciencia! —Exclamaba su padre cada vez que lo buscaba, sabiendo que lo encontraría allí, embobado, leyendo o mirando a cualquier punto indeterminado de la sala.

Unos extraños ojos verde esmeralda sacaron de dudas a todos. Fue casi a finales del verano cuando el maestro don Jaime Flores llegó a Gascas con su familia. Felipe lo conocía desde el principio de la primavera, cuando el maestro estuvo al frente de las Misiones Pedagógicas para buscar la que debía ser la ubicación de la nueva escuela que había decidido construir el Gobierno de la República en Gascas. El maestro había intentado convencer a los campesinos de la necesidad de escolarizar a sus hijos. Campesinos reacios a desdeñar una mano de obra que ayudaba al sostenimiento de la economía familiar. El edificio escolar se ubicó fuera del casco urbano, en una de las eras cercanas al mismo, apenas a unos cincuenta metros de la casa más próxima. Esta ubicación tenía sus inconvenientes, aunque, del mismo modo, sus ventajas. Lo importante, a pesar de ciertas reticencias, era construir la escuela.

Don Jaime llamó con dos golpes secos, con la anilla de la aldaba en forma de caballo de la puerta principal de la casa de don Pascual. Fue una de las puertas del corral la que se abrió, saliendo aquel joven que él conocía. Se saludaron sonrientes, al tiempo que el profesor arrugaba la nariz debido al fuerte olor a estiércol que salía por la puerta entreabierta del corral. Incluso, el mismo joven llevaba estiércol pegado a los pantalones. No obstante, el maestro educadamente extendió la mano que el joven rechazó:

—Don Jaime, perdone usted que no le dé la mano. Estamos sacando el estiércol de las cuadras —se disculpó enseñando las palmas de sus manos. Cambiando de conversación. ¿Al final tendremos escuela?

Don Jaime, asintió con la cabeza, dudando. Creyó reconocer, más por la voz que por el aspecto, al joven campesino que tanto ahínco puso en la Casa del Pueblo, en la necesidad de que los jornaleros y el ayuntamiento apoyaran la construcción de las escuelas. Entonces el viejo profesor pensaba que se trataba de un jornalero más. No sabía su nombre, aunque sí su apodo «El Jilguero». Don Jaime, al recordarlo, insistió en darle la mano y esto obligó a que el muchacho intentara limpiárselas con la camisa. Estrecharon sus manos de manera afectuosa, como cuando el maestro en la Casa del Pueblo le dio las gracias por hacer entrar en razón a algunos campesinos que alegaban que necesitaban las manos de sus hijos para las labores agrícolas. Terminados los cumplidos, el profesor fue al grano.

—Jilguero, quiero hablar con tu amo.

—Amigo profesor, yo soy el amo —contestó él.

El maestro se echó hacia atrás. Sí, sin duda, era la casa que le habían indicado, además se notaba una casa señorial con escudos de antiguas hidalguías o incluso señoríos de piedra en la fachada. Él era un buen fisonomista.

—¿Tú eres don Pascual? —preguntó algo perplejo.

—No. Yo soy Felipe, su hijo, para servir a Dios y a usted, don Jaime.

—Perdona, debo haberme confundido, pensaba que eras uno que llaman el Jilguero. Un jornalero que dicen que es medio poeta, te he confundido con él —enfatizó el maestro la palabra poeta, no queriendo utilizar esa otra que tenía que ver con la presunta tendencia sexual que algunos le atribuían a Felipe, aunque no hubiera nada que lo indicara.

Felipe no pudo evitar echarse a reír casi hasta que se le saltaron las lágrimas.

—No haga usted mucho caso de las apariencias, que la gente habla mucho. Jilguero me llama la gente porque canto mal, pero canto mucho para compensar. Lo de poeta pertenece a otra canción que se empeñan en adjudicarme inmerecidamente…, que por esa senda nunca he ido, y jornalero nunca he sido —responde captando el tono.

—Dicen que escribes y recitas versos, y eso lo hacen los poetas —El maestro se disculpa, intentando enmascarar la verdadera intención de sus palabras.

—Dicen tantas cosas. No haga usted caso de la gente y menos de quienes sin saber, hablan más de la cuenta. ¡Por Dios! Que usted es maestro — dice Felipe con ironía, para ponerse después serio—. Aunque supongo que usted no ha venido a hablar de poesía...

—No. Hombre, no. Me han dicho que don Pascual, tu padre, sirve la mejor leña de encina de la comarca...

—Sí y no. Nosotros servimos la mejor leña de encina. Aunque debo decirle que mi padre nunca empuñó el hacha, ni tuvo callos en las manos —contestó con cierta sorna Felipe enseñándole las manos encallecidas al maestro —él es el señorito, el amo, y yo el hijo del amo que trabaja como uno más.

Al maestro le extrañó esa referencia de Felipe a su padre, con un tono casi peyorativo en el modo de pronunciar la palabra señorito. Resultaba evidente que el amor entre padre e hijo dejaba bastante que desear. Al final, el maestro terminó por encargar dos cargas: una para las aulas y otra para su casa, en la cual vivía la familia de este, en un edificio anejo a la misma.

Junto a dos jornaleros, Felipe se puso manos a la obra para cargar dos galeras de leña. Cuando estaba la primera galera cargada, apareció su hermano Braulio elegantemente vestido, como ya era habitual en él. Había llegado unas semanas antes de Madrid después de terminar el último año la carrera de derecho. No era intención suya ejercer de picapleitos, lo que realmente ansiaba era servir a la patria, para lo cual en septiembre comenzaría su andadura en la Academia Militar de Toledo. Braulio nunca pisó un barbecho, ni cortó ni cargó leña. Él era un señorito con todas las de la ley, solo iba al pueblo a presumir, cual pavo real. Una vez estuvieron las dos galeras cargadas, se ofreció a acompañarlo, provocando extrañeza en Felipe.

—¿Con esa ropa?

—Yo no voy a descargar ceporros, para eso están los destripaterrones que llevas y tú —respondió un tanto altanero, señalando a los dos jornaleros que estaban terminando de atar las cargas—. Voy porque me han dicho que la maestra tiene unos ojos que quitan el sentido, aunque, no sé para qué te digo nada, si tú de eso no entiendes.

—¿Ahora andas con mujeres que pueden ser tu madre? —respondió con cierta sorna Felipe, ignorando deliberadamente las palabras de su hermano—. Señoritoooo.

—No, hombre. La maestra, no es la mujer del maestro, es la hija del maestro. Padre quiere que me quede dos o tres semanas. Tendré que buscarme compañía...

—Lo que es no tener nada que hacer. Anda, sube don Juan, que solo piensas en doña Inés.

—A mí déjame de comedias, yo las mujeres de carne y hueso, las de papel para ti.

Felipe trata a su hermano como a un crío, aunque a esas alturas la niñez la habían dejado mucho tiempo atrás ambos. Los diez meses de diferencia le hacen ejercer como hermano mayor. Al llegar a la escuela, abre la puerta la hija de don Jaime, una joven sonriente y agradable. A simple vista, se aprecia que es una muchacha de ciudad, tanto por su vestido como por sus cabellos recortados, solo un poco más largos que los hombres, también por sus gestos y modo de saludar. Lleva un plumero en la mano y los cortos cabellos recogidos en un pañuelo, que no evita que algunos se escapen, húmedos de sudor por la frente. Felipe la encuentra guapa; sin embargo, no lo suficiente para que su hermano esté dispuesto a doblar el espinazo descargando leña. Hay algo que le llama poderosamente la atención: sus ojos verdes, grandes y ligeramente rasgados

—Disculpe, señorita, el atrevimiento. Antes de descargar la leña, debo decirle una cosa, y no se moleste usted —dice Felipe exagerando el gesto, tratando de imitar la forma de hablar de su hermano —. Tiene usted los ojos más hermosos que los trigos del amanecer…

— ¿Del amanecer? —le corta Braulio molesto, por lo que él considera una intromisión—. Y del mediodía y de la tarde…

—No, hermano. no. Mucho estudiar para ser un ignorante. ¿Pero tú qué vas a saber si nunca te has levantado al amanecer? Al alba, los trigos brillan por el rocío de la mañana, al mediodía se agachan por el sol y por la tarde parecen marchitos. A la vista está, a la señorita maestra le brillan los ojos como esmeraldas o como los trigos al amanecer.

La maestra ríe y al reír, dos pequeños hoyuelos se dibujan en sus pómulos, al tiempo que hace un mohín gracioso. Queda más deslumbrado Felipe que Braulio, acostumbrado este a las chicas madrileñas de la alta sociedad con las que se codea, maquilladas y con elegantes vestidos. María no le deslumbra, incluso, piensa que no es tan guapa como le habían dicho. No obstante, en aquel pueblo es lo más parecido a lo que él entiende por una mujer como Dios manda.

—Anda, vamos a descargar —lo apremia Felipe.

—Eso, eso, sal tirando a descargar leña, que para eso has venido — replica Braulio.

Felipe refunfuña algo, acepta con naturalidad que ni su hermano ni el resto de la familia trabaje en las tareas propias de los jornaleros. Se pone manos a la obra junto con los dos jornaleros que ya habían comenzado a desatar la carga, aunque no pierde de vista a Braulio y a la muchacha. Ella, cada vez que pasa Felipe por su lado, habla de continuar con la limpieza poniéndose a limpiar. Felipe puede ver a través de los ventanales cómo Braulio va tras la maestra mientras pasa el trapo o el plumero por los pupitres o muebles. Braulio se vende, se considera guapo y culto, alardea de ser ya abogado, mientras ella limpia, aunque de vez en cuando se detiene para escucharle y reírle las palabras que entonces él repite.

—Abrir una escuela aquí es como querer sembrar trigo en un pedregal, son ignorantes por naturaleza.

—En ese caso, ¿de dónde salen abogados... como usted?

—No se equivoque usted. Yo no soy un labriego, ni mi padre, ni mi abuelo...

—¿Y su hermano?

—¿Acaso no se nota?

Braulio señala a través de la ventana a su hermano, que en esos momentos lleva una carretilla de troncos.

—¿El Jilguero es tu hermano? —Se escucha la voz del maestro, que en esos momentos entra por la puerta.

—¿El jilguero? ¿Todavía le llaman así? Supongo que será mi hermano. Lo pondría en duda de no ser porque, como dice mi padre, jamás dudaré de la honestidad de mi madre, que Dios tenga en su gloria. Siempre tiene que salir un garbanzo negro, negro o... —contesta Braulio sorprendido con la entrada y pregunta del maestro y cesa la frase al notar la desaprobación de don Jaime Flores.

—Realmente, no os parecéis en nada, al menos a simple vista... —Mira con cierta sorna a Braulio, bien plantado y mejor vestido, un señorito. «Un picaflor», piensa el maestro, mientras añade —: sin dudar de la honestidad de tu madre.

—Muchas gracias.

—No, mozalbete, no. Te equivocas, no os parecéis en nada, aunque si yo fuese mujer y tuviese que elegir, me quedaría, por lo poco que le conozco y sin conocerte a ti, solo con escucharte, sin conocer a uno ni a otro, le elegiría a él...

—¡Padre! —protesta María.

3

Los maestros

La conversación cesa con la llegada de Concha Torres y Concha Flores, madre y hermana de la maestra. Braulio permanece en el aula con las manos en los bolsillos viendo cómo limpian las dos muchachas y la mujer. Mientras que el maestro, con un martillo, va colocando alcayatas subido en una escalera de madera. Braulio intenta hablar con María, pero ella se disculpa por la necesidad de terminar la faena. En el fondo, se siente cohibida al estar su hermana y padres allí. A María, Braulio le parece extraordinariamente guapo y simpático, aunque reconoce cierta pedantería en la forma de expresarse, que achaca a que es el típico señorito de pueblo. Braulio logra la promesa por parte de María de pasear con él aquella misma tarde para enseñarle el pueblo y el Júcar.

—Aunque hay poco que ver, salvo el molino de viento y el río.

—¿Puedo ir también? —pregunta la hermana.

—Mejor será —dice la madre.

Los días que siguen al caer la tarde se les puede ver paseando por la ribera del Júcar. Siempre con la omnipresencia de Concha. Molesta injerencia que Braulio merma invitando al paseo a su hermano José María, el menor de los hijos de don Pascual, de la misma forma estudiante de Derecho en Madrid. El hermano entretiene a la adolescente eficazmente, logrando Braulio paseos más solitarios con la maestra. El domingo acuden juntos a misa, aunque cada uno, siguiendo las normas impuestas por don

Hipólito, el sacerdote: por un lado, las mujeres en el lado izquierdo y los hombres en el derecho; mientras, en la parte trasera, con las catequistas de Acción Católica los niños y las niñas, asimismo están separados.

Mientras tanto, Felipe se muestra indiferente y realmente lo está. Está más preocupado por si se va a echar a perder la producción de uva, por lo que contrata más jornaleros para adelantar en lo posible la vendimia —apercibido por dos de ellos, amigos: Casimiro, yerno de Evaristo Torres, el destituido alcalde de Gascas, tras la huelga de los segadores del mes de junio, y por el sobrino de éste, con mismo nombre y apellido que el alcalde. Le informan de la preparación de una nueva huelga. Son muy pocos quienes saben que se está preparando la huelga revolucionaria de octubre. Felipe considera que es una locura y que, al igual que la de junio, traería peores condiciones para los campesinos.

Desde dos años antes Felipe había comenzado a asistir de manera regular a las reuniones que organizaban los socialistas en la Casa del Pueblo, como un acto de rebeldía contra su padre. No se considera socialista. Sin embargo, allí se habla de cosas diferentes a las que está acostumbrado y, además, hay libros. Más que nada, para dejar claro su desprecio por todo lo que desde joven le ha intentado imponer su padre. Es donde escucha por primera vez a don Jaime Flores, el maestro, durante la primavera pasada, donde se queda embelesado con su dialéctica, a pesar de comprobar cómo cae en terreno baldío por la cerrazón de la mayoría de los jornaleros. Él, tal vez es el menos indicado, nunca fue buen estudiante. A pesar de haber tenido oportunidad de hacerlo, nunca quiso. Todos conocen su huida y posterior expulsión del seminario de Cuenca. Asimismo, saben que ha sido capaz de hacerse cargo de la hacienda abandonada por su padre, no solo por las trágicas circunstancias familiares, siendo capaz además de llevarla mejor y de sacarle mayor rendimiento que su progenitor. Es respetado y querido por muchos jornaleros jóvenes. Habla como los jornaleros, es uno más, piensa como ellos, se mimetiza con ellos hasta el punto de ser confundido con uno de ellos por el maestro. Al maestro le llama la atención que, a pesar de utilizar los mismos modos que el resto de los campesinos recurre a citas cultas, más que a refranes, como suele ocurrir con la mayoría para exponer sus argumentos. Dicen de él que es poeta, unos porque recita poemas, mientras que sus detractores por ser supuestamente «maricón». Él no hace nada por desmentir ni una cosa ni la otra. Sin embargo, jamás ha escrito un solo verso, tan solo se limita a leerlos y algunos a memorizarlos. Lo que sí hace es inventarse historias y cuentos, que nunca escribe, los cuenta y se le olvidan. En cuanto a lo otro, sus lecturas poéticas y el querer ser diferente a su padre, le llevan a aspirar, a desear, a soñar con ese amor platónico de los poemas y libros que lee, pero sobre todo su clausura voluntaria en la biblioteca de su madre para dedicarle horas y horas a la lectura. Afición que nadie comprende que le pueda gustar a un hombre hecho y derecho. Aunque desde que comenzó a juntarse con los jornaleros, ha demostrado su capacidad para la juerga y para ciertos galanteos con las muchachas del pueblo sin que llegase a intimar con ninguna. A la Casa del Pueblo va como un acto de rebeldía, un empeño de distanciarse de los cánones familiares. Alejamiento que había iniciado en los albores de su adolescencia, negándose a asistir a la iglesia, acrecentándose después de su huida del seminario. En aquella familia de campesinos con posibles, católicos de derechas y monárquicos, que querían y pensaban que debían estar por encima de sus jornaleros, gente de bien, amantes de las buenas costumbres, nunca llegaron a comprenderlo.

Aquel año de 1934 fue un año duro para los campesinos, tras la fracasada huelga agraria del mes de junio, y con la que pocos saben que se prepara para octubre. Felipe, sí sabe la huelga que se avecina gracias a sus amistades. Duda de que tenga éxito, pero contrata más vendimiadores, ante el estupor de otros propietarios que no comprenden esa prisa. Casi finalizado septiembre respira tranquilo, tras ver que la cosecha está a punto de terminar sin que afecte la huelga a la vendimia. Él en esos días prefiere no ir a la Casa del Pueblo, no quiere influir sobre la decisión de los jornaleros. Finalmente, en Gascas, y los pueblos más cercanos como Valverde del Júcar, Olmedilla de Alarcón y Buenache de Alarcón, fracasa la huelga revolucionaria.

Finalizada la vendimia, tiene más tiempo libre, el que aprovecha para leer los nuevos libros que ha traído don Jaime Flores a la Casa del Pueblo, la cual se ha convertido en una biblioteca con muchos libros que nadie lee. Ese mes de octubre le sobra el tiempo y comienza a juntarse en la taberna a beber con los jornaleros, y, si el tiempo lo permite, agarran una guitarra y un acordeón, y se van a cantar canciones desvergonzadas y anticlericales a la plaza de pueblo o la alameda de la ribera del Júcar. Siempre acompañados de un lebrillo de cuerva, que ayuda a que la lengua se suelte, en ocasiones más de lo deseado. Evaristo y él tocan la guitarra, mientras que el cuñado del primero el acordeón. Malas influencias para su hijo, suele pensar y decir don Pascual. Felipe acostumbra a cantar, no tan mal como él presume, pero tampoco bien, por ello le llaman El Jilguero. Presume de haber aprendido las canciones en el seminario y así es, aunque él las transforma a su conveniencia. Es un Jilguero que canta mal y recita bien, versos de poetas que critican abiertamente al antiguo régimen monárquico. Poetas que hablan de llevar la cultura a los pueblos más recónditos de la piel de toro.

4

Don Jaime Flores y las llaves

Ni don Jaime ni su familia eran bien vistos por las fuerzas «vivas» del pueblo. Llegaron cuando apenas habían pasado unas semanas desde la fracasada huelga agraria de junio y la fuerte represión posterior. La Casa del Pueblo permanecía cerrada desde la detención del alcalde socialista Evaristo Torres, impulsor de la huelga en Gascas, quien fue sustituido por don Matías Echániz, principal terrateniente y miembro de la CEDA, el cual no solo no veía necesaria una escuela en Gascas, sino perjudicial.

Don Jaime, durante su estancia en Gascas la primavera del año anterior, no ocultó sus simpatías políticas, tanto como su compromiso con las tareas de las Misiones Pedagógicas, que tendrían como eje central la alfabetización de jóvenes de ambos sexos en la sede del sindicato. Aquella mañana, don Jaime fue a Cuenca a entrevistarse con el gobernador civil, al negarse el nuevo alcalde a facilitarle las llaves de la Casa del Pueblo, tal y conforme había pactado con Evaristo Torres, anterior alcalde y líder de la UGT local. Sin embargo, descabezada la dirección del sindicato, el local permanecía cerrado con candados y cadenas, sin que nadie supiera quién tenía las llaves, ni tampoco, en teoría, quiénes habían colocado los candados y las cadenas. Las llaves de la cerradura fueron requisadas por las autoridades a Evaristo Torres, como él mismo confesó al maestro durante su visita al castillo de Cuenca, donde estaba preso.

Cuando al filo del mediodía don Jaime Flores llegó sofocado de Cuenca, al punto del desmayo por el infierno que implicaba viajar en aquel horno con ruedas, que era el autobús que enlazaba la capital de la provincia con los pueblos de la Mancha, lo lógico era que decidiese beber agua y descansar a la sombra, pero quiso pasar antes por la plaza, por si por casualidad estuviese el ayuntamiento abierto, como así era, señal inequívoca de que estaba el alcalde o el secretario en el mismo, puesto que solo se abría cuando tal circunstancia se daba. No esperó siquiera a beber agua de la fuente a pesar de pasar por su lado, y se dirigió hacia la casa consistorial sin detenerse ni un segundo. Resultaba evidente que el nuevo alcalde no le pondría las cosas fáciles, ya se había negado de manera reiterada a entregarle la llave del local y de los candados colocados después, por nadie sabía quién, pero que todos señalaban a hombres a las órdenes de los terratenientes. Ahora sería diferente, traía una orden del gobernador civil, por la cual instaba al alcalde a entregar las llaves de la Casa del Pueblo a don Jaime Flores, como nuevo secretario de la UGT local, tal y conforme habían decidido los sindicalistas de Gascas. Subió apresurado las escaleras que llevaban al despacho del alcalde, llamó y, casi antes de que contestara este, sin esperar entró.

—Buenas tardes tenga usted. ¿Qué se le ofrece? —preguntó sin levantarse el alcalde.

—Las llaves de la Casa del Pueblo —contestó el maestro esgrimiendo el papel a unos palmos de don Matías.

El alcalde ni miró el papel, lo apartó con la mano y comenzó a hablar con parsimonia, riéndose sin disimulo en la cara del maestro.

—No le voy a decir a usted que ha hecho el viaje a Cuenca en vano. Que yo le dé la llave no le soluciona nada —abrió un cajón y sacó una llave, colocándola sobre la mesa—. Aquí tiene su llave.

—¿Y las otras? Las de los candados... —preguntó don Jaime.

—Pregunte a quien los colocó, pregunte a sus camaradas. Yo no sé nada ni me importa.

Don Jaime agarró la llave con decisión, seguro de que no conseguiría las otras. Con la misma decisión que subió las escaleras, las bajó, yendo directo a la Casa del pueblo. Era la llave, sin embargo, quedaban los candados. Notaba que se le nublaba la vista y fue a la fuente, que estaba en el centro de la plaza, al lado del pozo donde en esos momentos Felipe estaba hablando con dos de sus jornaleros, los cuales estaban dando de beber agua a las mulas. Ni siquiera lo vio, se desplomó antes de llegar a la fuente. De inmediato acudieron Felipe, sus jornaleros y los pocos hombres y mujeres que en esas horas del mediodía concurrían la plaza. Cuando despertó, media plaza estaba a su alrededor.

—Estoy bien, estoy bien.

—Vaya susto que nos ha dado usted —dijo Felipe riendo.

—Jilguero, déjame el hacha —replicó molesto como única respuesta, fijándose en el hacha que iba colgada de una de las mulas.

—¿No irá usted a cortar leña ahora, con el calor que hace? —se burló Felipe.

—Tú, déjamela, que en un instante te la devuelvo —respondió con decisión ignorando la burla.

A una señal de Felipe, Andrés Vieco, uno de los jornaleros, le entregó el hacha al profesor. La agarró como si hubiera sido un leñador y se encaminó a la Casa del Pueblo, comenzando a golpear las cadenas, intentando hacerlas saltar. Comenzó a salir gente a la calle al escuchar los fuertes golpes, y Felipe corrió en dirección a donde se encontraba el profesor. Le echó mano al hacha y, tras forcejear con él un instante, terminó quitándosela.

—La próxima vez, me lo dice, no quiero hachas melladas —protestó el Jilguero, al comprobar las mellas producidas en el filo de la herramienta.

—Amigo, las mellas más grandes son las que ponen cadenas y candados a la puerta de la libertad —contestó don Jaime sin inmutarse, pero con claros síntomas de estar mareado.

—Visto así, abramos esa puerta, pero, por favor, póngase usted a la sombra, le va a dar algo —mirando hacia donde se encontraban sus jornaleros—. Andrés, anda, trae agua a don Jaime y a mí una maceta y una escarpa.

Al instante, Andrés Vieco estaba con las dos herramientas y un botijo de agua de arcilla blanca, entregando lo primero a Felipe y el botijo a don Jaime. Felipe, colocó la escarpa en posición y no necesitó más de dos golpes para reventar cada uno de los candados.

—La puerta de la libertad está abierta... —bromeó Felipe riendo con ganas, soltando las herramientas y agarrando el botijo al profesor, echando un largo trago de agua.

—Zapatero a tus zapatos —rio a su vez el maestro—, pero la puerta de la libertad es preciso abrirla todos los días, y romper los candados y cadenas que atenazan las mentes más que las puertas...

—No lo he entendido bien, pero seguro que lleva razón —contestó, también riendo, Felipe.

—Mucha afinidad tienen sus hijos con esta gentuza —observó con cierta malicia, don Matías a don Pascual.

—Bueno, no crea usted, aunque Felipe siempre fue un descastado y a veces me cuesta creer que sea mi hijo. Si no tengo duda es por lo mucho que se me parece, pero no, estoy seguro de que es algo pasajero.

—No lo digo por Felipe, que es un caso perdido —replicó el alcalde—. Puedo estar equivocado, no me gusta lo que está pasando.

—¿Lo de Braulio con la maestra?, usted ya sabe, es cosa de hombres, él es un patriota de los pies a la cabeza. Un hombre que necesita un desahogo de vez en cuando, y ya sabe usted lo putas que son las de capital —contestó, un tanto molesto, don Pascual a modo de disculpa, intentando dar un tono algo irónico, sin pasarse.

—Usted sabe que mi hija lo quiere bien... —musitó en tono severo, don Matías—. No quiero tonterías con ese asunto, es mi hija, y soy capaz de cualquier cosa, ni siquiera de Braulio.

—Y él quiere a su hija, pero su hija es decente, una muchacha como Dios manda. Mi hijo es un hombre que tiene sus necesidades y a nadie le amarga un dulce. Ya sabe usted que las maestras tienen mucho que enseñar y que los hombres debemos ser hombres en todo momento, ¡copón! Que somos hombres...

—¡Copón! Digo. Con mi hija no quiero que se juegue...

—¡Copón! Está usted un poco cansino. Ya se lo he dicho, su hija es decente y mi hijo la respetará hasta la noche de bodas —intenta cambiar don Pascual el tono serio por uno pícaro—. Por cierto, a propósito de las de capital, hace tiempo que no vamos a Madrid...

—No me cambie el tema, aunque, lleva razón usted, el día que le parezca bien, yo siempre estoy dispuesto, pero esta vez no nos llevamos a don Hipólito, que luego le entran remordimientos de conciencia... —rio don Matías, persignándose.

—¿Cómo qué no? Nos lo llevamos y así nos absuelve por haberlo llevado a la gloria sin pasar por la extremaunción. Yo pago, esta vez pago yo, aunque usted tenga más duros—dijo estallando en carcajadas don Pascual, seguido de don Matías.

—Es usted un pecador, al final alguna vez se olvidará de confesar y comulgar, y Satanás le abrirá las puertas...—se burló don Matías.

—Don Hipólito se encarga de recordármelo. Además, él conoce mis pecados muy bien. Son los mismos que tiene él, que es cura, pero un hombre de verdad, con sayas, pero hombre —continuó las risas don Pascual.

Terminadas las risas, miró a Felipe y a don Jaime en la sede del sindicato y cambió el gesto:

—Vaya hijo descastado que tengo, nos lo tendremos que llevar a Madrid de señoritas, a ver si se le quita tanto maricone o.

—Tenga cuidado con él, de no ser su hijo, tal vez ya habría tenido problemas, ya hay gente que no lo mira bien —advirtió don Matías.

—Ya se lo digo yo. Siempre me ha preocupado, primero por una cosa, luego por otra, y ahora, siempre con esa gente. Se le pasará, al final lo que importa es tener la cartera llena y se dará cuenta que no puede ser siempre un jilguero que juega a ser gorrión —dijo meneando la cabeza don Pascual.

—Dios lo escuche, don Pascual —asintió el alcalde.

Por una de las calles entraba en esos momentos Braulio y María, hablando. Don Pascual le dio con el codo a don Matías, el cual le hizo un reproche con la mirada.

—Es mi hija la que está en entredicho.

—No hombre, no. Braulio está haciendo su papel, nos libramos de la hija y del padre, ya verá.

—No me fio —musitó don Matías.

—Fíese usted —dijo don Pascual con gesto grave —. Ahora céntrese en el domingo. Después de misa cogemos su Austin y salimos para Madrid. Mire, mire, lo fresca que va la maestra hoy, mire, mire…

Desde la puerta de la sede del sindicato, Felipe y don Jaime observaron a Braulio y a María. haciéndoles un gesto a modo de saludo. María desvió la mirada al ver a su padre, encontrándose con los ojos de los dos terratenientes fijos en ella, desnudándola con la mirada. Respiró profundo, pues no resultaba difícil suponer que sus risas lascivas eran a merced de ella. Sin decir palabra, María se despidió con un gesto de Braulio y se encaminó diligente en dirección a la Casa del Pueblo, ignorando a don Pascual y a don Matías. Sonrió a su padre y a Felipe, y sin detenerse, entró con ellos en el local del sindicato. Mientras que Braulio forzó una sonrisa y acudió a donde se encontraba su padre con el nuevo alcalde, casi disculpándose por la justificada actitud de María, a la cual habían llegado ya murmuraciones sobre lo que más de uno hablaba de su relación con Braulio. El principal instigador era don Pascual que temía que los planes trazados con su compadre don Matías se fueran al traste por culpa de la maestra.

5

El Jilguero poeta

No iba a ser tarea fácil la labor de volver a darle a la Casa del Pueblo la actividad que tuvo antes de la huelga agraria de junio: don Hipólito, el cura, don Sebastián, el médico, cada uno desde su ámbito, advertían de las consecuencias que podía tener acudir a la sede del sindicato, mientras que los pequeños propietarios y, sobre todo, los terratenientes, con don Pascual y don Matías a la cabeza, amenazaban. Todos se burlaban de los infructuosos intentos de don Jaime por hacer llegar el mensaje pedagógico a los jornaleros, de que era necesario aprender a leer y escribir, además de tomar conciencia como campesinos a la hora de defender sus intereses de clase. Una vez más, Felipe fue determinante para revocar esas reticencias.

—Para segar, vendimiar o plantar ajos, no es necesario saber leer ni escribir, solo hace falta ganas de trabajar —argumentó don Pascual en la sede de Acción Católica, anexa a la iglesia de Gascas.

Felipe se le quedó mirando, casi con desprecio, y golpeó su puño contra la palma de la mano izquierda.

—¡Copón en Dios!, padre, ¿eso lo dice usted por lo mucho que ha trabajado? —y sin esperar respuesta salió del local.

Antes de salir, lo agarró por el brazo su hermano Braulio.

—Tu sitio está aquí, no te equivoques, y a tu padre debes guardarle el respeto que no le guardas.

Se zafó de la mano de su hermano, y por primera vez se miraron a los ojos desafiantes, por última vez Felipe saldría para no volver a entrar jamás por el umbral de Acción Católica. Aquella tarde, más de veinte jóvenes jornaleros organizaban una reunión en la Casa del Pueblo, con Felipe presente.

Unas semanas más tarde, el nueve de septiembre, don Jaime obtuvo el máximo apoyo posible por parte de las Misiones Pedagógicas, el grupo teatral «La Barraca», dirigido por el poeta Federico García Lorca, aunque sin su presencia en Gascas, representaba la obra de Lope de Vega «Fuenteovejuna», en la plaza del Pueblo. No pudo ser la obra más apropiada, para lanzar un mensaje a los terratenientes y sobre todo a don Matías Echániz, el alcalde. Acertada, también, porque la representación teatral atrajo a las jóvenes hasta ese momento ausentes. Lo cual dio lugar a que María, con la ayuda de don Jaime y el apoyo de Felipe, plantearan la posibilidad de crear un grupo teatral en Gascas.

Sin pretenderlo, Felipe fue el centro de las iras de las «personas de bien» de la localidad, que lo consideraban un traidor. Nadie, salvo su padre, contaba con aquella traición, por mucho que supieran que él, el hijo de don Pascual acudía a las reuniones políticas del Sindicato y del Partido. Si alguien le preguntaba respondía:

—En el seminario me dijeron que debía enseñar al que no sabe y dar buen consejo al que lo necesita. Eso hago.

La realidad, él sabía que era otra. En primer lugar, el enfrentamiento con su padre, en segundo las palabras de don Jaime, al cual escuchaba con la misma devoción que hubiera escuchado a un profeta. Era como si sus pensamientos se hicieran palabra en boca del profesor. No se trataba de preparar ninguna revolución, sino enseñarles a leer y a escribir a los jóvenes del pueblo, lo cual no resultaba muy atractivo para aquellos jóvenes campesinos hartos del duro trabajo, de sol a sol, con sueldos que no siempre les permitían afrontar las deudas de usura acumuladas en invierno, con tal de poder comer. A lo que ninguno rehuía era a los convites de un vaso de vino, o de cuerva, que con generosidad pagaba Felipe, después de asistir a las reuniones del sindicato. Más, en aquellas tardes de verano después de trabajar. Existía una tercera e inconfesable razón para su asistencia a la sede del sindicato: María, aunque ella parecía sorber los vientos por su hermano Braulio. La maestra había conseguido, (gracias a la representación de «La Barraca», y a la presencia de Felipe, admirado y anhelado por algunas, por ser diferente), que un grupo de muchachas estuvieran dispuestas a aprender a leer y a escribir, lo que, a su vez, redundaba en una mayor asistencia de jornaleros.

Al final del verano, con el inicio de la vendimia, las escuelas se abrieron, siendo pocos los niños de Gascas que acudieron puesto que sus padres consideraron que sus manos eran precisas para las labores agrícolas. Asimismo, la Casa del Pueblo quedó desierta de jóvenes de ambos sexos. Braulio se marchó a Toledo a la Academia Militar.

Aquella tarde de finales de octubre, la vendimia estaba a punto de concluir, sin embargo, había estado todo el día lloviendo. Felipe y otros jóvenes deciden ir a cantar sus coplas alrededor del pozo, son muchos, algunos forasteros, y deciden celebrar el casi final de la vendimia en la plaza alrededor de un lebrillo de cuerva. Ese día, las muchachas han reiniciado su asistencia a las clases impartidas por don Jaime y María en la Casa del Pueblo por culpa de la lluvia, y que, ya hace frío. Las clases se imparten en el interior de la casa del Pueblo a pesar de haber dejado de llover. La música y cánticos satíricos llegan hasta el interior, impidiendo las clases de María, lo cual provoca la salida de los maestros y las jóvenes a la plaza. Son canciones estridentes que buscan más la risa fácil que el arte y que no parecen gustar a la maestra. Por el contrario, a don Jaime no le disgustan. Le dice a su hija que no diga nada. Ella se da media vuelta para meterse de nuevo en el interior del local, mientras Felipe ofrece un vaso de cuerva al maestro. El muchacho se percata del enfado de María y antes de que ella entre, la llama:

—Cuñada, ¿no te gustan nuestras coplas?

Sabe, gracias a su hermano José María, que Braulio apenas ha tenido tiempo para pasear unas semanas con ella y que su hermano se quejaba de que la cosa no había pasado más allá de unos besos y unos abrazos, casi tan castos como esporádicos, a pesar de que algunas lenguas se empeñaban en decir lo contrario, como la de don Matías y su propio padre, don Pascual. No obstante, piensa que están enamorados y sabe que han comenzado a escribirse, ignorando Felipe más detalles.

—¿Cuñada? ¡Anda ya! No soy cuñada de nadie. Ya que me preguntas, en honor a la verdad, debo decirte que no, que no me gustan tus coplas, son burdas y sin gracia —dice sarcástica María con voz fuerte para ser escuchada por todos.

Todos ríen a carcajadas. Felipe deja la guitarra apoyada en el pilón del pozo y se acerca al lebrillo de cuerva, llena su vaso dándole un pequeño sorbo, cuanto apenas se moja los labios. Se acerca a la maestra con el vaso en la mano, se detiene a dos pasos, sin ofrecérselo todavía.

—Ya que no le gustan a la maestra nuestras coplas, en este vaso de cuerva le dejo mis secretos y, de paso, a ver si le gusta esto: Los ojos verdes de María brillaban en la oscuridad como los fuegos fatuos que corren sobre el haz de las aguas infectas... — comienza Felipe a recitar «*Ojos verdes*» de Bécquer, teatralizándolo de manera exagerada y cómica, permitiéndose algunas licencias, mientras Evaristo toca la guitarra acompañándole—. Ven, ven... Estas palabras zumbaban en los oídos de Felipe como un conjuro. Ven... y la mujer misteriosa lo llamaba al borde del abismo donde estaba suspendida y parecía ofrecerle un vaso de cuerva a cambio de un beso..., un solo beso...

Felipe acerca sus labios a María. Todos ríen la ocurrencia, incluso María. Una de las muchachas le dice a la maestra que todo lo saca de su cabeza.

—Es muy ocurrente, se inventa unas poesías...

—Ignoraba que Gustavo Adolfo Bécquer viviese todavía —contestó a su alumna, que jamás ha escuchado ese nombre que le suena extraño.

Mientras que otra, de nombre Casilda, hija de Evaristo Torres, el anterior alcalde y ahora preso, añade:

—El Jilguero es muy poeta, pero muy payaso.

María afirma con la cabeza dando la razón a la segunda. Sabe que todos están tan pendientes de ella como de él.

—Payaso sí que es, pero gracioso no lo es menos —piensa.

Mientras Felipe amenaza con continuar, al tiempo que camina hacia la maestra, quedándose a menos de un palmo de María. Percibe su aliento entrecortado y nervioso de ella, casi roza sus labios, incluso cree percibir el palpitar de su corazón. Sobreponiéndose a la emoción, comienza de nuevo a recitar:

—Felipe da un paso hacia ella, otro, y siente unos brazos delgados y flexibles que se lían a su cuello, y una sensación apasionada en sus labios ardorosos, un beso impetuoso de fuego...

Entonces Felipe extiende sus brazos hacia María, al mismo tiempo que le ofrece el vaso. Ella, ante la proximidad, nerviosa, da dos pasos hacia atrás. No obstante, ríe. No sabe cómo reaccionar, él se acerca más. María agarra el vaso, que Felipe no suelta, lo interpone entre los labios de ambos. «¿Y ahora qué?» piensa. La ocasión se presenta cuando él cierra los ojos, como buscando sus besos: ella retira con cuidado los dedos de Felipe del vaso, acariciando la mano de Felipe. Hace el ademán de ir a bebérselo. Sin embargo, no lo hace, lo mantiene entre los labios de él y los suyos, mirándolo fijamente a los ojos. Con una extraña sonrisa, que debería haber puesto en guardia a Felipe, María prosigue la leyenda de Gustavo Adolfo Bécquer con los mismos gestos exagerados que él:

—Ella renuncia a conocer sus secretos, Felipe vacila..., y pierde el pie recibiendo en lugar de un beso, un vaso de cuerva con un rumor sordo y lúgubre que le hace despertar de la tontería que lo domina...

Sin pensarlo dos veces, María le arroja el vaso de cuerva de pleno en la cara, se separa de él y sigue:

—Bueno es saber que los vasos nos sirven para beber, lo malo es que no sabemos para qué sirve la sed —recita María, ahora, versos de Antonio Machado, añadiendo —: cuando no se ha de beber el agua que debería saciarla.

—Así no termina la leyenda, y podría ser, digo yo, que se rompiese la copa de cristal, o tal vez, que en lugar de derramar el vino lo bebas de mis labios, y eso calme tu sed —se quejó Felipe siguiendo las palabras de María, sacudiéndose la cuerva con gestos excesivos y pasando la lengua por los labios como si fuese un perro.

—Con un beso tampoco. Puesto que te llaman poeta, sabes, los versos que siguen: ¿Dices que nada se pierde? Si esta copa de cristal se me rompe, nunca en ella beberé, nunca — contesta ella con nuevos versos de Machado, jaleada por las risas de todos.

Lejos de rendirse, Felipe continúa:

—Malo mezclar bebidas y poetas, sin ser tabernero ni poeta. Y la leyenda no acaba, ahí, ni yo pienso acabarla, por tanto, continúo con tu permiso o sin él. La cuerva saltó en chispas de luz y amor, las cuales se cerraron sobre sus cuerpos cual abrazo apasionado y entre círculos de plata esos abrazos fueron estrechándose hasta fundir sus dos cuerpos en uno solo en las orillas del Júcar —. De nuevo, intenta abrazarla. Ella pone las manos entre ambos.

—Caminante, no hay camino, se hace camino al andar. Aprende el final de la leyenda y hablaremos de leyendas y poesías. ¡Vamos, muchachas! —y se marchó entre las risas de todos. Al llegar a la puerta de la Casa del Pueblo, se giró risueña—. Cámbiate de ropa, que hueles a borracho, y tal vez por eso tus palabras de poeta...

—Borracho he quedado, borracho de amor, poesía eres tú —replicó él con el final del poema de Bécquer, lanzándole un beso.

Sus gestos son voluntariamente exagerados, aunque no ocultan la realidad y la tentación que ha sentido al tener tan cerca sus labios, sus ojos, el palpitar de su pecho y el sonido de su voz. No, no había surgido el amor repentino ese día. Era fruto de tardes en la Casa del Pueblo, de verla pasear por la alameda del río, primero con su hermano y después con otras muchachas. Maldecía que su hermano le hubiese echado la delantera.

La escena da que hablar, más de lo que ambos hubieran deseado, aunque todos coinciden que Felipe, en cierto modo, ha quedado en evidencia. Sí, están acostumbrados a sus tonterías y payasadas. No obstante, siempre ha mostrado la seguridad de quien está acostumbrado a que le rían las gracias. Era el amo y entre sus amigos no dejaba de serlo, por mucho que intentase no parecerlo, siempre existe una especie de servidumbre invisible, a pesar de todo, presente. Escenas parecidas habían ocurrido en otras ocasiones y todos se habían reído con Felipe. En esta ocasión, tiene la sensación de que han terminado riéndose de él. Todos se dan cuenta o saben que al menos algunas de sus poesías o leyendas no son inventadas por Felipe, sino que pertenecen a la imaginación de otros. Si bien nunca dijo que fuesen suyas, tampoco hizo nada por desmentirlo. Durante la noche piensa en María, son pocas las veces que coincide con ella en la Casa del Pueblo. Ella nunca se queda en las reuniones de los hombres. En aquellas tierras hubiese estado mal visto entre los campesinos. Con independencia de su afiliación ideológica, los hombres mantenían los mismos esquemas patriarcales de antaño, viendo con recelo la presencia de las mujeres en las reuniones de hombres.

Algunos días, cuando ella termina de dar clase a las muchachas, y sus pasos se cruzan y se saludan sin detenerse, tan solo si él está hablando con don Jaime, los ojos de ambos se cruzan y esbozan una sonrisa. Noches enteras pensando en ella, en sus ojos verdes, como nunca los había visto a persona alguna, solo a los gatos. Comienza a verla diferente a otras muchachas, siendo a partir de esa tarde cuando se convierte en su principal obsesión.

Sabe que, si ella no se hubiese apartado, él la habría besado y no porque estuviese borracho, que no lo estaba, sino porque una extraña fuerza le impulsaba a desear besarla. Una ofuscación que lo lleva a buscar entre los libros de la biblioteca de su difunta madre, todos aquellos que recordasen o hiciesen referencia a los ojos verdes desde «La Celestina» a Gustavo Adolfo Bécquer. Maldice que su hermano le haya pillado la delantera. Le han bastado tan solo unos días para conquistarla, él tenía semanas y meses para intentarlo hasta que su hermano regresara. Tiene la sensación de ser un miserable. Repasa cada una de las reacciones de ella, preguntándose por lo que hubiese ocurrido de haber tenido el atrevimiento de rozarle tan siquiera los labios.

—Seguro que habría recibido algo más que un vaso de cuerva en la cara.

Felipe ignora que él también ha comenzado a formar parte de los pensamientos de ella. La culpa la tiene su padre, don Jaime Flores. Es cierto, nada dice de su presunto noviazgo con Braulio, pero deja claro que no le gusta. Hace como que no sabe nada, pero ella es consciente de que está al tanto de todo, y se refiere a él como un picaflor, un lechuguino, pero, sobre todo, como un señorito que no sabe el valor del pan que come.

—Qué diferencia de hermanos, uno buscando la forma de no pegar un palo al agua, el otro loco, tirando piedras contra su tejado, o tal vez, buscando la manera de que el mundo prospere.

A pesar de que don Jaime buscaba provocar su respuesta, María callaba, y sin desearlo; aunque, también sin poder evitarlo, la imagen de lo ocurrido en la plaza le da que pensar más de una noche en Felipe, pasando a muy segundo término el elegante don Braulio.

6

El Jilguero canta a la luz de la luna

Al día siguiente, sus amigos le proponen ir a la plaza. Él alega estar cansado. Se marcha a su casa y se mete entre los olvidados libros de su madre, libros que nadie toca, salvo él, y prácticamente solo los de poesía. Intenta buscar uno en especial, aquel del que echaba mano para «inventarse» sus poesías. Uno que le trajo su madre de Madrid cuando todavía no sabía que se le volvería la sangre agua. Ya entonces, Cristóbal, su hermano mellizo, comenzaba a tener los síntomas de una enfermedad que, ni en Gascas ni en Cuenca, sabían cómo tratar. Ante la desesperación la gente se agarra a un clavo ardiendo, así hicieron sus padres, aconsejados por el sacerdote de Gascas y el señor obispo de Cuenca, se encomendaron a Dios y a la Virgen buscando un milagro. Milagro que no se produjo jamás a pesar de las jugosas ofrendas a la Iglesia por parte de don Pascual. Recuerda su rabia, su falta de resignación y lo que para sus padres era mucho peor, su total falta de fe. Falta de fe, acrecentada cuando su madre comenzó a mostrar los mismos síntomas que su hermano. Fue entonces cuando don Pascual, inducido por el obispo, lo internó en el seminario de Cuenca para buscar su reconciliación con Dios. No le dejaron llevarse nada. Felipe, entre sus ropas, esconde aquel libro de poemas, «Veinte poemas de amor y una canción desesperada», tan fino, que cabía en cualquier parte, sin levantar sospechas. Libro que su padre intentó quemar en más de una ocasión por considerar la poesía cosa de mujeres, inapropiado para un hombre como Dios manda.

—Al final, nos va a salir mariquita —argumentaba cargado de razón su padre.

Por el contrario, don Pascual, que se sentía muy hombre, siempre tenía alguna amante, además de señoritas de compañía en Madrid o Cuenca. Mientras su madre era amante de la poesía, más que de su marido, hasta el punto de que cuando su hijo comenzó a ponerse enfermo y ella a tener una salud delicada, sin ganas de nada, aceptó con resignación cristiana esas amantes ocasionales de su marido.

—Tu padre es muy hombre y los hombres tienen sus necesidades —le contestó a Felipe, cuando este, muy enfadado, le contó que durante el tiempo que ella había estado en Madrid hospitalizada, su padre se había estado acostando con la mujer del mayoral, eso que él supiera.

La mujer nada mencionó a su marido de que su hijo se lo hubiera chivado, pero nunca volvieron a dormir en el mismo dormitorio ni hacer vida marital. A su madre le gustaba la poesía y en cada viaje a Madrid, le traía un nuevo libro de poemas. Fugado y expulsado del seminario, el tímido, pero rebelde adolescente se transformó en un joven que en nada se parecía al que entró para ser sacerdote. No teme al ridículo, aprende poesías que recita con soltura. Transforma oraciones en canciones anticlericales. Quiere vivir la vida lo más alegre posible, convencido de que será efímera, al igual que la de su hermano. Acepta el castigo de su padre de convertirse en un jornalero más a cargo de un severo mayoral, marido consentidor de la amante de su padre. Felipe abandona sus antiguas amistades, para acercarse a sus nuevos compañeros, a los hijos de los jornaleros, se emborracha con ellos y canta sus canciones. Esto provoca conocer sus problemas. Además, va a la Casa del Pueblo, donde critican a los caciques y a la Iglesia. En ese mes de octubre, quien es el blanco de todas las críticas es el gobierno de la República por la manera en que ha sofocado la revolución asturiana. En Gascas como en toda La Mancha, salvo Villarrobledo, la huelga revolucionaria no ha tenido ningún tipo de respuesta debido al fracaso de la huelga agrícola del mes de junio, durante la cual Felipe se mantiene un tanto al margen, incluso en contra, por miedo de que se queden los trigos sin segar y, sobre todo, por algunas acciones revolucionarias de quema de campos de cereales. Sin embargo, fracasada la huelga agraria, él intenta y en cierto modo logra que las represalias en Gascas sean más leves para los jornaleros, media entre estos y los terratenientes. No obstante, fracasa en su intento de que Evaristo Torres, alcalde socialista, no sea sustituido por el cacique don Matías Echániz. Se implica en su defensa a costa de despertar inquina hasta de su propio padre.

En Gascas la chanza se hace a su costa, «*todo gato escaldado huye del agua y el jilguero hasta de la cuerva.*» Estoicamente, Felipe aguanta las bromas y, al contrario de lo que suele hacer, no responde con otra broma. Ese día es sábado, a media tarde termina la vendimia. Cuando la última galera de uva llega a la bodega de don Matías Echániz, se cruza con la hija del cacique, extrañándose de lo afectuosa que se muestra, cuando normalmente siempre lo mira por encima del hombro. Lo llama cuñado, piensa que es por lo ocurrido en la plaza, sonríe y calla. Esa tarde son muchos quienes se reúnen en la plaza para festejar el fin de la vendimia. Casimiro pasa por su casa a buscarlo; pero él, testarudo, se niega.

—Si voy es para bailar con ella —le dice a su amigo— y no debo. Se escribe con mi hermano.

—Pues bailas. ¡Copón! Bailas y en lugar de escribirle, le regalas la oreja, que tú sabes bien...

—Sal tirando. Ahora voy yo.

—No me falles.

Felipe no acude al baile. Hasta su casa llega difuminada la música del acordeón. Debe luchar contra sí mismo para no ir. Dos amigos se acercan para animarle. No obstante, sigue testarudo y se refugia en aquel librillo. Esa noche piensa una locura y sin medir las consecuencias, decide llevarla a cabo. Aprovechando que las escuelas están fuera del núcleo urbano, decide ir a cantarle su amor a María. No es la primera vez que ha ido a darle la serenata a una muchacha, pero sí la primera vez que no va como acompañante, que es el protagonista, el pretendiente que busca el amor de la muchacha amada. Él no quiere que nadie le acompañe, quiere ir solo, que nadie se entere de lo que él considera que será un fracaso, sin lugar a duda. Se siente nervioso. Sale como un ladrón de su casa con su guitarra al hombro buscando no ser visto. Al llegar al edificio de la escuela se esconde tras un pequeño ribazo, desde donde podrá ver cómo se apagan las escasas luces de la casa. Desde allí, a través de los cristales, distingue a María, a sus hermanos y hermanas, los ve despedirse de sus padres con un beso de buenas noches. Piensa que tal vez hubiera sido bonito que sus padres los hubiesen acostumbrado a ese ritual. Mas su padre nunca fue cariñoso y ahora es un viejo gruñón, enfermo de tristeza, al que la desgracia ha acentuado su mal genio. Su madre sí era cariñosa, pero lleva años muerta. Piensa que, si un día tiene hijos, le gustaría acostumbrarlos a que todas las noches se dieran las buenas noches con un beso.

—¡Copón! Me estoy quedando helado, pero el amor es loco y yo soy un payaso… ¿Qué hacen los payasos? Pues eso —, piensa mientras contempla cómo las últimas luces de la casa se apagan una tras otra.

Espera unos minutos más y camina en silencio hasta sentarse en el poyo, que se encuentra justamente debajo de la habitación que María comparte con su hermana Concha, ocho años más joven que ella. Mientras que Felipe repasa sus poemas, María repasa mentalmente la última carta de Braulio. No le gusta lo leído, habla con desprecio de la revolución de Asturias, apoyando la actuación del gobierno de utilizar las fuerzas de regulares y de la legión para sofocar la misma. Sus argumentos son similares a los utilizados por aquellos que ella tanto detesta. Ha decidido no contestar en al menos una semana.

—Y eso si le contesto —, piensa justo antes de dormirse.

Instantes después, en los sueños de María, se introduce el rasgar suave de una guitarra, cuyas cuerdas tímidamente apenas rompen el silencio de la noche. Suena bien, no se trata de ninguna canción que conozca, ¡qué extraños los sueños! Al tañer de la guitarra se une una voz que, en un tono apenas audible, recita versos de Neruda:

Inclinado en las tardes tiro mis tristes redes
a tus ojos oceánicos.
Allí se estira y arde en la más alta hoguera
mi soledad que da vueltas los brazos como un náufrago...

Está soñando, no puede ser. Esas cosas no ocurren. En el tiempo que lleva en Gascas va de sobresalto en sobresalto, por las noches las lechuzas se escuchan cual espíritus de almas en pena y por las mañanas los gallos la despiertan antes de hora, por si fuera poco, la escena de la plaza que tanto había dado que hablar y a ella tanto que pensar. Un payaso, dijo una pupila:

—Payaso sí que es, pero gracioso no lo es menos —, recuerda que pensó ella.

Y al igual que él, especuló en lo que habría podido ocurrir de haberse atrevido a rozar siquiera los labios.

—Habría dado palmas con las orejas, de la bofetada que hubiese dado —se atreve a decir en voz alta.

Sin embargo, para sí misma piensa que tal vez le hubiese gustado llegando a desear ese beso. De todos modos, le hubiese dado una bofetada o, como había hecho, le habría tirado el vaso de cuerva a la cara. Fue tan fácil enfriar sus ardores de payaso. Desde ese día, no puede evitar comparar a los dos hermanos, uno tan formal y pagado de sí mismo, tan guapo y apuesto y el otro, no sabe cómo calificarlo, son tantas las cosas contradictorias que dicen de él. Su aspecto, descuidado, es de labriego analfabeto. Sin embargo, ella sabe que bajo esa apariencia se esconde una persona que en aquellos lugares podría considerarse culta. Capaz de recitar poemas y según dice su padre, don Jaime, asimismo capaz de argumentar y convencer a aquellas cabezas duras —. «*Socialista, sí parece, pero muy tibio para mi gusto*» —le comentó su padre.

En cuanto si es o no es lo que algunos dicen, ella lo tiene claro desde el primer momento. Se da cuenta por cómo la mira. Leyó el deseo en sus ojos, tanto que llegó a inquietarle. No porque viese en ellos una amenaza, sino porque percibió algo más que deseo. Fue consciente de que podría llegar a enamorarse de él, a pesar de creer estarlo de Braulio. Sí, es cierto, no ha podido quitarse la escena de la plaza de la cabeza. Leyendo la carta de Braulio piensa que, al enamorarse, tal vez, se ha equivocado de hermano.

—¡Y qué córcholis! También es guapo y mucho más humilde que su hermano.

La música y la voz del Jilguero comienza a escucharse en el silencio de la noche. María se incorpora ligeramente. No está soñando, realmente hay una guitarra y alguien recitando poemas de amor bajo su ventana y es él. Mira a su hermana, que permanece dormida. Decide escuchar en silencio hasta que de nuevo le entre el sueño.

—Tampoco resulta tan molesto, ya se cansará y se irá a dormir. Mejor no hacerle caso, de lo contrario la noche se puede alargar hasta la madrugada y regresará más noches, decididamente, mejor no hacerle caso —, piensa. No obstante, se equivoca, termina un poema y continúa con otro:

Me gustas cuando callas porque estás como ausente,
y me oyes desde lejos, y mi voz no te toca.
Parece que tus verdes ojos se te hubieran volado
y parece que un beso te cerrara la boca...

A María le hace gracia ese cambio intencionado en el verso. No puede evitar sonreír al tiempo que exhala un suspiro, pero debe tomar una decisión, para acabar con la serenata. El Jilguero, animado en cada cambio de verso, sube ligeramente el tono de su voz:

Eres mía, eres mía, voy gritando a la brisa
de la tarde, y el viento arrastra mi voz viuda...

María decide levantarse para decirle:

—Muy bonito, pero márchate a dormir de una vez.

Antes de abrir la boca, escucha el ruido de una ventana al abrirse, oye la voz burlona de su padre. Se levanta, pudiendo ver cómo Felipe se incorpora de un salto.

—Muchacho, es una pena que desperdicies esos versos. A quien van dirigidos está ahora en brazos del mejor de los amantes, Morfeo, en los cuales yo igualmente estaría yo si no me hubieras despertado…

María puede ver a través de las rendijas de la persiana a Felipe aturdido. No sabe dónde poner la guitarra ni qué hacer con las manos. Al final, saluda al maestro y mira a la ventana en la que piensa que está ella, la cual no puede evitar una risa apenas perceptible, que él llega a escuchar. Animado, rasga la guitarra y la saluda, lanzando un beso con los labios. Después saluda al padre con un encogimiento de hombros, mientras María murmura en voz baja:

—¡Payaso!

Al día siguiente está inmerso en un mar de dudas, todo su ímpetu se viene abajo. De repente, se siente inseguro. Piensa en su hermano y en su reacción, pero sobre todo en lo que pensará ella. Al día siguiente, como todos los domingos, acude con sus amigos a la alameda que está junto al río. María acude con su hermana y otras jóvenes de Gascas. Ellos se paran junto a una pequeña caseta de huerta, sentándose en los brocales del pozo. Caseta y pozo se encuentran bajo un grandísimo nogal, donde habitualmente, en verano, buscan la sombra los jóvenes. Mas, a finales de octubre todos buscan el sol. Como es habitual en Gascas, las muchachas van cogidas del brazo para así ir más juntas y escuchar sus confidencias en voz baja. Al pasar junto al nogal, ríen y saludan unas y otros. María se separa del grupo, haciéndoles a sus amigas un gesto como para que esperen. Se presenta donde se encuentran los muchachos. Felipe no ha dicho nada de su hazaña, María se detiene frente a ellos colocándose los brazos en jarras mientras su rostro adquiere un gesto severo. Hace una seña a Felipe para que se acerque. Él realiza una reverencia cómica ante ella.

—Dime, cuñada.

—Acércate —insiste ella—. Debería matarte por desvelarme y hacer que no pegase ojo en toda la noche… —Cambia el gesto por otro más alegre ya alejados de los dos grupos—. Creo que te mereces un beso —dice lanzándole un beso con la mano a pesar de estar a unos pasos de él.

—No lances tus besos al aire estando tan cerca del destinatario —comenzó Felipe, teatralizando exageradamente el tono—. Estoy condenado a quererte, por decreto no escrito, que no pienso apelar, por muy injusta que sea la condena. Escucha mis palabras, escúchame con atención, y si no, no me escuches. Mírame a los ojos, tenlo presente, y se te pasarán todos los enojos. Y, si mis torpes palabras no son de tu agrado, seré la persona más infeliz y con peor suerte. Te quiero, tú lo sabes, y si tú no me quieres, prefiero la muerte, sin tus besos, ¿para qué quiero la vida?

—No te emociones tan pronto, que se me saltan las lágrimas, y no sé si de risa o emoción — responde María muy seria, colocando las manos a la defensiva—, faltan muchos poemas para que eso ocurra...

— Solo cinco y una canción desesperada, pero eso en un santiamén te los recito, me los sé de memoria.

—Tranquilo, tranquilo hombre, que la vida es larga y somos muy jóvenes, y tal vez sí o tal vez no —baja la voz hasta convertirse en un murmullo— yo quiera, o deba antes, recitar uno a un pariente tuyo muy cercano...

Aquel día pasean los jóvenes de ambos sexos juntos. Felipe se hace más asiduo de la Casa del Pueblo. No solo asiste para escuchar o participar las charlas que da el maestro, sino que participa en las misiones pedagógicas, ofreciéndose a recitar versos de Neruda, de Rubén Darío, Machado o Bécquer, siempre pendiente de los ojos de María. Lanza la idea de crear un grupo de teatro para que más personas se acerquen a la Casa del Pueblo. Esto le permite estar más tiempo al lado de ella. No cesa de tirarle indirectas. Al terminar la acompaña a la escuela, aunque lo haga siempre con su padre presente. Cuando en Navidad llega Braulio, María pasea con él y lo hace para entregarle sus cartas. Desde octubre ella no le ha contestado a ninguna. Al regresar Braulio de ver a María, entra directamente en la biblioteca, en la cual, como casi siempre, se encuentra a Felipe soltando las cartas sobre la mesa.

—¿Vas a tener el cuajo de sorber mis babas, de entrar en la cueva en la que yo podría haber entrado y he despreciado por no querer ser segundo plato? —le soltó Braulio.

Felipe mira las cartas, se encoge de hombros y continúa leyendo. Mientras, su hermano agarra las cartas y tras romperlas en mil pedazos, las vuelve a dejar sobre la mesa. Durante los días siguientes ambos hermanos no se dirigen la palabra ni en la mesa. Felipe continúa su rutina sin darse por enterado delante de María. No desea tensar más la situación; aunque, en su interior, a pesar de las palabras de su hermano, hay un regocijo difícil de disimular.

Unos días después, antes de finalizar el año, sucede algo imprevisto para Felipe, no para su padre: don Pascual y sus hijos son invitados a comer a casa del cacique don Matías Echániz para celebrar las dos familias el próximo enlace entre Braulio López e Inmaculada Echániz. Boda que ha de llevarse a cabo lo antes posible.

—Hay cosas que no pueden esperar —dice el cacique y actual alcalde junqueño en sustitución Evaristo Torres.

Aquel domingo, día de Reyes, pasean por primera vez solos Felipe y María. Ha sido ella quien dio el primer paso dos días antes al salir de la Casa del Pueblo.

—Padre, vaya usted delante, que yo tengo una conversación pendiente con este muchacho.

Don Jaime mueve la cabeza de un lado a otro acelerando el paso. La pareja continúa andando en la misma dirección que el maestro a paso pausado. Él intenta hablar, pero ella le hace un gesto para que calle. Cuando llegan a la última casa del pueblo, ella le coge la mano, lo mira a los ojos, intenta sonreír, pero baja la cabeza.

—Debo estar loca, lo sé. Calla, no digas nada. Me muero de vergüenza. Necesito coger carrerilla para ser yo y dar el paso que quiero dar. Tengo miedo, pero creo que me arrepentiré más si no lo hago. Calla, calla y, sobre todo, no te rías de lo que te voy a decir:

La noche está estrellada,
y tiritan, azules, los astros, a lo lejos.
El viento de la noche gira en el cielo y canta.
Puedo escribir los versos más hermosos esta noche.
Yo   le quise, y tal vez él también me quiso.
En las noches como esta quiero tenerte entre mis brazos.

A continuación, lo abraza y le da un beso en los labios. La noche está estrellada, es ella quien tirita entre los brazos de Felipe. Él pretende prolongar el beso, el abrazo, pero ella se separa, señalando a su padre. Le da un nuevo beso, separándose de él, sujetándolo para que no la siga. Cuando ha recorrido unos pasos, él la llama.

—Te quiero, quiero que seas mi mujer —dice mientras corre hasta ella, la abraza de nuevo y la besa antes de que ella pueda decir nada, prolongándose ahora el beso.

—Y yo a ti, y también quiero, como decís aquí, que seas el hombre que me quiera, el jilguero que me cante cada mañana— hace una pausa intencionada —y el payaso que me haga reír todos los días de mi vida.

—¡Venga, vamos ya!, que hace frío y la cena se enfría — grita el maestro haciéndoles un gesto con la mano.

Ambos ríen sin disimulo, le hacen un gesto para que espere.

—Mira que es tozudo mi padre, no te puedes imaginar…

El maestro hace un gesto de fastidio y sigue su camino.

Felipe pone cara de estúpido buscando algún verso:

Noches habrá en los que veremos la luna junto al fuego,
recostada mi cabeza en tu pecho desnudo,
mientras te digo con mucho cariño,
dame la leche…

—Imbécil, qué tonto eres, eso no es un poema. Anda que no tiene que llover para que pase eso, si pasa —le corta dándole un beso, ahora, en la mejilla y sale corriendo detrás de su padre.

7

¿Hermanos?

Abril 1939

Las guerras huelen a sangre. No existen guerras justas, solo guerras. Malas contiendas las que luchan contra un invasor desconocido, un enemigo sin rostro que habla una lengua extranjera, adoran a otro dios y cuando terminan se firma la paz, que a unos duele más que a otros y que se supone que traerá un tiempo de tranquilidad y sosiego durante el cual, el vencedor hará gala de su generosidad o al menos debiera. Existen otras guerras, mucho más crueles, esas que sabes que en la trinchera enemiga puede estar tu padre, tu hijo o tu hermano. Guerras que todas debieran terminar en paz, cerrando heridas, reconciliándote con tu vecino, padre, hijo o hermano.

No fue la guerra civil una guerra que terminase en paz, terminó en Victoria. Sí, Victoria con mayúsculas, durante la cual se abrieron nuevas heridas mucho más sangrantes, dolorosas y perdurables en el tiempo...

Dos hermanos frente a frente: Braulio, en el bando rebelde, en el de los vencedores, fue condecorado. El otro, Felipe, luchó defendiendo el gobierno legítimo de la República, derrotado y humillado regresó a Gascas después de saltar de un camión que le conducía a Uclés con destino a una muerte segura. Pensaba que la guerra había acabado, que había llegado la paz. Se equivocó, solo llegó la Victoria.

Felipe, al llegar a la casa de su padre, no encontró el abrazo fraternal de su hermano, sino unas ásperas palabras:

—Te equivocaste de bando, de mujer y de suegro.

Palabras, en las cuales, se mezclaba la lucha por el amor de una misma mujer y la venganza del perdedor de esa batalla, que pasaba a ser el vencedor victorioso de una guerra entre hermanos...

Felipe no eligió ni bando ni suegro, se marchó al frente, pero no quería ir a la guerra. Sin dudarlo, hubiese utilizado la estrategia de Ulises para evitar ir a la guerra de Troya, habría sembrado sal en los surcos y emparejados burros y bueyes con tal de dormir todas las noches al lado de su Penélope, de María. Sin embargo, él no era Ulises, ni María, Penélope, no fue preciso un Pálameles. No le quedó otra alternativa, como a la mayoría de los combatientes de cualquiera de los dos bandos. Nadie quiere ir a matar ni a que le maten. De poder elegir bandera, sin duda alguna, habría luchado bajo la misma que luchó, a pesar de saber que sus dos hermanos estaban en el bando contrario. Braulio, casi un año más joven que él, al comenzar la guerra estaba en la academia militar de Toledo, un héroe del Alcázar. Mientras José María, el más joven de los hermanos, en la primera oportunidad que tuvo, se pasó a los nacionales porque era de Acción Católica y quería ser sacerdote. Felipe era republicano y de izquierdas, el garbanzo negro de una familia bien, con suficientes tierras como para no tener que echar jornales en tierras ajenas.

Braulio y él fueron novios de la misma mujer, aunque su hermano dijera más tarde que jamás se hubiese casado con ella. La maestra llegó a soñar, e incluso a pensar, que tal vez se casaría con Braulio: galante, alto y guapo, aunque algo presuntuoso; además, un abogado que quería ser militar. María, al conocer a Felipe, nunca pensó que uniría su destino a él. Al fin y al cabo, un campesino. Sin embargo, se casó con Felipe y se quedó embarazada durante las primeras semanas de matrimonio. Sufrió un embarazo malo, muy malo, pero al final nació su hijo Miguel el día 29 de septiembre de 1936. Para entonces, Felipe ya estaba pegando tiros cerca de Madrid defendiendo la capital. Al chiquillo le llamaron como el santo del día, a pesar de no ser bautizado, porque la iglesia de Gascas se había convertido en una improvisada prisión para una parte de las gentes de derechas. Ella hubiera deseado que se llamase Jaime, como el abuelo materno. Sin embargo, se llamó Miguel porque así lo decidió su abuelo paterno, sin que María opusiera objeción alguna, tras negarse a que se llamase Pascual, al encontrarse sola, ya que su familia se había marchado meses antes a Valencia.

—El primer hijo, desde que el mundo es mundo, ha llevado por nombre el de su abuelo paterno —quiso imponer el terrateniente.

—Pues mi primer hijo no se llamará Pascual, porque es su propio hijo quién no quiere que se llame como usted —le replicó María.

Tras múltiples blasfemias y maldiciones contra todo lo nacido y por nacer por parte del terrateniente:

—Pues en ese caso, que se llame como el santo del día, ya sea Abundio o Nicasio —dijo con clara muestra de enfado don Pascual.

—Miguel, o es San Miguel —contestó María, un tanto aliviada.

—Aunque me quites el nombre que me pertenece, así sea. Dios así lo ha querido —sentenció el padre de Felipe.

Ella no era atea como su padre, ni siquiera anticlerical como su marido, era creyente a su modo. No accedió de buen grado a llamar a su hijo como el santo del día. Tampoco importaba mucho el nombre ni tenía fuerzas para enfrentarse a su suegro.

Para Felipe fue duro saber que, durante la ofensiva de Teruel, su hermano, José María, se encontraba entre los defensores de la ciudad. En aquella efímera y única victoria de las tropas republicanas, José María fue uno de los muertos en el enfrentamiento. Sin embargo, Felipe no llegó a saberlo hasta finalizada la contienda. Braulio, de la misma manera, pudo haberse enfrentado a Felipe. Él fue uno de los soldados de Franco que reconquistaron

Teruel y acabaron con la única conquista republicana de la guerra. Posiblemente, Felipe llegó incluso a intercambiar disparos con sus dos hermanos. Sin embargo, ni uno ni otro llegaron a saberlo nunca.

De los cinco hijos del matrimonio formado por don Pascual López y doña Virtudes Melgarejo, quedaban al terminar la guerra solo tres: Braulio, Elvira y Felipe. Los dos primeros pasaron a ser don Braulio y doña Elvira, el tercero se quedó en Felipe El Jilguero. Los tres representaban la personificación perfecta de una guerra fratricida entre hermanos. El primero, Braulio, se presentó en Gascas con galones de capitán, medallas al valor y héroe del Alcázar, mientras que Felipe, lo hizo como un soldado derrotado de un ejército cautivo y desarmado. La hija, Elvira, fue postergada, como otras muchas mujeres de la nueva España, al hogar, al rosario diario y a la misa dominical; pero, con el dinero y la posición social de quienes no sufrían los dolores y quebrantos de los derrotados, ya fuesen hombres o mujeres.

Parte del regimiento, en el que se encontraba Felipe, fue apresado cuando regresaban a sus pueblos de la Mancha. Tras dos semanas en un campo de concentración cercano a Madrid, los subieron en un camión para llevarlos a Uclés. Alguien les comentó que conforme llegaban a Uclés eran fusilados. No era verdad del todo, pero Felipe pensó que si debía morir fuese después de ver a su mujer e hijo. La casualidad quiso que Andrés Vieco y él fuesen en la última fila del penúltimo camión. Ambos, amigos y paisanos, aprovecharon que llovía a mares para escapar. No necesitaron palabras, sin pensárselo dos veces empujaron a los soldados que custodiaban el camión y saltaron al pasar por un terraplén. Cuatro días estuvieron escondidos por montes y campos, presentándose en Gascas en casa de su padre seguros de que serían avalados por el terrateniente. Felipe había dado la cara por su familia para que fuesen respetados por los milicianos del pueblo. Ahora él es el avalado y el avalista su hermano Braulio (por mediación de su padre) sin estar muy convencido. Mientras, su compañero de huida, Andrés Vieco, fue llevado de regreso a Uclés tres días después y a las pocas semanas fue fusilado. Al menos pudo despedirse de los suyos.

Ambos hermanos intentan llevarse bien al principio, una especie de armisticio fraternal sin que, por ello, a la menor chispa, regresen a la batalla verbal. Cuando hablan de su hermano muerto en Teruel, pero no de dudas que desde entonces llevan atormentando Felipe, y que no se atreve a mencionar ante su hermano, porque Braulio llega a decirle:

—Ojalá hubieses sido tú el muerto y no José María.

A Felipe le duele la muerte de su hermano José María; le duele casi hasta más que su hermano Braulio lo diga. Cesa toda posibilidad de una relación fraternal en el preciso instante en que su padre les informa de su decisión de repartir las tierras antes de morir entre los dos hijos y la hija, asignando la mejor viña y el monte a Felipe. A Braulio no le gusta la tierra, ha decidido continuar su carrera militar. Es el único hermano que queda con titulación universitaria. Le gustan las armas y desprecia la tierra, a pesar de haberse casado con una de las hijas del mayor terrateniente de la comarca. Es sabedor de que, con el tiempo, sin duda, se convertirá en bodeguero gracias a las muchas fanegas de vides que le corresponderán en herencia a su esposa. Sin embargo, quiere esa viña, la que le ha tocado en suerte a Felipe. No entiende que su padre pueda preferir que la viña vaya a parar a quien él considera un traidor y un mal hijo. Aunque hubiesen luchado en el mismo bando, tampoco hubiese aceptado la decisión de su padre. Braulio dice no importarle que Felipe le quitase la novia, que tampoco llegó a serlo. María hubiese sido una más en su rosario de mujeres. Nadie sabe, ni tan siquiera Felipe, que, a punto de casarse con la jovencísima Inmaculada Echániz, le ofreció a María casarse con ella a pesar de estar la rica heredera embarazada de más de tres meses. Don Pascual, su padre, se mantiene firme. El reparto es equitativo pese a todo, cualquiera de las tres partes poseía un valor similar y la viña desea que sea para Felipe. A Braulio no le importa la viña. Sin embargo, no está dispuesto a que la herede su hermano. Tiene por delante una prometedora carrera militar; antes de terminar la guerra fue ascendido a capitán y no habría de tardar mucho para ascender a comandante, razón por la cual difícilmente se quedaría en aquel perdido pueblo del norte de la Mancha. Por otra parte, el anciano no se fía del yerno, que tampoco está interesado en la tierra por tener la profesión más denostada por el viejo terrateniente, es médico. Braulio no acepta la decisión del padre. No obstante, mientras este vive, calla y consiente. Sabe que le queda poco tiempo de vida al terrateniente. El viejo está muy enfermo y no es cuestión de que se vaya con la amargura de ver a sus hijos enfrentados por una viña.

Al morir su padre tan solo han pasado cinco meses desde el fin de la guerra. El anciano se fue tranquilo, seguro de que sus hijos se habrían reconciliado. No había razón para pensar lo contrario. No obstante, casi de inmediato, Felipe fue detenido y llevado a la prisión de Cuenca. Poco después, María, a su vez, fue presionada para que Felipe firmase la cesión de la viña a su hermano o aceptase una propuesta de Braulio, que nunca llegó a conocer Felipe. Él se niega a firmar esa venta falsa en favor de su hermano y ella rechazó la propuesta. Braulio, seguro de ganar, tampoco insistió en exceso; de haber insistido, tal vez ella, con tal de ver a su marido libre y a su lado, hubiera aceptado. Braulio siempre fue muy paciente, seguro de su victoria, piensa que sería cuestión de tiempo que uno u otro claudique. María se siente desbordada, más después de ser depurada y apartada de la docencia por las nuevas autoridades. A partir de ese momento la situación de María se homologaba a la de tantas y tantas personas, que por una circunstancia o por otra, permanecieron fieles al gobierno legítimo, con el agravante de ser mujer, y además maestra.

8

Clara

21 de septiembre de 1939

Han pasado cinco años desde que aquella joven y alegre maestra llegase a Gascas. En poco se parece a la muchacha que con un niño de tres años desciende del autobús tras realizar su primer y ajetreado viaje a la capital de la provincia para ver a su marido preso en el penal del Castillo de Cuenca. Resulta difícil reconocer a la muchacha jovial que fue en aquella joven madre triste y melancólica. Aquella mañana nublada se vistió con sus mejores ropas, las mismas con las que paseaba con Felipe por la alameda cuando eran novios y reían a cada paso por cualquier tontería. Quería borrar, de sus ojos, con su floreado vestido, que los dos últimos días los había pasado llorando. No fue por su marido por quien derramó esas lágrimas, fue por su padre, por primera vez, desde el mes de marzo, tuvo noticias de su familia cuando recibió una carta desde cerca de Alicante, donde según le contaban en ella cogerían un barco que los llevaría a Francia. Las tan ansiadas noticias que esperaba que llegasen desde el extranjero, llegaron desde el penal de Chinchilla de Montearagón en forma de carta. Como la anterior, llegó con mucho tiempo de retraso, escrita en el mes de mayo. Su padre le informaba de que toda su familia, madre, hermanos y sobrinos, habían muerto en la carretera de Alicante y que él estaba a la espera del último viaje, que sería antes de terminar ese mismo mes de mayo. Con el alma en los pies, se vistió de luto riguroso, se recogió el pelo en un moño y se colocó un pañuelo negro en la cabeza. Sin embargo, nadie la llegó a ver vestida de negro. Antes de que Miguel despertase, se vistió con la ropa de diario, evitando cualquier señal de dolor ante el niño, para por último vestirse con aquel vestido de fiesta. Iba a ver a su marido. Su llanto lo reservaba para sí misma. No quería dar explicaciones, tampoco quería presentarse ante Felipe vestida de negro y mucho menos decirle que habían fusilado a su padre. Si le preguntaba, que estaba segura de que lo haría, le diría lo mismo que tantas veces ambos habían comentado: en Alicante habían cogido un barco para el extranjero, tal y conforme les decían en la carta.

La lluvia acompañó al autobús durante todo el trayecto, mientras ella rememoraba momentos familiares, aguantando las lágrimas para que Miguel no le viese llorar. No debiera preocuparse, el chiquillo va en su mundo. Caminan por las calles de Cuenca, Miguel ajeno a la tristeza que embarga a su madre, más pendiente del trajín que llevan a cabo los feriantes que de cualquier otra cosa. Están preparando puestos y tenderetes, son las fiestas de San Mateo. En la ciudad ha estado lloviendo toda la noche, amenazando con aguar la fiesta. No obstante, ahora parece que está escampando y los comerciantes comienzan con precaución a quitar los toldos de sus puestos de avellanas, golosinas, pasteles, tómbolas y un sinfín de atracciones. A María poco le importan las fiestas de San Mateo, a pesar de que en muchas ocasiones soñó con ir. ¿Cuántas veces hizo planes, junto con Felipe, de marchar un día a las fiestas de San Mateo? Él le había prometido que la llevaría, a pesar de lo cual, nunca llegó a cumplir su promesa.

—Tampoco tuvo muchas ocasiones, ¡pobrecito mío! —Piensa mientras nota que las lágrimas regresan a sus ojos.

María quiere pensar, únicamente, que por fin podrá ver a su hombre después de dos meses. Hace esfuerzos por sonreír. No quiere pensar en su familia, aunque tampoco lo puede evitar, como no puede evitar pensar que a Felipe le puede ocurrir lo mismo que a su padre. No quiere decírselo, es una de las razones por la cual no se ha vestido de negro, bastante tiene ella con pensarlo. Camina presurosa, evitando pisar los charcos, ha cesado la lluvia, pero sospecha que era algo momentáneo. Los truenos y relámpagos, lejanos, amenazan con claridad nuevas precipitaciones y tormentas, pero, a buen seguro que menos intensas que las que estaban teniendo lugar en su cabeza. Algunos feriantes comienzan a quitar las lonas de sus puestos, otros están a la expectativa. Lleva a Miguel de la mano. El chiquillo es robusto y pesa más de lo que María puede soportar. Lo llevaría en brazos para poder ir más ligera, si no temiese resbalar, teme que se le caiga. Miguel intenta llevar el ritmo de la madre, está ilusionado porque piensa que por fin va a poder ver a su casi recién recuperado padre, aunque no vaya a ser así; pero, él no lo sabe y María no está segura. Junto al Parque Santa Ana, hay un tenderete en el que venden martillos de caramelo, almendras y cacahuetes garrapiñados, peladillas y avellanas. María compra un cucurucho de cacahuetes garrapiñados, que cuesta casi la mitad que el de almendras, y se lo entrega al chiquillo. De nuevo, las nubes comienzan a cumplir su anunciada amenaza. Mujer y niño se refugian bajo un soportal, en el cual se encuentra acurrucada una muchacha, Clara. La joven es tan menuda y delgada como bella, con cuerpo y cara de niña, no aparenta tener más de catorce o quince años. Los ojos de la muchacha son claros —sin que María pueda apreciar el color—, agrandados en comparación con un rostro excesivamente delgado y blanco. Su mirada está ausente y triste, se le nota asustada. Está envuelta en una especie de chal de lana verde, el cual apenas deja ver su cara y sus rubios cabellos despeinados y mojados por la lluvia, con signos de no haber conocido las púas de un peine en varios días. El chal empapado se lo quita sin mirar a los recién llegados y deja al descubierto su ropa sucia y mal ajustada, excesivamente ancha y desaliñada. Toda su persona presenta un aspecto sucio, con mugre visible, difícil de asimilar en una persona tan joven. En principio a María le da reparo ponerse a su lado. Poco a poco, va fijándose más en la muchacha. Sin saber el motivo, le invade un sentimiento de tristeza. Algo le dice que no está justificado su reparo inicial, al contrario, esa muchacha es muy posible que necesite cariño, casi más que ninguna otra cosa. La mira casi con descaro, con esos ojos verdes que tanto gustan a su marido. Indaga durante interminables segundos, en los cuales se atropellan los pensamientos y los sentimientos chocando entre ellos. Piensa que el destino, Dios o la fatalidad le han hecho conocer a aquella muchacha y que tal vez no sería malo intentar entablar conversación. Algo le dice que tal vez está en Cuenca por idéntico motivo al de ella.

—Pobre chiquilla —musita, mientras entona un suspiro apenas perceptible, teme ser escuchada, aunque tal vez lo dice para ser escuchada. La muchacha permanece abstraída en sí misma, como si todo le resultara ajeno. Mira, pero no parece ver, hasta el punto de que María llega a pensar que es ciega e incluso sorda—. Pobrecita, ciega, sorda y además pobre —piensa.

María aprovecha que Clara mira para el lado contrario para convertir sus verdes ojos en inquisitivos exploradores del cuerpo de la joven. Se percata de una incipiente barriga de embarazada, lo cual aumenta su sentimiento de pena.

—¡Buenos días! —saluda, alzando la voz, para ser escuchada. La muchacha se mantiene en silencio—. ¿Estás de mucho? —insiste mientras señala la barriga de la joven, la cual permanece impasible, como si no se hubiera percatado de la presencia de María y el niño.

María se encoge de hombros, arrima al niño a su regazo y termina por cogerlo en brazos. La lluvia arrecia por momentos. Al final, María, tras volver a dejar al niño en el suelo, segura de la ceguera y sordera de la muchacha, se atreve a tocar el hombro de Clara y ofrecerle el cucurucho de cacahuetes garrapiñados, acompañando el gesto con una sonrisa. Esta parece como si se diese cuenta en esos momentos de su presencia. Mira a María fijamente retirándose el cabello de los ojos. María puede ahora comprobar el azul claro de los mismos. Sin dejar de mirar a María, agarra directamente el cucurucho, sacando dos o tres cacahuetes, que se come con ansia para después devolverlo al niño, el cual se esconde entre las faldas de su madre sin coger el cucurucho. María hace un gesto para que se lo quede. Clara musita en un tono que apenas llega a los oídos de María:

—Gracias —y, de nuevo, coge un par de garrapiñadas más, al tiempo que sonríe y acaricia los cabellos del chiquillo.

María se sorprende, contesta a la acción con una sonrisa. Mira al cielo sintiéndose agradecida, dando las gracias a Dios porque la muchacha no estuviera ciega, ni sorda, ni muda. Y es que María da siempre gracias a Dios, su madre le enseñó y le cuesta dejar de hacerlo. Lo hacía hasta en presencia de su padre, sin que este le reprochase nada, como mucho murmuraba: «mujeres». Felipe nunca le dijo nada, él creció entre gentes que continuamente ante la dicha e incluso la desgracia daban gracias a Dios. Su hombre no sabe si es ateo, pero anticlerical más que su propio padre a pesar de pertenecer a una familia católica. Ella es creyente como lo era su madre, dos mujeres católicas en una familia atea. Hay una diferencia muy grande: su hombre no comparte las ideas de su propia familia, mientras que ella sí comparte las ideas de su padre y hermanos, todas menos las que tenían que ver con Dios. Ahora que todos están muertos y su hombre en la cárcel, nota que está más cerca de ellos gracias a Dios. Aquella mañana, nada más vestirse, se quitó el crucifijo de plata que llevaba desde pequeña y lo guardó para siempre en la mesita de noche. Sonríe a la muchacha y coloca su mano sobre la de ella, que permanece acariciando los cabellos del chiquillo mientras este, cada vez, se aprieta más contra la madre.

—¿Tienes hambre? —pregunta María.

Clara responde con una sonrisa. Coloca la otra mano sobre la de ella, las tres manos sobre la cabeza infantil se miran y sonríen las dos. María retira la mano para abrir una pequeña talega de tela anudada por un cordón blanco y saca un pan redondo de centeno y una navaja. Corta un buen trozo, que entrega a la muchacha. Después, corta otro pedazo más pequeño para el niño, quedándose ella con un tercer trozo. Introduce, de nuevo, el pan sobrante en la talega, sacando ahora media libra de chocolate que comienza a repartir: dos onzas al chiquillo y otras dos onzas a la muchacha. Clara la mira de nuevo con mirada ausente, indecisa, termina por coger lo que María le ofrece. Esboza de nuevo una leve sonrisa, que a María le parece de amargura, y musita unas casi inaudibles gracias. Permanecen en silencio mientras que la muchacha, en un santiamén, hace desaparecer el pan y el chocolate. María le ofrece otro trozo de pan, la muchacha lo coge, pero esta vez no se lo come, lo guarda entre sus ropas sin que María pueda apreciar dónde.

—¿No te lo comes?

—No, lo guardo para luego.

—No es pan blanco, pero es lo que tengo, si quieres más…

—Gracias, tengo bastante…

—¿Estás de mucho? —De nuevo, se atreve a preguntar María. Clara no responde a la pregunta, mira en dirección a la calle, señalando con la mirada la lluvia que al chapotear les moja los pies.

—¡Cómo llueve!, ¡madre mía!, ¡cómo llueve!

—Sí, ¡cómo llueve!

Nuevamente, gira el rostro en dirección a María, agacha la cabeza con sus ojos fijos en su vientre, parece como si fuese a acariciarlo, pero termina cerrando los puños. María piensa que la muchacha tiene intención de golpearse, hace el gesto como de detenerla, pero la muchacha mira al niño y parece arrepentirse, termina acariciando la mejilla del chiquillo.

—Madre mía, qué guapo que es, qué ojos tan verdes.

Después mira a María y dice:

—Como los tuyos —voz que apenas sale de sus labios.

María no está segura de sus palabras, Clara baja los ojos en dirección a su barriga, la acaricia y suspira profundamente, como un lamento, intentando responder a María después de mucho tiempo:

—Esto, esto, bueno esto, esto no debería estar aquí…

Y sus ojos se vuelven aún más tristes y acuosos, sin que lleguen a salir las lágrimas. Hace un gesto que no se sabe muy bien si es de rabia o impotencia. Se agacha y mira al chiquillo, le acaricia nuevamente la mejilla. El crío se gira al tiempo que levanta las faldas de la madre, escondiéndose bajo las mismas, como si quisiera volver a su vientre.

—¿Es tu hijo? ¡Qué tontería!, como si viéndole los ojos no se supiese —dice tras titubear un instante.

—Sí, es mi hijo, se llama Miguel, nació el día de San Miguel y Miguel le pusimos —contesta María, obligando al chiquillo a salir de debajo de sus faldas y forzándole a girar la cabeza en dirección a Clara.

—¡Buenooo! ¡Tantos santos, tantos demonios! ¿Qué importa? Es guapo…, Miguel eres muy guapo.

Clara utiliza en principio un tono irónico, después parece arrepentirse y acaricia al niño. Sonríe, se peina los cabellos con los dedos, parece como si de repente le hubiesen entrado deseos de ser amable, de estar guapa. Coge la barbilla Miguel.

—Guapo, más que guapo, que lleves el nombre del santo es lo de menos, tienes un nombre tan bonito como tú —mira a María—. Lo importante es que tenga un padre y una madre que le quieran, lo que yo llevo aquí es hijo de no sé quién. Ni lo sé, ni me importa saberlo, pero un hijo de la gran pu… —Se fija en el niño y no termina la expresión.

María parece recriminarle con la mirada, Clara duda:

— Lo ideal sería que nunca viera la luz, no merece ver la luz —dice remarcando sus últimas palabras.

—Mujer, no digas eso, no digas eso. Además, una madre siempre sabe quién es el padre de su hijo… a no ser que…

—Déjame, ¿tú qué sabes? —replica con gesto de desprecio y, a pesar de la lluvia, sale del soportal sin despedirse.

María está a punto de salir tras ella, pero llovía mucho y está con su hijo, apenas le sale la voz para decir:

—Muchacha, vuelve, que vas a coger una pulmonía.

Pero la muchacha no la escucha y continúa corriendo. Salta charcos desafiando su estado o buscando caerse sin importarle la lluvia que la moja. María queda algo contrariada, sin tener claro nada ante la inesperada reacción de la muchacha. Suspira e instintivamente se persigna, y atrae a Miguel hacia sí, intentando protegerlo de la lluvia, mientras musita:

—¡Dios mío! Pobrecita…

Al cesar la lluvia, comienza a subir en dirección a la catedral, quiere rezar en ella por si Dios desde allí puede escucharla mejor. No va sola. Como si de una procesión se tratase, varias mujeres y algunos hombres realizan el mismo recorrido. Muchas van vestidas de luto riguroso, hablan poco y se lamentan mucho hablando de sus hijos, de sus maridos, novios, padres, sobrinos, abuelos o nietos. Algunas mujeres llevan algún pequeño paquete con comida para sus familiares presos, sin tener muy claro si llegará a ellos. Sin embargo, a la catedral apenas pasan un pequeño grupo. Se arrodilla ante la Virgen del Sagrario, reza, evita llorar para que Miguel no la vea.

9

El dolor no se esconde tras los barrotes

Al salir de la catedral, parece que se siente más animada; pero, al comenzar a subir por la calle El Trabuco, al divisar el arco de Bezudo, se le nubla la vista. El vestido de colores se transforma en negro, la esperanza se convierte en una angustia que le ahoga, siente necesidad de desabrocharse los botones más cercanos al cuello. El aire es fresco, pero nota cómo comienza a sudar. Deja el chiquillo en el suelo, su piel quemada por el sol durante la vendimia se vuelve blanca como el mármol. Nota que se marea, intenta apoyarse en una farola. Una anciana lo advierte y la sujeta.

—¿Es la primera vez que vienes? No te he visto antes.

Asiente con la cabeza, la anciana llama a su hija, que va delante, la cual acude presurosa. Ambas visten de luto. La hija saca una cantimplora metálica y le da de beber agua, mientras empapa un pañuelo y se lo pone en la frente.

—Nosotras llevamos viniendo desde mayo. Antes veníamos por tres, por mi marido, por mi hijo y por mi yerno. Ahora solo queda mi hijo y dicen que cualquier día también me lo matan... —comienza la anciana. La hija la mira reprochándoselo con la mirada. Calla la mujer. Prosigue, su tono es diferente —A muchos los sueltan, a lo mejor a tu marido lo sueltan.

Cuando se recupera, María coge al chiquillo en brazos.

—¡Dios mío, criatura, cuánto pesas! —exclama.

—¿Dios? ¿Dónde estará ese? —musita la anciana, mirando al cielo como si estuviera buscando una señal que le permitiera dudar de sus certezas.

María cerró los ojos, a ella, ahora le entraban dudas.

María mira la silueta del castillo recortada por la luz de la tarde, no puede evitar estremecerse al pensar que según cuentan sus compañeras, en sus paredes todos los días fusilan presos, como fusilaron a su padre en Albacete, tras sacarlo del castillo penal de Chinchilla de Montearagón. Se fija en la larga cola, esperando atravesar el arco Bezudo. «Ya veremos si puedo verlo», piensa.

Entre los primeros puestos de la cola puede distinguir a Clara, la muchacha que había visto por la mañana. Está la primera para entrar. María ve cómo la muchacha la mira, colocándose la mano a modo de visera. Clara, contempla a María, cómo, tras dejar el chiquillo, se pone las manos en los riñones, realizando un gesto de dolor. Puede ver al chiquillo que pugna por volver a subir en brazos y que termina conformándose después de muchas protestas. Clara le hace un gesto con la mano a María, ella responde al saludo. María, desde su puesto en la cola, le ve decir algo al anciano que está junto a ella y a otras mujeres que están a su lado. Parece que discuten, al final los ve asentir con la cabeza para, a continuación, ver cómo Clara se dirige hasta ella. Se abraza besándola en ambas mejillas, con gestos exagerados le dice para ser escuchada:

—Ya pensaba que no llegabas a tiempo de ver a padre —dice acercando sus labios al oído de María, la vuelve a besar— He dicho que eres mi hermana, ven conmigo, así no tienes que aguantar tanto tiempo al solitrón con el chiquillo.

Se agacha y coge a este en brazos, pero Miguel protesta y comienza a propinarle patadas en el vientre. Se lo quita María, dando un manotazo al chiquillo en las piernas.

—No debería haberlo traído, dicen que al chiquillo no le dejan pasar —explica, intentando disculparse María.

—Si no pasa nada, mujer —Señala su vientre con un gesto entre indiferencia y desprecio hacia su barriga—. Si no le dejan pasar, ¿por qué lo traes?

—No tengo a nadie con quien dejarlo..., por si sienten lástima y lo sueltan... o por lo menos no me lo matan.

Clara la miró de soslayo.

—Esta gente no siente lástima por nada ni por nadie — dice acariciando de nuevo la cabeza del chiquillo, acurrucado sobre el cuello de su madre —No deberías traerlo aquí, esto es un mata personas y hay cosas que no deberían ver las criaturas.

Un guardia civil se acerca a ellas, las cuales se callan. María no sale de su asombro por el cambio de actitud de la muchacha. Ofrece un aspecto bastante diferente al de un par de horas antes, se había peinado y lavado la cara, y si bien la falda sigue siendo la misma, se ha cambiado la camisa y el chal lo ha sustituido por una chaqueta de lana de color beis con los botones de abajo desabrochados por la barriga. María sigue a Clara, sin decir nada, hasta la cabecera de la cola, hay gente que protesta a su paso, pero la muchacha le coge del brazo obligándole a continuar. Allí, la muchacha dice al anciano y a las mujeres que están detrás, con una sonrisa que a María le parece encantadora:

—Es mi hermana Jacinta, ya pensaba que no iba a venir.

María está a punto de decir que no se llama Jacinta, casi hubo de taparle la boca al niño para no descubrir el engaño. Minutos después, un funcionario les indica que ya pueden pasar, pero que debe dejar el niño en una habitación que hay nada más entrar, donde poco a poco otras madres dejan a sus hijos. Entrega el paquete de comida, del tamaño de una caja de zapatos, al funcionario que se encarga de recoger los paquetes para entregarlos, si lo consideran pertinente, a los presos. No siempre llega la comida, ya sea por castigo, por capricho o porque al funcionario le apetezca. Instantes después la muchacha marcha resuelta en dirección a un hombre que aparenta tener más de sesenta años, mientras que María se queda parada sin saber qué dirección tomar. Una mujer de unos cincuenta años, muy delgada de nariz aguileña y ojos moderadamente hundidos, con ojeras y aspecto enfermizo, vestida de luto, protesta. Da con el codo a otra, con un aspecto totalmente diferente, rechoncha y ojos grandes. Es un rostro agradable que recuerda una belleza dejada atrás no por la edad, sino por el sufrimiento que, si bien no se deja ver en su cuerpo, sí en su rostro con marcadas ojeras provocadas por el insomnio y la preocupación que quitan a sus ojos la belleza natural para darles un aspecto triste. A pesar de todo, ambas guardan cierto parecido en sus rostros.

—Lo que te dije, no son hermanas. Aquí las únicas hermanas somos nosotras, hay que andar con más ojos que... —dice la primera.

—¿Qué le vamos a hacer? Bastante sufrimiento tenemos los pobres para encima ponernos bordes entre nosotros, pobrecillos, pobrecillos —responde la otra, que durante todo el tiempo de cola había estado aguantando estoicamente a su hermana sin decir nada.

—No, si encima habrá que darles las gracias por colarse —protesta la delgada de nariz aguileña, mientras la otra la ignora y va en busca de un muchacho de no más de veinte años que por el aspecto debe ser su hijo.

María busca a su marido entre los presos que están al otro lado de una reja. Se horroriza al verlo. Está demacrado y tiene rastros de haber sido molido a golpes. Sin embargo, está sonriente. Le bailan los ojos en las órbitas y al reír, deja ver que le falta un diente. Lo conoce, sabe que él intenta quitar hierro a su situación, que esa sonrisa y esa alegría que muestra al verle es solo un disfraz, una mueca imposible de una realidad que no existe. Ella no es capaz de sonreír, quiere, hace esfuerzos sobrehumanos, pero a ella no le sale la más mínima sonrisa de los labios. Es transparente como un cristal, había ensayado mil sonrisas para que no le notase que su familia había muerto y que su padre había sido fusilado. Al verle se olvidó de ellos.

—¿Te han pegado?

—Como me trajeron directamente del majuelo, tenía mucha tierra y me han sacudido el polvo un poquito.

—¿Y de paso te han roto un diente?

—Saben que fumo más que un carretero y para sostener el cigarro... ¿Me has traído tabaco?

—¿Eso es lo que te preocupa?

74

—No, me preocupa lo guapa que estás y que yo esté aquí sin poder siquiera darte un beso.

Entonces ella ríe, no puede evitarlo. Él ríe igualmente, hace un gesto con los labios como lanzándole un beso. Mueve la cabeza de un lado a otro y sus ojos se tornan aún más risueños que al llegar ella. Es un gesto más espontáneo, no ensayado como el primero, quiere hacerle reír.

—Estás tan guapa que te comería hasta la pepitilla...

—Sí, hombre, para eso estamos y con toda esta gente delante... —No puede evitar sonrojarse.

—Pues que cierren los ojos.

Y los dos ríen e instintivamente ambos se llevan la mano a los ojos tapándoselos. Aún en circunstancias tan trágicas parece que resulta difícil hablar en serio con él. Ella le pregunta si le han dicho algo, entonces él se pone serio.

—Aquí nunca dicen nada y cuando dicen es para echarse a temblar. Así que mejor que ni me miren...

Ella no necesita aumentar su cara de preocupación tras la risa. Él se da cuenta de que María ha desviado la vista en dirección a Clara. Las ha visto entrar cogidas del brazo y separarse nada más cruzar la puerta. No sabe por qué sospecha lo ocurrido, apenas tres personas hay entre ellos, las voces se mezclan unas con otras, pero él baja la voz.

—Es su hija, pobrecilla, cuando se entere —Ella le mira interrogante—. Por lo que se dice, está ya en la lista de la próxima saca, cualquier día, cualquier día...

Un funcionario pasa por el pasillo que hay entre las dos rejas que separan reclusos de visitantes con una vara que parece de olivo, dando golpes para que retiren las manos del interior del pasillo. Ellos tienen las manos extendidas sin llegar a tocarse, no se percatan de su llegada. Por suerte para ellos, quienes están antes tampoco. El funcionario pega primero a la mujer y después al preso, que lanza una maldición, que apenas sale de sus labios, entonces el guardia se encara con él:

—Se acabó para ti la visita —después se encara con ella—. El próximo día no te molestes en venir, no habrá visita para él — a continuación, a todos—, quien meta las manos en el pasillo le doy con el vergajo y quien proteste, se queda sin visita.

María se echa las manos a la boca espantada, casi ajena a lo que ha pasado, está pendiente de la muchacha y del padre. —¡Dios mío! Pobre muchacha… ¿Estás seguro?

—Aquí las cosas son así, no se puede protestar —responde Felipe, que solo ha escuchado la exclamación primera.

—Digo de la muchacha, de su padre, lo de la saca —aclara María con un ligero temblor en los labios mirando a padre e hija.

—Aquí nunca se está seguro de nada, pero se dice que está a punto, que ya le han condenado.

María mira ahora con pena a la muchacha, ve cómo se acaricia el vientre con una amplia sonrisa. Finge una felicidad que María sabe estaba muy lejos de sentir, hace gestos como de alegría. Con las manos mece un imaginario chiquillo, juega como a colocarlo para que mame en su pequeño pecho, hace el gesto de coger el pezón con el dedo índice y corazón, y ríe ante su propia ocurrencia. El hombre ríe igualmente a pesar de saber que no tendrá nunca ese nieto en brazos, que no le enseñará a buscar níscalos, ni poner lazos para cazar liebres y conejos. Tampoco le enseñará a podar, ni pisará con él la uva para hacer vino, ni ninguna de esas cosas que enseñó a sus hijos y que no les sirvió de nada porque tuvieron que coger un fusil. A dos se los mataron en la guerra y al tercero se lo mataron el mismo día que a su mujer, el mismo día que lo cogieron preso a él y el mismo día que unos malnacidos desgraciaron a su hija, haciéndole una panza delante de sus ojos sin poder hacer nada, en su pueblo del Campo de Calatrava. El hombre no quiere pensar en aquel día, pero piensa, tampoco quiere pensar en todo lo que no podrá hacer con su nieto, ni en sus hijos, ni en su mujer, ni en esa hija a la que no se atreve a decirle que la próxima vez que vaya a verlo le dirán que no se moleste más, que ya le habrán fusilado. Quisiera decírselo, decirle que la quiere y que todos los días e instantes de su vida piensa en ella como el último recurso para aferrarse a la vida porque es lo último que le queda. Del mismo modo piensa en ese nieto que nunca verá, en decirle que siente un gran dolor de saber que jamás verá sus ojos, pero delante de la hija disimula y ríe, finge felicidad, esconde el dolor tras los barrotes.

—¿Él lo sabe?

—Claro que lo sabe… ¿pero y qué? Cualquier día, en cuanto pasen las fiestas de San Mateo, comenzarán de nuevo las sacas, nadie estamos libres, ni yo.

—No digas eso, ni se te ocurra.

—Pues no lo digo. No quiero decirlo. No quiero pensarlo, pero muchos días me levanto sin haber pegado ojo en toda la noche. Solo pensar en ti y en poder volver a ver a Miguel me da fuerzas para aguantar. Muchos días me quiero morir, te lo juro, te lo juro por tu Dios…

Ella alarga la mano, nota cómo le tiemblan los labios, no puede evitar el llanto. Él piensa que es por él, pero es porque ha sentido la necesidad de decirle que a su padre lo han fusilado. Debe morderse el labio para no decirlo y le duele, no el labio sino el alma. Intenta coger la mano del hombre sin importarle el castigo, lo necesita, pero no llega y el guardia se acerca con la fusta. Retira rápidamente las manos antes de que llegue. Al retirarlas, él se fija en sus manos agrietadas por el duro trabajo del campo, parece como si se avergonzarse de ellas. Al percatarse ella, las retira y las esconde.

—Tengo las manos hechas un desastre, ya hemos terminado la vendimia. Se la he dado a medias a Evaristo para cogerla, sola no podía, ni tampoco nos quedan cuartos para pagar jornales, así que la he dado a medias —titubea ella, sabiendo que lo que estaba diciendo lo hacía para ocultar lo que necesitaba decir.

—Al menos tendremos vino —dice él, intentando ser jovial sin conseguirlo.

—Yo no quiero ni necesito vino hasta que no estés tú, aunque debería quedarme alguna arroba para cuando salgas.

—Coge los cuartos. Esto va para largo, y un poco de vino siempre ayuda a sobrellevar las penas.

—A mí no ha de quitarme el vino las penas, solo que te suelten y vendimiemos juntos.

Se encoge de hombros y esboza una sonrisa. Él sonríe, asimismo, pregunta otra vez por el chiquillo. El resto del tiempo, la única conversación es solo sobre el hijo. Está hecho un mocetón y le cuenta pequeñas barrabasadas del chiquillo, le dice que pregunta mucho por él, aunque al chiquillo apenas le ha dado tiempo a aficionarse a su presencia. Desde que llegó de la guerra hasta que se lo llevaron a la cárcel no pasaron ni tan siquiera cuatro meses, pero ella le dice que todos los días pregunta por él. Le dice en voz muy baja que todas las noches rezan juntos porque le suelten pronto. Él hace un gesto de disgusto y murmura las mismas palabras que escuchó en tantas ocasiones a su suegro: «mujeres». Fuerzan un diálogo de circunstancias, que se repetirá posteriormente en múltiples ocasiones. Cada vez que sale la posibilidad de ser fusilado pasa lo mismo, ambos intentan desdramatizar la situación, se mienten así mismos. Felipe no llega a saber que su suegro había sido fusilado hasta después de salir de la cárcel. Saben que la posibilidad de que un día le fusilen está presente en todo momento, pero cierran los ojos, no quieren saberlo, pero lo saben. Llega el final de la visita, el hombre muestra un rostro inexpresivo, como si estuviese carente de sentimientos. Intenta sonreír, mostrarse como cuando ella llegó, hasta bromea sobre ello:

—¿Dónde vas, Felipe, tan contento? Voy a la feria. ¿De dónde vienes tan cabizbajo y abatido? Vengo de la feria.

Y se ríe. Piensa que ella no ha captado la broma, su rostro es un poema triste, entonces él repite la frase:

¿Dónde vas, Felipe, tan contento y feliz? Voy a ver a la mujer más guapa de toda la Mancha, a María Flores, mi mujer… —pone cara triste, exagera los gestos—. ¿De dónde vienes, Felipe, tan triste y ojeroso? Vengo de ver a la mujer más hermosa de toda Castilla, que en quince días no la volveré a ver… —y entonces ríe.

María intenta reír, tan solo es capaz de dibujar una amarga mueca, solloza en silencio cuando se separan, anda para atrás y al girarse vuelve la cabeza sin poder evitar las lágrimas. Felipe la mira sonriente mientras susurra:

—Hasta el mes que viene —gesticulando para que ella pueda leer sus labios.

Cuando ella ya no puede verlo y su figura se confunde con otras, que salen amontonadas por la puerta, rompe a llorar porque el dolor se puede disimular, pero de ningún modo desaparece tras unos barrotes. Dicen que los hombres no lloran, pero mira el rostro de sus compañeros, ve cómo se acerca el padre de la muchacha, lo abraza y responde al abrazo. Él da las gracias al padre de Clara por haber colado a María. El hombre le dice que, al revés, que debe darle las gracias a María por su gesto y que quiere pedirle un favor. Lloran y a su alrededor hombres curtidos, de aspecto duro y sereno, del mismo modo también lloran. Cuando María sale por la puerta de la prisión, Clara no la ha cruzado todavía. María ha estado pendiente. Terminan de salir todos los familiares sin ver salir a Clara. Solo se ha despistado el instante de recoger a Miguel. Busca con la mirada la presencia de la muchacha, pero esta se ha esfumado como por arte de magia. Quiere huir del bullicio de una ciudad en fiestas y decide dar un paseo por el barrio de San Miguel, allí hace una parada en la iglesia del mismo nombre a esas horas del mediodía vacía. Moja sus dedos en la pila bautismal, persignando a Miguel, para después hacerlo ella, llevando a cabo una ligera genuflexión. Se arrodilla ante la imagen de Cristo y comienza a rezar. Ese día ha rezado, como reza todos los días, pero lleva meses sin hacerlo en una iglesia. En Gascas no lo haría, aquí no la ve nadie. No quiere que nadie sepa que reza no por vergüenza ni por ocultar sus creencias. Durante toda su vida, junto con su madre fue a misa. Dejó de ir con la guerra y una vez terminada de nuevo comenzó, pero, ahora, con su familia muerta y su marido en la cárcel no quiere ir por respeto a ellos. El saber que la Iglesia está del lado de quienes han matado a su familia, encarcelado a su marido y bendecido tantas barbaridades, le han alejado de una Iglesia a la que nunca estuvo unida, pero Jesús, para ella, es otra cosa. Reza por los muertos y reza por su hombre esperando una respuesta de un dios sordo. Sale de la iglesia y tras beber agua de la fuente que hay en su exterior, regresa en dirección a la hoz del Júcar buscando un sitio a la sombra, de esa misma iglesia de San Miguel, donde comer algo fuera de la vista y del bullicio. Se sienta sobre la saliente de una pared, frente al Júcar, mirando desde las alturas el discurrir de un río de color marrón, mientras que los árboles de la ribera presentan un verde más intenso de lo habitual gracias a la lluvia. El chiquillo queda deslumbrado ante aquel río Júcar embravecido color de chocolate. Lo compara con el Júcar manso que pasa por Gascas, orgulloso le indica a la madre:

—Madre, nuestro río es más bonico… ¿A que sí?

—Este es también bonico, pero al llover se ve marrón.

Ella come despacio, dándole al mismo tiempo al crío. Ninguno de los dos mira la comida, se encuentran absortos observando el discurrir del río, mientras la mente de María se pierde pensando en el aspecto de su marido, y que tal vez, «¡Dios no lo quiera!», un día le digan que ya lo han fusilado, como a su padre».

10

Los recuerdos duelen

Cuando baja, para encaminarse a la estación de autobuses, de nuevo le viene a la cabeza Clara. Escruta entre los rostros de la gente por las calles por las que camina, como si esperara encontrarla de nuevo. Al pasar junto al parque Santa Ana escudriña en su interior. Se le hace tarde, la ciudad comienza a llenarse de puestos de feriantes, como si miles de conquenses no hubiesen muerto y otros tantos han cambiado la residencia de sus domicilios por la prisión. Las parejas van del brazo guardando la distancia, los niños corren y cantan alegres ajenos al dolor. Hay un puesto de milhojas de merengue y se encamina en dirección al tenderete. Pregunta a su hijo que si quiere una milhojas. En realidad, es a ella a quien le apetece, recuerda la que compartió en la feria de Belmonte con su hombre, terminando cada mordisco en un dulce beso con sabor a merengue. Se decide a comprar una, saca el dinero del monedero, se lo piensa mejor.

—Me iba a sentar mal con mi hombre preso, pobrecillo— No la compra.

Falta todavía una hora para que salga el autobús, se sienta en un banco del Parque San Julián. Piensa lo bonito y emocionante que sería su paseo por la parte alta de la ciudad con su hombre, recitándose mutuamente poemas de amor, tonteando como dos adolescentes que están ya muy lejos de ser. En tantas ocasiones, ellos habían planeado ese paseo por la zona de las Casas Colgadas, la catedral, cruzar juntos el puente San Pablo. Rememora un paseo inexistente, los dos cogidos del bracete y Miguel cruzándose alternativamente de la mano del uno al otro, con la milhojas de merengue compartida entre los tres, con la nariz de Miguel blanca y ella limpiándosela y pasándole la lengua por la punta de la misma.

—¡Qué dulces los mocos de mi chiquitín!

Puede ver al chiquillo protestar, decir que no tiene mocos, incluso escucha la risa de los tres. Ve a Felipe en aquel mirador, donde han comido jugando con el chiquillo, diciéndole «que te caes». Ve el río tal y conforme siempre se lo ha imaginado, azul, y después en lugar de comer un trozo de pan y un poco de queso, su hombre los lleva al Mesón de la calle Colón. Donde en sus paredes se pueden disfrutar cuadros auténticos de Velázquez. Eso le había dicho Felipe, él había estado en alguna ocasión; pero con ella nunca. Y habrían comido como los marqueses, sin lujos, porque ellos no eran de lujos, pero bien, felices y, sobre todo, juntos los tres.

No puede evitar pensar en la joven embarazada, Felipe le ha dicho que cualquier día fusilan a su padre y ella seguro que no sabe nada. No podía saberlo, por eso reían los dos. Piensa que a ella sí le hubiera gustado saber cuándo iban a matar a su padre, pero nadie le informó. Tuvo que enterarse por una carta remitida cuatro meses antes como mínimo. No pudo verlo, ni despedirse de él, tampoco de su madre, ni hermanas y hermanos, todavía críos, la mayor era ella. Recuerda a su hermana Concha, que quería ser maestra como ella, tan parecida a aquella muchacha preñada, veintidós años habría cumplido en febrero del año siguiente. Quiere pensar que tal vez vivan en algún lugar remoto, como decía su hombre, en la República Argentina; pero, sabe que no, que están todos muertos y no puede evitar tener que echar mano del pañuelo para secarse las lágrimas. Mientras echa una última mirada al puesto de pasteles, las campanadas del reloj de una iglesia anuncian que son las cinco de la tarde y debe darse prisa. Llega a la estación casi con el tiempo justo. A punto de subir al autobús una mano delgada de dedos largos le agarra por el hombro. Era ella, Clara.

—He pensado que me estabas buscando.

—Sí, te he buscado.

—Tú no eres como ellos.

—¿Como ellos?

—Tienes a tu hombre preso…, yo a mi padre.

—¡Calla mujer! Hay que tener cuidado —dice María bajando la voz.

— ¿Tienes miedo?

—Sí.

— ¿Cuándo vuelves?

—El día uno, a la próxima visita, antes no se puede. Hoy ha sido un extra por ser San Mateo —musita María.

—Ya lo sé. —alza la voz Clara —. Aquí toda gira en torno a los santos y a los asesinos, estamos apañados.

— ¿Estás loca? Te pueden oír…—se asusta María, colocándose la mano en la boca, como si con ello pudiera tapar la boca de Clara.

—¡Basta de casquera! Quien no suba se queda en tierra —grita el chofer desde el asiento con las manos en el volante.

—Se va el coche viajero, me tengo que ir. Nos vemos si quieres el domingo día uno, que dicen que es día de visita…

El claxon del autobús retumba y María se apresura a subir.

Ya, dentro, piensa en decirle que la acompañe.

—Conductor, por favor, pare usted un momentico.

— ¿Qué pasa ahora?

—Por si se viene mi sobrina…

El conductor detiene la acción de arrancar el autobús. María mira para todos lados, pero la muchacha ha desaparecido, ya no está. Hace intento de ir a bajar, pero el conductor se lo impide con la mano.

—¿Nos vamos? —pregunta.

—Nos vamos —dice María.

A María le resultan interminables aquellos días de espera, no ya solo por poder volver a ver a su marido, sino por la incertidumbre de no haber hecho todo lo que piensa que debiera haber hecho por Clara.

—Debería haberle dicho que se viniera conmigo. A saber, lo que le habrá pasado, pobrecilla, es una cría, con esa panza...

Ella no es beata de ir a misa, «*misera*», que decía su padre, y se copió su marido. Ella siente y reza con fe y esperanza, y eso hizo rezar por volver a encontrar a Clara. Pasaron los días, llegó el domingo y María fue sola, dejando al chiquillo con una vecina. Aquella mañana el aire era fresco, el otoño había hecho su aparición casi de manera repentina. El verano se había alargado más de lo habitual, pero ahora el fresco de la mañana es frío polar. Inicia la subida al castillo, que siempre es pesada, pero son tantas las ganas que tiene de ver a su hombre que parece que le han puesto alas en los pies. De nuevo allí está ella, casi en primera fila. María la ve en la distancia y va directa hacia Clara. Algunos protestan:

—Todos estamos esperando.

Fue entonces cuando Clara se giró y la vio, corriendo hacia ella muy alegre.

—Es mi hermana, la estaba esperando —alega Clara.

—Que no cuela, que no. Una vez sí, dos no, ¡bonita! — grita una mujer con aspecto rudo, rostro quemado por el sol y manos fuertes como las de un hombre, que dejan ver surcos oscuros provocados por el trabajo del campo.

—Pero sí, es verdad, es mi hermana... —dice casi implorando Clara.

—Nada, nada, a la cola —objetó ahora la mujer de nariz aguileña que tantas pegas puso dos semanas antes.

—Bueno, pues me quedo con ella, con mi hermana — responde Clara, cogiéndose del brazo de María.

—Anda, pasa, pero otra vez que no se repita —le dice ahora la misma mujer que antes había protestado después de darle su hermana con el codo.

De nuevo, se abraza a ella y la besa con gestos casi exagerados. Lleva ropa nueva, que alguien le ha dado, quiere enseñársela a María y se da una vuelta sobre sí misma, orgullosa de su aspecto.

—Me la han regalado. Sabía que ibas a venir. ¿Sabes? Hoy estoy con muchos ánimos.

—¿Y eso?

—Es como si tuviera un presentimiento, esas cosas que una no sabe explicar y... Bueno, he soñado con mi madre y mis hermanos, también con mi padre... Estábamos los seis juntos... Esta noche me he despertado y cuando me he vuelto a dormir, he soñado que mi padre salía de la cárcel... ¿Sabes? Los cuatro, esperando a mi padre... ¿No traes al chiquillo?

—No, hoy he podido dejarlo con una vecina.

—Mejor, mejor.

Todavía se escuchan cuchicheos en contra de que María permanezca en la cabecera. María al final se queda junto a Clara. La muchacha está exultante de lo guapa que la iba a ver su padre. Comienza a hablar rápido sobre lo que le ha regalado la anciana que le da pensión a cambio de que limpie la casa. Sus pómulos marcados por su extrema delgadez presentan un aspecto más agradable, sus ojos no están hoy tristes, parecen bailar en sus órbitas. Mientras tanto, María piensa en lo que dos semanas antes le había dicho su marido.

—Estás muy contenta hoy.

—Es ese sueño tan hermoso, ¿sabes? De esos que parece que es como si los estuvieses viviendo...

—Cuenta, mujer, no te lo quedes dentro.

—Ya te lo he dicho. No me estabas escuchando —hace un mohín de disgusto—. Soltaban a mi padre y nos íbamos lejos, muy lejos, con mi madre y mis hermanos...

—Pero —María duda— tu madre y tus hermanos ya están muertos... creo que me dijiste.

Las palabras de María cambian el rostro de la muchacha, sin embargo, por poco tiempo. Se encoge de hombros.

—Los muertos ya no resucitan. Ya no me quedan lágrimas, estoy seca de tanto llorar, pero si sueltan a mi padre, si sueltan a mi padre... te juro, te juro que voy a ser la mujer más dichosa del universo... ¿Sabes lo que no es tener a nadie en este mundo y que la única persona a la que quieres está presa? ¿Sabes? —Y se besa el pulgar una y otra vez—. ¿Sabes lo que es pasar por el puente de hierro, el de San Pablo, que le llaman, y pensar en tirarte por él al río?

Clara se pone triste. Pronto vuelve a pensar en que ese día su padre le dirá que pronto saldrá y que tal vez se queden en Cuenca porque no quiere volver a la Mancha. Se quedarían en Cuenca o Madrid, la anciana le ha dicho que la puede colocar en un taller de costura, ella es una buena modista.

—Casi tan buena como mi madre —presume. Hace el ademán de echar un pespunte.

Clara a esas explicaciones las acompaña con gestos alegres, parece todavía más niña, más infantil. María finge e intenta contagiarse de esa alegría, ella igualmente sabe lo que es perder a toda su familia y tener a quien más quiere preso. Busca las palabras apropiadas para decirle lo que le podría haber ocurrido a su padre, pero al tiempo siente terror de que a Felipe le hubiese ocurrido lo mismo. Busca y no encuentra la forma de decirle que el padre de Clara ya ha salido de prisión, que cuando habló con él la última vez él ya sabía que no la volvería a ver. Su padre había salido de prisión por el arco de Bezudo, pero no para estar con ella, sino para ocupar un espacio junto a los cadáveres de otros presos en una fosa, otras personas sin nombre escrito en una lápida. Personas que soñaron un día con volar y un mortífero disparo les dejó sin alas ni vida. María hace un tremendo sobreesfuerzo para ocultar sus pensamientos diciendo de manera lacónica:

—Esperemos que así sea —María saca un pequeño paquete y se lo entrega a Clara—. Lo he traído para tu padre, son unos chorizos. Tienes que poner el nombre. También he traído un lapicero, no sabía cómo se llamaba tu padre —Sin darse cuenta, utiliza el pasado, pero Clara no se percata.

—Se llama Antonio de las Heras. Muchas gracias, seguro que están buenísimos.

—Después, los pruebas tú, los hice este invierno, antes de que llegase mi hombre de la guerra, el pobre apenas los disfrutó. Lo encerraron antes con antes.

Se abrazan de nuevo y se cogen del bracete, caminando juntas a entregar los paquetes al funcionario. Primero lo entrega María y espera a que Clara haga lo propio.

—Pasa un momento, el cabo quiere hablar contigo —le indica el funcionario sin recibir el paquete.

—Si yo no he hecho nada...

De manera automática se da cuenta de la realidad. Su padre ya se ha reunido con su madre y sus hermanos, solo queda ella y lo que lleva en su vientre. Clara tira la caja contra el suelo y comienza a golpearse en la barriga. María intenta detener los golpes, caen las dos al suelo. Dos guardias las incorporan, mientras que Clara no cesa de gritar y de intentar golpearse en el vientre.

—¿Lo han matado, me lo han matado?

—Pasa —le ordena de manera imperiosa el guardia de la puerta, la empuja dentro. María pasa asimismo al interior.

—Lo han matado, han matado a mi padre, cabro...

María pone la mano en la boca de Clara, aprieta el cuerpo de la muchacha contra el suyo, evita que continúe golpeándose. Clara había dicho que no le quedaban lágrimas, rompe a llorar de manera desconsolada, se contagia María, incluso a uno de los guardias le cuesta mantener la compostura. En el exterior, quienes están detrás, comienzan la visita a sus familiares. Otros se encuentran con el mismo mensaje desolador. María intenta que sus palabras no delaten que ella ya lo suponía cuando le hablaba de la liberación de su padre. Aquella visita fue la más corta de cuantas realizó María a su hombre, se pasó el tiempo intentando consolar a Clara. De no recibir el aviso de un funcionario, ni siquiera lo hubiera visto. No quería dejar a Clara sola, veía a Clara lanzándose desde el puente de San Pablo, cayendo y estrellándose contra las rocas o las aguas del Huécar, que ese día resplandecían azules como el cielo. A buen seguro el río le habría recibido como una ofrenda a la desesperanza. Consintió Clara el pasar con María a visitar a Felipe, el cual se encontraba exasperado de tanto esperar. María intenta hacerle un gesto, pero él ya sabe lo que quiere decirle ella, ya lo habían comentado otros visitantes. Los familiares eran menos numerosos, por el hecho excepcional de que aquel mes había habido dos días de visitas. Menos ruido, menos bullicio y sobre todo menos tiempo; sin embargo, dio mucho de sí.

—Siento lo de tu padre, era un buen hombre, ahora debes pensar en ti y en esa criatura.

—¿En esta criatura? ¿Sabes acaso qué es esta criatura? — de nuevo, está Clara desafiante, rabiosa, como si fuese Felipe su enemigo.

—Sí, lo sé, me contó todo tu padre. Aquí se sabe todo, tenemos mucho tiempo para pensar, para hablar y para sufrir.

—He pensado… —comenzó María.

—Sí, sé lo que vas a decir. Si ella quiere, os vendrá bien a las dos…, a los cuatro.

—Pero…

—Ya te he dicho, aquí hay mucho tiempo para pensar y Antonio, tu padre, me dijo que te intentásemos ayudar…

—¿Sin conocerme?

—Conocía a tu padre y era un buen hombre. A mí me ayudó él cuando me encerraron. Nosotros te ayudaremos a ti. Lo necesitas, y María también te necesita. Entre los pobres, entre quienes no tenemos ni esperanza, es entre los que debemos ayudarnos…

No tuvo que recoger equipaje, apenas unos recuerdos que guardaba en la casa de la anciana que le daba cobijo a cambio de limpieza y compañía, muy cerca de la Torre Mangana. Recuerdos que une a las escasas pertenencias de su padre, que le entregan en una maleta de cartón, solo eso quedaba de Antonio de Las Heras, alcalde de un pueblo del Campo de Calatrava: una maleta casi vacía de cartón con unas fotografías de otros que murieron antes que él. Preguntó dónde estaba enterrado y le dijeron que tampoco importaba.

Quedan horas hasta que el autobús salga para Gascas. Recorren tristes, juntas la ciudad sin apenas hablar. Clara, cada dos por tres, echa a llorar y habla de reunirse con ellos, con su familia.

—Es lo que esperan de mí, es lo que querían decirme en mi sueño.

—No, tu padre hubiera sido feliz de ver crecer a su nieto. Debe nacer y crecer y saber lo que le hicieron a su abuelo, lo buena persona que fue y por qué lo mataron estos sin dios —rebatía María, pensando en lo que haría ella si un día, al llegar a ver a su hombre, le dijesen que le habían matado. ¿Sería suficiente su hijo para desear vivir?

María no regresó sola al pueblo, a su lado iba una muchacha, casi una chiquilla, llorando desconsoladamente. María le preguntaba sobre su madre, sobre sus hermanos para tenerla distraída a pesar de saber que le dolía, asimismo, ver cómo le brillaban los ojos por la emoción.

—Mi madre era la mejor modista de todo el Campo de Calatrava, vendía en todos los pueblos, en Almagro, en Bolaños, Granátula, en Moral, en Miguelturra, hasta en la misma Ciudad Real. No importaba que hiciera frío o calor, hasta preñada iba de pueblo en pueblo. Mi hermano Carlos nació en Villanueva de San Carlos, por eso se llama Carlos…, se llamaba. Era incansable. En todos los sitios había ricachonas, y no tanto, que le hacían encargos. Era la mejor. Nunca supo, ni quiso saber nada de política, ni siquiera cosió banderas de la República, a pesar de que se las encargó mi padre.

Cuando Clara habla de su familia, se olvida de su dolor; los recuerdos suelen ser agradables y mientras los narra, llega a reír, a vivirlos, pero los recuerdos terminan por hacerle llorar.

—Yo no había ni nacido, pero cuentan que con mi hermano Carlos, mi madre, que estaba preñada, fue a Almagro a llevar un vestido de novia, al agacharse para coger los bajos, mi madre dijo, *«que me meo»* y ya estaba saliendo la cabeza de mi hermano por debajo de las sayas… ¿te imaginas? Sí, estaba preñada, pero ella no sabía que era de tanto —Clara se echa a reír, después se le ensombrece el rostro —. Y me los mataron, me los mataron delante de mis ojos, y yo así, aquí preñada de unos hijos de mala madre...

Al igual que el río, sus risas terminan desembocando en el doloroso e inconsolable llanto. Todas las historias que pretendían que fuesen alegres, terminaban llegando al mar del dolor, a esos instantes tristes:

—Mis hermanos se marcharon con ilusión a defender la libertad, eran como mi padre, soñadores, y murieron defendiendo aquello en lo que creían. Yo, sin embargo, era como mi madre. No me importaba la política. En el pueblo me llevaba bien con todos, hasta con el cura, y eso que no iba a misa. Un día llegó una carta, diciendo que habían muerto, juntos. Mi madre no quería ni vivir, convencida de que mi hermano Carlos, también moriría. Al terminar la guerra, nada sabíamos de él, entonces llegó, y parecía que todo el dolor se iba con la alegría de verlo con vida. Y no nos dio tiempo ni de abrazarlo...

Rompía a llorar y María la abrazaba y acariciaba sus cabellos o secaba sus lágrimas con un pañuelo.

—El día más feliz de nuestras vidas, por el regreso de mi hermano, fue el día más desgraciado de mi existencia. Me los mataron, me los mataron, a mi padre a la cárcel y a mí...

Accedió a irse con María, ya no estaba sola al contrario que en los últimos meses. No por ello duele menos. De vez en cuando golpea con rabia contra su abultado vientre sin que María sea capaz de evitarlo. No sabe todavía las explicaciones que tendrá que dar al llegar a Gascas ni cuáles no. Está segura de que lo ideal sería no darlas, pero resultará imposible evitarlo. La gente querrá saber y las nuevas autoridades igualmente. En principio, pensó en decir que era una sobrina o su hermana desaparecida. Más tarde, pensó que la mejor opción era decir la verdad. Las mentiras tienen las patas muy cortas y tarde o temprano se habría de saber, y entonces tal vez le exigirían que se explayase más de lo deseado. Durante todo el trayecto los lloros, los abrazos y los besos fueron una constante, tan solo eso parecía calmar a Clara, pero sobre todo el hablar, el contar cosas de su padre, de sus hermanos, lo guapos y trabajadores que eran..., de sus sueños.

11

El bastardo de su padre
Octubre 1940/ abril 1939

Clara despierta entre los junqueño más expectativas de las deseadas, a pesar de estar prácticamente recluida en la casa. La llegada del invierno y lo avanzado del embarazo ayuda en parte a justificar sus deseos de encierro. María procura respetar esa decisión, bien es cierto que hubo de dar más explicaciones de las que en principio hubiese deseado. Se alegra de su decisión de decir la verdad, fue un acierto. Naturalmente, intenta suavizar la historia.

—A veces lo recuerdo como si fuese un mal sueño que alguien me contó, sin que yo lo creyera. Otras, lo vivo en presente, como si estuviera ocurriendo en estos mismos instantes. Veo a los moros profanando las iglesias, las casas, lo más sagrado de las mujeres. Son muchos los días que deseo que Dios se apiade de mí y me lleve con mis padres y hermanos, descansar de tanto dolor. No sé cómo no estoy loca siendo capaz de razonar y agarrarme a la vida a pesar de tanta angustia. Solo Dios y la Virgen saben de lo que sería capaz de no estar mi hija de por medio...

En su relato inventado no hay falangistas, solo moros, consciente de la aversión que por muy distintos motivos despiertan entre vencedores y vencidos los marroquís. No hay rechazo por parte de los gasqueños. Su aspecto débil e infantil solo provoca pena y comprensión. En el ayuntamiento, cuanto apenas preguntan, incluso prometen y consiguen hacer lo posible para que ni la Guardia Civil haga acto de presencia en la casa. El nacimiento de la hija de Clara, en principio, fue un hachazo para la muchacha. El golpe emocional se acrecentó por los incisivos comentarios de buena parte de las mujeres que pasaron por el domicilio de María. La criatura era de tez muy morena a pesar de que sus rasgos no terminan de ser morunos y nadie que no lo supiese habría podido deducir que el padre era un mercenario magrebí de las tropas de Franco, salvo por su rizadísimo y abundante cabello.

—Se parece al bastardo de su padre —dijo nada más verla.

Y en su cara no se dibujó la sonrisa maternal que suele acompañar a las mujeres después de ver por primera vez a sus hijos recién nacidos.

—No la quiero. No la quiero, apártala de mi vista.

Las lágrimas de rabia se convierten en histéricas. La partera y María llegan a temer que sea capaz de cualquier locura. No quiere ni darle el pecho, se niega en redondo, y los primeros días es una vecina quien se encarga de darle sustento a la criatura. María hace de madre, hermana y consejera. Sus lágrimas se mezclan con caricias. A base de mucha paciencia logra que Clara esté dispuesta a darle el pecho a la pobre criatura, sin que esta deje de maldecirla y rechazarla con todo tipo de palabras malsonantes. Es mucho el dolor y la rabia acumulada en su mente y en su corazón como para olvidar lo ocurrido no solo a ella sino a toda su familia. Recuerdos demasiado recientes como para que no dolieran.

—La veo y veo al bastardo de su padre... a los bastardos asquerosos, hijos de...

Y de su boca salen todos los calificativos de la lengua castellana habidos y por haber. En Gascas, al terminar la guerra, los vencedores, al igual que en toda España, cometieron barbaridades que nada tenían que ver con la generosidad del vencedor, que supuestamente debe tener este con respecto a los vencidos. Mientras que a los hombres se los llevaron a Uclés, solo a Felipe a Cuenca, a las mujeres les raparon la cabeza y obligadas a tomar aceite de ricino para después sacarlas por la calle en procesión, yéndose patas abajo, de lo cual se libró María. Estaba en casa de su suegro y este la protegía.

Por el contrario, en el pueblo de Clara, bastante más al sur, en los límites de Andalucía, fue muy diferente. Sabían que podía ocurrir, habían escuchado noticias que llegaban sobre lo sucedido a gentes de los pueblos ocupados por los golpistas, especialmente, si entre los sublevados iban moros. Sabían lo que les esperaba a las mujeres e hijas de los republicanos, sin importar en muchos casos la edad, algo bastante peor que el aceite de ricino y la muerte.

Las atrocidades eran ampliamente difundidas a través de las ondas por el general golpista Queipo de Llano, sembrando la muerte a ambos lados del frente. La mayoría de los habitantes de los pueblos ocupados no tenían dónde ir, ni puerto, ni barco dónde embarcar para escapar, y tan solo les quedaba esperar su calvario.

Los soldados leales a la República habían abandonado sus armas y en pequeños grupos iban regresando a sus respectivos pueblos. Algunos eran apresados y llevados a campos de concentración. A otros los dejaban llegar a sus pueblos ante la imposibilidad de identificarlos para de nuevo ser apresados y en muchos casos asesinados tras ser identificados y denunciados por sus paisanos.

Fue a principios del mes de abril cuando llegaron medio centenar de aquellos soldados derrotados al pueblo de Clara sin armas, cansados, hambrientos y con mucho miedo. Su llegada corrió como la pólvora. Las mujeres salieron de sus casas con la esperanza de que entre aquellos soldados se encontrasen sus hijos, sus maridos o sus novios. Una docena de aquellos soldados se quedaron en el pueblo. El resto, tras despedirse, marcharon en dirección a sus respectivos pueblos con la pesada carga de los vencidos, con la incertidumbre de no saber lo que cada uno encontraría al llegar. No habían terminado los abrazos de despedida de los soldados a las afueras del pueblo cuando comenzaron los abrazos de bienvenida con los familiares. Alguien los vio llegar acudiendo a la plaza. En ella se concentraron niños, mujeres, ancianos y los hombres que habían llegado antes, no habían ido al frente o mutilados habían regresado antes del mismo. Era el fin de una pesadilla parecían pensar todos y así lo demuestran. Se besan y abrazan con desesperación, lloran de alegría por el reencuentro, por el fin de la angustia que representa la guerra. Aquellos soldados llegaron en un estado lamentable después de varios días de caminar, casi sin comer ni dormir, sucios, cansados, hambrientos y vencidos. Al abrazarse a sus familias o lo que quedaba de ellas, todo el sufrimiento parecía quedar atrás. Clara no cabía en sí de gozo, por fin allí estaba Carlos, su hermano, el único de los tres hermanos que no había muerto en la guerra. No, no es que de repente le hubiesen dejado de doler los hermanos fallecidos, pero allí estaba el tercero. Por fin parecía que sus plegarias habían sido escuchadas por un Dios del que otros se habían apropiado. Allí estaba su hermano, podía verlo, tocarlo, besarlo. Carlos se repartía, lo mismo que el resto, entre madres, hermanas, novias y mujeres, padres, abuelos, hijos o simplemente amigos o conocidos. Los niños corretean, juegan contentos, se agarran a los pantalones de sus padres o hermanos, que en algunos casos apenas conocen, quieren ser cogidos en brazos, los viejos se abrazan a los recién llegados como si fuese el último de los abrazos. No todos en el pueblo sienten esa misma alegría. Desde algunas ventanas se observa en silencio el júbilo de los vencidos y parece que les hace daño tan mísera alegría. Al contrario, sienten rabia, como si se hubiesen invertido los sentimientos de victoria y derrota. Esperan la llegada de los suyos escondidos tras las cortinas, sin atreverse a salir a celebrar la victoria que ya conocen. No espera que lleguen los vencidos antes que los vencedores. Les molesta que lleguen alegres a pesar de la derrota, que no oculten su gozo por regresar con los suyos; aunque, sean derrotados y con un final más que incierto. Se conforman porque todavía podía ser peor, aunque pensasen que lo peor había pasado ya. Entonces escucharon ráfagas de ametralladoras a lo lejos seguidas de gritos y lamentos. Todos se estremecen, incluidos quienes están tras las cortinas, aunque estos saben que ya están allí los suyos. Es la hora de la venganza, deben salir antes de que termine de entrar en el pueblo el victorioso ejército de Franco. Las gentes que se encuentran en la plaza saben que los destinatarios de aquellos disparos habían sido aquellas cuatro decenas de soldados, de quienes se habían despedido momentos antes.

—¡Que vienen los fascistas! —grita al entrar en la plaza la mujer del alcalde republicano, la madre de Clara.

Al instante se escuchan dos disparos mucho más cercanos, que nadie supo de dónde habían salido, pero la mujer cae de bruces, herida ante la mirada atónita de quienes segundos antes sentían una felicidad suprema. Los hombres, acostumbrados al frente, se ponen tensos, buscando el fusil que ya no tienen. En segundos, aparecen como por arte de magia habitantes del pueblo vestidos con camisa azul recién planchada. Llevan escopetas de caza, con las que apuntan a los que se encuentran en la plaza. La mujer, que había dado el grito, se encuentra en el suelo, con un disparo en el costado derecho y otro en el tobillo, la primera herida sangra de manera abundante. Clara y Carlos corren al lado de su madre, esta permanece con los ojos abiertos, implorantes, con gesto de dolor en el rostro, alargó su mano haciendo un último esfuerzo en dirección a sus hijos, los cuales se acercaron corriendo.

—¡Madre! —gritan ambos.

Antes de llegar, se encuentran con un par de jóvenes falangistas apuntándoles. La muchacha mira a su hermano y puede ver la rabia y la impotencia en su rostro, en sus ojos, pero del mismo modo la risa sarcástica de quienes les retienen. Nota la proximidad de un cañón caliente que le quema la cara. Entonces, mira a aquel tercer improvisado falangista, que ríe cruelmente. Ernesto Pujalte es su nombre, no tendría más de veinte años, vecino suyo, compañero de juegos infantiles y desde unos meses antes su pretendiente más o menos despechado. Él presume de que ella será su novia, aunque nunca le haya dado pie para ello y siempre lo rechazase. Si bien Clara se considera su amiga, habían compartido muchas horas de juegos desde la más tierna infancia, al crecer se habían distanciado precisamente por la pretensión de Ernesto de que fuese su novia, por sus intentos de besarla contra su voluntad, de esperarla en cualquier esquina. Es el menor de los hijos del capataz de uno de los terratenientes de la comarca. Capataz con las suficientes influencias, incluso entre las autoridades republicanas como para evitar que Ernesto fuese uno de quienes integraron la llamada quinta del biberón. Ernesto Pujalte es apuesto, muy bien formado y de facciones agradables, capaz de enamorar a cualquier muchacha que se lo proponga solo con la mirada; a pesar de que sus modales rudos lo alejasen bastante de ellas. Con Clara había dado en hueso. Ella no le decía que no, pero jamás le llegó a decir que sí, como tampoco se lo llegó a decir a ninguno de sus pretendientes. Era como si esa muchacha de modales y aspecto delicado prefiriese quedarse para vestir santos en lugar de desear formar una familia.

— ¡Joder! Casi dejo viudo al suegro —dijo regocijándose Ernesto, vestido con pantalón de pana y camisa azul falangista, puesta sobre un jersey de lana. Era él, terminaba de disparar contra la madre de Clara, esta le miró desafiante.

—¡Hijo de la gran puta! —gritó llena de rabia, sin importarle las consecuencias.

Ernesto entonces apartó el cañón del rostro de la muchacha y de un disparo terminó con la agonía de la mujer.

— ¡Ea,ea! Pues sí, ya he dejado viudo al suegro…, me he quedado sin suegra y con la novia huérfana, tres pájaros de un tiro.

Y sus risas se escucharon en toda la plaza, atronando en la cabeza de Clara y Carlos. El joven falangista, de nuevo, disparó contra el cuerpo de la mujer a pesar de estar muerta. Fue entonces cuando su hermano Carlos se abalanzó sobre él, derribándolo al suelo y quitándole la escopeta. Antes de que pudiese apretar el gatillo, cayó entre el cuerpo de su madre y el de su hermana abatido por los disparos de otros falangistas.

—¡Coño! ¡También sin el cuñado! —exclamó desde el suelo, mientras se levantaba un poco aturdido, a pesar de querer demostrar lo contrario el joven falangista. Clara corre en dirección a la escopeta con intención de cogerla, un fuerte golpe propinado por Ernesto Pujalte, padre, le derriba. Es el falangista que lleva la voz cantante. El hijo, entonces, coge de nuevo la escopeta, abriéndola para sacar los cartuchos gastados y mete nuevos, apunta a la cabeza de la muchacha, reclinada en el suelo.

— ¿Qué pretendías, hija de la gran puta?

Ernesto, padre, aparta la escopeta de la cabeza de la muchacha que empuñaba su hijo.

—Tranquilo, Ernestín, no seas bruto con la muchacha. Hay que ser buen cristiano —dice—. La pobre necesitará consuelo y es de buenos cristianos consolar a quien lo necesita. Además, ¿no la querías para novia?

— ¿Yo? ¿A esta roja?

Sus palabras las acompaña con una maniobra de escopeta, sube la falda de la muchacha con el cañón hasta llegar a la altura del sexo, colocando el extremo del cañón apretando contra el mismo. La muchacha tiembla, los presentes contienen la respiración ante lo que parece que va a hacer Ernestín. Entonces, el padre se interpone entre su hijo y la muchacha, mirando fijamente los muslos de Clara.

—¡Imbécil! ¿Estás loco? —Después mira a la temblorosa y lacrimosa Clara. Es una pena desperdiciar tanta belleza.

Se fue la primavera por sorpresa aquel día de finales de abril, derramando los pucheros sobre las ascuas y transformando la alegría en cenizas, destetando a las criaturas recién paridas o por parir, que crecerían sin ver ni escuchar la voz, los consejos o las risas de sus padres. También estaban esas otras criaturas, las concebidas aquel turbio día de primavera. Tenebroso y triste día, a pesar de estar el sol brillante sin una sola nube en el cielo. Criaturas inocentes, que nacerían sabiendo que sus padres eran unos malditos bastardos.

12

La plaza de la «Victoria»

Abril 1939

En la plaza entran nuevos falangistas en un camión, que vuelve a salir de la misma para hacer la entrada a pie, desfilando y cantando. Son forasteros, posiblemente, los autores de los disparos escuchados momentos antes, piensan quienes se encuentran en la plaza. Pronto salen del error. Nuevos disparos atronan por todo el pueblo, pero no son los recién llegados, se trata de otro ejército mucho más ruidoso que entra en un camión descubierto, disparando al aire en la plaza. En el nuevo camión viajan una veintena de moros que gritan con gestos airados:

—¡Viva España! ¡Viva Franco!

El nuevo camión da dos vueltas completas a la plaza entre las sonrisas complacientes de unos y el temor de otros. De la cabina desciende un teniente de más de cincuenta años con el uniforme de la legión. Está completamente calvo y lleva el chapiri ladeado, sus ojos son saltones y enrojecidos, posiblemente a consecuencia del mucho alcohol ingerido. Su espalda procura mantenerla recta con el pecho echado hacia adelante, en una posición que claramente se puede percibir forzada. Con voz grave da la orden de bajar y formar a aquellos exaltados magrebíes, los cuales desprenden el mismo olor a aguardiente y vino que el teniente. No parece que lleven muy a rajatabla los preceptos coránicos. Se acercan los dos falangistas que hacen de cabecillas de ambos grupos y saludan marcialmente al teniente para después estrechar la mano. Ernesto Pujalte padre hace un gesto, como de asco, ante el olor a aguardiente que desprende el teniente al hablar. Afortunadamente, para él, el teniente está tan borracho que no lo percibe. Los marroquíes toman posiciones desplazando a los falangistas y ocupan el puesto de estos. Encañonan a los vecinos que habían salido a recibir a los soldados republicanos y les hacen ponerse pegados a la pared del ayuntamiento junto con los mismos.

El teniente da órdenes a los dos cabecillas y estos llaman a sus camaradas, los cuales forman marcialmente. El teniente pasó revista a la tropa formada por los falangistas como si se tratasen de legionarios que debieran ir perfectamente uniformados.

—El ejército de Pancho Villa —dice al tiempo que escupe en el suelo con gesto de asco, lo cual le produce angustia y termina vomitando a los pies de los dos cabecillas falangistas que, de inmediato, se apresuran a disculparlo.

—Eso es el mareo del viaje —dice Ernesto Pujalte, padre.

—Sí, eso debe ser —añade el falangista forastero.

—Vamos a lo que hemos venido y dejémonos de monsergas. Por cierto. ¿Tienen ustedes cura en el pueblo? —carraspea el teniente limpiándose con la manga de la camisa la boca.

—No, mi teniente. Lo mataron los rojos que vinieron del pueblo de Carmelo —contesta Ernesto Pujalte, padre, señalando con la mirada al otro falangista.

—Esos ya no matan a nadie, nosotros ya hemos hecho nuestro trabajo — replica el falangista del pueblo vecino.

—Tampoco importa, así van directos al infierno —dice el teniente y ríe exhalando ahora un olor a agrio por los vómitos. Se percata de ello y saca una pequeña cantimplora que, en lugar de agua, lleva aguardiente. Echa un trago, se enjuaga la boca y la escupe en el suelo.

Se introducen junto con el teniente los dos cabecillas falangistas en el interior del Ayuntamiento, dejando en la plaza una imagen muy particular: en un lado, dos personas muertas junto con tres jóvenes falangistas que apuntan a una muchacha indefensa, que permanece en el suelo; en otro, unos veinte falangistas formados en posición de firmes sin atreverse a romper filas sin una orden superior y una docena de marroquíes apuntando a los vecinos del pueblo, estos, todos con el brazo alzado, haciendo el saludo fascista, mientras media docena de magrebíes van arrancando medallas católicas y sortijas a las mujeres que las lleva en el cuello.

Al salir los falangistas y teniente, este lleva un papel en la mano con los nombres de algunos vecinos. El teniente llama al sargento marroquí, el cual se encarga de formar grupos mixtos de magrebíes, falangistas locales y forasteros para, a continuación, salir en distintas direcciones sus integrantes. Pronto se escuchan los primeros disparos y comienzan a aparecer vecinos con las manos en alto encañonados por marroquís, algunos acompañados de sus mujeres e hijos. El teniente hace un gesto ordenando a los vecinos del pueblo para que se pongan unos al lado de los otros.

—Antonio De las Heras…

Comienza a leer el teniente. Instintivamente todos miran en dirección a donde se encuentra el hijo de Ernesto Pujalte, Clara y los cadáveres de la madre y hermano de la muchacha.

—¿Ya estamos? ¿No he dicho todos los de la lista? —pregunta el teniente de mal humor.

Ernesto Pujalte, padre, marcha en dirección a Clara.

—Clarita… ¿Dónde coño está tu padre?

—Yo qué mierda sé —responde ella.

—Mal vamos, no está bien que el alcalde no esté presente para rendir lealtad a las nuevas autoridades. No, Clarita, no.

Encañonado por un falangista y dos marroquíes entra en esos momentos en la plaza un hombre de unos cincuenta años, como los anteriores, con las manos en alto.

—Aquí está el señor alcalde —grita Ernesto Pujalte para que le pueda oír el teniente a pesar de estar a menos de tres metros de este. Asimismo, quiere atraer su atención, del recién llegado, hacia el cuadro que presenta su esposa y al hijo muertos, y su hija Clara, que todavía permanece en el suelo con la falda subida.

Ernesto padre ahora lleva una pequeña pistola que le ha entregado el teniente, se apresura a ponérsela en la sien a la muchacha.

—¡Anda, bájate la falda, cochina!

El hombre recién llegado palidece al ver los cadáveres de su esposa e hijo en el suelo y a su hija de tal guisa; sin medir las consecuencias, corre en dirección a su familia. Una marroquí alza el fusil con intención de disparar, el gesto del teniente evita el disparo. El hombre se arrodilla ante los cuerpos de su mujer e hijo. —¿Dónde estaba? —le pregunta Ernesto Pujalte al falangista que había acompañado a los moros a buscar al alcalde.

—Quemando papeles en la lumbre—contesta el falangista que lo había traído.

—¿Quemando papeles? Traer a ese elemento rápido —ordena el teniente.

De inmediato, dos falangistas locales se abalanzan sobre el hombre y lo llevan arrastras hacia donde se encuentra el teniente. La muchacha intenta agarrarse a él, gritando y suplicando.

—Sargento, mande a dos hombres que hagan callar a esa guarra como saben hacerlo los hombres de verdad... —ordena el teniente haciendo una pausa— con el padre presente —sentencia con una sonrisa irónica.

Dos soldados marroquíes agarran a la muchacha levantándola del suelo y se encaminan en dirección de una de las casas abiertas, de la que momentos antes habían sacado a sus habitantes. Se paran delante del teniente. Ernesto Pujalte, hijo, sin que nadie se lo ordene, los acompaña. Al pasar por delante del padre de Clara se ríe y este le responde con un salivazo. Reacciona el joven falangista con rabia, acompañando la ira con un movimiento de escopeta, que de nuevo el teniente le impide el disparo.

—¿Dónde te crees que vas tú, mocoso? Aquí nadie hace nada sin mi permiso... ¿Estamos?

—Yo, bueno, iba a ayudar... —titubeó Ernesto, hijo.

—Ah, bueno, pues nada. Vamos, viejo, en tus manos está que esos moros te desgracien la muchacha. Quiero que me digas lo que había en los papeles que has quemado...

—Cosas de la Casa del Pueblo y del Ayuntamiento.

—Cosas que iban contra España... ¿No? Y que me vas a decir una por una, ¿de acuerdo? Delante de todos.

—No las he leído.

—Pasad para adentro con la muchacha. Muchacho, tú también, a ver si te haces un hombre —ríe, dándole un golpe con el codo al padre del joven. El joven falangista sonríe satisfecho—. Veremos a ver si cambias de idea.

—Hacedme a mí lo que queráis, a mi hija no.

—Siempre la misma monserga, ¿sabes? Viendo la cara de analfabeto que tienes, hasta te creo, pero has quemado unos papeles que deberías haber entregado a las autoridades y eso tiene un castigo, no vaya a ser que a alguien le dé por quemar o hacer cosas que no deba. Para adentro. Este paleto también... por si recuerda algo mientras tanto.

Los marroquís de nuevo cogen en volandas a Clara y la introducen en el interior de la casa con Ernesto Pujalte, hijo, acompañando a los magrebíes. Pronto comienzan a salir gritos desgarradores de la garganta de la muchacha, que atraviesan la silenciosa plaza. El teniente saca la pistola del cinto y se la coloca en la sien al alcalde obligándole a pasar al interior de la casa. Los gritos de Clara cesan, aunque nadie fuera conoce el motivo. Instantes después salen los dos marroquíes, el teniente y el alcalde. Unos minutos después, sale Ernesto Pujalte abrochándose el cinturón y apuntando a Clara con la escopeta. La muchacha está semidesnuda, llorando lastimeramente. Sus labios sangran, mordidos por ella para evitar gritar. Sus piernas se encuentran ensangrentadas. Realiza un vano intento por tapar su cuerpo, pero tiene todas las ropas destrozadas. El teniente le obliga a ponerse frente a la gente, tiritando de nervios, frío, indignación y vergüenza. Estira de la poca ropa que le queda, exhibiéndola para que todos pudiesen asimilar la lección.

—Deberíais haber aprendido quién manda en España. A nosotros no nos gustan estas cosas, pero no nos dejáis otra alternativa. Espero que os sirva como escarmiento —dijo el teniente apuntando con la pistola al grupo. Apunta a las mujeres más jóvenes. Después se dirige a la muchacha y a su padre —: Ahora uníos al grupo. Calladitos, señor alcalde, quítate la chaqueta y dásela a tu hija, que deshonra a la patria.

El padre de Clara se quita la chaqueta de pana sin poder contener las lágrimas y se la pone a su hija por encima de los hombros. Cuidadosamente se la abrocha, sin atreverse a mirarle a los ojos. Ella igualmente esquiva la mirada del padre. Ambos sienten vergüenza como si fuesen ellos los culpables. Anita, que todavía no había cumplido los trece años, se quita el pañuelo que lleva sobre la cabeza con movimientos pausados. Nadie la mira, todos están pendientes de las palabras del teniente y de los fusiles y escopetas que los apuntan. Ella tampoco quiere mirar a nadie con sus asustados ojos, se siente aterrorizada. Se acerca por la espalda a su vecina Clara y sin pedirle permiso a nadie, anuda su pañuelo de flores sobre el talle de Clara para tapar aquello que no cubre la chaqueta. Ernesto Pujalte hijo, empuja a la chiquilla, que cae en el suelo. Entonces todos reparan en Anita.

No fueron necesarias palabras, la mirada del teniente al sargento es suficiente, tres soldados marroquís la levantan del suelo y la llevan para la casa donde instantes antes había salido Clara. Manuel, su padre, que intenta evitarlo, cae fulminado de un disparo. Los desgarradores gritos de la chiquilla pronto cesaron. Nunca salió de aquella casa. A lo largo de aquel triste día, cinco muchachas más fueron violadas en el pueblo.

—¿Es necesario que nos obliguéis a esto? —preguntó el teniente cuando todavía se escuchaban los desgarradores gritos de la chiquilla.

Ernesto Pujalte padre, que iba repasando los nombres de quienes subirían al camión, al pasar por al lado de Clara, todavía le quedaron ganas para el sarcasmo.

—Clarita, me temo que mi chico ya no quiere casarse contigo, ya no estás entera.

—Hijos de la gran puta. Tú, tu hijo y todos los bastardos hijos de la gran puta… —gritó la muchacha como el alarido desesperado de quien busca la muerte. Grito apagado por un puñetazo en los labios de Ernesto Pujalte hijo. Clara saca fuerzas de donde no tiene, humillada, notando la sangre caliente correr por sus muslos, por sus labios, en el interior de su paladar y mira desafiante a padre e hijo. Ernesto Pujalte padre, hace un gesto de disparar, pero ha aprendido pronto y mira al teniente antes de actuar.

Este niega con la cabeza.

—No aprendemos, así no hay forma. Vamos, alcalde, directo al camión, y a quienes nombre Ernesto, detrás —dice el teniente mirando al grupo—. Todo aquel que tenga papeles, que sepa algo, que quiera colaborar, Franco sabrá ser generoso con él. Quien haga lo que vuestro alcalde…Ya habéis visto, si tenéis hijas o mujeres, ya sabéis lo que les puede pasar, mis hombres necesitan desahogo.

El hombre es el primero que intentan llevarse al camión. Abrazado a la muchacha como está, resulta imposible desprenderse de ella. Clara recibe un nuevo golpe, ahora en la sien, cayendo al suelo desvanecida. Entonces le pegan al padre otro y se lo llevan arrastrado al camión, después se llevarían a otros cuantos. A Antonio lo suben al camión sin saber si su hija está muerta, hasta meses después no lo sabría.

—¿Qué hacemos con esta escoria, mi teniente? —preguntó uno de los falangistas señalando a Clara, que comenzaba a dar muestras de estar viva.

—Dejarla, en su vientre lleva la penitencia. Seguro que terminará de zorra en una casa de putas de Madrid —respondió el teniente.

Clara, vive, pero hubiese preferido estar muerta. Tardó en averiguar el peregrinaje carcelario de su padre, de Villarrobledo a Ocaña, y finalmente Cuenca. Allí se traslada ella. Pasa hambre y fatigas, al tiempo que ve cómo su vientre se va abultando a medida que su cuerpo adelgaza. Si sale su padre de la cárcel, se marchará con él a donde él quiera, menos a su pueblo. Si lo matan, ya lo pensará. Casi nueve meses después, en el corazón de Clara no hay lugar para el perdón. El fruto de su vientre ve la luz en una casa extraña, en un pueblo que nunca había oído nombrar, junto a una mujer que le hace sentir ganas de vivir. Una desconocida que le ayuda a querer con toda su alma a esa hija que comenzó a odiar desde el mismo momento en que supo que estaba embarazada. No solo su corazón es incapaz de perdonar, sino que en él no hay resquicio para el amor. Son muchas las noches de pesadillas en las cuales revive aquella humillación. Escucha las risotadas de moros y de aquel al cual siempre consideró su amigo, que decía estar enamorado de ella, al que ella siempre rechazó a pesar de que todas sus amigas considerasen que era guapísimo. No es que ella pensase lo contrario, pero nunca llegó a albergar ningún deseo de estar a su lado. En las noches revive la pesadilla de ver sobre su cuerpo adolescente babear a aquellos moros con olor a aguardiente y aquel imberbe admirador derramando su cobardía en el interior de su vientre. Siente asco de unos y del otro, no quiere perdonar, pero tampoco olvidar.

13

Dos mujeres

1940

Antonia fue el nombre con el cual bautizaron a la nueva criatura en honor a su abuelo, no podía ser otro el nombre elegido. Clara le prometió a su padre que sería un chiquillo y que se llamaría Antonio. Lo primero no estaba en su mano, fue niña y la llamó Antonia. Nunca fue Antoñita, ni Toñi, ella quiso que fuese Antonia, que cada vez que la llamase tuviese presente a su abuelo, que si algún día le preguntaban dijese orgullosa:

—Me llamo Antonia porque Antonio se llamaba mi abuelo y un día lo asesinaron unos hijos de puta por ser una buena persona —así se lo expuso a María.

—Pero eso no lo podrá decir —replicó la maestra.

—Con pensarlo y saberlo ella me conformo, y si un día puede decirlo, que lo diga con orgullo. Que su sangre será bastarda por parte de padre sea quien sea, pero por parte de madre y abuelos es muy digna y noble. Se llama Antonia, como Antonio fue mi padre y mi hermano. Sí, se llamará Antonia con toda la rabia de su alma —replicó ella entre otras muchas cosas.

Llegó al mundo con las primeras nieves de finales de otoño entre gritos de dolor y rabia. Al verla, ya no quiso que se llamase Antonia. Hubiese querido que hubiese nacido muerta: su tez oscura, más de lo que Clara hubiese deseado, y sus cabellos negros y ensortijados le recordaban más a sus violadores que a su padre. Afortunadamente para la pobre chiquilla, sus ojos eran tan claros como los de la madre, aunque, con el tiempo, se le oscurecerían hasta ser negros como el cieno; pero, eso llegaría de manera paulatina. La posibilidad de que tuviese rasgos magrebíes era alta. La incertidumbre, el temor e incluso la repugnancia durante todo el embarazo habían estado presentes por igual en la mente de su madre. Esos rasgos le recordarían más la tragedia vivida que de haber nacido tez clara como la de aquel que quiso ser su novio y que fue su tercer violador. Realmente, le producían similar asco y desasosiego; aunque, ahora, al verla tan morena, con rasgos morunos tan marcados, la chiquilla le producía un rechazo aún mayor si cabe. Esos rasgos no ayudaron en nada a Clara para que aceptase de buen grado a su hija recién nacida. Incluso llegó a tener pensamientos más oscuros que los ensortijados cabellos de la niña, pensamientos que le atormentaban la mente, pesadillas que en las noches le impedían dormir y que a María le hacían temer por la vida no solo de la inocente criatura, sino del mismo modo, por la de la joven madre. El único que parecía estar contento en la casa con la recién nacida era Miguel, era como tener una hermana, un ansiado juguete.

—Encima de no tener padre, mora —se lamentaba Clara.

—Mora no. Si se bautiza, será cristiana.

—¿Qué importa cristianos o moros? ¿Acaso era mejor el bastardo de mi vecino que los moros? ¿Acaso es consuelo que los asesinos de mis hermanos y de mis padres fuesen cristianos?

—No, pero...

—Me da lo mismo a qué dios rece el bastardo de su padre, lo que no quiero es ver a esa criatura. Sí, ya sé que no tiene culpa ninguna. No quiero mirarla a los ojos e imaginarme a aquellos hijos de puta. Mi hija es mora porque el bastardo de su padre es moro, un moro borracho y asqueroso, tan asqueroso como el cristiano que encontró el camino hecho. ¡Malas purgaciones les entrasen a los tres! —maldecía y besándose el dedo pulgar añadía—: Amén.

—Mujer.

—¿Mujer? Mi hija no mama leche, sino rabia y sangre...

Llegada la conversación a este punto, Clara ya estaba exacerbada, histérica, incapaz de controlarse, gritando hasta despertar a Miguel y a la chiquilla, que tanto le había costado dormir.

—Tú no sabes lo que es ver cómo acaban de matar a tu madre, a tu hermano, y que después unos bastardos te destrocen por dentro y por fuera, tener aquello en la boca sin poder respirar, con mi pobre padre delante. Todavía me produce náuseas recordarlo. No poder ni siquiera gritar porque, por si fuera poco, están amenazando a tu padre con una pistola en la sien. «Si gritas, le vuelo los sesos a tu padre ahora mismo». Mirar a mi padre y verlo más destrozado que lo estaba yo, por lo que estaban haciendo a su hija. Él que reía por todo. Notar cómo me ahogaba, sin poder siquiera derramar las lágrimas por sus muertos, por mi hermano, por mi madre. Ver lo que le estaba sufriendo, viendo a su hija, era mucho peor que la muerte. Ver sus ojos de terror, obligado a ver cómo abusan de su hija. Después de vomitar aquello, morderte los labios para no gritar hasta notar la sangre y el vómito ahogándote la garganta. Desear mil veces la muerte. Ver cómo se llevaban a aquella cría…

María es incapaz de replicar, se queda sin palabras. Si Clara tiene la chiquilla en brazos es porque le está dando el pecho. De lo contrario, se la quita y la coloca en la cuna, con el temor que la madre en un arrebato la arroje contra el suelo o cometa cualquier otra locura. La escena se repite en parecidos términos en múltiples ocasiones. El temor de María está justificado, al menos ella lo cree así. Reza con fervor, pide a Jesús y a la Virgen que le ayuden a despertar el instinto maternal en Clara, y a ser posible, olvide aquella salvajada. Reza y hace juramentos imposibles, para que cambien los rasgos de la chiquilla. Busca palabras para elogiar a la criatura, mohines graciosos o virtudes, en muchos casos imaginarios, para poder referirlos a la madre, cualquier gesto lo magnifica.

Por su parte, Clara, si en principio, su única razón para seguir viviendo fue su padre, ahora sin darse cuenta está atada a la vida de esa mujer, la cual le dice que lo más importante es su hija, esa que tantos sufrimientos le recuerdan. María, tal vez no sea excesivamente bella, el sufrimiento ha hecho mucha mella en la maestra. A pesar de lo cual, es guapa y tiene unos cautivadores ojos verdes que deslumbran. Mujer a la que ve desnudarse todas las noches, y le estimula sensaciones que jamás le habían provocado ningún hombre. Agradece, en esas noches de pesadillas, sus besos fraternales. Sus caricias le hacen pensar que tal vez la vida, a pesar de todo, merece la pena vivirse.

A Clara solo la calma ella, sus palabras, caricias, besos y abrazos, que recibe sin ningún propósito añadido que no sea mostrar cariño y consuelo. La muchacha no puede llegar a comprender las nuevas emociones que siente hacia María, su compañera de penurias. La atracción que siente por ella no la ha sentido por nadie, ni siquiera por un muchacho. Jamás se sintió cautivada por ninguno, pensaba que eso era porque no se había enamorado todavía. Sí, había jugado con ellos, bailado, tonteado, comprobado cómo ellos se ponían nerviosos al aproximarse mientras bailaban. Algunas amigas le habían hablado de enamoramientos y deseos, de lo guapo que era fulano o mengano. Ella nunca había pensado en la posibilidad de casarse, lo aceptaba como algo inevitable que pertenece al discurrir de la vida, y que todas las personas terminan haciendo en un momento de su existencia. Cuando Ernesto Pujalte le pide que sea su novia o intenta besarla, ella siente pavor y procura retrasar al máximo aquello que para todo el mundo resultaba inevitable.

Aquel día de abril, en aquella cama, con dos moros borrachos y un cobarde en la cabecera, tiene claro que nunca se casará; aunque, para evitarlo hubiera de meterse a monja. Sin embargo, cuando María la abraza, acaricia o fraternalmente la cubre de besos, esas caricias de cariño similares a las que una madre realiza a su hija, sin ninguna segunda intención o propósito, ella se siente viva. Caricias que, para ella, son el bálsamo que cura todas sus heridas. Al tiempo que despierta en ella un sentimiento casi obsesivo por estar junto a María, por sentir sus caricias y besos. Nota la excitación que alguna amiga llegó a confesarle que sentía cuando estaba con su novio, finge estar durmiendo para ver cómo se desnuda María, nota la humedad de su sexo, la necesidad de acariciarse a escondidas. Piensa en ella hasta llegar a la convulsión del orgasmo, a morderse los labios para no gritar sin producir sangre, el placer no duele ni hiere.

María, por su parte, continúa amando con todas sus fuerzas a su marido. Nunca se plantea, ni tan siquiera se le pasa por la cabeza, una relación con Clara que no sea la de una hermana que consuela a otra. Solo pretende ejercer de hermana mayor, de una hermana que sabe que ha perdido cerca de Valencia. No deja de ser para ella un acto de amor fraternal. Es por ello, que no comprende el motivo por el cual, cierta noche del mes de marzo, Clara aprieta su cuerpo contra el suyo y se abraza a ella. No protesta porque hace frío y piensa que solo busca su calor. Tampoco protesta cuando nota que la mano de Clara está sobre su pecho, ni cuando le besa en la nuca suavemente. Solo se alarma cuando nota cómo Clara se permite otras licencias que hasta ese momento solo se las había permitido su Felipe. María le retira la mano y Clara se queda quieta, apretada contra ella. Fue en una de esas noches de desesperación, de maldiciones, de querer morirse, de decir que quiere ir a Cuenca a tirarse desde el puente San Pablo.

—Primero tiro a la chiquilla y después me tiro yo.

María la calma, intentando consolarla con dulces palabras, la besa en la mejilla, en la frente, la abraza, le da palmadas en la espalda y la acaricia con suavidad, secándole las lágrimas.

—Si no fuera por ti, ni la chiquilla ni yo estaríamos vivas —le confiesa Clara, devolviéndole los besos.

A la noche siguiente, al igual que otras, en lo más profundo del sueño, María fantasea con su hombre. En su sueño, es él quien se lo arrebata en mitad de la noche. Nota una mano suave, que, como gota de agua, mansamente resbala recorriendo todo el perfil de su cuerpo hasta llegar a ese punto donde se detiene temblorosa y duda. María cree estar soñando, escucha la voz de Felipe recitar unos versos de Luis Cernuda:

> *¡Ay del que llega sediento*
> *a ver el agua correr,*
> *y dice: la sed que siento*
> *no me la calma el beber!*

Tal vez esté soñando, la mano puede sentirla, permanece quieta como leona al acecho de una gacela. De repente, de manera imperceptible, los dedos de esa mano se enredan suavemente en su pubis y continúan su andadura, con la libertad que le da saber que ella, María, no ha despertado. Comienza un juego exploratorio, sin prisas, deteniéndose en cada milímetro hasta lo más íntimo. Clara nota cómo María se agita. María adivina pegado a su espalda a Felipe sonriendo, mirándola. Se gira para besarlo y agradecer el placer que está recibiendo, anhelando recibir el impulso viril que tanto ha echado de menos. Teme dejar de soñar. Es entonces cuando comienza a ser consciente de que Felipe está en la cárcel, ¿entonces? No sabe cómo reaccionar. Comprende que es ella, Clara, la misma que ha buscado la muerte en cada instante, tiembla. Al tiempo que nota un juego de dedos en el interior de su sexo y unos labios le besan la espalda. María va despertando excitada, soñolienta. Finge, a pesar de todo, dormir. Se deja hacer, ya es tarde para detener el placer que recibe, a pesar de saber que son las manos de Clara. Es incapaz de resistirse a un placer olvidado y en tan escasas ocasiones disfrutado. Fueron tan exiguos aquellos meses de matrimonio antes de la guerra. Tan escasos como apasionados los pocos encuentros durante la contienda, y tan corto el reencuentro, que María en esos momentos no cree ni llega a plantearse que pudiera ser pecado disfrutar del goce que le producen las caricias de aquella muchacha. No responde a las caricias, ni a los besos. Se hace la fuerte en su fingimiento de estar durmiendo, hasta que revienta en un gemido espontáneo de placer, que hasta a ella misma escandaliza.

Clara insiste, pero ella ya no puede fingir un sueño que ha sido robado. Salta de la cama alterada, escandalizada, sin saber qué determinación tomar. De repente se siente sucia, mientras Clara la mira sonriente, feliz, como si de improviso se le hubiesen ido todas las pesadillas, como si nada la atormentara.

—Estás guapísima, pero que muy, muy guapa.

Le tiende la mano para que regrese a la cama. Aparta las sábanas para hacerle hueco, mostrando su bello cuerpo desnudo. María duda mientras ve su risa brillar en la semipenumbra de la habitación. Dudando, se acuesta, como siempre al lado contrario, quedándose en el mismo borde de la cama. Clara, de nuevo, la besa y sus labios buscan los labios de ella. Ella la aparta con decisión y casi con rabia. La escena se repite a la noche siguiente, de nuevo se deja llevar, ahora sin fingir dormir. Se deja besar y permite que los dedos y labios de Clara recorran todo su cuerpo, jugueteando con sus nerviosos senos, erizando sus pezones de placer como no los recordaba ni tan siquiera con su hombre, como cuerpo silente con los brazos caídos sobre las sábanas. Siente caricias nuevas de unas manos que jamás habían recorrido otro cuerpo distinto al suyo propio. Cuerpo que había llegado al orgasmo sin pensar en hombre alguno, pensando solo en ella, pensando solo en María. Lo que para Clara parece una diversión, para María, durante las primeras semanas, se convierte en un tormento, a pesar de sentir un extraño placer que llega a ansiar. No obstante, los remordimientos de conciencia le provocan que durante un tiempo se transforme en una mujer retraída, huye de la presencia de Clara. Procura no coincidir, buscando cualquier excusa para salir de la casa. En la calle, tiene la sensación de que todos los ojos la miran recriminándole su pecado, como si todas y cada una de las personas que se cruzan por la calle, en la tienda o la iglesia hubieran sido testigos de sus noches. De nuevo, va a la iglesia. Regresa para rezar por Clara, por su hombre y por Antonia, y ahora además para pedir perdón al Señor.

—Por estas que no volverá a ocurrir —se jura así misma, besándose el pulgar, cada vez que termina de rezar.

A la hora de acostarse busca la manera de no coincidir. Espera cosiendo o leyendo, prepara cualquier cosa a la luz de la única bombilla de la casa, en el centro del comedor, que a la vez es cocina y hogar. Más tarde, sigilosa, cuando piensa que Clara está dormida, se acuesta procurando no hacer ruido, acurrucándose en el lado más próximo a la orilla de la cama, casi en el mismo filo, intentando no rozarla, no despertarla. Pero Clara la espera con los ojos abiertos o si está dormida, a cualquier hora de la noche la despierta. María permanece despierta pensando la fórmula para evitar que vuelva a ocurrir, pero en cierto modo espera, desea que ocurra, ella se siente a su vez expectante y excitada. En cualquier momento de la noche nota cómo los dedos de Clara comienzan a juguetear con sus cabellos, los retira suavemente de la nuca y la besa, enreda con sus manos los mismos, camina con pasos saltarines o se yergue por encima de ella y en la oscuridad busca sus labios. María hubiera querido protestar. Sin darse cuenta, noche tras noche desea, espera que suceda. Tarda mucho tiempo en asumirlo, y, en más de una ocasión piensa en ir a la iglesia a confesarse, descartándolo de inmediato:

—¡Menudo es don Hipólito!

Tiene frescos los recuerdos del sacerdote después de la guerra, con el fusil en la mano, participando en las detenciones, mirando para otro lado cuando se llevaban a las muchachas a un cuarto de la casa, bendiciendo a quienes se llevaban, tal vez para no regresar jamás. También, durante la guerra, escondido en casa de su suegro. Bien que lo sabe ella, que le llevaba de comer y eran muchos los milicianos del pueblo que lo sabían, pero la palabra de Felipe valía mucho entre los jornaleros y nadie tocó a uno solo de derechas. No es que en Gascas fuesen santos, que igualmente hicieron barbaridades: Ni un solo libro quedó en casa de don Matías Echániz y a los santos de la iglesia los tiraron desde el coro, uno tras otro y como pesaba más la peana que el santo, algunos caían de pie, a esos los pusieron con una horca de ablentar en las afueras del pueblo para defenderlo. Sin embargo, no mataron a nadie porque todos querían a Felipe. Entonces, hasta los de derechas decían lo bueno que era Felipe, ya no era la oveja negra. Al terminar la guerra ni uno le miró a la cara, ni dio la cara por él, solo su hermano, obligado por su padre, para después...

—Como para ir a confesarle algo a don Hipólito, no lo hago más y ya está. Y si caigo en la tentación, que Dios me perdone.

Y se convencía, así misma, de que ya no volvería a ocurrir, pero ocurría. Con el tiempo, el ritual va cambiando poco a poco, María no se muestra impasible, no le da la espalda. Al acostarse, la mira de frente y aunque no la vea, sabe que le está mirando y que en cualquier momento comenzarán las caricias, siempre distintas, siempre esperando una reciprocidad que nunca llega. Besos acompañados de palabras y susurros que nunca escuchó de su marido.

El tiempo pasa y su hombre no sale de la cárcel, lo añora, desea acariciarlo, cierra los ojos, lo imagina y quiere devolverle los besos y las caricias, como si fuera él. Dios, como si fuese él. Los remordimientos iniciales van desapareciendo, porque a Clara la besa y acaricia como si fuera a él, pensando en él, incluso lo menciona en ese instante mágico del orgasmo. Clara, no protesta, al contrario, llega a decirle: «piensa en Felipe». Y María, intenta que sus caricias y besos de manera mágica lleguen a él. Solo por sus deseos y sus ansias de sentirlo, de notar su cuerpo sudado, su olor a hombre enredado con el suyo. Se deja acariciar y pensando en él: busca, acaricia y besa el ardiente cuerpo de Clara hasta fundirse con ella. Con cada caricia, con cada beso, María siente un estremecimiento que, al cerrar los ojos, le hace ver a su hombre sonriente. Nada tienen que ver las manos rudas y fuertes de él con las manos suaves, delicadas y ágiles de Clara, expertas en su propio cuerpo y precisas y valientes en el de María. Tal es la pericia de la muchacha que es ahora María quien debe morderse el labio, hasta sentir brotar la sangre, para no gritar de placer, creyendo ver todas las estrellas del firmamento a través de los labios, de las manos y las caricias de Clara. Sin embargo, era a él, a su hombre a quien le acercan esas caricias, aunque él nunca hubiese conseguido un placer tan intenso y prolongado. Él era el deseo insatisfecho, el deseo de estar con su hombre, de desearlo con todo su cuerpo y alma como el fin último de cada orgasmo, de su meta vital, de la vida misma. No, no era infiel a su hombre. Al llegar el día, después de noches de placer, ya relajadas, como por encantamiento parece producirse la alquimia que provoca la amnesia más absoluta, transformando la adversidad de Clara con respecto a Antonia en una madre cariñosa y atenta, no solo con su hija sino igualmente con Miguel. Clara es feliz, Miguel es feliz, la chiquilla es feliz.

Antonia cada día se muestra más espabilada y graciosa, su lengua de trapo evoluciona de manera inexplicablemente rápida y clara como el nombre de su madre, al tiempo que su tez se aclara, mientras sus ojos se oscurecen, por lo que terminaría siendo conocida, para disgusto de Clara, con el apodo de «La Morita».

Todos parecen felices, solo María, durante el día se muestra más retraída de lo habitual pensando en su hombre. Sueña despierta con él, desea que esas noches de placer sean con su hombre, lo ve llegar desde la plaza mirador, donde viven, vestido de soldado. No como cuando llegó derrotado, sino con el uniforme con el que realizó el servicio militar, dos años antes de la guerra, elegante y alegre. Tiene los ojos abiertos, puestos en sus quehaceres cotidianos, pero puede ver cómo corren uno en dirección al otro y él la levanta con sus fuertes brazos de campesino en el aire. Suben corriendo hasta la plaza y allí está ella, Clara, cosiendo, y los chiquillos jugando. Ellos, Felipe y María, les ignoran, como si fuesen invisibles, entran en la casa y echan la llave por dentro. Hacen el amor con desesperación. Cierra los ojos o levanta la mirada, y allí está ella enamorada, sonriendo, mirándola, acariciándola, besándola. María se ruboriza, no lo puede evitar, se gira y de nuevo se encuentra con él. Entonces hace un sobreesfuerzo, ella quiere solo a él, quiere pensar y soñar solo con él, con su hombre. Procura evitar que ella aparezca en sus sueños, al menos cuando está despierta, en los que ella pueda controlar, pero ni los que sueña despierta los controla. Del mismo modo, por la noche tampoco puede evitar soñar cuando Clara la acaricia. Al recibir esas clandestinas caricias necesita, al menos al principio, pensar que es Felipe quien extiende la mano, evitando el roce brusco de sus ásperas manos, sin apenas rozar su piel, para que no se notase esa dureza ajada de las yemas de sus dedos, tocándola con ternura, como si un pájaro desde el cielo llegase y con su aleteo quisiera acariciar en la distancia la suave piel de ella. Le gustaría ser fuerte, rechazar esas caricias de Clara. Ensaya palabras para abrir la trinchera y refugiarse en ella, combatir con argumentos su negativa al combate amoroso de Clara, a pesar de saber que llegada la noche no tendrá fuerza para resistirse. Salvo esas ensoñadas resistencias, durante el día, ambas intentan concentrarse en el trabajo, en las tareas cotidianas, ni una palabra, ni un gesto, ni tan siquiera una mirada que pueda hacer sospechar a nadie de lo que ocurre en sus noches, por mucho que en el interior de María múltiples batallas se disputasen. La rutina de las dos mujeres va cambiando a medida que pasa el tiempo, la felicidad resulta patente dentro de la casa. María ya no debe preocuparse porque Clara cometa cualquier locura, es más, se la ve risueña y feliz. Ella, del mismo modo, termina por sentirse a gusto, por mucho que le asalten dudas y le atormenten los remordimientos, ya no piensa que deba confesarse a un sacerdote. Es creyente, pero nunca creyó en infiernos, ni le preocupó el diablo, su padre fue el responsable de su ausencia de miedo:

—Las personas deben actuar de acuerdo con su conciencia, siempre que no hagan daño a otras personas, sin esperar castigos ni premios.

Así había actuado don Jaime Flores siempre. Claro que no se refería a lo que le incumbía con respecto a Clara, posiblemente a su hombre, que tanto quería, no le gustase que mantuviese su relación con Clara en los términos que la tenía. Tampoco tenía claro si podría ser pecado o no, solo eran caricias entre dos mujeres; aunque, posiblemente, sí le haría mucho daño a Felipe saber lo que ocurría en sus noches y ella no quería hacerle daño. Todos los días, a solas, se plantea decirle a Clara que no, que ya no más, que hay cuartos suficientes para que cada una ocupe el suyo. Debía sacar fuerzas de flaqueza, y decir: «hasta aquí hemos llegado»; pero, sin darse cuenta, esas caricias le llenan de felicidad, le ayudan, incluso, a pensar en él, en quererle aún más. Al salir a la calle, intenta disimular esa felicidad, que va creciendo en ella, lo cual le resulta fácil; le basta, pensar en su hombre preso y en sus padres, hermanos y sobrinos muertos.

Meses después de estar preso Felipe, continúa sin saber bien el motivo. Durante todo el invierno María no lo ha podido visitar. Fue a Cuenca, por si acaso, en dos ocasiones, porque los días de visita la carretera estaba cortada, por nieve, hielo o tormentas. Tormentas casi tan feroces como las que estallan en su cerebro cada vez que piensa en él. Siempre ha llevado comida para él. Los funcionarios han cogido la caja y le han asegurado que se la darían. Sin embargo, teme que no sea así y que se lo coman ellos. La comida no siempre llega a los presos, lo único que ha sacado en claro, al menos eso le han dicho, es que está vivo.

14

La maestra y la costurera

Finales 1939/1946

Clara demuestra que su habilidad con las manos no se limita a sus caricias nocturnas, sino que, con la costura, el ganchillo o el bordado es una auténtica maestra, tal y conforme le enseñó su madre. La vieja máquina de coser de la madre de Felipe —recibida en herencia María —está abandonada en el cuarto donde duermen Miguel y Antonia. María y Clara la engrasan y la colocan en otra habitación más cercana a la calle, al lado de la ventana, y allí monta su pequeño taller de costura. Su cambio de carácter y su recuperación física, unida a sus renovadas ganas de vivir, le hacen olvidar o al menos dejar de lado todo el sufrimiento vivido. Cuando va María a Cuenca, al principio la acompaña Clara, pero siempre se queda fuera con los niños.

Clara es la forastera, la muchacha con aspecto de chiquilla, de quien nadie sabe nada, es por la que todos sienten pena. Con su renovada alegría, hasta los pájaros parecen volar a su alrededor. Tras dejar Clara atrás su delgadez extrema y recuperar el color y la belleza juvenil, deja atrás su aspecto escuálido y enfermizo. Sus cabellos rubios, ahora, siempre bien peinados, y sus modales finos le dan un aspecto realmente bello y delicado. Imposible que las gentes del pueblo la asocien a lo que llaman despectivamente «marimacho». Tanto su belleza, como su habilidad con la costura, le hacen merecedora del apodo de la «Bella costurera», en contraposición a otra modista del pueblo poco agraciada. Los muchachos de Gascas la miran con ojos lascivos, y le hacen proposiciones; sin embargo, cuando ella los mira, bajan la mirada, no necesita muchas palabras para dejarlos fríos.

Después, parece arrepentirse y sonríe, de forma que un ángel no lo habría hecho con tanta dulzura: «Tomás, compréndelo, tengo una hija y mucho dolor dentro. Después de lo que me pasó, comprenderás que...», Y Tomás, Julián o Pedro, en cuestión no necesitan más palabras.

María es la maestra de ojos claros y mirada triste, puede que se trate solo de la tristeza de tener a su marido en la cárcel. Nunca la ve nadie reír, incluso, cuando ríe ante las gracietas de Antonia o las ocurrencias de Miguel, lo hace con un halo de tristeza, le falta el ánimo para vivir. Alguna vez, cuando no se siente culpable, Clara también le hace reír en la oscuridad, cuando siente la vida que ella le transmite con su pasión sin trabas, y que ella ahora recibe sin miedo. De lo que ocurre en las sombras, nadie llega a sospechar. Nadie pensó que María, ni durante la guerra, ni después de ella, fuera capaz de ser infiel a su hombre. Siempre demostró su admiración y amor por él, pese a saber que ello podía llegar a costarle caro. Basta verle los ojos bailar cuando habla de él, también llorar, incluso como espantada, se horroriza al pensar que está preso y que le puede ocurrir cualquier cosa.

María intenta administrar los bienes que le han correspondido de la herencia de su suegro de la mejor manera posible, es decir, la viña y el monte. La viña la da en aparcería a un antiguo jornalero de Felipe. El mismo jornalero que corta la leña en el monte, trabaja asimismo la viña. Sin embargo, no quiere trabajar el monte, da mucho trabajo y poco beneficio. María termina vendiendo las mulas, carros y galeras, que solo provocan pérdidas. Con lo que recibe de la viña, no tiene para afrontar los gastos. Entonces intenta que la contraten de nuevo en la escuela. Ahora, la escuela la lleva un joven matrimonio de maestros adictos al Régimen. La maestra está cualificada para la labor docente, que ya ejerció durante la República, mientras que en él parece que sus méritos son más políticos que docentes, hijo de un importante jefe provincial de Falange. En aquella tierra donde los críos echan los dientes en las besanas, tampoco son muchos los que van a la escuela, ni precisan de grandes conocimientos para labrar, piensan la mayoría. Algunos, al llegar del campo, van a casa de María para al menos aprender a leer y hacer las cuatro reglas, lo cual reporta ingresos a las mujeres, aunque no tantos como las costuras de Clara. En el corral tienen gallinas y conejos, y todos los años crían un par de cerdos. Asimismo, tienen una cabra, que por las mañanas sale con la dula y da leche para los críos. No tienen para muchos lujos. No obstante, hambre no pasan. Ellas viven lo más dignamente que las circunstancias les permiten. Crían a sus hijos y los ven crecer en una familia en la que no hay hombres, aunque Felipe esté siempre presente en los labios de María y en los de su hijo Miguel, que cada día que pasa lo idealiza un poco más. Tal vez por la falta de esa figura paterna se retrae Miguel. Sin embargo, todos los días habla de su padre con su madre, solo con su madre, no quieren hablar de su padre con otros chiquillos porque le dirán que su padre:

—Es un judío rojo. Los judíos y los rojos van al infierno porque son peor que Satanás, porque mataron a Jesús y lo crucificaron...

Miguel no quiere hablar con los críos porque sabe que terminará peleándose con ellos. María espera un regreso que nunca llega. Clara teme ese regreso, el cual presagia como una amenaza. En ocasiones desea que ese momento nunca tenga lugar. En otros momentos, considera que debiera dar las gracias a Dios de haber encontrado a María, de sentirse querida y en cierto modo ver su amor correspondido. Piensa no tener derecho a sentir los celos que en algunos instantes le hacen desear con ansia la muerte de Felipe. Sabe que, si algún día Felipe regresa, ella debe renunciar a lo que ahora es su razón de vivir, por encima de su propia hija. De las noches de caricias consentidas, de las noches de pasión, de las noches de amor y sexo entre las dos mujeres, solo una persona, además de ellas, lo sabe y siempre guardará el secreto en lo más profundo de su mente, llegando a olvidarlo hasta que la enfermedad, cual violento huracán que arranca las raíces más profundas de los árboles más frondosos, lo saque a la luz; aunque, para entonces, ya a nadie podía hacerles daño. Son noches de silencio, de caricias calculadas, derramadas con espeluznante sutileza impropia de quien lleva su corazón lleno de cicatrices. El miedo de María la paraliza cuando la piel de Clara la roza, nota sus vellos erizados por los nervios. Entonces la mano de Clara se extiende en la oscuridad y siente cómo se le inflaman los labios de deseo. En ocasiones musita:

—¡Qué vergüenza!, ¡Dios mío!, ¡qué vergüenza!

Clara ríe y la mira fijamente a los ojos, desea besar sus labios para acallar esos tímidos lamentos, pero la besa en la frente, cual madre protectora, y la atrae hacia ella. Y María se siente protegida por aquella muchacha, sin saber cómo, acurruca su cabeza sobre el pecho de Clara. Otras veces, se niega a seguir el juego de la joven. Se tapa agarrando con fuerzas la sábana. «No, rotundamente no». Después, cuando la costurera se ha convertido en maestra, y la maestra en torpe alumna, María se siente terriblemente avergonzada ante esa realidad que le provoca el deseo culpable. Le aterra no ser capaz de negarse a ese placer clandestino, que tanto le hace añorar a su marido, y al mismo tiempo le provoca olvidarse de él.

Es silencio, silencio y silencio, roto por algún reprimido gemido de placer. Y en la noche, el más mínimo susurro se transforma en grito en los oídos de un niño que está despierto, observando a la luz de la vela, noche tras noche, el rostro de Antonia, la cual duerme plácidamente ajena a esa mirada que la ve como el ser más bello de la creación, ajena, también a los gozos, que en las sombras de la noche disfrutan quienes tendrá, mientras viva, como madres. El niño, quiere estar despierto para ver a su chiquilla amada, es entonces cuando escucha gemidos en el cuarto donde duerme su madre y Clara. Sin poderlo remediar se acerca sigiloso, a oscuras y observa ese extraño ritual que no comprende y que lo perturba de un modo extraño, y a la vez placentero. No le incomoda. Algún día pensó en preguntarle a su madre, en interrumpir los juegos amorosos de las mujeres; pero, algo le dice, en su más íntimo interior, que debería tragarse las preguntas, las palabras, sin que éstas vieran jamás la luz. Es silencio, y el silencio se transforma en placer, pero también en curiosidad.

15

Los sueños se escapan entre los barrotes

Primavera 1940

Es lunes y el día anterior, domingo, fue día de visita. Felipe apenas ha dormido en toda la noche pensando en María. Ella no le ha visitado en casi todo el invierno, él ya sabía que no iría. El invierno dificulta el poder acercarse a la pequeña capital de provincia y el autobús no circula por culpa de la nieve y las dos horas de trayecto se pueden convertir en cinco e incluso puede ocurrir que se quede en mitad de la carretera. Él mismo se lo había dicho:

—Si ves que nieva o va a nevar, ni se te ocurra venir. Luego me dices que estáis bien y ya está.

Y aquel domingo, maldita sea, también nevó. Se miente a sí mismo, aunque fingiese. Él quería verla todos los días, los de visita y los que no lo eran. Aunque a ella le dijese lo contrario. Felipe esperaba hasta el último instante, hasta que el guardia cerraba la puerta al salir el último de los familiares. Esperaba impaciente a que el funcionario le dijese que había llegado, aunque cayesen rayos y centellas, él siempre la esperaba, sus labios podían decir:

—Yo estoy bien, ni se te ocurra venir y pegarte la paliza a un paso de quedarte en el camino.

Siempre espera su llegada, aunque haya nevado desea que ella se haya montado en el autobús y llegue a tiempo para hablar, tal vez, incluso llegar a tocarse con la punta de los dedos. Intenta consolarse así mismo justificando la ausencia deseada. Lo pasa mal cuando ve a otros presos salir por la puerta a ver a sus familiares, maldice para sus adentros, incluso fuerza una sonrisa si alguien le pregunta.

—Ya le dije que no viniese.

Escucha con inquietud las historias narradas por otros presos hablando de infidelidades, incluso de bodas anuladas por el nuevo Régimen al haberse realizado civilmente. Mujeres y hombres que no necesitan divorciarse, porque para las nuevas autoridades nunca estuvieron casados; aunque tengan media docena de hijos.

—¿Te has enterado de Roque? Esa novia tan bien plantada que venía a visitarlo, pues hace más de un mes se casó con otro.

—La mujer de Juan ha dejado de venir porque los matrimonios de la República no son válidos. Se ha casado con un pastor que la alimenta de queso y leche a ella y a sus hijos. No ha esperado ni a que lo fusilen, y eso que él siempre la tenía en la boca.

Ellos están casados por la Iglesia. Tampoco en aquel pequeño pueblo se conocía otro modo de hacerlo, aunque el padre de María hablase de ello. En Gascas, hasta los más furibundos anticlericales, a la hora de casarse lo hacían por la Iglesia, «como Dios manda».

A Felipe la presencia de Clara no solo no lo intranquiliza, sino todo lo contrario, sin que por ello llegue a despejar todas sus dudas. Ya son varias semanas sin ver a María. A la anterior visita igualmente faltó. No tenía miedo, al menos eso quería pensar, de que su historia se convirtiera en una más, de cuantas corrían de boca en boca sobre infidelidades. Ellos están casados y bien casados. No, no tiene miedo, no cree que María se case con otro. Sin embargo, no puede evitar echarla de menos. Si los días se sobrellevan más mal que bien, las noches se hacen eternas pensando en ella, en su risa fresca de maestra transformada en una simple campesina, en sus extraños ojos verdes, en sus ganas de vivir, en su manera tan ardiente de recibirlo, de besarlo. Recuerda el día que llegó derrotado del frente, humillado con los sueños rotos. Le gusta revivir, una y otra vez, en su cautiverio cómo ella le arrancó las ropas raídas del soldado vencido para que él se transformase en el hombre victorioso, en su hombre.

La avidez con la que María recorría su cuerpo como nunca lo había hecho hasta entonces, sedienta de sus besos, con sabor a derrota. Aquel día, Felipe se dejó hacer y mimar por María. Los ojos los tenía llenos de sangre, de la sangre de los muertos, y le resultaba imposible reaccionar o tomar iniciativa alguna. Y no reaccionó hasta que el roce de sus erectos pezones contra su cuerpo, o el de su vello púbico le hicieron sentirse vivo, transformando el soldado derrotado, vencido y humillado en el héroe victorioso de muchas batallas. Así fue durante unos meses, hasta que, de nuevo, lo arrancaron de su lado. Sabe que está recordando, tal vez soñando, o ambas cosas a la vez en una simbiosis perfecta, donde no existen barrotes ni muros que impidan el contacto, el roce, el amor o los sueños. Goza en silencio, temblando de emoción y placer, sin escatimar caricias, saboreando el néctar de unos pechos que continúan amamantando a un niño, con más de dos años, cuando él llegó del frente, «para que no le falte leche», alimento para el hijo, delicia para el padre. Sus bellos ojos verdes, mirándolo en la oscuridad, con el placer dibujado en ellos, observándolo cada una de sus reacciones. Era él quien se rendía bajo el cabalgar ligero del cuerpo de ella. Ve, cómo, ya rendido, ella se abalanza sobre su boca sedienta de besos, anhelando y buscando poner de nuevo firme al soldado rendido, como intentando recuperar las ausencias de casi tres años de guerra. La guerra había terminado, ya no había tregua para el amor, pensaban. Es ella, más que él, quien busca la batalla, quien recorre su cuerpo con sus labios hasta llegar a lo más prohibido, al lugar que nunca pensó él que se pudiese llegar con unos labios de mujer. Es María quien pretende que olvide las húmedas trincheras, buscando transformar sus pesadillas en sueños, más húmedos que las trincheras mismas, infinitamente más placenteros. Es la maestra quien le enseña cada una de las caricias soñadas durante su ausencia, quien le hace despertar y soñar con tocar la luna con las manos sin romperla. La que lo hace estallar de placer mientras él se ve observado por aquellos ojos infinitamente verdes, que lo miran desde la distancia de su sexo en la oscuridad.

No hay lugar para la derrota. Felipe quiere devolver el placer, y cambian los roles, ahora es él quien besa, quien recorre el cuerpo de ella, quien se introduce en el abismo de su sexo, nota el estremecer de sus piernas contra su rostro y puede escuchar el grito de goce de María rompiendo el silencio de la oscuridad. Escucha cómo su hijo, que estaba dormido en la cuna, despierta al escuchar a su madre. El niño mira y ríe sin entender nada, y ellos, exhaustos de amor, ríen también. Él acerca sus labios al oído de ella y le susurra:

—Al chiquillo hay que ir pensando en cambiarlo de cuarto.

Escucha a María en sus sueños. La escucha como si estuviera allí, como si no existieran barrotes, ni muros que les separaran:

—Pobrecico, es muy pequeño todavía.

Puede ver, rememora en sus sueños, cómo María se levanta, desnuda, bella en la oscuridad. Felipe se queda extasiado, con la boca abierta. Tarda en reaccionar, al final de un salto se tira de la cama y enciende con una cerilla el candil, que se encuentra colgado cerca de la puerta.

—No hacía falta, no necesito la luz del candil para coger al chiquillo —dice ella.

—Ya lo sé, pero sin luz no puedo ver lo hermosa que estás…

Acerca la débil luz azulada a la cuna, observando cómo María se inclina sobre el niño y lo coge en brazos, arrimando la boca desdentada del pequeño a su pecho desnudo, sentándose sobre las sábanas en la cama, con el niño sobre su vientre mamando con avidez un pezón que instantes antes fue suyo. Él se acerca a su chaleco colgado en la percha, saca la petaca de tabaco y aprovecha la llama del candil para liar un cigarrillo y prenderle fuego. No puede quitar los ojos del bello cuerpo de María dando de mamar al chiquillo.

—Te has quedado pasmado —ríe ella empujando con sus dedos el pezón hacia la boca del chiquillo, que se le había escapado.

Felipe no responde, sabe lo que quiere y lo que ella desea, es cuestión de esperar. El niño comienza a succionar el néctar de la vida y ellos se miran a los ojos con el deseo en la piel. Después, cuando el chiquillo, ahíto de leche materna repose en la cuna, regresarán los labios a guardar silencio besando otros labios, otras pieles, para al final buscar las aberturas de esas silenciosas epidermis que brillan en la oscuridad de la habitación, donde todavía se respira el olor a tabaco, a sudor y al aceite quemado del candil, disimulado todo por los talegos de espliego que María cambia regularmente.

Esos recuerdos pertenecen a un pasado lejano, tal vez a un futuro imposible. Tras los muros del penal de Cuenca, en sus frías galerías, el único aroma que se percibe es el hedor a sudor, humedad y muerte.

Las únicas aberturas en la piel son las grietas entre piedra y piedra de sus muros, y algunas goteras que nadie se preocupa de reparar y que cuando llueve, los presos terminan echando sus mantas sobre los charcos, algunos con la esperanza de que una pulmonía se los lleve de este mundo.

Aquellos hombres, los mismos que Felipe y María, al terminar la guerra, alzaron las manos, a pesar de la derrota, encandilados por el final de la guerra. Pensaban que habría paz, que tenían la luna a su alcance, pero al tocarla con los pies se rompió la luna en mil pedazos, como antes se habían roto todos los sueños.

Felipe, sigue con sus sueños. Nota la presión en el pantalón, sabe que se ha derramado en él. No quiere abrir los ojos, desea continuar el sueño. Alarga la mano, busca el cuerpo de María. No lo encuentra y al estirar la mano, casi llega a tocar al compañero que tiene al lado. Entre ambos, la aspereza de un petate militar raído de un ejército vencido, que lo devuelve a la realidad. Adormecido, dibuja una sonrisa y mira para todos lados por si alguien se ha percatado. Los más de cincuenta presos existentes en la galería parecen dormir. Los ronquidos se entremezclan, unos con otros, con las respiraciones fuertes y las débiles, con hombres jóvenes, muy jóvenes, casi niños, con las de ancianos viejos y enfermos. Cuerpos tendidos en el suelo, sobre una raída manta, con menos de tres palmos de separación; aunque, todos los días quedan nuevos espacios vacíos. Unos porque se han muerto de hambre, otros por el tifus, la viruela o por lo más común, las sacas, al principio casi diarias. A los infelices destinatarios de los disparos que están a punto de escuchar los habían sacado el día anterior, llevándolos a misa a pedir perdón a un Dios, en el cual la mayoría no creía. Todos sabían que no tenían motivos por los que pedir perdón. Todos acusados irónicamente por «auxilio a la rebelión», siendo que los rebeldes, los golpistas, eran quienes los condenaban. Los disparos despiertan a muchos, Felipe siempre despertaba antes de escucharlos, antes de que los guardias fuesen a buscar a la cuadrilla de enterradores, entre los que con el tiempo se encontraría él.

En los días de invierno, el espacio entre preso y preso aumenta cuando los enfermos y los muertos se multiplican, a pesar de que los fusilamientos son menos que en verano. Quienes permanecen vivos conviven con la sarna, los piojos o los chinches, hasta con las ratas, que entre los petates buscan restos de comidas o comienza el festín de la carne de los presos moribundos o el cadáver de algún preso.

Sabe que falta poco para que suenen los disparos, pero después de esa soñada noche de amor, está agotado, como si hubiera sido real. Cierra los ojos, intenta dormirse para, por un día, ser despertado por el ruido de los fusiles al descargar su mortífera carga contra compañeros de derrota. Es difícil dormir cuando se sabe que cualquier día puedes ser tú quien esté frente al pelotón de fusilamiento. Intenta seguir pensando en María, ya no nota la presión en el pantalón, aunque sí una humedad y un tufillo que sube hasta sus fosas nasales. Piensa en ella, desnuda a la luz del candil. Piensa en su hijo saltando hacia él y volando sobre sus brazos al viento. Se ve montado en una mula, con su hijo y su mujer en la grupa, con el aire fresco acariciando su cara camino del río, o tumbados los tres sobre una manta morellana al lado de ese mismo río. Mimados por los rayos de sol que se introducen entre los matorrales y Gascas del río. Aprovechan que el chiquillo, cansado de jugar, se ha quedado dormido para hacer el amor con el miedo a que alguien los pueda ver.

16

Los cuadros de Velázquez

Escucha la voz de su suegro riéndose, hablándole de María, antes de la boda.

—Cuidado, Jilguero, que no me fío ni un pelo de ti. Estás acostumbrado a que criados y sirvientes te digan que cantas bien cuando tú sabes que cantas mal.

—¡Copón en Dios! Don Jaime, que sabe que de mí se puede fiar, y su hija en mi casa va a ser una señora.

Recuerda aquella tarde que fueron a pasear, como otras parejas a la Alameda, y vieron a su hermano paseando con su recién estrenada esposa, que ya no ocultaba su embarazo, la hija de don Matías Echániz. Entonces se percató de cómo su hermano miraba a María con descaro a pesar de llevar a su mujer al lado. A él le pareció ver deseo en la mirada de Braulio. Recuerda que cuando llegó a su casa, su hermano repitió la misma pregunta que el día que María le entregó las cartas:

—¿Vas a tener el valor de sorber mis babas, de entrar en la cueva donde yo pude haber entrado y he despreciado por no querer ser segundo plato?

Esa duda le rondó durante mucho tiempo, él no era distinto al resto, daba la misma importancia que el resto de los hombres a la virginidad. Después de las palabras de su hermano dudó de seguir con María. No era cuestión de preguntárselo; pero esperar y que luego no estuviera «entera», le atormentaba y no era cuestión de preguntárselo a nadie, ni siquiera a su hermano, cómo era que él sabía que no era virgen. Sí, dudaba, no obstante, la quería, estaba a gusto con ella, y durante el corto noviazgo se fue haciendo a la idea de que ella ya habría estado con otro u otros hombres, incluso, podría ser que hasta con su hermano, ¿cómo saberlo, si a él no le dejaba traspasar otras fronteras que no fueran los besos, abrazos y caricias. Si continuó, fue porque para entonces no era capaz de vivir si ella no estaba a su lado.

A punto de casarse, todavía Braulio intentó impedir la boda.

—Si yo hago esto —chasqueó los dedos —viene a mi lado, pero tranquilo, no la quiero, he salido ganando con el cambio.

Felipe llegó a temer que tal circunstancia podría llegar a acaecer. Las sombras, las dudas siempre estarían ahí. Se sentía miserable y a la vez inseguro. Nunca había tenido novia, tampoco buscó el amor de alquiler, era raro, y él era el culpable de haber alimentado esas dudas, que, por otra parte, tampoco le importaban, tenía claros sus gustos, le gustaban las mujeres; pero, tan solo una le había hecho dar el paso, sentir la necesidad inaplazable que hasta entonces fue secundaria.

Llegó el momento de la verdad, la noche de bodas en la soledad del cuarto. Sus nervios se apoderaron de Felipe, mientras ella se desnudaba con picardía, mirándolo a los ojos.

—¿A qué esperas? —Le preguntó ella, acercándose con el deseo en los ojos.

Besó sus labios cerrando los ojos, aspirando el aroma a espliego y rosas, mientras iba desnudándolo sin dejar de acariciarlo. Le cogió de la mano enseñándole el camino a la cama, susurrándole palabras de amor, mientras lo tumbaba y pasaba sus cabellos, que se los había dejado largos para él, por todo su cuerpo. Todavía temblaba cuando intentó poseerla, cual adolescente inmaduro, que se derramaba antes de entrar.

—Perdona…

—Tranquilo. No tengas miedo, yo también estoy nerviosa.

Felipe la miró con lágrimas en los ojos, se sentía impotente observando su belleza y su mirada tierna, sin un halo de reproche. Comenzó a acariciarla y la vio la mujer más bella del mundo, olvidándose de sus temores, de si él era el primero o ella había gozado de otros hombres, solo sabía que la amaba y la deseaba, la poseyó, parándose cuando ella gritó y en su rostro se dibujó un rictus de dolor, para sonreír de inmediato, animándolo a seguir, abrazándolo con fuerza.

Las sábanas quedaron manchadas de amor.

Aquella fue la primera noche, el primer día de otros muchos de felicidad y pasión.

Sin embargo, sobre el duro suelo de la galería, no puede evitar las pesadillas por mucho que confíe en ella, por mucho que la quiera y le diga que duerme todos los días con Clara. Cuando tarda en llegar, aunque sea por culpa de la nieve, de la lluvia, sufre y se siente inseguro. Sabe que ella ha intentado verlo durante el invierno, le han dado los paquetes, también le han dado las cartas que ha escrito, siempre con el sobre abierto. Ella le habla de amor, de los chiquillos, de Clara, de sus deseos de estar a su lado, hace referencias al río, a lugares donde se han fundidos sus cuerpos en uno solo, le habla de aquellos lugares donde planearon ir algún día juntos, de los hijos que les queda por tener, de la hija que desea…

«—Porque, ¿sabes?, se me cae la baba cada vez que veo a la chiquilla de Clara, lo graciosa que es, porque me gusta peinarla, vestirla con la ropa que le hace su madre; pero, sé que me gustaría mucho más si fuera nuestra hija. Quiero verte a mi lado al levantarme todos los días. Despertarme con la guitarra, escucharte trastear mientras enciendes la lumbre, después de haber ardido toda la noche entre las sábanas. Sin ti, mi amor, tengo frío, la casa entera está fría y mi corazón desolado. No puedes imaginarte cuánto te echo de menos.»

Y lee una y otra vez esas cartas, piensa en ella, y por las noches sueña con ella. Si está dormido, despierta.

Sí, las dudas le asaltan. Si está pensando en infidelidades, intenta cambiar el pensamiento y fantasea con el día en que entran y lo llaman por su nombre. No para integrar la larga lista de ajusticiados, sino para decirle que aquel día es su día, el día que deciden dejarlo en libertad y decirle que su mujer lo está esperando en la puerta, tal y conforme le indicó la última vez. Quiere pasear por la ciudad, cruzar juntos el puente de San Pablo en dirección a las Casas Colgadas, después a la Plaza Mayor donde entran en la catedral, mocha tras el derrumbe del Giraldo. Porque la catedral de Cuenca, de la misma manera que Sevilla tiene su giralda, Cuenca tenía su Giraldo. Recuerda que María se reía y le llamaba ignorante. Del mismo modo que se reía cuando él le hablaba de los cuadros auténticos de Velázquez, en el mesón de la calle Colón. Él, ofendido, saca un periódico de la época, El Progreso Conquense, que guarda su padre como oro en paño, y puede leer que es cierto lo que le dice orgulloso y satisfecho, que Cuenca tuvo su Giralda o Giraldo, y su derrumbe sepultó a veintiuna personas bajo sus escombros, la mayoría niños. Incluso cuenta El Progreso Conquense que una de las víctimas era una beata junqueña que se había trasladado a la capital a pedir a la Virgen lo que necesitaba: salud, porque prosperidad ya tenía, pero la artrosis no le dejaba dormir por las noches. Ocurrió un día de abril de 1902, Felipe no había nacido. A pesar de ello, todavía se recuerda en toda la provincia como una tragedia, aún mayor que el famoso Crimen de Cuenca, que nunca ocurrió, muy cerca de Gascas, en Ossa de la Vega. Entonces, ella se disculpa, sin parar de reír, y le dice que no es un ignorante, terminando la disputa en un beso o haciendo el amor.

Después visitarán la catedral porque a ella le hace ilusión ver la catedral mocha como la de Notre Dame de París. Continuarán su paseo al lado del río, si es verano y si es invierno, comerán en el mesón de la calle Colón, para así poder comprobar que son cuadros pintados realmente por Velázquez.

—¡Copón! Que está hasta la firma de don Diego Velázquez y la firma es algo muy serio.

Ella, incrédula, se ríe de él. En realidad, Felipe es un ignorante y ella una maestra, en muchas ocasiones lo hace callar. No obstante, él no es tan ignorante como ella piensa que quiere hacerse, para hacerle reír. Sueña con la brisa de un mar, que él nunca vio y del que ella le habla enamorada de su azul, de sus olas, de su brisa húmeda, que no tienen nada que ver con esta brisa seca de Castilla.

—Es una brisa húmeda, pegajosa, diferente, con sabor a sal, pero al mismo tiempo, por la noche, deliciosa —le contaba ella.

Sueña con la libertad, con cumplir todos aquellos proyectos que juntos piensan y planean, sabiendo que era casi imposible llevar a cabo. Sueña con aquellos viajes imposibles, que veían en los libros de su suegro o con irse lejos. Un preso le comentó que él se iría, cuando saliera de la cárcel, a la República Argentina, porque allí se hacían dos cosechas al año y había tierras de sobra para cultivar. Al pobre hombre le llamaron por su nombre una mañana para decirle que iba a ser juzgado y eso significaba lo que después ocurrió frente a un pelotón de fusilamiento. No quiere pensar en ello, quiere pensar en ese día en que también pronuncien su nombre para decirle que puede volver a Gascas con su mujer y su hijo. Quisiera sacudir los miedos, cruzar los umbrales de las puertas carcelarias, poder sentarse tranquilamente sobre una piedra en mitad del campo, con los riñones desechos de tanto trabajar, no de dormir sobre las húmedas piedras. Sentarse con aquellos jornaleros que tuvo por compañeros, beber vino y comer pan con unas tajadas de tocino, aceitunas y risas. Sí muchas risas, en el campo se ríe mucho, hasta cuando se está cansado. Reír también con María, con su hijo Miguel, al que apenas conoce. Salir libre y cantar, cantar mal, pero cantar mucho y sin miedo. Nueve meses después de meterle preso, aún no le han juzgado y duda que sea juzgado alguna vez. Él solo espera que un día le digan que se puede marchar.

El sol comienza a entrar entre los barrotes de las ventanas de la cárcel cuando se escuchan los disparos contra los condenados y casi en el mismo instante que el ruido de las llaves en las cerraduras y el correr de los cerrojos de la puerta al abrirse. Los obligan a ponerse de pie para pasar lista. Joaquín Pérez, el compañero que tiene frente a él en el pasillo, es un anciano de casi setenta años, se le queda mirando en la semipenumbra, ríe.

—Felipe… ¿Te has meado? —Felipe se agacha y coge la manta enrollándosela a la altura de la cintura.

—Esta noche he soñado con mi mujer —y se le dibuja una cara de felicidad, como si en lugar de soñar se hubiera levantado de la cama después de una noche de pasión con María.

Mira a su alrededor y solo ve tristeza y desolación, y se pregunta cómo es posible soñar cosas tan hermosas en un sitio tan tétrico.

17

Cautivo y desarmado el ejército rojo...

Abril 1939

Cautivo y desarmado el ejército rojo...

Eran tantos los cautivos y desarmados que resultaba imposible identificar a todos. Imposible separar la paja del trigo en esa nueva España, un país donde todo su territorio fue transformado en coto de caza por sus nuevos gobernantes. Un gran campo de concentración donde no había lugar para la generosidad del vencedor.

Al soldado se le supone el valor, a los vencedores la generosidad con los vencidos. No fue así en la nueva España, aquellos soldados de los cuales no tenían muy claro su afinidad política eran puestos en libertad, con la finalidad de que fuesen sus vecinos o paisanos quienes les denunciasen. Aun así, hasta conventos y monasterios fueron habilitados como cárceles por todo el territorio español, y en ellos eran hacinadas miles y miles de personas de toda edad y condición. Así ocurrió con el monasterio fortaleza de Uclés, conocido como El Escorial de la Mancha. La bella estampa del monasterio fue transformada en campo de concentración, cárcel y tumba de centenares de presos republicanos de la provincia de Cuenca.

A Uclés llevaban a Felipe cuando cayó preso cerca de Ocaña y saltó del camión junto con Andrés Vieco. Fueron cinco quienes saltaron; solo dos escaparon, Felipe y Andrés Vieco. En Gascas ya había comenzado la depuración de elementos no afectos al

Régimen. Una veintena de hombres fueron llevados a Uclés, mientras que tres mujeres tras someterlas a todo tipo de vejaciones fueron conducidas a Las Ventas de Madrid. La mayoría de quienes salieron presos de Gascas jamás regresaron, ni siquiera aquellos que recobraron con el tiempo la libertad. Felipe, al llegar a su pueblo, automáticamente, fue avalado por su hermano por orden de don Pascual, su padre, en contra de la voluntad del avalista. Todavía pesaba mucho la autoridad paterna sobre el capitán don Braulio López.

Quienes salieron para ser identificados en sus pueblos, algunos, pronto regresarían a diversas cárceles de toda España, ya fuera a prisión o ante un pelotón de fusilamiento. Los republicanos gasqueños, como la mayoría de los presos conquenses manchegos, fueron llevados al monasterio de Uclés. Algunos serían trasladados posteriormente a Cuenca o Madrid, otros morirían en prisión por diversas enfermedades carcelarias, desnutrición, o sacados para ser fusilados.

Las semanas fueron pasando y aunque las relaciones con su hermano no eran cordiales, nada hacía presagiar que terminaría convirtiéndose en un preso más. Cuando su padre enfermó, semanas después de su llegada, decidió el reparto de las tierras sin que hubiera excesivas objeciones por parte de los hermanos de Felipe: Elvira y Braulio.

El reparto fue bastante equitativo en cuanto a valor económico. La viña, llamada la Viña del Cura, tenía desde tiempos inmemoriales la obligación, no escrita, de servir el vino para oficiar la misa en Gascas, de ella decían que era la mejor del pueblo. Esta viña la heredó Felipe junto con el monte. Cada uno de los tres hermanos recibió una casa, aunque la principal fue adjudicada a Braulio. Las tierras de labranza y olivares se repartieron entre Braulio y Elvira; a esta última se le asignó cierta cantidad de dinero por el valor que se consideraba que tenía la casa de Braulio, superior a la de su hermana. Si bien es cierto que Braulio puso ciertas objeciones, y habló de que él quería la viña, nada hacía presagiar que ocurriría algo grave. Se sabía que Braulio no viviría en Gascas, que tenía intención de continuar su exitosa carrera militar. En cuanto a su hermana, no decía nada, la cual consideraba el reparto justo y prefería la compensación monetaria a las tierras que le pudieran corresponder. Sus posesiones las vendió de inmediato a su hermano Braulio para marcharse a Madrid, donde su marido, médico de profesión, parecía tener mejores expectativas.

Braulio nunca aceptó ni el reparto, ni el convertirse en avalista de su hermano; incluso llegó a decir que una bala disparada por Felipe fue la que atravesó el pecho de su hermano José María. Era Braulio una de esas personas serenas, apenas alzaba la voz y siempre parecía razonar cuanto hablaba. De complexión fuerte, su altura más de metro ochenta, imponía autoridad, su voz pausada y educada, respeto. Nada que ver con Felipe, con una estatura más acorde con la media de Gascas y de modales más rudos, que hablaba con voz bronca y alta pero clara, y que, al hablar, nunca sabías cuándo era en broma o en serio. Don Braulio, que así se hacía llamar, no parecía ser una persona calculadora, capaz de las más crueles venganzas. Es cierto que era su semblante serio y formal, no obstante, cariñoso con los suyos y manteniendo siempre la distancia con quienes consideraba inferiores socialmente.

Antes de la guerra, a pesar de las diferencias políticas, siempre se habían llevado bien por mucho que Felipe fuese considerado el garbanzo negro de la familia, anticlerical, izquierdista y republicano. Malos ingredientes en el seno de una familia católica y de derechas. Era perdonado por lo unido que había estado a su hermano mellizo y a su madre. Por mucho que ambos rondasen a María y que Braulio no le llegase a perdonar su intromisión, nadie se imaginaría que llegaría a cogerle tanta inquina a Felipe. Al fin y al cabo, a él nunca le faltaba una muchacha cerca, y había conquistado la presa más importante y codiciada de su colección, a la hija de don Matías Echániz, el mayor latifundista de la comarca, llegando a dejarla en estado de buena esperanza. Inmaculada Echániz era muy guapa y elegante y sobre todo rica, aunque estúpida. Toda su vida, hasta los dieciséis años, la había pasado en un internado para señoritas de Madrid, a donde un buen día se presentó el elegante Braulio con una carta de don Matías. Su inocencia, o como diría el hermano de Felipe, su estupidez de niña mimada se quebrantó en pocas horas, quedándose embarazada. Sí, era estúpida, pero muy rica, nada que ver con su familia de campesinos con posibles. Era otro escalón muy superior: muchas tierras, muchas viñas y una bodega que era la envidia de la comarca.

Felipe nunca llegó a saberlo, su hermano Braulio hubiese dejado todo de haber aceptado María marcharse con él a Toledo. Tenía claro que lo haría, sin importarle el escándalo que sin duda se produciría en el pueblo; aunque tampoco tenía por qué saberlo nadie, ni era cuestión de renunciar a una rica heredera por un capricho. No obstante, si María le decía que no quería compartir, él ya era rico.

Contra lo esperado, la maestra le contestó que no, a todas sus propuestas, le dijo que estaba enamorada de Felipe y que se iba a casar con él, provocando el enfado de Braulio. Una noche, a la hora de la cena, se presentó en la casa de los maestros, apenas faltaban unos días para la boda. Don Jaime le abrió la puerta.

—Estamos cenando, si quieres, estás invitado —le dijo el maestro amablemente.

—¿A qué has venido? —Le preguntó María, perpleja, levantándose de la mesa al verlo.

—A evitar que cometas el mayor error de tu vida y te vengas conmigo —contestó seguro de sí.

—La respuesta ya te la di más de una vez. Quiero a tu hermano y ni voy a ser ni tu mujer, ni mucho menos tu querida…

—¡Ah! Pero… Salga de mi casa ahora mismo —comenzó don Jaime a hablarle de usted a Braulio, marcando con claridad las distancias —. Aquí no es bien recibido. Yo también le dije una vez que no se parecía a su hermano, que, si fuese mujer, sin duda lo elegiría a él.

—Don Jaime, yo lo respeto, no haga que me cabree, usted no sabe quién soy yo...

El maestro respiró profundo, miró desafiante a Braulio y le señaló la puerta.

—Sí lo sé, un sinvergüenza. Salga ahora mismo de mi casa si no quiere que tengamos un disgusto.

Esa espina la tenía clavada Braulio. Sin embargo, ya nunca más volvió a decir nada, hasta que después de terminada la contienda, quiso que Felipe renunciase a la viña y se negó:

—Hermano, te equivocaste de bando, de mujer y de suegro y ahora te vuelves a equivocar con tu decisión.

Entonces todavía vivía su padre, aunque ya se encontraba muy enfermo. La cuestión quedó ahí, como un poso inquietante. No creía Felipe que tuviera mayores consecuencias. Fallecido su padre, se presentó en casa de Felipe su hermana Elvira con cara de preocupación.

—Yo que vosotros pensaría en irme del pueblo.

—Elvira, ¿y eso por qué? —le preguntó Felipe extrañado.

—Yo solo te digo eso, que si vendes el majuelo y el monte y con los cuartos que te den te vas, seguro que sales ganando. No te puedo decir más... Padre ya no está...

—¿A quién se lo debo vender, hermana?

—A quien lo quiere comprar.

—Si él no vive aquí...

—Pero lo quiere. Nosotros ya le hemos vendido todo, nos vamos a Madrid. Además, allí, Agustín tendrá más futuro.

Y no era mentira, su hermana le había vendido todas las tierras y se marchaba a Madrid, ya nunca más la volvería a ver. Pasaron todavía un par de meses cuando se presentó en su casa el mayoral de su hermano.

—Me manda don Braulio.

—Tú dirás, don Pepe —se burló Felipe al escuchar llamar de don a su hermano. Tampoco debería haberse extrañado cuando a su padre siempre le llamaron don Pascual y no era tan rico como era Braulio.

—Don Braulio me ha dicho que si le vas a vender la viña y el monte se lo digas ya.

—Don Pepe, le dice usted a don Braulio que don Felipe ha dicho que si quiere algo no necesita mensajeros, que entre hermanos las cosas se hablan sin intermediarios. ¿Entendido, don Pepe?

—Lo que tú digas. Tú sabrás lo que haces.

Las palabras del mayoral sonaron como una amenaza.

Felipe no pensó que la viña, que con tanto esmero cuidaba, fuese el motivo por el cual vendrían a por él una mañana de mediados del mes de agosto, cuando las uvas ya comenzaban a madurar bajo un sol abrasador de la Mancha. Al levantar la vista para limpiarse el sudor, uno de los dos jornaleros, que estaba con él, vio acercarse un coche. Le avisó a Felipe y los tres miraron aquel vehículo tan inapropiado para aquellos caminos tan polvorientos.

—Señoritingos que se han perdido y quieren beberse el vino antes de vendimiar —dice Felipe burlándose de los posibles ocupantes, señalando el coche, sin llegar nunca a creer que vinieran a por él.

Nadie le informó del motivo ni la razón, lo esposaron y se lo llevaron sin permitirle ni tan siquiera despedirse de María ni de su hijo. De no ser porque antes estuvieron en su casa a buscarle aquellos falangistas con el mayoral de su hermano, y de estar con dos jornaleros, María nunca habría sabido que se habían llevado a su hombre.

Ella sabía dónde estaba, aunque les dijo que en el campo. El capataz de Braulio sabía dónde se encontraba, fueron a su casa por si acaso. Durante varios días, María estuvo con la incertidumbre de qué le habría ocurrido, sin lograr averiguar nada sobre Felipe, aparte de lo contado por los dos jornaleros que le acompañaban. Preguntó en el cuartel de la Guardia Civil de San Antonio de los Llanos. También al capataz de su cuñado, nada le dijeron. Se trasladó a Uclés donde estaban todos los presos republicanos de Gascas, sin embargo, nadie sabía nada. Lo supo por el mismo Braulio cuando días después se presentó de improviso en su casa:

—Tu hombre está en el castillo de Cuenca preso.

—Bien lo debes saber, tu mayoral vino a buscarlo.

—Te equivocas, yo lo avalé en su momento. De las cuentas que tenga pendientes por ahí, no tengo nada que ver.

—Si lo avalaste, no tendrían por qué habérselo llevado. Eres su hermano, podrías volverlo a avalar.

—Puede que sí, puede que no, hay que mover muchos hilos y eso cuesta cuartos.

—¿Eres su hermano? —El tono de María era, en cierto modo, desafiante.

—Sí, soy su hermano, no lo dudes y estoy dispuesto a sacarlo del lío en que está metido, pero nada sale gratis.

—Tú me dirás.

—A ver cómo te lo digo… —Braulio pareció dudar—. Tú sabes lo que siento por ti.

—¿Qué tonterías dices ahora? Con tu hermano en la cárcel. ¿Qué tonterías dices?

—No digo ninguna tontería, sigo pensando en ti…

—Sal tirando, sal tirando ahora mismo de mi casa, de la casa de tu hermano —le indicó ella, señalando la calle, a pesar de encontrarse en el mismo quicio de la puerta.

—Para, para un momento, cuñada —dice sacando una llave del bolsillo enseñándosela—. Yo tengo la llave que abre y cierra la puerta. A lo mejor eres tú quien algún día puede que me busques a mí.

—Sal, sal tirando ahora mismo.

Sin embargo, él no salió, la empujó para dentro de la casa y cerró la puerta tras de sí. Ella lo miró asustada, sospechando lo que podría suceder. Sin embargo, se equivocó en cierta medida.

—Es la segunda vez que me tiras de tu casa. No lo vuelvas a hacer nunca más. Y cuando vayas a Cuenca, dile a tu hombre que me venda la viña. Estoy dispuesto a pagar lo que vale y más… a no ser que tú hagas lo que sé que necesitas —entonces la agarró del cuello y acercó sus labios a los de ella. Parecía que la iba a besar, no lo hizo, la miró fijamente a los ojos y dijo—: El majuelo o tú, pregúntale a él.

La soltó y salió por la puerta sin esperar contestación.

18

La viña de la ira

Año 1939

De nuevo utilizó a su capataz para pedirle contestación en una de las ocasiones en que María iba a Cuenca a visitar a su marido.

—Dice mi amo que no te olvides de decirle a tu hombre que si le vende la viña.

Nada dijo María de la doble propuesta de su cuñado, tan solo le habló de venderle la viña, Felipe se negó en redondo. Cuando el capataz fue a pedirle resultado, así se lo manifestó. Contrariamente a lo esperado, no volvió a ver a su cuñado hasta pasados unos meses. Fue a la salida de la Iglesia cuando salían de bautizar a Antonia. Se acercó y la besó en la mejilla, como lo hubiera hecho cualquier otro familiar, sin esperar a recibir otro, dejando caer sobre el oído de María unas palabras sin perder la sonrisa:

—Todavía estás a tiempo de sacar a tu hombre de la cárcel.

María no contestó, agachó la cabeza y tras saludar a la mujer de su cuñado, continuó su camino del brazo de Clara y de la mano de Miguel. En una de las dos ocasiones en que pudo volver a ver a Felipe de nuevo tanteó la posibilidad. Vio a Felipe más abatido, más derrotado y angustiado, este le habló de que dormía en el suelo y pasaba mucho frío, y ella aprovechó para convencerle de vender la viña.

—Haz lo que quieras, con tal de no estar aquí, lo que sea.

María fue a hablar con el capataz de su hermano, pero este tenía estudiadas las respuestas que debía darle.

—Ya es tarde, tú no puedes vender y él, mientras que no salga de la cárcel, tampoco. A don Braulio no le interesa ya la viña, que tu marido lo hubiese pensado antes.

—Pepe, hombre, que Felipe es hermano de tu amo.

—Don Braulio no tiene hermanos rojos, tenía un hermano y se lo mató tu marido, y si don Braulio lo dice, será verdad.

—Dile a tu amo que eso es mentira y que le pido por la memoria de su padre que, si es un buen hijo, sea un buen hermano y saque de la cárcel a mi hombre.

—Sal tirando de aquí ahora mismo. No vaya a ser que tú vayas también a acompañar a tu hombre y tu hijo se quede desamparado sin madre… —sonrió burlonamente—, aunque tal vez no sin padre…

—Vete a la mierda. Mi hijo solo tiene un padre y está en la cárcel. Si tú no conoces a tu padre, mi hijo sí conoce al suyo.

El rostro del mayoral adquirió una expresión de ira, que a buen seguro habría traído trágicas consecuencias de no ser por la aparición de sus hijos y mujer en aquel momento. El parecido de Miguel con Braulio era mucho mayor que con Felipe, por la simple razón de que Braulio era el vivo retrato de su padre, mientras que Felipe tenía todos los rasgos de su madre. Sin embargo, pese a los rumores, nunca pudo Braulio haber embarazado a María, su relación no llegó a ser tal. Sobre quién era el progenitor del capataz, había igualmente sombras, que cada vez se disipaban más. El parecido con Braulio era muy grande, si bien no tenía su estatura ni elegancia. Cualquiera que no los conociese, fácilmente habría pensado que al menos eran parientes bastante cercanos. Su padre había sido capataz de don Pascual toda su vida, mientras que su madre fue criada en la casa de don Pascual, y fue con quien encontró Felipe a su padre.

Braulio no necesitaba la viña. Además de ser ya comandante del ejército, se había convertido en un importante terrateniente gracias a su esposa y, sobre todo, a las tierras que le habían sido cedidas en pago por avales de afección al nuevo Régimen. Ahora ya no era Braulio López, era el comandante don Braulio, o sencillamente don Braulio, nada tenía que ver con un preso llamado Felipe López. Para él aquella viña significaba mucho, a pesar de no representar ni la cuarta parte de las que tenía en propiedad; por mucho que fuese la mejor, al menos esa fama tenía, y él la quería porque era de su hermano. Del mismo modo quería la mujer de su hermano. No porque estuviera enamorado de ella, que, si lo estuvo, ya no lo estaba; aunque, cuando le dijo a María que estaba dispuesto a no casarse con quien sería su mujer, fue en serio. Llegando su cuñada a convertirse en obsesión por haber sido la primera mujer que lo había rechazado y, sobre todo, porque había sido por culpa de su hermano. Poco después del incidente con el mayoral de Braulio, María coincidió en la fuente con Faustina, la mujer del mayoral, prima hermana, por parte de madre de Felipe y Braulio. No es que Faustina fuese muy explícita, solo le dijo:

—Prima, acércate y escucha lo que voy a decirte.

María se acercó al soportal donde se encontraba la prima de Felipe, esta le hizo un gesto para que callase, bajó la voz y continuó:

—Tu hombre saldrá pronto de la cárcel, pero te recomiendo que no te pongas muy cansina.

—¿Cuándo?

—Cuando Dios quiera. Yo no te he dicho nada. Sí sé algo te lo diré.

Sus ojos intentaron disimular el vidrio líquido que intentaba salir. Bajó la mirada, aturdida, musitó un inaudible «gracias».

—Alegra la cara. Aunque, ten muy presente que yo no te he dicho nada. Si mi hombre se entera me mata —musitó la mujer.

—Tranquila, a nadie se lo diré —contestó María, mientras hacía el ademán de ir a darle un abrazo; pero se encontró con el gesto negativo lleno de tristeza de la mujer, como si le ocultara algo.

—Ya habrá ocasión, ya habrá ocasión —y se dio media vuelta, dejando a María con un presentimiento extraño, a pesar de creer tener la certeza de que sí podría abrazar pronto a Felipe.

No le gustó el gesto de la prima de Felipe, era una buena mujer, no tenía doblez, sabía que algo le ocultaba, que no todo podía ser tan fácil. Caminó en dirección a su casa como si llevara los ojos cerrados, luchando porque no salieran las lágrimas antes de llegar. Nadie debía saber de su alegría, mucho menos de sus dudas y temores. Al llegar a su casa nada le contó a Clara.

—No hay quien te estire de la lengua esta noche —le reprochó Clara.

—Estoy cansada, no tengo ganas de hablar —y notaba cómo la alegría se ahogaba con ese mal presentimiento.

Quería estar alegre, pero le resultaba imposible, en ocasiones los silencios dicen más que las palabras, así lo percibió ella en la mirada de la mujer del mayoral, así se percató Clara, cuando fue ella la que rechazó el abrazo que le brindaba a María.

—¿Qué te pasa?

—Nada, ya te lo he dicho, que estoy muy cansada —respondió intentando disimular, pero cuando Clara insistió en el abrazo, se deshizo en un amargo llanto.

De nada sirvieron las palabras y abrazos de Clara, a los que se unió Miguel, que se abrazó a las dos y con ellas lloró sin saber por qué.

19

El silencio crea duda

Marzo/abril del año 1940

Los muros aprisionan el cuerpo. No obstante, la mente vuela. La tristeza impide que las palabras de lamento salgan de la garganta cuando sabes que tienes preso el cuerpo y el alma. Por mucho que tu mente te lleve a infinitos parajes, pisas siempre los mismos fríos mármoles del suelo del presidio. No es consuelo pensar que antaño aquellas piedras estuvieron cubiertas por ricas alfombras en los suelos y tapices en las paredes para combatir el frío. Piedras y mármoles que rebosaron lujo por los cuatro costados, que fueron pisadas por caballeros, damas, nobles de alta alcurnia y hasta reyes. Ahora son piedras tan desnudas como frías y húmedas. Inmensas galerías que cuando llueve, se filtra el agua entre las grietas del techo. Estancias donde apenas entra el sol y el moho crece como único elemento decorativo.

A Felipe le llaman desde crío el Jilguero, no porque cantase bien, sino porque cantaba mucho y siempre estaba alegre. En las primeras semanas de su estancia en prisión pocos presos conocían el timbre de su voz, se encerró en sí mismo como nunca lo había hecho. Es Antonio de las Heras quien acude a su auxilio, quien lo ayuda y relaciona con otros presos. Al padre de Clara le llaman el Manchego por ser el único de la provincia de Ciudad Real que hay en la cárcel. La mayoría de los presos son serranos o alcarreños, aunque hay de todas las partes de España. A los manchegos de Cuenca los llevaron al monasterio de Uclés, el penal de Ocaña o Villarrobledo, y a los considerados más significativos al penal de Chinchilla de Montearagón. Hasta que no le autorizaron las visitas de María, su hermetismo fue la seña más significativa de Felipe entre los presos.

Cuando se inician las visitas comienza el Jilguero a cantar; incluso se atreve a tocar la guitarra que un preso le presta. Recobra la esperanza, a pesar de que los días pasan uno tras otro, las semanas y meses sin que nadie le diga nada sobre la razón por la cual está allí. Por mucho de estar convencido de saberlo, no termina de creer que fuese tal. Después de conocer a Clara, María lo visita tan solo en dos ocasiones. La primera cuando le habla de la venta de la viña a Braulio. La segunda es él quien se lo propone y ella le dice que lo deje, que su hermano ya no quiere la viña. No le dice que quiere otra cosa. La encuentra rara, su comportamiento es hermético y extraño. Ella dice que está preocupada por Clara y sobre todo por él. Teme que la muchacha pueda llegar a quitarse la vida. No se atreve a decirle que teme que a él se la quiten. María está evasiva, como si sintiera vergüenza o miedo por algo diferente a lo habitual, como si quisiera decirle algo que no se atreve. —¿Está bien Miguel?

—Sí, está muy bien…

—¿Coméis? Estás muy delgada y tienes mala cara…

—Sí, claro, tenemos conejos, gallinas y cabras, hambre no pasamos. Hemos hecho la matanza y te he traído unos chorizos porque tú sí que estás delgado.

—Comemos, comemos, yo estoy bien. Vende lo que haga falta, pero no quiero que ni tu ni el chiquillo paséis hambre.

—Ojalá pudieses comer tú lo mismo que nosotros.

—Sí, eso sí.

—¿No has visto a mi hermano?

—No, no ha aparecido por el pueblo desde poco después de que te encarcelaran.

—¿Y esa muchacha…?

—Me da pena, tengo miedo de que haga alguna locura…ya te dije, abusaron los… bueno, ya sabes, abusaron de ella y ha tenido una morita preciosa.

—Preciosa será nuestra chiquilla cuando la tengamos.

—Sí —musita María con resignación.

—¿No quieres que tengamos una chiquilla? —pregunta ahora él, parece que contrariado.

—Sí, hombre sí…, pero…, ¿cómo? —intenta reaccionar María, pensando que cualquier día lo pueden fusilar. No quiere resignarse a perderlo, pero ha perdido toda esperanza.

—¿Cómo? Dile al mayoral de mi hermano que le vendemos la viña y el monte, ¿no dijiste que la quería? Díselo y nos vamos.

—Ya se lo dije… Tu hermano no te va a sacar de aquí, tu hermano te ha metido aquí.

—Es mi hermano, tenemos la misma sangre.

—Pero no la misma leche.

Se hace el silencio. Nota algo en el tono de la mujer, en realidad durante toda la conversación. No hay nada nuevo que no haya sido hablado antes con las mismas o distintas palabras. Sin embargo, en el tono, sobre todo en la mirada de la mujer, hay algo nuevo. María está triste, como siempre estuvo, desde que su hombre está preso. No obstante, jamás le rehuyó la mirada. Nunca jugueteó nerviosa con sus cabellos. Desde el final de la guerra se los ha dejado crecer, estaba mal visto las mujeres con el pelo corto, los llevaba recogidos en un moño, cubriéndolos con un pañuelo, para así vestirse como una campesina más. Felipe sospecha que algo oculta, además de sus cabellos.

No es capaz de sonsacarle nada. Ella no le va a hablar de sus temores, de sus pesadillas, de que llegando aquella mañana desde el autobús ha visto cómo cargaban los cadáveres de cinco hombres y una mujer en un carro. Tampoco le va a contar, aunque él lo sepa que, mientras hacen cola, siempre apartan a los familiares de los fusilados para informarles. Jamás le dirá lo que ocurre en sus noches con Clara, ni de sus pesadillas y desasosiegos. Pretende estar alegre durante la visita, pero siente remordimientos, piensa que está pecando y que sus pecados condenarán a su hombre. Él toca todos los temas, mas ella calla o contesta en ocasiones con monosílabos, en otras baja la mirada. El tiempo termina y él se queda con la incertidumbre de que algo le ha pasado o le pasa. Sabe que va a estar con la inquietud, al menos hasta la próxima visita. En esta ocasión, el encuentro podrá ser en una fecha cercana, siempre que el tiempo no lo impida o los disparos que suenan en la madrugada carcelaria no vayan dirigidos contra él. Ella intenta, antes de despedirse, alargar la mano y cogérsela, no llega por mucho que se estiren los dos.

—Te quiero más que a mi vida —le dice ella.

—Y yo a ti —le contesta él.

Sin darse cuenta, María crea un nuevo motivo de preocupación en él. Ellos se quieren, se han querido con toda el alma, mas nunca o casi nunca desde que dejaron de ser novios se han dicho palabras de amor, aparte de recitarse versos prestados. Tampoco fueron necesarias, porque sus miradas, sus gestos, abrazos y complicidades han suplido las palabras hermosas. Ahora, sin la posibilidad de sentir el latido de sus corazones, pecho contra pecho, sin el calor de sus cuerpos en las noches, sin las ráfagas del fuego de la lumbre calentando sus rostros, no siempre son capaces de decir lo que realmente desean. En no pocas ocasiones, la sangre de sus venas se paraliza cuando uno está frente al otro, y se acelera desesperadamente en la soledad de la celda, o, en el caso de María, al lado de Clara. En cualquier caso, con el dolor atravesando las paredes en un amargo grito delirante, el cual crea el ambiente propicio para la duda. El silencio crea dudas de quien no tiene la llave que abre la puerta de su libertad, y sabe que esa mujer que calla y baja la cabeza, tiene algo que jamás le dirá.

20

Cara al Sol con la camisa nueva …

Desde semanas antes, los tambores y trompetas de las cofradías no cesan de atronar en la ciudad. Llega su ruido ensordecedor hasta el castillo impidiendo dormir a los presos. El día de visita fue trasladado del domingo al lunes de Pascua. A primera hora de la mañana llega María, la cual capta una mayor debilidad física y emocional que de costumbre en Felipe, está mucho más reservado. Los presos han comido bien, al menos eso dice él. En los días de Semana Santa, las raspas y las cabezas de pescado han sido sustituidas por pescado de verdad, principalmente bacalao. Demasiado tarde, él está muy débil, por mucho que pretenda mostrarse alegre de ver a María. Sabe que en menos de un mes estará allí frente a él, la procesión va por dentro. María regresa a Gascas muy preocupada por el aspecto lamentable que ofrece Felipe. Al llegar se encuentra con una noticia inesperada. Braulio ha estado en su casa vestido de comandante del ejército. Aprovecha que no está ella. Más tarde tiene noticias de que Braulio llevaba tres días en Gascas. Clara le habla de un militar muy guapo y alto. Aunque ella no lo conocía sabía que era hermano de Felipe.

—Llamó como con mala leche.

—Eso nunca le ha faltado…—apostilló María.

—Sin embargo, al abrir la puerta, me miró muy sonriente, llamándome por mi nombre. «Clara, dile a María que el día uno de abril, sueltan a su hombre, que le prepare ropa». Y antes de que pudiese contestar, se dio la vuelta y se marchó.

Faustina, la mujer del mayoral de su hermano, se lo confirmó más tarde, incluso se arriesgó a acercarse a casa de María, a pesar de la prohibición de su marido:

—María, vengo a decirte que a tu hombre lo sueltan el día de la Victoria, lo ha dicho don Braulio.

—¿De verdad? —Preguntó fingiendo asombro, ante lo que ya le había dicho Clara. Simuló asombro por no tener que preguntarle el motivo de unos hematomas en cuello y rostro. Aunque, desvió su mirada, fue como una pregunta.

—Una que está un poco torpe, tropecé contra la chimenea. Menos mal que no me caí a la lumbre. Lo que importa, que no he podido aguantar la alegría de venir a decírtelo —expresó dubitativa la mujer, subiéndose el cuello del chal.

María notó cierto tono de vergüenza en sus palabras, como si fuera ella la culpable de las palizas que le pegaba su marido cada vez que se emborrachaba, que no eran pocas las veces. Y eso lo sabía todo el pueblo. Pues no eran pocos quienes decían: «Me parece que esta noche a la Faustina le van a sacudir la badana». La maestra sintió la necesidad de abrazarla, y lo hizo, musitando un «Faustina ten cuidado con la chimenea, no vaya a ser que un día te quemes, y si te quemas él no va a saber cuidar de tus hijos. Y si en algo te puedo ayudar…»

—Bastante tienes tú ya. Me tengo que ir, si mi hombre se entera… —se despidió la mujer, sabiendo lo que había querido decir María.

María llega a Cuenca más alegre de lo habitual por la buena noticia. Se ha soltado el cabello, hasta a ella le sorprende que le llegue casi hasta la cintura. Viste un vestido que le ha cosido Clara para la ocasión, en tan solo unas horas. Además, se ha maquillado con decencia para que él la vea guapa, parece como si de repente se hubiera quitado todo el dolor y el pesar de encima, y con ellos diez años. Tiene tantas cosas que decirle, todo lo que ha callado y anhelaba contarle. María sube la cuesta al castillo, en esta ocasión muy alegre. Ensaya la forma de decirle a su marido que volverán a estar juntos. Aunque tal vez él ya lo sepa, desearía ser ella quien le diese la noticia. Piensa también en Clara, no hay balanza para pesar el amor que siente por Felipe con lo que le sucede durante la noche al lado de Clara. No mengua ni un ápice el amor por él, sino al contrario, es a él a quien quiere, busca y añora. El placer que recibe de Clara le hace codiciar y desear el recobrar y multiplicar el que un día recibió de su hombre. Idealiza y rememora con especial atención los escasos meses que precedieron a su encarcelamiento. No teme, pues, a lo que pueda ocurrir, ella sabe que Clara no será un obstáculo, no necesita promesas, lo sabe. Aunque, hasta ella misma se escandaliza, no se lo ha dicho a Clara, ni piensa decírselo jamás, a ella también la ama con toda intensidad, «debo estar loca de remate», piensa dibujando una sonrisa condescendiente.

En la cárcel todo se prepara para la gran celebración del día de la Victoria, lunes 1 de abril de 1940, es el primer aniversario del final de la guerra. Aunque ya lo vienen haciendo desde el final de la guerra, para ese día deciden dar una nueva vuelta de tuerca. Regularmente cantan en el patio el Cara al Sol con el brazo en alto, pero todos lo hacen de manera obligatoria. El director ha ideado una estratagema: quiere ver cuántos presos están dispuestos a humillarse, a abjurar de sus ideales con tal de estar entre los candidatos a un posible indulto o como premio de consolación, tener unos minutos más de visita. Las semanas previas han dejado de cantar el himno falangista en el patio, cosa que todos agradecen. Sin embargo, este primer aniversario de la Victoria de unos y la derrota de otros iba a ser un día festivo diferente. Los vencidos desarmados, encarcelados, fusilados ahora debían ser humillados. Les prometen que ese día no habría fusilamientos. Aquel lunes primero de abril iba a ser festivo y como algo extraordinario, día de visita en lugar del domingo, aunque no para todos, porque era un día especial. El director lo dejó claro en su discurso a los vencidos: el Caudillo en un gesto de magnanimidad y generosidad ha dado su visto bueno para que varios presos sean liberados en tan señalado día. Al resto los dejarán estar más tiempo con sus familiares, siempre que muestren su acatamiento y gratitud al Generalísimo, y por supuesto, el domingo hayan asistido a misa, confesado y comulgado. Al margen de la cuestión religiosa, se ha organizado un acto al cual acudirían importantes autoridades civiles y militares. Los presos que quieran optar a ser liberados deben estar dispuestos a cantar canciones patrióticas durante más de una hora, culminando con el Cara al Sol, en el patio de la prisión, siempre de manera voluntaria.

—El patriotismo es sentimiento y orgullo, solo queremos que aquellos que estén dispuestos a hacer una España grande participen en la efeméride de nuestra victoria…

Al patio ese día, primero de abril, solo saldrían aquellos que finalizado el acto serían liberados. Al mismo asistirían las autoridades, igualmente, podrían estar algunos familiares, para que, finalizado el acto, se pudiesen marchar todos juntos. Felipe ha perdido la cuenta de cuánto tiempo lleva de vigilia, con sus huesos sobre las duras piedras. No sabe las noches que se ha derramado soñando con María. Él, que durante el tiempo que estuvo en las trincheras pensaba que tenía el apetito sexual adormecido. En la trinchera siempre se tiene la esperanza del permiso, de volver, en la cárcel se pierde la esperanza cada mañana cuando se escuchan los disparos del pelotón de fusilamiento. Felipe quería ser liberado, estaba dispuesto a cualquier cosa. Tal vez fuera egoísmo, pero quiere salir a costa de lo que sea.

Se enfurece interiormente cuando se lo dicen, aunque lo disimula. El director lo dice como quien no quiere la cosa, observando la reacción de cada uno de ellos. Otros muestran claramente su enfado. Él no, solo piensa en salir de la cárcel. Son muchos los presos que saben que nunca saldrán, como no sea para ser fusilados. Tiene miedo, mucho miedo, los otros también, pero saben que no les servirá de nada tenerlo. No es un valiente, nunca lo fue. No obstante, no quiere desperdiciar ni una sola posibilidad de salir de allí. Nunca alzó el puño cuando en el patio les obligaban a cantar el Cara al Sol. Otros sí lo levantaron y su acción obtuvo una rápida respuesta: se los llevaron a golpes y empujones de nuevo a la galería. A algunos pronto les salió el juicio y se les alargó la pena, o los condenaron a muerte de inmediato. Cuando les dicen que deben ensayar para que salga bien la ceremonia del lunes, Felipe junto al resto canta, una por una todas las canciones. El jilguero, que cantaba mucho, pero mal, sin complejos, con alegría, no quiere cantar y ese día cantó. Canta mal, poco y triste. Felipe canta, aunque con los ojos cerrados, del mismo modo que disparaba el fusil en el frente, con los ojos cerrados y con mucho miedo. Mueve los labios cuando no lo miran, sin embargo, su voz es potente y si no canta, se nota de inmediato. Canta y su voz sobresale por encima de la de sus compañeros. Canta con los ojos cerrados, como cuando disparaba a matar. Ahora es para no verse así mismo muerto de vergüenza por su cobardía. Canta sin mirar a sus compañeros, que también cantan avergonzados. Sin embargo, él se cree el más cobarde de todos. Él nunca quiso sentir miedo, siempre habló de tener miedo a sentirlo y ahora asume tenerlo. Manifiesta terror al sentirse como un cobarde por cantar lo que no quiere cantar. Su voz se escucha desde la galería. Los presos saben que es él y Felipe nota que se le atragantan las palabras, quisiera ser mudo, canta mal y sin sentimiento; sin embargo, canta.

—*Cara al Sol con la camisa nueva que tú bordaste en rojo ayer, me hallará la muerte si me lleva…*

Mientras que en su cabeza resuena otro himno más alegre, que cantaba para enfado de su padre en su juventud, cuando comenzó a rebelarse contra la imposición paterna de ir a misa todos los domingos y fiestas de guardar:

—*Si los Reyes de España supieran lo poco que van a durar, a la calle saldrían gritando: ¡Libertad, libertad, libertad!*

Regresan a la galería los voluntarios, quienes van a ser liberados el día de la Victoria. Ellos notan las miradas recriminatorias de sus compañeros; algunos piensan o dicen que es envidia. Felipe sabe que es desprecio, el mismo que él siente por sí mismo. Quienes están en la galería hacen sitio a los recién llegados, se apartan, algunos escupen al suelo, mostrando su desprecio; otros simplemente les dan la espalda. Siente miedo, puede pasar cualquier cosa. Hay ocho presos en las celdas de castigo, y se especula con que puedan fusilarse. No pasa nada durante la noche. Fermín Buendía es un líder respetado entre los presos, da la cara por ellos y dice comprender a quienes han perdido la dignidad y han cantado el Cara al Sol. Aunque a ellos les dice que todavía están a tiempo de rectificar y que, si no lo hacen, tendrán sus razones. No todos están de acuerdo, no obstante, lo aceptan a regañadientes. Felipe esa noche no duerme, tiene miedo a sus compañeros. Cualquier ruido lo interpreta como una amenaza. Tiene miedo a tener miedo. Siente vergüenza por ser cobarde. Le han dicho que el lunes será un hombre libre, y teme que su hijo se entere algún día y le pregunte:

—Padre, ¿por qué saliste de la cárcel?

Y él deba mentirle. Tiene miedo a enfrentarse a María, a que llegue a saber que él cantó el Cara al Sol, tiene miedo así mismo. Llega el sábado y a Felipe lo llevan a primera hora de la mañana al despacho del director. Es al único de los presos que se pondrán en libertad al que llama el director. Antes lo obligan a bañarse con agua casi helada, lo fumigan, tanto a él como a la ropa con DDT. El director le ofrece la mano en un gesto extremadamente cordial. Lo invita a un cigarrillo.

—Me han dicho que fumas.

Él asiente con la cabeza. El director lo invita a sentarse y comienza a hacerle preguntas sin sentido sobre su familia, sabe que tiene un hijo y un hermano que es comandante...

—Capitán —le rectifica él.

—No, Felipe, tu hermano es comandante, don Braulio López, héroe del Alcázar, es ya comandante y es un gran amigo mío.

Quiere que le diga cosas sobre su esposa, su hijo, su estado de salud, sobre la muchacha que vive en su casa... Felipe responde con monosílabos y vaguedades. Tampoco sabe mucho qué contestar en la mayoría de los casos. El director poco a poco se adentra en cuestiones más concretas, Felipe comprende que esas son las preguntas con las cuales debe tener mucho cuidado, ir con pies de plomo, el tono del director cambia la amabilidad por un tono más solemne.

—¿Estarías dispuesto a jurar fidelidad al Caudillo?

Él duda, se había prometido mil veces no jurar jamás y menos en contra de sus principios. Sabe que es una condición *sine qua non* para salir de la cárcel. Asiente con la cabeza. Sin embargo, no es suficiente. El director quiere escucharlo decir si está dispuesto a jurar de palabra.

—De manera clara y rotunda, como deben hacerlo los españoles de bien —le dice, observando cada uno de los gestos de su semblante, como si pudiera adivinar hasta sus más íntimos pensamientos. Él lo único que desea es salir, estar con su mujer y su hijo. No obstante, el director no se conforma con eso, quiere escucharlo de su boca.

—Sí.

—Tendrías que jurar fidelidad a España, al Caudillo y a la Santa Iglesia Católica. Quiero que me lo digas si estarías dispuesto ante los Santos Evangelios. Tú eres de buena familia... ¿Jurarías?

—Sí —repite mecánicamente, sabe que no cree en juramentos vanos y ese sería un juramento más vano que un huevo de yeso, de los que les ponen a las gallinas cluecas para engañarlas. Piensa en eso y contesta sin dudarlo—: Sí, sí juro.

—No, hombre, no, así no, debe ser algo más solemne. No ante mí, ni ante esos dos pasmaos —El director señala a los dos guardias que están a su lado, estos permanecen impasibles, no así Felipe que arranca una sonrisa. Todavía le reserva más sorpresas—. Hay una persona que ha intercedido por ti, es a esa persona a quien le debes de agradecer que salgas el lunes..., a tu hermano..., tal como ya te he dicho, al comandante del glorioso Ejército Nacional...

—¿Braulio?

—Don Braulio, no lo olvides. Tu hermano, al menos en mi presencia, es don Braulio, tu único hermano. Tenías otro, pero los tuyos lo mataron… —realiza una pausa intencionada, lo observa—, incluso bien pudo ser una bala disparada por ti la que terminase con su vida. Él te quiere libre, me ha pedido el favor de que seas tú uno de los liberados. Estuvimos juntos en el frente y no me he podido negar.

Felipe calla, prefiere callar. El director abre una carpeta de color marrón que tiene sobre la mesa, saca un papel timbrado y lo agita en el aire.

—Aquí está tu libertad, la firmas y después de la ceremonia te marchas del brazo, con tu mujer, que, por cierto, ya está avisada.

Felipe mira a un lado y a otro, como buscando una respuesta. Termina cogiendo el documento, no tiene nada que ver con su libertad, es una venta falsa, la cesión de la propiedad de la viña a su hermano Braulio. Siente la tentación de romperla, cierra los ojos, aprieta los puños, respira hondo, piensa en María, piensa en su hijo, se decide.

—¿Me da usted una pluma?

El director sonríe. Coge delicadamente una de las plumas y la introduce en el tintero que hay sobre la mesa. Se la ofrece a Felipe, el cual duda. Le tiembla la mano, termina cogiendo la pluma y la aprieta con fuerza y firma con un golpe final, que la despunta. Mientras que al tiempo que la pluma se deslizaba sobre el papel, nota la rabia correr por sus venas, provocando una tormenta en su cerebro. Le entrega el documento al director y comprueba cómo el ligero papel le pesa un quintal. Ya no hay vuelta atrás, el lunes saldrá por la puerta del brazo de María, y por fin abrazará a María y a su hijo.

21

Si los reyes de España supieran...

Cuando sale del despacho del director, los dos guardias no lo llevan de regreso a la galería. Lo conducen a una sala donde hay una mesa y varias sillas, lugar donde comen guardias y funcionarios. Falta casi una hora para el mediodía y, por tanto, para la comida. Le ordenan que se siente y al momento aparece un preso, de los que trabajan en las cocinas, con un plato de habichuelas pintas, con arroz, chorizo y oreja de cerdo. Es su potaje preferido, el empedrado manchego. La congoja y la indignación le impiden tragar, ya ha tragado más de lo que nunca hubiese creído; coge la cuchara sin decidirse a probar siquiera lo que para él es un manjar exquisito, que nada tiene que ver con la comida habitual que les dan normalmente. Maldice a su hermano, a la viña, también su cobardía. Maldice no haber roto delante del director aquel papel. Sin embargo, el pensar en su hijo, en María y que el lunes será el último día de cárcel, hace que lo justifique. No necesita la viña para vivir, con el monte seguirá adelante y cuando ahorre unas pesetas, se marchará lejos, a la República Argentina.

—Ojalá se le avinagre todo el vino que den esas uvas —maldice mientras mete la cuchara en el plato.

El domingo va a misa, confiesa y comulga por primera vez en muchos años. Se siente humillado. Allí está con todos los presos obligados a asistir a una liturgia en la que no creen. Está con quienes al día siguiente cantarán el Cara al Sol en las primeras filas. Todos confiesan y comulgan. Felipe no se atreve a levantar la vista ni a mirar a sus compañeros, que desde las bancadas traseras lo observan. Se arrodilla con la hostia en la boca, la mastica con rabia. Mira al Cristo que está encima del altar y a la imagen de la Virgen de las Angustias que se encuentra en el nicho central del retablo mayor. Piensa en lo aceptado de la elección del nombre Nuestra Señora de las Angustias. Nada tan angustioso como el castillo de muerte y sufrimiento en el que se ha convertido el castillo de Cuenca. Se gira como buscando fuerzas y apoyo, sin embargo, solo encuentra miradas severas de reproche. Ve hombres resignados y otros que humillan. No puede evitar que lágrimas de impotencia y vergüenza corran por sus mejillas. No sabe si son de dolor, de indignación o impotencia, o las tres a la vez, sumadas a otra multitud de causas que no sabría explicar.

Al día siguiente, el lunes 1 de abril de 1940, recibe a primera hora la visita de María. La ve deslumbrante o al menos a él se lo parece. Lleva un vestido amarillo con flores multicolores. Percibe la pena en su semblante. Sin embargo, sus ojos transmiten alegría y esperanza. Se muestra alegre y dicharachera, habla con los ojos, con los labios, con cada gesto de su rostro y de su cuerpo, como no la recordaba desde que eran novios. Le habla de Miguel, de Clara, de la hija de Clara, de que cuando él saliera quería una hija como la de Clara. Infunde esperanza en sus gestos. Felipe percibe promesas no dichas, que él entiende a la perfección y le trasladan a tiempos pasados con propuestas de futuro. Sabe que ese día su marido será libre y ella está exultante. Él no es capaz ni de sonreír, tampoco de sentirse feliz, algo le reconcome por dentro devorándole las entrañas. Sin embargo, a ella la ve feliz y eso le da fuerza para continuar.

Aquel día los guardias parecen amables, hasta les dan ropa recién lavada a los presos, algunas llevan agujeros de las balas de los fusilados. Quienes serán liberados caminan en dirección al patio con paso lento ante la atenta mirada de los guardias, y la sonrisa complaciente del director de la prisión. Forman, unos cuarenta presos frente a los soportales donde se encuentran los familiares. La parte alta, la balconada, está adornada con un tapiz rojo de terciopelo, bordado en su centro con el nuevo escudo de

España, el águila de San Juan y el yugo y las flechas. Allí están las autoridades civiles y militares.

María llega con gesto grave, debería estar contenta, pero ha pasado una mala noche con sueños espantosos, no los recuerda, todavía le duele la garganta de tanto gritar en el silencio de los sueños. Le dijeron que saldría, pero sus pesadillas le hacían dudar y presentir que algo muy grave sucedería aquel día.

Alzó la mirada a la balconada y vio a Braulio sonriente, sintió, entonces, cómo el miedo le recorría todo el cuerpo, haciéndole estremecer de terror.

Cuando los presos alzan el brazo haciendo el saludo romano, Felipe busca a María con la mirada, la encuentra con la cabeza gacha, no mira, no está alegre, parece como si sintiese vergüenza de lo que está a punto de suceder. En realidad, siente miedo, al ver a Braulio, tuvo claro que sus sueños eran predicciones. Insiste Felipe con la mirada, tiene que verla para tener fuerzas, cuando comienzan a cantar:

—*Cara al Sol con la camisa nueva que tú bordaste en rojo ayer, me hallará la muerte si me lleva...*

Entonces, Felipe observa cómo María, agacha la cabeza, se gira y desaparece entre la gente.

Mira hacia donde están las autoridades, el director, el gobernador civil, el obispo, autoridades: civiles, militares, eclesiásticas y un nutrido grupo de falangistas con su camisa azul recién planchada. Todos sonrientes y sobresaliendo, por su altura, Braulio con su flamante uniforme de comandante, con una sonrisa de oreja a oreja, disfrutando de su humillación. Entonces, vuelve a mirar donde antes estaba María, alza el volumen de su voz por encima del casi murmullo apagado y humillado de sus compañeros, quiere que ella lo vea por última vez, aunque no como un cobarde.

—*Si los curas y frailes supieran la paliza que les van a dar, subirían al coro cantando: ¡Libertad, libertad, libertad!*

María se detiene, asustada, abriéndose paso, regresa a la primera fila. Él, igualmente, la ve durante unos segundos. Su gesto es imitado por dos presos más, que estaban cantando segundos antes el Cara al Sol con el brazo en alto, ahora con el puño. Desde las ventanas de las galerías arrecian el canto del himno de Riego subiendo el tono, ocultando el Cara al Sol. Solo se escucha el himno de Riego mezclado con vivas a la República y vivas a España. Mira a donde estaba su hermano, ya no está con las autoridades. Lo ve empujar a los familiares de los presos, apartándolos violentamente, los cuales están contemplando lo que sucede estupefactos. Braulio corre haciendo gestos para que se calle, mientras que Felipe arrecia el tono de su voz.

—*Si los Reyes de España supieran lo poco que van a durar, a la calle saldrían gritando: ¡Libertad, libertad, libertad!*

Varios guardias se abalanzan sobre los tres reclusos que cambiaron el canto, golpeándolos brutalmente con las culatas de los fusiles. Lo último que ve es a un joven sacerdote y a un comandante del ejército que se interponen entre los guardias y los presos rebeldes. La sangre le impide ver más allá de las estrellas de comandante que lo protegen. Escucha a su hermano, no entiende lo que dice, sabe que maldice algo. Le reprocha y hasta lo insulta con rabia. Lo último que oye es el grito de su hermano:

—Basta ya, hijos de la gran puta, es mi hermano…

Los golpes se detienen, está seguro de haber escuchado a su hermano. Nota el abrazo de alguien muy fuerte contra su pecho, no lo ve. No obstante, sabe que es un abrazo conocido, el de su hermano. Solo ve a María en la nebulosa inconsciencia de su cerebro, ve a María espléndida con su floreado vestido amarillo cantando a su lado orgullosa en la Plaza de Gascas:

—*Si los Reyes de España supieran lo poco que van a durar a la calle saldrían gritando: ¡Libertad, libertad, libertad!*

22

Gota a gota

Abril-octubre 1940

Cuando Felipe abre los ojos, está poco más o menos, casi tumbado en posición fetal. No hubiera podido ser de otra manera debido a la estrecha superficie del habitáculo donde se encuentra. Se trata de una especie de tinaja parecida a la que utilizan en Gascas para guardar el vino, pero más estrecha. La oscuridad es absoluta, percibe un hedor a orines intenso, mezclado con olores fecales, y otros más difusos: humedad, moho, tierra, olores que conoce, son similares a los de las cuevas que se encuentran en la ribera del Júcar, en las que se ha resguardado en más de una ocasión en caso de lluvia. Una gota de agua cae de manera intermitente sobre la parte parietal de su cuero cabelludo, el cual tiene empapado, como todo su cuerpo. Siente frío, un frío intenso. Mira para arriba y la gota le cae en los ojos, resbalando hasta la boca. Aprecia un escozor penetrante en los ojos al contacto con el agua, como si se tratase de un ácido. No obstante, al llegar a los labios comprueba que es agua dulce. En la nuca siente un dolor agudo. Si bien siente dolores por todos los rincones de su cuerpo. Sabe que son el resultado de los golpes. Sin embargo, en la nuca es algo diferente, se toca y nota la viscosidad de la sangre. No puede verla, pero la nota. Se lleva la mano a la boca y lo comprueba, la gota de agua ha producido una herida durante todo el tiempo que ha estado inconsciente. Maldice a un dios que le ha abandonado, maldice su suerte, se maldice a sí mismo, a su hermano y a sus antepasados comunes. Intenta acostumbrar la vista al lugar, poco más de un metro le separa de la pared de enfrente. Sus ojos recorren el habitáculo, puede llegar a distinguir que es una gruta vertical excavada a pico y pala, posiblemente está en los sótanos del castillo. No entra luz por ningún lado. Se incorpora con mucha dificultad pisando algo metálico, se trata de una especie de orinal, a su lado hay un plato que está vacío, no recuerda haber comido pero está vacío. No sabe el tiempo que lleva en aquel lugar, ni si es de día ni de noche, pero desde que lleva consciente, tan solo unos minutos, el tiempo se le hace eterno. Grita, pero nadie lo escucha, se desespera. El tiempo pasa y nada parece que vaya a cambiar. En un momento dado se abre una especie de pequeña puerta y le dejan en el suelo un plato de sopa, o algo similar, y un trozo de pan. Al instante nota cómo algo corre por encima de sus pies, le entra un escalofrío, son ratas, que en instantes han devorado la sopa y el pan. En los días sucesivos anda ligero. Sin embargo, no siempre les gana la carrera a los roedores. Debe ser más rápido que ellas, de lo contrario no comerá y no podrá contarle a su hijo que un día no fue un cobarde, que un día fue valiente, a su lado estará Marí para confirmarlo. Ignora si cada vez que se abre la pequeña puerta pertenece al mismo día o a otro diferente, no sabe si la oscuridad pertenece al día o a la noche, si son noches en vela o si son días los que pasa sin dormir. Cierra los ojos, pero no duerme.

Durante las largas horas prefiere estar con los ojos cerrados, viendo correr a su hijo al lado del río, incluso puede notar la humedad del agua, la frialdad de esta.

—Miguel, está muy fría, no te metas —escucha a María.

—Deja al chiquillo, no se está tan mal cuando te acostumbras — responde él, ya dentro del río, animando al chiquillo.

Ve a su hijo levantado en el aire con sus fuertes manos, metiéndolo y sacándolo del río, puede escuchar sus risas y las protestas de su madre cada vez que levanta a Miguel. En su delirio, el sol le ciega los ojos a pesar de estar en penumbras. Respira la humedad del Júcar, nota el olor a hierba mojada, en lugar de a heces y orina. Ve a Miguel desnudo sobre una manta al sol, a su lado. Se queda embelesado mirando a María, que lo mira con esos ojos verdes que le acarician los sentidos. Puede hasta notar sus labios al besar. Introduce su mano por debajo de la blusa mojada de María, porque ella también se ha metido en el río para rescatar al hijo y dar un pescozón al padre. Están abrazados sobre una manta morellana y nota sus pezones aprisionados contra su cuerpo, siente el deseo de desabrochar la blusa, pero ella le retira la mano.

—Vamos a despertar al chiquillo.

—No importa, que sepa que nos queremos.

—Que sepa que tiene un padre valiente que cantó el himno de la libertad sin miedo. Miguel, tenías que haberlo visto…

Ve la última mirada de ella antes de perder el conocimiento, su cara de preocupación; pero, cree percibir el orgullo de tener un marido que, pese a la debilidad de ceder por estar con ella; aunque, haya sido en el último instante, a pesar de que significase su muerte, supo ser un valiente, un valiente que tenía mucho miedo y a muchas cosas, pero que había sabido morir con dignidad. Muchos años después ella le comentó que hubiese preferido un cobarde vivo que un valiente muerto, a pesar de que no hubiera soportado tenerlo a su lado si hubiera traicionado aquello en lo que los dos creían. Pero eso fue muchos años más tarde. Cuando creían que ya ningún mal les podría llegar a enturbiar su felicidad en libertad vigilada y sin fianza.

Por fin llega el día en que lo sacan de aquel habitáculo. Está aturdido, es incapaz de andar sin tener la sensación de estar borracho. Lo llevan a enfermería y lo curan, el contraste con la luz lo ciega, no puede abrir los ojos. Un par de guardias lo conducen ahora a otra celda, se cae durante el trayecto dos veces al suelo, el más joven lo agarra de la pechera de la camisa.

—Los rojos que cantaron contigo ya están muertos. No sé, ni me importa quién es tu ángel de la guarda, pero te juro por Dios que te vas a arrepentir.

El otro guardia, de unos cuarenta años, retira la mano de su compañero con suavidad.

—Ernesto, déjalo, si no quieres tener problemas.

—Pepe, pero ¿comprendes esto? Este rojo de mierda provoca todo, a los otros los matan y a este en lugar de dejarlo que se pudra en el agujero, lo sacan y lo curan…encima lo alimentan como si fuese el rey de España, ni al mismísimo Caudillo…

—La vida es así, más vale caer en gracia que ser gracioso, quien tiene padrinos se casa, quien no va al hoyo…

Lo cogen entre los dos guardias por los brazos para ayudarle a andar hasta una celda. El guardia de más edad, le indica que pase a su interior y se siente sobre un pequeño banco de piedra, el joven termina empujándolo ante su indecisión. La celda tampoco tiene ventanas, ni rendijas por las cuales colarse las ratas, es de proporciones reducidas, no tiene más de un metro cincuenta de ancho por poco más de largo, para Felipe es una mejora considerable. Al cerrar la puerta, la oscuridad no es absoluta, en la puerta hay un pequeño ventanillo de apenas un palmo cuadrado por el que entra un rayo de luz y polvo. Como único mueble, un pequeño jergón en el que puede dormir en posición fetal. Al menos, el recinto está seco. Sabe que quienes siguieron su ejemplo están muertos, lo cual le provoca una ansiedad tal, que cuando le llevan la misma comida que el día de la firma de cesión de la viña, alubias pintas, con arroz, chorizo y oreja de cerdo, es incapaz de comérselo. Está de acuerdo con el guardia joven, él debería haber sido el único fusilado.

—Cortesía del director —dice con sarcasmo el guardia. Felipe espera a que el funcionario le entregue el plato, para como por descuido darle un manotazo, esparciéndose las judías por el suelo—. Encima de que te quieren tener bien alimentado torpe y tonto, hay que joderse.

23

Incertidumbre

Pasan días, semanas, hasta más de un mes, Felipe hace lo que otros presos: rayas en la pared, contar cada vez que le llevan la comida, posiblemente una vez al día. Continúa aislado, sin salir siquiera al patio. Nota cómo desvaría realizando tareas absurdas que no llevan a ninguna parte, dos pasos y se encuentra con un muro. Llega incluso a contar las grietas en la cal que cubre los muros, provoca nuevas grietas, desarrolla una vida interior con más matices infantiles que de adulto. Salta, boxea con un contrincante imaginario, juega en el río con sus hermanos, se convierte en un revolucionario aclamado por la multitud tras derrocar al dictador gracias a su pericia...

Cuando sale no es capaz de abrir los ojos, hasta la tenue luz del interior del pasillo le molesta. En la galería es recibido como un héroe por el resto de los presos, que lo ayudan a reponerse y le pasan alimentos de los que reciben de sus familiares. A pesar de todo, piensan que no servirá para otra cosa que para estar mejor de salud en el momento que decidan fusilarlo.

—Dicen que te van a fusilar, pero al menos morirás sano —le dice Fermín Buendía.

Nuevamente es el joven guardia quien se encarga de decirle que pronto estará criando malvas, se lo repite varias veces posteriormente, cada vez que forma parte de la comitiva que va en busca de condenados a muerte. Siempre lo mira a él, siempre se acerca a él, recordándole que cualquier día le tocará su turno. Le dicen sus compañeros de galería que no haga caso, que busca provocarlo para tener la excusa, que aquel joven guardia es mala gente, que ya ha matado a dos presos que respondieron a sus provocaciones.

Todos piensan, y así debe ser, que el guardia está obsesionado con él por haber sido el causante del escándalo y el trato de favor que había recibido no fusilándolo. Nadie comprende el motivo. Si fue él quien comenzó el canto, por qué razón los otros dos ya fueron fusilados y él no. Los compañeros le hablan del sacerdote y del militar que habían salido en su defensa, hay rumores sobre que el militar es pariente suyo, sin embargo, nadie lo cree. Él sabe que el comandante es su hermano, pero prefiere callarlo. Del sacerdote nada sabe. El primer domingo que es obligado a ir a misa se arrodilla ante el confesionario, en el cual lo ha visto entrar y le da las gracias para levantarse con intención de marcharse. El sacerdote le pregunta si no se va a confesar, él responde que no tiene pecados.

—No, no tengo pecados, solo quiero darle las gracias.

—Felipe, ve con Dios. Yo te absuelvo…

—Gracias — corta al sacerdote y se marcha a la última bancada de la capilla, donde están sus compañeros.

El tiempo pasa y no desaparece la inquietud. Los barrotes siguen estando ahí, los ruidos de los disparos lo siguen despertando al amanecer, el suelo sobre el que duerme sigue igual de frío incluso en el verano. No es hasta el otoño, cuando de nuevo puede recibir visitas después de casi seis meses, desde que viese por última vez a María. Piensa que podría estar libre de no haber tenido aquel ataque de dignidad. Ya no desvaría, ya no es el héroe revolucionario, ni hay posibilidades de hacer heroicidades, a no ser que estés dispuesto a recibir de inmediato un tiro a bocajarro, algo de lo que está avisado hasta por el director.

Ahora, todos los días en el patio, los presos, sin excepción, cantan el Cara al sol, no les dan elección. Al menor intento les pegan un tiro o los llevan a las celdas de los condenados a muerte. Todos levantan el brazo, primero con reticencia. Sin esperar al segundo aviso, lo levantan de manera firme y todos cantan; aunque, ahora la voz de Felipe no se alce por encima de las demás, canta sin espantar sus males con un nudo de amargura en la garganta.

Al final de aquel año, comienzan a llegar nuevos presos de la Serranía, guerrilleros y campesinos que continúan una guerra perdida. Los primeros duran poco en las galerías antes de ser fusilados, los segundos se los llevan a otras cárceles de Madrid o del norte de Castilla. No habla mucho con ellos. Algunos han estado en los montes de Gascas huyendo de las contrapartidas de guardias civiles. No obstante, no es su zona de actuación, aunque han entablado conversaciones con algunos del lugar. Sin embargo, son precavidos y no se fían. Nunca dan nombres, ni datos que puedan servir a las contrapartidas.

Piensa mucho en María, le gustaría estar con ella, saber de su hijo, saber qué ha pasado con la viña. ¿Habría tenido su hermano el valor de quitársela?

No lo creía capaz, a pesar de todo. Sin embargo, se equivoca. La viña ya no les pertenece, aunque ni él lo sabe, ni María lo sabrá hasta el momento en el que su hermano así lo decida. A María, del mismo modo, le resulta duro el no poder visitar a su hombre, sabe que no lo fusilarán. Su cuñado, aquel primero de abril, se lo juró por lo más sagrado, incluso se lo reiteró en dos ocasiones más. No podía hacer nada por levantarle el castigo, lo que había hecho era muy grave. Se lo recalcó de manera reiterada, quienes imitaron su hazaña estaban muertos desde el siguiente amanecer. Braulio, en esos meses, siempre que iba a Gascas se pasaba por casa de María. No le hace proposiciones deshonestas, parece muy afectado. Le habla de cuándo dejará de estar aislado, recalcando que será gracias a él.

—He logrado que no sea juzgado ni condenado, y moveré los hilos que pueda para que salga pronto, o al menos esté bien, y tú puedas ir a verlo.

Ella le da las gracias. Braulio realiza una última visita a finales del verano, justo antes de comenzar la vendimia, para darle una noticia buena y para ocultarle la mala. Le dice lo que en otras ocasiones:

—Yo puedo ayudarle mientras no sea juzgado. Una vez sea juzgado, depende del juez. No puedo jugarme mi futuro por su inconsciencia… —por último, le da la noticia—: Ah, otra cosa, el domingo que viene ya puedes visitar a tu hombre.

Nunca espera contestación, no la quiere ni la acepta. Ella siente el impulso de abrazarse a él, de besarlo, mostrar su alegría y agradecimiento como lo demuestran los amigos, los cuñados o los hermanos.

Sin embargo, recuerda quién es el culpable. Braulio, desde entonces, no vuelve a pasar por casa de su hermano. Durante el tiempo que lo hizo, dice lo que tiene que decir sin traspasar la puerta. Cuando se marcha, siempre deja la incertidumbre y la amenaza en el aire. Llega sin saludar y se marcha sin despedirse. La noticia que oculta termina llegando de boca del aparcero a quien María le tiene dada la viña. El aparcero se presenta en casa de María pasadas las diez de la noche, traspuesto y pálido. No sabe cómo darle la noticia.

—Ha estado Pepe en mi casa ahora mismo.
—¿El mayoral de mi cuñado?
—El mismo que viste y calza, siéntate, lo vas a necesitar.
—No me asustes, no me asustes.
—Me ha dicho que la viña es de su amo, de tu cuñado. No sé qué hacer. Si quieres vamos a vendimiar, pero…
—No, bastante tenemos. Hablaré primero con mi cuñado, ha estado esta tarde aquí.

Se armó de valor y fue a casa de su cuñado, pero él ya no estaba en Gascas. Dirigirse al mayoral era tontería. Ya se encargó de mandarle recado con su mujer.

—Si vais a vendimiar, tendréis problemas con los guardias.

Al día siguiente el suegro de su cuñado, alcalde de Gascas, se lo confirmó cuando fue al ayuntamiento.

—Desde el veintinueve de marzo, la viña del cura es de mi yerno.

No le aclaró nada más, ni quiso el suegro de su cuñado, ni tampoco ella quiso preguntar. Se la habían robado y eso le bastaba.

Hablar con su cuñado de nuevo se había convertido en misión imposible, ya nunca más la visitó, y si pasó por Gascas, nunca se dio a ver. El mayoral fue claro, la viña era de su amo y si su amo quería no volvía a ver a su marido, que ella decidiera lo que hacía o decía sobre el asunto. El mundo se le viene encima, aunque termina por aceptarlo, sin saber cómo enfrentarse a la visita a la cárcel, casi seis meses después de verlo la última vez.

Clara se convierte en la principal fuente de ingresos, ante esta nueva tesitura. Las clases de María, como maestra, apenas dan beneficios. Clara borda sábanas, mantelerías y ajuares por encargo de manera rápida y excepcional. Las mujeres de los terratenientes no tienen reparo en encargarle vestidos y ajuares completos, se las gana por su buen hacer. Clara es amable con ellas, les saca confidencias y les sugiere hábilmente temas de conversación. Nadie desconfía de ella. Su aspecto es tan extremadamente dulce, delicado, elegante y tan femenino que parece una señorita de ciudad. Inspira ternura y en cierto modo compasión. Cuando cuenta lo ocurrido, omite detalles, transforma la historia, la repite tantas veces, de manera tan estudiada, que la hace asumible para aquellas mujeres de rosario diario y misa dominical. En su historia solo hay moros, siendo los falangistas quienes evitan males mayores. Cuando se marchan las maldice sin piedad, escupe cual gañán contra el fuego de la chimenea. No obstante, algo escapa a todos, incluso a María, con la excusa de ir a vender sábanas o mantelerías encargadas a San Clemente, Motilla del Palancar, Villarrobledo u otros pueblos, llega a desaparecer días enteros sin dar más explicaciones. María, intrigada, en alguna ocasión, registra lo que lleva y con lo que regresa. Comprueba que no ha vendido nada y que tampoco comienza trabajos nuevos a consecuencia de esos viajes. Nunca acepta ser acompañada por María, tampoco dice ni cuándo ni cómo ha de marcharse, y responde con vaguedades o «con un mejor no saber». María sospecha, pero calla. Sus temores se hacen mayores cuando Clara se presenta con un transistor, que siempre después esconde.

Es Clara quien se acuesta ahora más tarde que ella, y por la mañana madruga para salir a realizar algunos de sus encargos. Algunas noches se queda María escuchando la radio con Clara y comienza a comprender; si bien, prefiere hacer como que no. Sabe que así lo quiere su compañera. En esos días en que Clara se marcha después de haber estado escuchando La Pirenaica, María pasa las horas llenas de incertidumbre y si además por la noche no regresa, también la pasa en vela. Sabe que esos viajes se producen siempre después de haber escuchado la radio. También sabe que el día anterior ha estado Casilda en su casa, o ha ido ella a casa de Casilda. Se llevan bien, aunque María siente cierta aversión hacia Casilda. En realidad, no sabe el motivo, tal vez porque presiente que está poniendo en peligro a Clara. En realidad, María y Casilda fueron muy amigas. Fue la primera quien enseñó a leer a la segunda. Muy amigos siempre fueron Casimiro y Felipe. Casilda, también, tiene a su marido preso, pero donde están todos los presos de Gascas, en Uclés. Es una mujer de aspecto fuerte, robusta, pero ágil y decidida, más alta de lo habitual en una mujer de Gascas, más alta, incluso que Braulio. Viste siempre de negro, desde el mismo día en el que mataron a su padre, que al igual que el padre de Clara, en su pueblo, el padre de Casilda fue el último alcalde republicano.

24

Los de Gascas
Años 1943/1945

Durante los dos años que siguen, Felipe tiene restringidas las visitas, no más de cuatro al año, siempre coincidiendo con fechas importantes. La amenaza es constante, tres veces ha estado en la celda de los condenados a muerte sin que al final fuese fusilado. Aquel guardia joven le dice que está en la lista, ya sea con gestos o palabras.

—No siempre tendrás la suerte que estás teniendo, y yo seré quien te dé el tiro de gracia —le solía decir, besándose el pulgar o colocándole el índice, o directamente la pistola en la sien.

Un buen día, para Felipe, desapareció aquel joven guardia. Dicen que se marchó a la Serranía a cazar maquis. Unos meses antes de desaparecer el guardia, comenzaron a llegar los primeros maquis y campesinos de la Serranía. Hablan de las contrapartidas de guardias civiles y de los estragos que cometían entre los campesinos afines a la República, o entre aquellos atrapados entre dos fuegos. Gentes sin ideología y con miedo, que temen a unos y a otros, que son engañados por unos y por otros, y no saben si están ayudando a los guerrilleros o son víctimas de los engaños de la guardia civil, que se hacen pasar como guerrilleros. Distinguirlos puede significar vivir o morir.

—Son fáciles de distinguir —explica un guerrillero preso —, ellos no huelen a monte y llevan las botas siempre en buen estado, o al menos llevan botas y una manta a la espalda. Nosotros llevamos abarcas, y si llevamos botas es porque se las hemos quitado a ellos después de matarlos. La gente tiene miedo y no sabe si quien les habla es un guerrillero o un guardia.

Otros dicen lo contrario, y hablan de aquel guardia como un genio para el engaño por su frialdad. Si se equivocaba, no pasaba nada, la muerte de un campesino ya fuera colaborador de la guerrilla o no, estaba dentro de la estrategia, la cual, siempre cumplía su objetivo, infundir terror. Son pocos guerrilleros los que llegan, sin embargo, sí muchos campesinos, acusados de colaborar con ellos. Un día, durante la hora del patio, Felipe palidece al ver de nuevo al guardia. Lleva galones de cabo y va acompañado de otros dos guardias. Al pasar junto a Felipe, ni lo mira para después dar un taconazo, como si fuera legionario, ponerse firme y dar media vuelta.

—Suerte tienes, Felipe López. Te has librado de mí, ahora me dedico a la caza. Sin embargo, no te confíes, no me olvido de ti. Puedes estar tranquilo de momento. Pero recuerda, seré quien te dé el tiro de gracia más pronto que tarde.

Felipe guarda silencio. El cabo se marcha a donde está un grupo de campesinos acusados de colaborar con el maquis. Parece ser que son todos del mismo pueblo. Están asustados y su apariencia es la de pastores de ovejas. Para nada dan la imagen que suelen dar los guerrilleros que han llegado a la cárcel. El cabo señala a uno de ellos y este es obligado a acompañarlos. Contra todo pronóstico, regresa vivo a la galería. No obstante, lo hace con la cara destrozada y sin un solo diente. Le han arrancado todos, uno a uno, al día siguiente amanece muerto desangrado.

Él, ahora, cabo es el encargado de interrogar a los guerrilleros y campesinos sospechosos. Corre el rumor de que a quienes interroga, si saben algo, terminan confesando o muertos. Cuentan que cuando se fusilan guerrilleros le gusta formar parte del pelotón de ejecución. Después de aquella mañana en el patio, no vuelve a verlo durante bastante tiempo; aunque, sus hazañas corren de boca en boca entre presos, y, sobre todo, entre los guerrilleros o campesinos que caen en sus manos.

Tal y conforme dijera Braulio, nada han dicho a Felipe sobre la posibilidad de ser juzgado. A pesar de que ya han pasado más de tres años desde aquel primero de abril. Tampoco a María su cuñado le ha vuelto a decir nada sobre tal cuestión. De hecho, ya no lo ha vuelto a ver desde aquel verano de 1940. A finales del otoño de 1943, las autoridades franquistas comienzan a cerrar campos de concentración y penales, como el de Uclés, El Escorial de La Mancha. Para entonces la población reclusa ya había disminuido considerablemente. Los conventos y monasterios dejaron de ser cárceles y los presos que no han sido fusilados o puestos en libertad eran trasladados a otras prisiones. En el Castillo de Cuenca hay hacinamiento. Pese a ello, este ya no es tan brutal como en los años anteriores, hay huecos entre preso y preso. Algunos han sido puestos en libertad, otros han muerto por las enfermedades carcelarias o fusilados. A finales de noviembre, esos espacios vacíos son ocupados por casi doscientos presos que llegan del monasterio de Uclés, donde la represión fue mucho más cruel que en el castillo de Cuenca, por difícil que parezca. Son quienes se han escapado de las ejecuciones sumarísimas, del entierro colectivo en La Tahona. Los nuevos presos están en condiciones aún más penosas que los reclusos de

Cuenca. En Uclés, las penas de muerte eran comunicadas de un día para otro desde las balconadas, a viva voz, con todos los presos en el patio. Quienes llegan son de todas las edades, la mayoría jóvenes, que han sobrevivido gracias a su mayor resistencia física o porque no les ha dado tiempo de ser fusilados.

A la galería donde se encuentra Felipe llegan cuatro presos de Gascas. Son los únicos que quedan presos y vivos de los más de veinte que fueron llevados al Escorial de la Mancha, casi media docena fueron puestos en libertad, pero ninguno regresó a Gascas. Se acomodan lo mejor que pueden junto a Felipe. Uno de ellos es Emilio Galarza, siete años más joven que él. Se conocen bien puesto que han compartido dos años de trincheras. Felipe casi no lo reconoce al verlo entrar. El muchacho está extremadamente delgado, lo mismo piensa Emilio y los otros de Gascas de Felipe. Emilio mantiene un humor espléndido, o al menos lo parece, tal como lo recuerda Felipe desde que era un chiquillo. Es muy alto y guapo, casi barbilampiño. Constantemente bromea y abraza a Felipe hasta el punto de que Paco García, otro paisano junqueño, hace un comentario jocoso que no gusta a Felipe. Asimismo, está entre los recién llegados su mejor amigo de juventud Casimiro, yerno de Evaristo Torres, último alcalde republicano de Gascas y marido de Casilda. La llegada de los cuatro de Gascas sobre todo de Emilio, cambia la vida de Felipe. Se hacen inseparables como ya lo habían sido durante el tiempo que estuvieron en las trincheras, cuando Felipe tomó a aquel chiquillo de apenas dieciocho años bajo su protección.

Coincidiendo con el traslado de los presos de Uclés, le levantan el castigo. María ya no va sola a Cuenca en el autobús, ahora va también la madre o una hermana de Emilio, la mujer de Paco García, la de Joaquín, El Cojo y Casilda. Esta última, es ahora, oficialmente madre soltera —al no ser reconocida la boda civil por las nuevas autoridades con Casimiro— con tres hijos, el mayor de once años y el menor de ocho, uno por año, antes de la guerra, llevan solo los apellidos de la madre. El viaje en el autobús, con más de dos horas de trayecto y paradas en todos los pueblos, da lugar a muchas conversaciones. Inevitablemente, surge el tema de Clara, lo cual provoca cierta incomodidad en María. Procura disimular lo mejor que es capaz. Casilda habla de buscarle un padre para su hija. María se siente aturdida y nerviosa. Dice estar de acuerdo después de haber alabado el buen hacer de su secreta amante. Temerosa de que puedan leerle la mente, la propone para novia de Emilio.

—Angustias, Clara sería la mejor mujer que puede tener un hombre. Es hacendosa, cose y guisa mejor que yo, borda que es un primor, sabe sacarse bien las habichuelas…

—Pero es muy rara… —arguye quien es la mayor del grupo, Angustias, madre de Emilio, nacido ya cuando pensaba que el río de la fertilidad formaba parte del pasado. Angustias tenía más de sesenta y cinco años, y su hijo veinticuatro.

—Si a cualquiera de nosotras nos hubiera ocurrido lo que, a ella, a lo mejor no seríamos raras, mataríamos a quien se nos pusiese por delante — replica Casilda. María prefiere callar, hay afinidad en el grupo, pero no se fía. Sin embargo, las cuatro demuestran que ese viaje lo han realizado en muchas ocasiones en compañía. Cuando el autobús va sin gente, se sientan en los asientos traseros y hablan abiertamente. María no se fía de ellas. No obstante, ellas sí parecen fiarse de María.

—Pobre muchacha —dice Angustias—. No creas, yo ya lo he pensado alguna vez. No estoy muy católica…

Todas ríen, solo Casilda, en voz muy baja, se atreve a decir:

—Aquí ninguna estamos muy católica.

Angustias también ríe y prosigue:

—A mí cualquier día me da un pasmo y cuando salga Emilio no tiene nadie que lo mire. Necesita una mujer que lo cuide. Esa muchacha tiene buen corazón, más de una vez me ha cogido el cántaro y me lo ha subido hasta mi casa… y eso que tiene muy poca chicha.

—Mujer, a tu Emilio siempre habrá quien lo mire, sus hermanas o cualquier mujer. Tu hijo es muy guapo. Esos ojazos que tiene da gusto mirarlos y mira que te lo dice una vieja como tú —discrepa Llanos, la mujer de Paco García, hace una pausa y añade: —Aunque, hacer un apaño con quien tiene una hija, si además fuese normal…

—¿Normal? —se ofende María —Si es una cría que da gusto, vale su peso en oro…

—Yo solo quería decir que es morita —intenta disculparse Llanos —Además, soltera. Si fuese viuda…

—Sí, te entiendo, Llanos — replica enojada Casilda, que parece ser quien más empeño pone en defender a Clara —Tú tienes dos hijas. En Gascas no llegaron a entrar los moros. Imagínate si llegan a entrar y te destrozan a tus muchachas y las preñan… ¿Ya no serían dignas de un hombre? ¡Vamos, mujer! A cualquiera de nosotras nos podría haber pasado si llegan a entrar los moros en Gascas.

—A Llanos y a mí no —ríe irónica Angustias, intentando reprimir las carcajadas —Somos muy viejas, y Casilda tiene toda la razón.

El viaje pasa más rápido en compañía. Agradece María no ir sola con su pena. Viaje tras viaje, dan por hecho que existe la necesidad de hacer un apaño matrimonial. Una conveniencia a la que son ajenos los actores principales de la trama y que de manera taimada van haciéndoles partícipes. María habla de la cuestión con Felipe, pero sobre todo con Clara cuando ya están acostadas, cuando Clara comienza a acariciarla se lo plantea. Clara da un respingo, enfadada.

—No necesito un hombre. Aquel día me sobraron todos.

—Aquellos no eran hombres, los hombres, de verdad, no hacen esas salvajadas.

—Me sobran todos —Clara besa a María, acaricia su nuca y baja haciendo remolinos con sus dedos por su espalda.

—Emilio es un buen muchacho, guapo y tiene unos ojos… —dice María mirando a los ojos a Clara. Sabe lo que ella va a hacer y responder. Clara, de igual forma, la mira fijamente a los ojos y de nuevo juntan sus labios, mientras nota que la mano de Clara ha llegado a su pubis, susurrándole entre beso y beso.

—¿Y qué? Tú tienes los ojos más bonitos que yo en mi vida he visto, y estando a tu lado me sobran todos los ojos del mundo.

—Pero yo soy mujer, tú necesitas un hombre —dice apartando sus labios, intentando separarse de Clara. Esta comienza a acariciar más intensamente. María hace un esfuerzo y le aparta la mano —Mira, puedes hacer lo que quieras, es cosa tuya. Además, tú no necesitarás a nadie, te puedes ganar la vida bien con tus costuras y bordados, pero tu hija necesita un padre, al menos un apellido…

— ¿Y para qué sirve un apellido? Tiene los míos…, los de mis padres… ¿qué mejores apellidos? — replica Clara volviendo a tomar la iniciativa.

—¡Acabemos! Los tuyos, pues nada. Piensa también en Angustias, la pobre mujer se consume y tú le darías una alegría. Además, tendrías una casa donde vivir… —de nuevo, se aparta de Clara, logra mantenerse separada, le sujeta las manos. Clara cambia su sonrisa por un reproche, un mohín de disgusto fingido.

—Pare usted un momento, ¿me estás tirando de tu casa? Me puedes llamar loca por quererte como te querría tu hombre —replicó Clara colocándole el dedo corazón en los labios, para que callase—, por desear ver todas las mañanas tus ojos verdes al despertar. Sí, llámame loca, pero no hay nada que desee más en esta vida que tus besos. Más incluso que a mi hija, que es sangre de mi sangre…

María cerró los ojos, desviando la mirada. Inmediatamente, apartó el dedo de Clara de sus labios. Lo había meditado durante días.

—¿Qué te crees, que soy de piedra? ¿Acaso piensas que no te quiero? Pero esto no puede seguir. A él también lo quiero. No, no te tiro de mi casa, puedes estar aquí, mientras mi hombre esté en la cárcel, pero cuando salga… ¿Qué hacemos? ¿Nos metemos los tres en la cama? ¡Eh! ¿Qué dices?

—Pues mira, ¿Qué quieres que te diga? A ti seguro que no te importaría, yo quiero lo mejor para ti…

—¡Qué! ¿Estarías dispuesta? ¿Estás loca?

—No, no estoy loca. Quiero lo mejor para ti, pero nunca me metería en la cama para compartirte con nadie, preferiría apartarme y no verlo, no lo soportaría…

Es la primera vez que María hace referencia a esa posibilidad. Clara pone cara de incredulidad. Es consciente de que por ese camino tiene todas las de perder. Se enoja, pero no lo transmite, aunque deja de buscar a María. No logra disimular su preocupación. Evita mirar a la maestra, que la mira a ella intensamente, intentando averiguar lo que pasa por la cabeza de Clara, que termina:

—Llevas razón, mi chiquilla necesita un padre y yo un… hombre, al menos un marido.

No puede evitar las lágrimas. Piensa que se ha estropeado la noche, se da media vuelta para que María no la vea llorar, después de musitar un lacónico buenas noches de circunstancias. Se considera una intrusa ocupando un lugar que no le corresponde. Clara esperaba una noche de amor, y la realidad le aguó la fiesta. No es que se diese cuenta en esos momentos. Lo sabe e intenta hacerse a la idea, algún día Felipe podría salir de la cárcel y entonces ella sobraría en aquella «cama prestada».

Ya, esa noche, había renunciado al goce, cuando unas manos más ásperas que las suyas, ajadas por los trabajos agrícolas, comienzan a recorrer su cuerpo y unos labios le besan la espalda. La ventana del cuarto está abierta para que entre el aire. Hace calor, no hay sábanas que tapen sus cuerpos. La luz, de la luna llena, entra en la habitación iluminando los bellos cuerpos de las dos mujeres. Clara, bajo el cuerpo de María, mira la luna, se fija en las constelaciones y cierra los ojos, mientras María pretende hacerle ver el firmamento. Un cielo estrellado en un mundo que se hunde, pero mientras dure ese mundo quieren disfrutar de su belleza.

Cuando aquella mañana Angustias va a casa de María, buscando la complicidad para convencer a Clara, María no está, se ha ido a la fuente a por agua. Clara se encuentra barriendo la puerta de la calle. La recibe sonriente, llamándola suegra. Es

Clara quien le dice a Angustias que sí, que quiere casarse con Emilio:

—Me ha dicho María que sus ojos quitan el sentido y yo quiero perderlo, quiero conocer a su Emilio.

Está mintiendo, del mismo modo que miente a las beatas del pueblo y de la comarca. Sin embargo, miente con tal alegría, con tal desenvoltura que parece lo contrario. Habla como si conociera a Emilio de toda la vida y fuese el amor de su vida. Ese amor que tanto tiempo lleva buscando y nunca ha encontrado. Se extraña Angustias ante tal despliegue de entusiasmo. Mira a Clara persignándose.

—¡Por Dios y la Virgen! —exclama. Luego, mira para todos lados de la plazoleta, no hay nadie, pero baja la voz—, por Nuestra Señora Dolores, la Pasionaria… Si ni siquiera lo conoces.

—Como si lo conociera, me ha hablado tanto María de él. Si María y usted dicen que es tan así… Es mi hombre… Mi hombre. Angustias, su hijo Emilio es mi hombre. Se lo juro a usted por Nuestra Señora Dolores la Pasionaria, patrona de los desamparados, a la que todas las noches que puedo escucho y rezo —dice persignándose y besando el pulgar.

—¡Muchacha, cuidado! Aquí hasta las piedras oyen…

Ríen las dos y pasan dentro de la casa.

Clara se muestra alegre, parece entusiasmada, aunque la procesión va por dentro. Sabe a ciencia cierta que sus ideales y objetivos coinciden con los de Emilio, pero que ni él aspiraría jamás a vivir con una mujer, ni ella admitiría estar bajo la potestad de un hombre. Son almas convergentes; sin embargo, sus cuerpos y necesidades son totalmente divergentes. Ella hace mucho tiempo que era consciente de la persona de la que estaba enamorada, y esa persona era María, lo demás no le importaba. Por otra parte, intuía, que a Emilio le ocurría otro tanto con respecto a las mujeres, algo le contó Casilda, que María no sabía y Casilda sí, no en vano, Casimiro había compartido cuatro años de su vida con Emilio en Uclés.

—Mejor muchacho no has de encontrar, con las ideas muy claras, pero...—e hizo un ademán afeminado con la mano.

—No quiero hombres, quiero lo mismo que tú, personas con las ideas claras, como tú, como Emilio...

—En ese caso...

A Clara todo lo que le contó Casilda, le daba lo mismo. Al final, acepta el encargo. Antes de que, a Angustias y María, se les pasase por la cabeza esa boda, Clara y Emilio ya habían recibido la propuesta de Casilda. Tendrá que pensar en vender ajuares y mantelerías en Cuenca, tal vez incluso en la Serranía. Nadie sabe de quién ha salido la idea, ni tan siquiera Clara o Emilio, solo conocían el nombre de la mensajera. Alguien desde fuera ha sugerido la boda.

Solo una de las mujeres del grupo de quienes van a Cuenca a ver a sus maridos o hijo, sabe quién. El resto no sabe nada, ni debe saberlo. Clara al principio se niega, ella no necesita más amor que el de María, ni hombre que dé apellidos a su hija. Lo termina por aceptar para complacer a María; pero, ante todo, por el odio que siente contra quienes mataron a su familia. Ella no es una idealista como María ni como Emilio, o los guerrilleros que están en las montañas. Sin embargo, la sangre le hierve en lo más profundo de las entrañas. A pesar de ello, dice la primera vez que no, e incluso la segunda.

Casilda es incapaz de convencerla en ninguna de las ocasiones que se lo plantea, solo cuando le habla de su condición sexual acepta. Hacía menos de una semana que Casilda le prometió que jamás se lo volvería a plantear ante su contundente negativa a cualquier matrimonio; aunque, fuese de conveniencia y con un hombre al que no conoce y sabe que nunca va a hacer vida conyugal con él. Mil veces hubiera dicho que no, de no ser por María.

Nadie comprendería las razones de Clara, ni siquiera María, a la cual, si realmente le dijera que prefiere que Felipe no salga de la cárcel, por no compartir su amor, la tiraría de su lado, escandalizada, a pesar de sus noches de pasión. Las dos saben que se aman y quieren, y medio en broma, medio en serio, se lo dicen una a la otra. No hay lugar para otro amor o placer diferente en la mente de Clara. Sabe que murmuran de ella, el que nadie la haya visto con un hombre y se muestre esquiva con todos sin perder la sonrisa. No le importa qué puedan pensar, es capaz de elogiar a los mozos, incluso a los esposos de sus clientas, siempre con decoro y un poco de picardía, pero…

—Solo imaginarme el estar con un hombre, se me representa lo que me ocurrió, prefiero meterme a monja antes que casarme, que si no lo hago es porque tengo que criar a mi hija. Pobre criatura del Señor. A buen seguro que en viendo a mi Antonia casada con un buen hombre termino la vida en un convento.

Y todos la comprendían, sin necesidad de más explicaciones.

25

Almas convergentes cuerpos divergentes

Años 1939/1945

Todos la comprenden, no perciben la delicadeza y mimo con la que toma las medidas a algunas jóvenes, la precisión con las que les acomoda la ropa, el ser capaz de acariciar con la mirada sin que esta parezca desvergonzada; porque ella, sabe apreciar la belleza de esos cuerpos jóvenes que se desnudan con total naturalidad en su presencia, provocando un fuego que desea apagar con los besos y abrazos de María. No despierta sospechas cuando alaba la buena compostura o presencia del novio, mientras que contempla y en ocasiones de manera sutil acaricia la belleza desnuda de la novia. Ella misma considera que es una desviación enfermiza, un hechizo malvado lo que provoca el despertar de aquella atracción por las mujeres. Quisiera evitarlo, sin embargo, no puede. No se siente atraída por los hombres, ni siquiera cuando quien quería ser su novio, Ernesto Pujalte, la rondaba, por mucho que tuviera asumido que más pronto que tarde se tendría que casar y posiblemente sería con él. Ahora, Ernesto Pujalte no forma parte ni de sus pesadillas. No piensa en él, ni tan siquiera al mirar a su hija. Quiere pensar en María, en Antonia, su hija, fruto de aquel día que prefiere olvidar. Aunque, en lo que más empeño pone es en poder llegar a vengarse de los culpables, que ella ampliaba a todos aquellos que habían participado directa o indirectamente en aquella guerra, contra todo lo que representaba la nueva España. Siente odio, un odio que le sale de las entrañas, que la devora de dentro hacia fuera y que solo su hija, Miguel y María son capaces de calmar. Clara no es el prototipo de «marimacho». A nadie se le puede pasar por la cabeza una relación entre María y Clara diferente a la de dos mujeres que procuran ayudarse mutuamente en sus dificultades. No duda en ir a misa, a pesar de que María, de nuevo, ha dejado de ir siendo creyente. Por el contrario, Clara va todos los domingos siendo atea.

La madeja del apaño matrimonial es tejida durante todo el verano. Los días previos a la visita de Clara, Felipe pone en antecedentes a Emilio que ya estaba al corriente mucho antes que nadie:

—Es muy guapa, yo la he visto solo dos veces. María dice que tiene unas manos que son una maravilla…

—Ya me ha hablado mi madre de ella. Parece como si de repente lo único importante sea que me case con ella. Vaya monserga me traéis, no creas que no… —disimula.

— ¿Y tú qué dices?

— ¿Yo? –Se encoge de hombros—. Yo saldré cualquier día, pero no para ir a Gascas …

—¿A dónde quieres ir?

—Donde deberíamos ir todos.

Señala a un par de guerrilleros que están cerca de la puerta de la galería. Llevan pocos días, solo hablan entre ellos y con Emilio. Felipe sabe que Emilio es una especie de enlace entre los guerrilleros y otros presos. Finge ignorarlo, no quiere líos, tampoco quiere meterse en los asuntos de Emilio, ni siquiera para decirle que tenga cuidado. En ocasiones, Emilio le comenta algo, nunca lo implica al ver que Felipe guarda siempre silencio sobre sus comentarios.

—Ellos siguen luchando, nosotros nos hemos rendido… ¿Es eso lo que quieres para tu hijo y tu mujer?

—Hombre…

—Si salgo y mi madre vive, tal vez vaya a Gascas. Si no, yo me tiro al monte. Casarme con esa muchacha es absurdo, pero lo haré por darle el gusto a mi madre, que parece que sea ella quien se case…

—Y por tener una mujer…

Emilio ríe con su risa contagiosa, mira fijamente a Felipe y se abraza a él. Da pasos de un lado a otro, mira al suelo, mira al techo, se cruza de manos, o las mueve nervioso, lo mira a los ojos, sonríe dejando caer los brazos.

—Sí, hombre, sí, por tener una mujer...

—Pero, Clara no está entera.

—¿Qué le falta?

Felipe le cuenta parte de la historia de Clara, no todo, como si fuera un producto que quiere vender. Emilio ríe. Y le hace saber a su amigo que está al tanto de todo.

—Sé lo de los moros, lo de su padre, que es muy hacendosa, que no da que hablar, que lo mismo cose, que borda, vendimia o siega, casi como un hombre. También sé que a todos los hombres que la rondan los espanta...

—Tampoco son tantos —lo corta Felipe.

—¿Qué más da? Nadie busca relaciones serias con una muchacha a la que le han hecho una panza, sin tener marido y además un moro.

—¿Entonces?

—Felipe, te voy a decir algo. Hay algo de ella que me gusta y que tú no sabes y yo sí. Tiene para mí mucho más valor que todo lo que me pueda decir mi madre o tú. Mi madre me dice: «Esa chica vale mucho, lo único que no está entera y no es viuda, pero vale mucho. Hijo mío, vale mucho». Pero mi madre no sabe todo lo que vale.

—Tú también vales mucho... ¿Qué es lo que tanto te gusta?

Entonces, Emilio mira para otro lado, ríe, se acerca a la ventana de la galería, salta agarrando los barrotes, tensa los brazos para alzarse. El sol lo deslumbra, saca la mano abierta por entre los barrotes y la cierra como si hubiera atrapado un pajarillo. Felipe lo sigue con la mirada. Regresa Emilio a su lado llevando el puño como para evitar que escape el imaginario animal. Entonces a medio palmo del rostro de Felipe, abre la mano haciendo un gesto para que vuele el ave.

—Su amor, su amor...

—Si no la conoces.

Emilio ríe con esa risa casi infantil, le enseña las dos palmas de las manos boca abajo y hace como que son alas. Salta y agita las manos al mismo tiempo. Algunos presos lo miran y ríen también, Felipe hace el gesto de como que está loco, incluso llega a decirlo.

—Como una chota, mi paisano está como una chota.

Emilio sigue en un vuelo imaginario, pasando de punta a punta por la galería, se detiene ante Felipe, lo manda sentarse en una banqueta de madera, le echa el brazo por encima del hombro, acerca sus labios a su oído.

—Su amor a la libertad, compartimos el mismo amor, ambos deseamos volar, salir de la cárcel…

—Ella no está en la cárcel…

—Todos estamos en la cárcel, somos los vencidos, los derrotados, los enjaulados…

—Estás loco.

Felipe mira para todos lados, tiene miedo de escucharse. Emilio ha conseguido, en cierto modo, atraer las miradas de otros presos hacia ellos, forma parte de su teatro.

—Compañeros, mi paisano está en la cárcel y con miedo. Apuesto a que todos vosotros tenéis miedo… y quienes están fuera tienen miedo… y yo tengo miedo. Todos queremos estar fuera, donde también tendremos miedo. ¿Eso es vida?

Todos lo miran. Ha conseguido atraer la atención de toda la galería. Muchos se han concentrado haciéndole corro. Emilio continúa andando alegre y haciendo gestos con las manos, mirando al tiempo a todos a los ojos, sin desafíos, con una sonrisa que no busca la provocación, con un intencionado gesto de burla.

—Todos tenemos miedo, hablamos con miedo, nos movemos con miedo… ¿a qué? No son los barrotes nuestros peores carceleros, somos nosotros mismos, nuestro miedo… —indaga entre las miradas de sus compañeros. Ve el miedo del que habla, ve algunos puños. Miradas que rehúyen, otras, de asentimiento—. ¿Quién de vosotros no tiene miedo? Algunos tienen tanto miedo que son capaces de limpiar con la lengua las botas que los aplasta —Mira ahora a Fernando Bravo, el cual se acerca a donde está uno de los guardias.

No es necesario que el soplón de la galería avise al guardia, el guardia ya ha avisado a dos compañeros, que sin prisas se acercan al corrillo. Emilio no se detiene, dando un giro a su discurso:

—Sí, amigos, me voy a casar con una muchacha muy guapa y tengo miedo —Con la llegada de los guardias se detiene frente a ellos—, me voy a casar y tendré miedo a no poder disfrutar de su amor. No le podré exigir fidelidad, ni siquiera la podré besar…, no tengo miedo a preñarla… no sé cómo habría de hacerlo.

—Muy fácil, del mismo modo que te vas a casar, por poderes —le interrumpe Casimiro en tono jocoso —la preñas por poderes, que seguro que te salen candidatos —dice provocando la risa de todos, incluidos los guardias. El único que no ríe es Fernando Bravo.

—Muy gracioso, paisano. Vosotros pondréis la música de la noche de bodas —se dirige a Casimiro y a Felipe—. Os digo esto porque ya podéis ir pensando en darme la enhorabuena. Otra cosa no espero. Perdonad que no os convide a la boda, con gusto lo haría. Si pudiera, con mis propias manos mataría los borregos para hacer una buena caldereta, con muchos ajos porque como dice un paisano mío que se llama Fermín Arenas: No hay especia como el ajo, fruta como el madroño, ni mujer que no se ría estando delante el novio. Pero aquí los señores guardias no creo que lo permitan. Tampoco que disfrutemos de la caldereta, ni de los ajos, ni de que se ría la novia…

Y sonríe a los guardias, que se quedan un poco sin saber qué hacer, y mirando a Fernando Bravo. Terminan dando la vuelta y regresando a sus puestos, no sin antes uno de ellos mascullar dirigiéndose al chivato:

—Imbécil —después se dirige a Emilio— y tú deja de hacer el payaso de una puta vez.

Emilio se encoge de hombros y ríe.

—Es lo que nos queda a los pobres, hacer el payaso y reírnos de nosotros mismos.

Todos ríen, aunque Felipe está nervioso. En el fondo, como a todos le ha divertido la escena, se ha imaginado a él haciendo en su juventud cosas similares en la plaza o en la alameda de Gascas. Emilio se las ha visto hacer. Sin embargo, jamás se hubiera atrevido a hacerlo en la cárcel, ni posiblemente en la plaza de Gascas. Ahora los barrotes se encuentran, igualmente, al otro lado de las paredes de la prisión. Guarda silencio el resto de la mañana. No es hasta que salen al patio cuando Emilio le vuelve a hablar del tema. Caminan por el sol, mientras que la mayoría de los presos buscan un puesto en la sombra, es Emilio quien busca el sol, siempre busca el sol.

—Ya nos da bastante la sombra —dice siempre—. Me casaré con Clara, sí, me casaré con ella, pero ten en cuenta que nunca será mi mujer, los guerrilleros deben estar libres de ataduras...

—Pero tú no eres un guerrillero... ni lo serás nunca...

—Lo seré, Felipe, lo seré, si alguna vez salgo de esta jaula...

—Claro que saldrás y yo también. Yo tengo mujer, te casas con esa chica y tenemos mujer los dos —. Es ahora Felipe quien busca la broma, que no parece hacer gracia a Emilio.

El muchacho realiza el ademán de golpear la palma de su mano derecha con su puño izquierdo. Le pone las dos manos sobre los hombros a Felipe apretando los mismos con fuerza, con gesto grave.

—Tengo miedo, Jilguero, mucho miedo. Yo sí que tengo miedo a estar aquí, a no salir nunca, a salir con los pies por delante. En los últimos cuatro años solo he visto muros y barrotes. No sabes lo que hemos pasado en Uclés. No sabes lo que es ver aparecer a la Zorra en el balcón y esperar que no diga tu nombre, respirar aliviado de que sea tu compañero el que muera al día siguiente. Sentir que eres un maldito hijo de puta, un cobarde. Ver la risa de hiena de aquel hijo de la gran puta. Dar gracias a Dios de que no te haya nombrado a ti. Jilguero, necesito volar, pero más que volar necesito vengarme de tanto miedo soportado. No quiero salir de esta jaula para entrar en otra más grande. No me resigno a coger un arado y arañar la tierra a cambio de miseria sin poder decir lo que pienso. No, Jilguero, no. Te comprendo, tienes una mujer y un hijo. Yo solo tengo a mi madre, mi madre me comprende y tiene la vida hecha a base de sufrimientos. Ella vive de nuestros recuerdos, de nuestros muertos. Tiene la esperanza de verme fuera, aunque sabe mi decisión. No la acepta, por eso me busca mujer, sin saber que ella piensa lo mismo que yo, que le reza a la Pasionaria como le rezaría a una Virgen —Emilio sonríe y suspira profundamente—. Sí, tengo miedo de salir y no ser capaz de cumplir con mi deber, miedo a hacerle sufrir, Jilguero, mucho miedo. Si salgo, no será para estarme quieto al lado de una mujer y unos chiquillos, será para descargar esa rabia, para liberar ese miedo. Para volver a entrar o morir. Sé que a ti te lo puedo decir, aunque mejor que no lo supieses. Necesito decírselo a alguien, quiero decírtelo a ti…

—No hace falta que me lo digas, lo sé, y debes tener cuidado, lo sabe más gente… más de la que te imaginas. Al cobarde de Bravo le veo muy atento, Fermín Buendía sé que te ha avisado. Ten cuidado, mucho cuidado… pero ¿cómo saben que eres uno de ellos y tú quiénes son ellos? Aunque mejor no me digas nada.

—Jilguero, quien quiere algo lo busca, quien busca encuentra. Cuando dos buscan o quieren lo mismo, pronto se encuentran.

—¿Ella también busca lo mismo que tú?

—Es una muchacha muy valiente, Jilguero; aunque no debería haberse metido en esto, teniendo una hija, viviendo en tu casa…

—¿Seguro que ella…?

Emilio agacha la cabeza, aprieta los puños y asiente. Felipe lo mira fijamente a los ojos.

—Vive en mi casa… ¿Te das cuenta?

—Nadie debe saberlo, ella cuida mucho sus acciones.

—Nadie lo sabrá, pero…

—Vivirá con mi madre, eso para que te quedes tranquilo…

De nuevo se abrazan, lloran juntos sin impórtales que la gente los vea. Nunca Felipe ha visto a Emilio tan triste, siempre suele estar de buen humor, en sus pocos años ha sufrido hambre, guerra y cárcel. Él también tiene miedo, miedo que por primera vez confiesa a su amigo. Permanecen un buen rato abrazados, llorando, el resto de los presos los mira en silencio. Felipe siente miedo por María, por su hijo, por saber lo que ya intuía sobre Emilio, miedo por saber parte de lo que no sabía de Clara. Es Emilio quien se separa, se produce en cuestión de segundos un cambio en su estado de ánimo, de nuevo parece estar alegre.

—En los meses que llevamos juntos no te he escuchado cantar todavía, Jilguero, no haces honor a tu nombre.

—El canto de este jilguero es triste, mejor no escucharlo, bastante matan los fusiles para que encima maten las penas. Además, hay cosas que o salen de dentro o no salen.

Felipe no tiene ganas de bromas, mira a su amigo y ve a todos pendientes de ellos. Comprende a Emilio solo en parte de su decisión de incorporarse a la guerrilla si alguna vez llega a salir. Sin embargo, él quiere salir, aunque se está acostumbrando a la prisión. Ya no le resulta tan dolorosa la ausencia de María, pero quiere salir para estar con su mujer e hijo y trabajar. No quiere continuar una guerra perdida, piensa que quedó atrás. Nunca se sintió cómodo con un fusil en la mano. Sabe que Emilio no es el muchacho temeroso que tuvo a su lado en las trincheras. A pesar de las limitaciones que da la vida carcelaria va de un lado a otro. Sabe que participa en reuniones clandestinas, él no quiere saber nada de las mismas, solo salir. Emilio está en la cárcel con miedo, pero es valiente. Él está en la cárcel y con miedo, es lo que piensa de sí mismo y siente envidia de su amigo. Se consuela al recordar el día en que fue valiente un primero de abril.

26

El compromiso

Año 1945

Clara ríe con las cosas que le cuenta Emilio. No le molesta su mirada. La mira a los ojos, aunque está más pendiente de las reacciones de Angustias. A Clara le enternece esa mirada de niño apenado que pone cuando mira a su madre. Clara cree ser dura como el pedernal, sin embargo, nota sus ojos húmedos por la emoción. En los ojos del hombre no percibe otra pretensión que el querer agradar a su madre. No despierta ese, no sé qué, que ve en la mirada de otros hombres. No ve deseo. Sabe que tampoco puede haber amor carnal. Mientras lo mira piensa que, de haber conocido un muchacho como Emilio, tal vez, podría haber llegado a sentir amor por él. Mira con descaro sus ojos grandes y oscuros, que parecen de mujer, en sus cabellos, ligeramente rizados y en los trazos armoniosos de su rostro. Lo ve exquisitamente guapo, recuerda las palabras de María:

—Nunca ha tenido novia y mira que es guapo.

No la desnuda con la mirada, a pesar de ser verano y haber seguido los consejos de quien aspira a ser su suegra: «ponte guapa, muy guapa». Y ella se ha puesto guapa, sin pintarse, porque no lo necesita, con un escote moderado. Se ha esmerado en el peinado y ha actuado conforme se espera de ella. «Que vea que eres decente y trabajadora» le aconsejó su futura suegra esbozando una amplia sonrisa que deja ver sus encías desiertas.

—Esta toquilla me la ha tejido Clara —dice la madre.

—Muy bonica... casi tanto como ella —contesta el hijo.

Ríen los tres. Sin embargo, a pesar de la edad, se sonroja solo la madre.

Emilio y Clara, de una palidez blanquísima, casi como la nieve, parecen contemplar la escena desde fuera, uno porque no le da el sol, salvo en la media hora de patio, cuando busca el sol con desesperación, a pesar de que le molesta en los ojos, acostumbrados a la penumbra. Ella porque su piel no se oscurece nunca. Los dos están emocionados, ríen, se dicen cosas bonitas como si se amasen realmente y sintiesen una extraña pasión que debiera expresarse con palabras carentes de sentimiento. Ambos tienen una misión, lo saben, desde antes que nadie les hablara de boda. Fingen estar dispuestos a casarse por agradar a la madre. No obstante, saben que son eslabones necesarios de una cadena que pretende romper otras. Emilio no tiene la gravedad, ni los modales que corresponden a un campesino casi analfabeto. Habla mucho moviendo las manos al tiempo, como si no fuese bastante con los labios. Su voz es suave, no obstante, varonil, casi como un susurro, tanto que se adivina más que se oye. Podría haber dicho cualquier cosa soez o estúpida y habría sonado igual de dulce. Él le dedica frases aprendidas de memoria, mal interpretadas, en las cuales no se percibe pasión; tampoco hay intención de que así sea. Se trata de pasar el trámite. Sí, le dice piropos ingeniosos, pero no como otros hombres, no molestan al oído. Sus piropos suenan a poesía aprendida de poetas muertos, de los mismos poetas muertos que recita María a Miguel y Antonia y que cuando los chiquillos le preguntan, sus nombres, ella siempre dice:

—Como vosotros, se llamaban como vosotros.

Nunca dice nada más, y los niños piensan que hay dos poetas que se llaman Miguel y Antonia, nadie les habló de Miguel Hernández ni Antonio Machado, a pesar de escuchar sus poemas muchas noches de labios de María. Emilio a Clara, le habla de la belleza de las flores, de sus aromas y colores, que lleva tanto tiempo sin ver ni oler, del amor idílico, que en teoría le profesa, de los hijos, que ambos saben que nunca tendrán, de muchas cosas dichas con palabras que suenan a poesía mal hilvanada, poesía como la que María escuchó antes de labios de Felipe y que ahora recuerdan ambos al escuchar a Emilio:

—Estoy condenado a quererte,
por decreto no escrito,
que no pienso apelar,
por muy injusta que sea la condena.
Escucha mis palabras, escúchame con atención,
y si no, no me escuches.
Mírame a los ojos,
tenlo presente, y se te pasarán todos los enojos.
Y si mis palabras no son de tu agrado,
seré la persona más infeliz y con peor suerte.
Te quiero, y si tú no me quieres, prefiero la muerte,
sin tus besos, ¿para qué quiero la vida?

María mira a Felipe, él se encoge de hombros, «sí, se la he prestado, nunca me he olvidado de aquellas palabras que te dije en la Alameda». Clara ríe, sin saber qué decir. Angustias junta las manos y mira al cielo como rezando, orgullosa de escuchar a su hijo.

—Mi hijo es, siempre ha sido más bueno que el pan, y más listo que el hambre con la que se lo comió.

Al regresar a Gascas, Clara, junto a María en la cama, le confiesa que se siente halagada por Emilio.

—No es que lo quiera, solo te quiero a ti, pero ¿sabes? Por las noches, cuando cierro los ojos, pienso en él, y siento curiosidad sobre cómo sería estar a su lado…

—Adelante, cásate con él, sé su mujer o su viuda — replica María, y Clara percibe cierto tono de reproche, que, al instante, al percatarse María, cambia —Emilio es el muchacho más tierno y cariñoso que he conocido nunca, seguro que serás muy feliz a su lado…

—No, sabes que no. Aunque, pienso que todos los hombres no pueden ser iguales, no siento nada por él, solo curiosidad, mucha. Estaría dispuesta a abandonarme sin reservas ante su cuerpo desnudo, es tan guapo… —responde Clara colocándole la mano sobre el hombro de María, buscando de manera intencionada provocarla, al percatarse, a su vez, de los celos que comenzaba a sentir María.

—Cuando te cases, todo para ti, yo tengo a mi Felipe —replicó María girándose para el lado contrario, apartando la mano de Clara. Otro día Emilio sorprende a Clara con un poema de Miguel Hernández, que él piensa que habla de su profesión, el cual escuchó un día en el frente y que ha recurrido a Felipe por si lo recordaba, y que Emilio lo ha estado ensayando los días previos.

Final modista de cristal y pino;
a la medida de una rosa misma
hazme de aquél un traje, que en un prisma,
¿no?, se ahogue, no, en un diamante fino.
Patio de vecindad menos vecino,
del que al fin pesa más y más se abisma,
abre otro túnel más bajo tus flores
para hacer subterráneos mis amores.

—¿Has visto, Clara? Mi hijo es un poeta ¡qué bonito! Repítelo, Emilio, repítelo. María, María, acércate y escucha lo que dice Emilio —grita la mujer emocionada—. ¡Ay! Nuestra Señora de los Dolores. Si hubiese ido más a la escuela.

María se acerca por el otro lado del pasillo que separa las rejas. Emilio repite el poema. Clara por primera vez se sonroja solo María se percata de ello, y Angustias está tremendamente emocionada, casi a punto del éxtasis, no cabe en sí de gozo. María termina por repetirlo junto a él, en cierto modo, mofándose del improvisado poeta.

—Tienes unas cosas Emilio, el traje que necesitas es el de novio, que para la muerte siempre hay tiempo —dice María tras terminar de recitar el poema junto a Emilio. En su tono se adivina que se siente molesta. Intenta dejar en ridículo a Emilio, como si tuviera miedo a perder a Clara. La coge por la cintura y le da un beso en la mejilla, muy cerca de los labios, como si con ello quisiera mandar un mensaje a Emilio: «es mía» —. Clara, no le hagas caso, está un poco loco.

Clara pregunta con la mirada a María. Entonces se arrepiente, intenta disimular y ríe, hace un gesto afirmativo. Emilio le hace un reproche con la mirada.

—Sí, Angustias, Emilio es un poeta, un pastor poeta.

—Y tú ¿cómo te sabías la poesía de mi hijo? –pregunta Angustias.

—Porque tu Emilio cuando acudía a la... —baja el tono— Casa del Pueblo la escribió y me gustó tanto que me la aprendí de memoria.

—Ah, bueno. ¿A qué es muy bonita?

—Sí, muy bonita —contesta a Angustias, dirigiéndose a Emilio. —Clara es modista, no carpintero, ¿recuerdas?

—Como es modista... —se disculpa Emilio y ríe sin saber muy bien el motivo.

Angustias emocionada comienza a interrogar a Felipe, a preguntarle por esas cosas que preocupan a las mujeres y sobre todo a las madres: si Emilio come, pasa frío o se mete en líos. Le dice que lo cuide, que ahora va a ser un hombre casado y quiere que le dé nietos.

—Tan guapos como tú —le dice a Emilio.

Después añade:

—Y como ella.

Se quedan Clara y Angustias con Emilio. María no puede evitar sentir celos, no debería y tiene asumido que no, que es ella quien desea que esa relación llegue a consumarse. Ha percibido la emoción de Clara al recitar Emilio el poema de Miguel Hernández como si fuese propio. Es la primera vez que no controla las apariencias. Aunque piensa que debería avergonzarse, se gira e insiste después de separarse de ellos.

—Ya habías asustado a Clara, querías dejarla viuda antes de casarte.

—Es una poesía muy bonita, aunque ya me la explicará María porque no tengo muy claro lo que dice. Yo he entendido una cosa y parece que quiere decir otra —Hay cierto tono de reproche, que acompaña con una sonrisa a ambos y que acentúa al dirigirse a Emilio—. Preciosa, tanto que creo que es lo más bonito que nunca me han dicho en toda la vida —Asimismo, parece querer provocar esos celos que adivina en María. Clara se ha percatado y eso provoca que su emoción sea mayor a la hora de hablar con Emilio, que se muestre en parecer apasionada, habla de besos y deseo de estar al lado de su amor, de sentirlo a su lado, de amarlo.

—Porque no hay nada más bonito que los ojos de la persona a la que se ama, ni nada más emocionante que el beso que se anhela…

Los cuatro miran a Clara, sus palabras parecen llenas de sentimiento, de amor, de pasión, hasta Emilio se sorprende sin saber qué decir. Continúa su discurso pensando en María, dirigiéndose a Emilio:

—Saber que despertarás por la mañana al lado de la persona que se ama es el mayor aliciente para comenzar bien el día, para trabajar con ahínco ansiando que llegue la noche para que los brazos y los labios se conviertan en caricias…

—Os dejo —dice María dando un respingo sin disimular su disgusto. Se acerca a Angustias y le habla al oído—: Tendrán que hablar de sus cosas.

Angustias se marcha al lado del matrimonio, mientras contempla cómo Clara parece comerse a Emilio con los ojos. La anciana no está menos desconcertada que María, duda, mueve la cabeza, le pone la mano en el pecho a María.

—Espera. Voy a decirle una cosa a mi muchacho.

—No vaya usted, que tienen que hablar de sus cosas —le dice María.

Pero la mujer regresa a donde está su hijo y la que será su nuera, tampoco quiere que aquella lagarta se quede en exclusiva con su hijo. María y Felipe los miran y se miran, ella sonríe con amargura, momentos antes de que Clara comenzase a hablar así de risueña. La ha visto mirar a Emilio a los ojos con pasión.

Ahora es Felipe quien busca los ojos de María, que de vez en cuando los desvía inquietos hacia donde está la joven pareja.

—Sueño todas las noches contigo, con aquella noche que despertó el chiquillo por tus gritos —expresó él con mirada pícara, devorándola con los ojos de arriba abajo, como aquella primera vez que ella se desnudó ante él.

—¡Guarro! —exclama ella y él ríe al percibir un ligero rubor en las mejillas de María, pero también una mirada de felicidad al recordar, ella también, aquella mirada.

—Sí, pienso todos los días en ti, en los pocos momentos que nos dejaron estar juntos. Solo con pensarlo, cobro vida… — Y él señala su pantalón, ella baja la mirada y se lleva las manos a la cara y de sus labios sale a un tiempo una risa nerviosa y una palabra:

—¡Cochino!

—Pienso a todas horas, todos los días en ti. No te imaginas cuánto te echo de menos y no solo por eso. Verte leer a la luz de la lumbre, preparar la comida, vestirte o desnudarte, escucharte reír, oír tus palabras que me acarician el alma. Quiero verte, incluso cuando te enfadas y me gritas, ni te imaginas. Al chiquillo también, que Dios me perdone, pero casi nunca pienso en él, me cuesta ver su imagen, saber cómo es y cómo ha crecido. Me lo imagino por lo que me cuentas. Deseo conocerlo de verdad, estar a su lado, como debe estar un padre y una madre, no quiero que se sienta como yo me sentía, que crezca sin tener a su padre al lado. Eso es muy duro. Te quiero y lo quiero, y no hay nada que desee más en esta vida que despertar todas las mañanas a tu lado, aunque solo tengamos pan y cebolla para comer, lo que sea y donde sea, pero a tu lado. Aunque nos tengamos que ir a la República Argentina o a México. Siempre que estés a mi lado no me importa —añade él.

Ella nota cómo no le salen las palabras y en su cabeza se desata la tormenta entre el dolor y culpabilidad, pero del mismo modo felicidad de escuchar esas palabras de boca de su marido. Piensa que debe decírselo, aunque sabe que nunca será capaz de hacerlo.

—Yo también pienso todos los días en ti. Te quiero, Felipe, más que a mi vida, haría cualquier cosa con tal de dormir todas las noches a tu lado, de escuchar tus ronquidos, de que me despertases a mitad de la noche y me robases el sueño, a pesar de que luego sea incapaz de conciliar el sueño hasta que tú te levantes a encender la lumbre. Te quiero, Felipe, te quiero, Jilguero…
— Entonces, ella rompe a llorar.

Él saca la mano a través de la reja. Ya no pasa el guardia con la vara como antaño, quedan pocos presos comparados con los años anteriores y el guardia que vigila el pasillo lo conoce. Alguna vez han intercambiado algunas palabras e, incluso, ha llegado a recibir algún cigarrillo del vigilante. Ella entrelaza sus dedos con los de él, tiene el rostro y su cuerpo apretado contra los barrotes. Piensa hasta de lo que sería capaz con tal de tenerlo a su lado y se horroriza solo de pensarlo. No obstante, lo haría. Lo haría a pesar de que significase perderlo. Como lo perdería si supiese de sus noches con Clara, como sabe que va a perderla a ella, porque lo sabe, Clara se lo ha dicho:

—Cuando me case, me voy a vivir a casa de Angustias.

Y se lo ha dicho así, seria, sin reírse, y ella ha maldecido el haberle propuesto casarse con Emilio, ahora al verlos reír, y ríen mucho, y se dicen cosas bonitas; aunque sean poemas cogidos prestados, escritos por poetas muertos, que tienen el nombre de sus hijos. Mentaliza el poema de Miguel Hernández, no recuerda haberlo recitado nunca en la Casa del Pueblo. Posiblemente, Emilio lo haya escuchado en la cárcel, poema tan apropiado para quienes esperan la muerte en cualquier momento. Felipe le ha comentado que circulan muchos poemas entre los presos, algunos de poetas conocidos y otros escritos por los propios presos. Sabe que Clara tampoco ha entendido su significado, por ello se ha ruborizado y ella ha sentido celos al imaginarse a Clara con Emilio por mucho que lo hubiese deseado y pedido en sus rezos a la Virgen.

27

Dudas

En el viaje de regreso, a Clara se la ve alegre, realmente parece enamorada. María, sin embargo, va recluida en sus pensamientos, aunque la entusiasmada Angustias le haga repetir una y otra vez el poema de Miguel Hernández, y ella lo repite con una sonrisa cada vez que la pobre mujer dice:

—Mi Emilio es un poeta como tu hombre. ¡Qué pena que no haya estudiado!

Clara continúa la rutina, ajena a la preocupación de María, que finge no estarlo. Llega a enojarse con Clara cuando esta le dice que se va a casar solo por complacerla a ella, que ella no quiere vivir con ningún hombre, solo con ella. A estas alturas no ocultan que se quieren, se dicen palabras cariñosas la una a la otra. Ahora que Clara habla de irse a vivir a casa de Angustias, María es quien intenta retenerla. Es Clara quien habla de las consecuencias de lo que podría ocurrir en el momento que Felipe salga de la cárcel.

—Están soltando a muchos —comenta Clara—, a tu hombre cualquier día lo sueltan. Debemos pensar en eso y acostumbrarnos a estar la una sin la otra. No vaya a ser que después no seamos capaces.

—A ver si piensas que no es lo que más deseo, lo quiero más que a mi vida... —alza los ojos y mirando al techo, después mira a Clara, angustiada—. Te quiero más que a mi vida, os quiero a los dos.

—Y yo a ti. Hasta que te conocí jamás pensé poder estar enamorada. No sé si lo que siento por ti es eso. Lo tengo claro, más que mi nombre, si no es amor, es lo más parecido que he sentido nunca por nadie. Pero no queda más remedio que resignarme. A tu hombre lo soltarán pronto, estoy segura. No quiero que en esos momentos debas elegir, tampoco se puede, nadie lo entendería, menos tú —le dice Clara al tiempo que las caricias y los besos sustituyen a las palabras.

María tiene mil dudas. Por un lado, desea con todas sus fuerzas ser acariciada, besada, poseída por su hombre. Sabe que lo quiere. Sin embargo, ya no encuentra diferencia con lo que siente por Clara. Interiormente, se niega a renunciar a sus besos, a despertar con ella al lado, a reír con ella, incluso llega a imaginarse a los tres en la cama haciendo el amor, Clara y Felipe con ella al lado. Ese pensamiento le devora las entrañas. Ahora siente celos de Felipe, ahora de Clara, se siente traicionada por uno, por la otra o por ambos. Después, cuando intenta poner sus pensamientos en orden, recapacita y se siente sucia, la más miserable de las mujeres, capaz de traicionar tanto a su hombre como a su mujer, capaz de amar a los dos a un tiempo con el mismo deseo, el mismo amor y la misma pasión.

María ignora, que el compromiso principal, de Clara con Emilio no es casarse. Emilio no es un preso más, que se limite a cumplir su condena esperando un día la libertad o el fusilamiento. En la cárcel realiza una labor, y si un día sale, será para unirse al maquis. Clara lo sabe, María no. Ella tampoco es una modista más, podría vivir tranquila, sin necesidad de arriesgarse, de poner en peligro su vida. Sin embargo, tras esa mirada dulce, se esconde mucho resentimiento contra quienes mataron a su familia, también lealtad a quienes murieron y un compromiso firme al lado de quienes no se resignan a no hacer nada. Durante las visitas están frente a frente, intercambiando códigos que a otros escapan. Al final del otoño cumplen el compromiso que todos parecen desear: se casan por poderes, sin celebraciones ni banquetes. En los días que siguen a la boda, Clara comienza el traslado, se marcha a vivir con su suegra, poniendo como excusa el ir a cuidar de la anciana, que comienza a perder la cabeza a pasos agigantados. Llama la atención que se ofrezca Clara, quitándole la incumbencia a las hijas. Lo hace, de manera natural, porque según ella debe estar en casa de su marido.

Ahora son los dos hombres los que bromean sobre sus mujeres, aunque, en realidad es Felipe. Emilio lo único que ha hecho es lo que esperaba su madre que hiciera y ha cumplido las órdenes del Partido, ni más ni menos. A su madre la ve muy preocupada por él, por su futuro, al tiempo que ve cómo una vela se apaga poco a poco. Nada le cuesta hacerla feliz el tiempo que le quede de vida, al fin y al cabo, él, cuando ella muera, no tendrá a nadie que realmente le importe. Sabe que no tendrá que compartir su vida con Clara. Ambos tienen otro compromiso. Mientras tanto, su madre es feliz y él también lo es al verla feliz al tiempo que cumple con lo que considera su deber.

Ahora, Clara igualmente va a ver a «su hombre», con el que no ha intercambiado ni un triste beso; pero, sí palabras, gestos y hasta poemas sin sentido que otros han pensado y ordenado recitar. Frente a frente, solo ellos entienden el significado y, en ocasiones ni siquiera. No obstante, enseguida transmiten a otros. Los días de visita a la cárcel, Angustias se queda con Miguel, que ya tiene ocho años y con Antonia, que tiene cinco. La pobre mujer sueña que un día Clara le dará un nieto tan guapo como Emilio, incluso llega a verlo correr por la casa. Suele ocurrir, el día que van sus nietos a verla en más de una ocasión pregunta que si son los hijos de su Emilio y al día siguiente asegura haberlos visto.

Tal y conforme decidiera, Clara traslada su pequeño taller de costura a la casa de Angustias. En teoría, pero también en la práctica, para cuidar mejor a la anciana. Para María resulta un gran quebranto, intenta retenerla, pero Clara está decidida:

—No hay vuelta atrás. Me duele en el alma no dormir en tu cama, te echaré de menos cada segundo de mis días y noches.

Tengo una obligación y una devoción, la obligación no es preciso que la sepas, la devoción eres tú, y no he de renunciar a ella ningún día que la providencia me lo permita…, hasta que llegue tu hombre, claro, que llegará.

No resulta más fácil para Clara separarse de María. No obstante, está convencida de que, para cumplir con su compromiso de lucha, viviendo en una casa de las afueras de Gascas como la de Angustias le resultará mucho más cómodo que al lado de la plaza. No quiere comprometer a María, aunque para ello deba renunciar en cierto modo a ella. Sus noches de placer se convierten en esporádicas, pero intensas. Raro es el día en el que no hay una excusa o circunstancia que dé lugar al encuentro, aunque en lugar de la noche pueda ser cualquier hora de la mañana o de la tarde, y siempre con el reloj en contra.

Clara procura no faltar a la cita con «su hombre»; incluso, en ocasiones que María no va, ella sí lo hace, como si no pudiera pasar sin verlo, como si fuera la mujer más enamorada del mundo. Si van otras mujeres junqueñas, después o antes de ver a su hombre, ella pone el pretexto de ir a entregar o coger algún encargo y desaparece entre las calles de Cuenca, y no regresa hasta la hora de coger de nuevo el autobús. Si va María, ni a ella permite que la acompañe.

29

Palas, rezos y muerte

Aquel día de finales del otoño, en el exterior llovizna. Los guardias, que llevan capotes sobre sus uniformes, caminan detrás de los cuatro hombres que iban a ser fusilados. Felipe y Emilio llevaban a Paco García en volandas hasta una camioneta donde colocaron su cuerpo. Les ordenan subir, junto a los condenados y los guardias. La furgoneta se pone en marcha hasta llegar al cementerio del Cristo del Perdón. Bajan y la persistente lluvia mezcla con sus lágrimas el sabor salado con el agrio de la rabia por no poder hacer nada.

Junto al paredón espera otra camioneta y un coche. Ambos vehículos tienen las luces encendidas y encaradas a un grupo de guardias, también con impermeables, que esperan la llegada de los presos. Todos caminan en dirección a donde está el pelotón. Pasan por delante del coche y se detienen, en su interior hay un teniente de la Guardia Civil que mira el reloj de muñeca golpeando con el dedo índice la esfera, dando a entender que llegan tarde. Al lado se encuentra don Gervasio, un joven sacerdote, protegido de la lluvia por un paraguas negro. Se trata del mismo que junto a Braulio salvó a Felipe de morir cinco años antes. Cerca del pelotón hay tres hombres jóvenes cavando la húmeda tierra con dificultad. El barro se pega a las palas a pesar de estar la tierra movida. Cavan hasta que las palas chocan con algo, son los cuerpos de los últimos presos fusilados. Se detienen un momento y al instante siguen cavando hasta que hay sitio suficiente para los cuatro que van a fusilar aquella madrugada. Al ver al quinto, dudan, hablan con el sacerdote, que se acerca a la fosa.

—Sobra —dice el sacerdote.

El cura se dirige a donde se encuentra el teniente e intercambia unas palabras con él. Este hace un gesto con la mano, saca cuatro dedos, y señala a Felipe y a Emilio. El sacerdote niega con la cabeza, intenta retrasar la ejecución. Felipe y Emilio sacan el cadáver de Paco García en volandas de la camioneta, tal y conforme les han ordenado. Teniente y sacerdote parecen alterados. Al final es el teniente quien impone sus galones y los cuatro guerrilleros son obligados a ponerse frente al pelotón de guardias. El teniente no se baja del vehículo, hace un gesto a uno de los guardias que están esperando, el cual llega corriendo, cuadrándose ante el mismo marcialmente.

—Son tuyos, cabo. Termina de una puta vez, me están esperando para almorzar.

—A sus órdenes, mi teniente.

Al girarse, el cabo se fija en los dos gasqueños y sonríe al reconocer a Felipe. No dice nada, parece ignorarlo a pesar de su sonrisa. Se encamina directamente hacia el pelotón, mientras los guardias encañonan a los guerrilleros. Los disparos se funden con los gritos de los guerrilleros:

—¡Viva la República!

Solo uno de ellos muere de manera instantánea, los otros tres permanecen aún vivos tras los primeros disparos, muriendo uno un par de minutos después. El cabo los ignora y va directamente en dirección a donde se encuentra Felipe y Emilio con el cuerpo del infortunado compañero, todavía en volandas. A unos pasos el cabo se planta frente a Felipe colocándole la pistola en la sien.

—¿No quieres cantar como aquel día, Felipe López? ¿De verdad no te apetece cantar? ¡Canta, Jilguero, Canta!

El sacerdote farfulla algo impropio de su ministerio, camina los pasos que le separan del cabo y lo obliga a bajar la pistola, apartándola con decisión. El cabo mira al sacerdote contrariado. En los ojos del cura ve un enojo que infunde temor.

—Cabo, ya ha cumplido su cometido, deje a este hombre en paz —inmediatamente se dirige a los gasqueños—. Vosotros, echad a vuestro compañero a la fosa. Voy a bendecirlos.

Felipe se siente aterrorizado, le cuesta caminar. Emilio nota la dejadez de Felipe y se echa el cadáver sobre los hombros para llevar él todo el peso. Lo deja caer sobre la tierra húmeda de la fosa. Los gemidos de dolor de dos guerrilleros moribundos desgarran el alma de quienes los escuchan. Ese día el teniente no quiso mojarse, no revisa a los fusilados para darles el tiro de gracia. La llovizna se ha convertido en fuerte lluvia. Tres hombres esperan con las palas en la mano para enterrar a los muertos, a pesar de que dos están vivos. Los sepultureros esperan al teniente para darles el tiro de gracia. Sin embargo, no baja del coche, no quiere mojarse.

—Que los tiren tal cual. De todos modos se van a morir, es tontería gastar balas inútilmente —le ordena al cabo.

Los sepultureros no se mueven a pesar de escucharlo.

—Están vivos, es inhumano —se atreve a decir uno de ellos. Su voz se difumina por el crepitar de la lluvia, aunque llega a los oídos del teniente. Felipe y Emilio, que escuchan la orden del teniente:

—Cabo, pégale un tiro a ese imbécil y que aprendan a obedecer.

El cabo se acerca a los sepultureros, con la «*Star*» en la mano, protegida de la lluvia por la manga del impermeable y sin apenas apuntar, dispara sobre el sepulturero. De inmediato, uno de los compañeros no puede evitar gritar:

—¡Asesino!¡Criminal!

El cabo, Ernesto Pujalte, no tenía orden de disparar contra ningún otro; sin embargo, disparó y el cuerpo del segundo sepulturero cayó al suelo sin vida.

—Pero… —se atreve a protestar el sacerdote.

—Tranquilo, padre, ahí tiene el recambio — dice el teniente, señalando a Felipe y a Emilio. Después, mira al tercer enterrador y pregunta —: ¿Algún valiente más?

—Mi teniente, ya ha habido muchos muertos. Esos hombres eran dos buenas personas, buenos cristianos —le recrimina el sacerdote.

El cabo mira al teniente, este le hace un gesto como que lo deje estar. Cierra la puerta del coche y sin contestar, da la orden al chofer para que arranque. El coche se marcha, quedándose el cabo Pujalte, al mando del pelotón de guardias. El cabo, ignorando al sacerdote, se dirige a los gasqueños:

—Ahora quien manda soy yo. Así que agarrad a esta basura y echadla a la fosa. Cogéis sus palas y los enterráis, se acabaron las tonterías. Yo no me ando con miramientos.

El sacerdote se interpone entre ellos y el cabo. Lo mira fijamente y a la vez desafiante.

—Aquí no se entierra a nadie vivo.

—Padre, no es esa la orden que tengo, tonterías, ninguna.

El sacerdote introduce la mano por el lateral de la sotana y saca una pistola. El cabo se echa para atrás, sin saber qué hacer, el cura le da la espalda y se acerca a los dos guerrilleros que aún continúan vivos disparándoles en la cabeza. Guarda de nuevo la pistola y con un gesto, ordena al sepulturero que queda vivo y a Emilio y Felipe que amplíen la fosa por los márgenes. Las palas se clavan en la tierra chocando con los cadáveres enterrados. El cabo está pendiente de que sean echados a la fosa. Una vez los siete cadáveres dentro, el sacerdote coge el hisopo y sin pedir permiso a los muertos, porque no lo podían dar y de estar vivos posiblemente no lo hubieran dado, rocía de agua bendita sus cadáveres, todo esto sin resguardarse de la lluvia, mientras musita una oración. Media hora más tarde se encuentran los gasqueños, el sepulturero y el sacerdote junto a dos guardias en un cuarto anejo a la capilla del penal. Están tensos, el sacerdote maldice, jura y perjura, es el más irritado de todos. Saca una botella de coñac y echa un trago a galillo, que le quema la garganta, la deja en la mesa. El tercero de los sepultureros, el único que queda vivo, saca café, leche caliente y magdalenas con mucha azúcar por encima. Felipe tiene ganas de vomitar y Emilio coge un vaso y echa coñac en el mismo, bebiéndoselo de un trago. El sacerdote les observa detenidamente, como si estuviera pasándoles revista.

—Comed. Esto es algo a lo que os tenéis que acostumbrar —se queda unos instantes pensando, mira al enterrador que queda vivo—. Tobías está aquí porque un paisano suyo se puso malo, a su paisano terminaron fusilándolo. Él todavía puede contarlo. La desgracia de unos es la suerte de otros, habéis tenido suerte, ahora hace falta que la sepáis aprovechar.

—Aquí estaréis bien —añade a media voz el aludido Tobías, suspirando, se le nota afectado a aquel hombretón rubio y de hermosas facciones. —. Don Gervasio se porta muy bien con nosotros.

Tobías acerca con parsimonia una silla a la mesa y se queda en silencio. Al instante, se levanta y sale de la sala. Los guardias miran al sacerdote esperando órdenes. Sin embargo, este no dice nada. Después de un par de minutos, sale el sacerdote para volver a entrar junto al joven con signos de haber llorado.

—Llevábamos más de dos años juntos. Eran las dos mejores personas que he conocido en esta maldita vida de mierda — dice agarrando una magdalena y estrujándola con la mano. Mira al sacerdote y parece arrepentirse, cuidadosamente acomoda la magdalena en el papel, evitando que caiga una sola migaja al suelo. Se la come en silencio, volviéndose a sentar.

El sacerdote se acerca a la mesa, agarra un par de magdalenas y se las ofrece a los de Gascas, que las comen en silencio.

Comienza una nueva etapa dentro de la cárcel, la de las palas, los rezos y muerte. Ese día no salió el sol, pero ya no llovió más. Por la tarde un viento fuerte comienza a soplar secando la tierra. Después de comer, Felipe y Emilio regresan a la galería para recoger sus escasas pertenencias y despedirse de sus compañeros. Pasan a una celda reservada para los enterradores, que está junto a la capilla, en la cual disponen de unos estrechos camastros de madera y colchones de borra que, siendo malos, son infinitamente mejores que el suelo. Disponen de taquillas metálicas de color caqui, para sus cosas personales. La celda es espaciosa, en ella, durante los peores tiempos de ejecuciones, llegaron a estar hasta doce sepultureros. No siempre hubo enterradores. En los primeros tiempos los presos cavaban sus propias tumbas antes de ser fusilados. Esta cruel forma de matar entrañaba un riesgo para los ejecutores. Algunos presos, sabiendo que iban a morir, armados con palas, llegaron a enfrentarse a los guardias y en una de las ocasiones llegaron a matar a un cura y a un sargento. Esto provocó que escogieran a unos cuantos presos como sepultureros fijos, disminuyendo progresivamente su número. Don Gervasio no era el único capellán de la cárcel. Sin embargo, era quien desde hacía un par de años tomó el relevo al anterior, aborrecido por la población penitenciaria, don Antonio Varela, el cual participaba en los fusilamientos, reservándose para si el tiro de gracia. Tobías lo llegó a conocer.

—Entonces no era ninguna suerte ser enterrador, a la mínima podías ocupar un puesto en la saca del día siguiente o incluso ese mismo día. Por suerte, Satanás lo castigó con una ciática que no le deja andar. Don Gervasio es otra cosa, nos trata bien — Hace una pausa, baja el tono de voz—. Creo que es…— Se muerde el labio inferior—. Vamos, que nos trata muy bien.

—Pero… ¿qué es? ¿Comunista? —pregunta Felipe curioso, casi como un murmullo.

—No —contesta riendo a carcajadas Tobías—. ¿Qué importa? Es muy buena persona y eso es lo importante. No como el cuervo negro de don Antonio.

Al igual que en la galería, conviven igualmente con chinches, piojos y alguna rata o ratón despistado que pasa por allí. La comida es la misma que comen el resto de los presos, aunque algunos días, si ha habido ejecuciones, siempre suele haber algo que mejora la dieta: coñac, café caliente y magdalenas o galletas. Emilio se convierte en monaguillo del joven cura, el cual de vez en cuando le regala tabletas de chocolate toledano de Quintanar de la Orden, de donde es natural. Son muchos los días que llega con pan, alguna lata de sardinas en escabeche o caballa, tomates y cebollas. Esos días son días de fiesta. Los reparos iniciales a la labor de enterramiento se disipan, afortunadamente el ritmo de ejecuciones va disminuyendo drásticamente desde antes del final de la Segunda Guerra Mundial. La vida cotidiana no varía mucho con respecto a cuando estaban en la galería, si bien resulta más aburrida, Emilio no asiste a reuniones clandestinas entre presos. En ocasiones, pasan mañanas enteras charlando con el sacerdote, incluso con los guardias, que casi siempre son los mismos. El sacerdote parece no recordar a Felipe. Cierto día, él hace una mención sobre lo ocurrido el primero de abril de 1940, el sacerdote hace como que no le escucha, Felipe prefiere no insistir. Con el tiempo, Emilio tiene más libertad de acción para sus actividades, incluso puede, por mediación del sacerdote, llegar a abrazar a su madre en ocasiones. También tiene encuentros con Clara, que siempre se limitan a lo que realmente les importa y por supuesto, no es en ningún caso a consumar su matrimonio. Sin testigos, a pesar de la gran afinidad que muestran el uno con el otro, a pesar de abrazos, risas y lágrimas de compañeros de lucha, ya no se dicen cosas bonitas, solo en las dos ocasiones en las que está presente Angustias o cuando se quedan los guardias dentro de la celda, e incluso el sacerdote. Es a Emilio a quien realmente le cambia la vida carcelaria. Rara vez está con sus compañeros, incluso sale bastante de prisión, siempre acompañando al sacerdote con cualquier excusa. No suele dar explicaciones al regresar. Por mucho que pregunte Felipe, él no contesta e intenta esquivar la conversación o se inventa cualquier absurda historia que no tiene mucha credibilidad. Tobías es asturiano, igualmente ayuda en misa como monaguillo, ambos en teoría se han acercado a la religión y animan a Felipe a que haga lo propio, al menos en apariencia, ya que ello traía algunas ventajas, como la posibilidad de ver a María sin barrotes que los separaran. Cuando ya parece decidido, es tarde, sobran enterradores, reconvertidos, ahora, en monaguillos y sepultureros ocasionales, siendo suficiente Emilio y Tobías. Felipe, tozudo no acepta ayudar en la misa, y regresa a la galería con el resto de presos, perdiendo los privilegios que ha disfrutado en esa etapa carcelaria. A partir de esa fecha, los antiguos compañeros apenas se ven como no sea en el patio o en la misa dominical.

El día de San Mateo, Felipe acude a la obligada misa, que para su sorpresa no oficia don Gervasio, sino otro sacerdote de unos cincuenta años. No está don Gervasio, pero tampoco Emilio ni Tobías. Nadie fue capaz de decirle nada. Cuatro meses después María le comunica lo que él no había podido averiguar dentro de la cárcel. Emilio, al parecer, había muerto, se lo mencionó, dudando, Clara; aunque, no quiso dar más explicaciones. Ella sabe y María sospecha que Emilio estaba con los maquis cuando lo mataron. Tampoco puede darle muchas más cuentas, ni tampoco las sabe, solo sabe que ha muerto. Del sacerdote no sabe nada, pero no lo vuelve a ver. Los meses que siguen a la muerte de Emilio, se producen dos novedades que dejan a Felipe como único junqueño: la muerte de Joaquín y la liberación de Casimiro, el marido de Casilda. Felipe experimenta un gran cambio emocional y físico, pasa a ser otro hombre, cambia su carácter, pierde la esperanza, se convierte en un ser insoportable, incapaz de dormir por las noches. No lo reconfortan ni las visitas de María.

Cada dos por tres está envuelto en trifulcas y altercados, como si buscara acabar con aquella pesadilla. Ya no parece importarle ni su hijo, ni su mujer ni nada. Sin ganas de vivir, durante el día anda como sonámbulo y las noches las pasa en vela. Ya no tiene sueños húmedos con María como protagonista. No se resigna a estar preso, pero tampoco espera la libertad como un modo de escapar. Su única obsesión, es que un día lleguen y lo pongan ante un pelotón de fusilamiento.

30

La decisión de María

Primavera 1947

Felipe mira a la ventana y ve a Emilio agitando las alas o soltando un imaginario pajarillo y puede escuchar sus risas. Percibe como reales sus múltiples abrazos, lo escucha llorar en silencio, lo ve furtivamente andar de un punto a otro de la galería cual conspirador nato. Repasa el motivo por el cual Emilio acepta ser monaguillo cuando nunca le gustaron los rezos y recuerda sus deseos de ser guerrillero. En no pocas ocasiones se niega a comer. Provoca a los guardias, recibe palizas o es llevado a las celdas de castigo. Su mal humor en más de una ocasión lo paga con María, a la cual insulta y constantemente. Pone en duda su fidelidad. Lejos de provocar el distanciamiento entre ambos, provoca que María se esfuerce en buscar con más ahínco su libertad.

—Un día de estos no me vas a volver a ver más —lo llega a amenazar ella conteniendo las lágrimas que se escapan nada más salir por la puerta del penal.

María sufre de verlo así. Después de mucho pensar, llega a la conclusión de que le queda una carta que no ha jugado. Posiblemente, María habría sido una pieza más de su colección de conquistas, pero a Braulio le sentó muy mal que María comenzase a hablar con Felipe, cuando en teoría, él la estaba cortejando. Aunque Braulio, al mismo tiempo, rondase a la hija de Matías Echániz hasta el punto de dejarla embarazada. Braulio jamás llegó a comprender el motivo por el cual María dejó de contestar a sus cartas. No quiso ver que lo que para él era algo natural, de una lógica aplastante y patriótica, la actuación del gobierno en Asturias, para ella eran acciones criminales. Tampoco ella llegó a decirle el motivo, simplemente dejó de contestar sus cartas. Que Felipe la rondará o no, nada tenía que ver. La última carta que abrió fue la que hacía referencia a los acontecimientos asturianos. Braulio achacó la ruptura a la intromisión de su hermano con sus «payasadas», ¿cómo podía llegar a elegir a un labriego en lugar de a él? Días antes de la boda le hizo la primera proposición: estaba dispuesto a renunciar a la boda y a la fortuna que implicaba casarse con la hija del alcalde. Para entonces, ya María había decidido. Realizó un segundo intento en los días posteriores al encarcelamiento de Felipe. Ella se negó y apeló a los sentimientos que se supone que debe haber entre hermanos, provocando su furia. Es cuando ingenia la estratagema para quedarse con la viña. A pesar de ello, le promete que Felipe saldrá libre. Sin embargo, no tiene el valor de decirle a María el precio que ha de pagar por esa libertad, que es la cesión de la viña. Al no salir Felipe libre, a Braulio le entran remordimientos, la viña ya le pertenece, pero su hermano sigue preso. Intenta justificarse así mismo, no lo consigue y durante el tiempo que está en la cárcel, hace todo lo posible porque salga libre o al menos lo protege para que nunca llegue a celebrarse el juicio. Sabe que, de celebrarse, será fusilado. Está en permanente contacto con el director del penal a pesar de tener miedo a comprometerse más de lo necesario. Es, al mismo tiempo, verdugo y ángel de la guarda de Felipe. María, a principios del mes de abril de 1947 consigue desplazarse hasta Zaragoza, que es donde Faustina le ha dicho que está Braulio, dándole incluso la dirección. No logra dar con él, se encuentra de maniobras en los Pirineos. Se arriesga y le deja una esquela a su asistenta. Regresa descorazonada a Gascas. Ante la decisión que ha tomado no se ve capaz de visitar a Felipe. El periodo entre visita y visita aumenta de manera paulatina, entre otros motivos, porque cuando va a verle, está enfermo, sin ánimo y enfadado con María, como si ella fuera la culpable de sus desdichas. Alguien le comentó que se encontraba muy mal, y María fue a verlo, fue el domingo once de mayo. No la dejaron verlo y se quedó en la puerta sin poder visitarlo.

—¿Y no puedo siquiera verlo?

—Está muy malo —le informó el guardia de la puerta.

—Por eso, quiero verlo.

—Déjale la comida y márchate si no quieres tener problemas —le replicó el guardia. No se lo dijo de malas maneras. No obstante, sabía a qué problemas se refería a pesar de que esas prácticas ya casi habían desaparecido.

Con la cabeza gacha y el alma destrozada, María se marchó a la sombra de aquellos muros que encerraban a su hombre. Esperó hasta que saliera alguna persona conocida, por si le podían dar razón. Poco le dijeron y no fue bueno. Nadie sabía nada desde hacía más de una semana. Tampoco si estaba vivo o muerto. Nadie le dio explicaciones porque allí nadie daba explicaciones. Lo sacaron de la galería cuando comenzó a tener aquellas calenturas tan fuertes. A otros los dejaban allí hasta que se morían. A él lo llevaron al hospital de Cuenca, aunque hasta semanas después, María no lo supiera. María no podía resignarse.

Ella quiere, necesita explicaciones, nadie sabe nada y quien sabe, no está dispuesto a darlas. Al final se pone tan pesada que otro de los guardias, menos amable, le dice:

—Si quieres ver esta noche a tus hijos, sal tirando ahora mismo. De lo contrario, vas a pasar dentro y te aseguro que te vas a enterar de lo que es un hombre de verdad —. El tono amenazante del guardia le dio la impresión de que podría llegar a ser así.

María se marchó descorazonada sin ser capaz de llorar, ni siquiera de sentir rabia. Le costaba andar, caminaba como si llevara una fanega de trigo sobre sus espaldas. Con los brazos caídos y el ánimo por los suelos, llegó a la estación de autobuses convencida de que no volvería a ver a Felipe vivo. En la estación estaba esperando un Mercedes gris. En su interior se encontraba Braulio muy sonriente. Llevaba en Cuenca casi dos semanas, desde que el director de la cárcel le dijo que su hermano se iba a morir. Movió todos los hilos para que se salvase. Fue a verlo al menos dos veces cada día, aunque Felipe nunca lo supo.

—¿Cómo está tu hombre? —preguntó sin bajar del coche, con la misma sonrisa sarcástica de siempre.

No obstante, solo él sabía lo que le había costado fingir esa despreocupación que no tenía.

—Lo sabes tú mejor que yo —replicó ella desafiante.

—Me dejaste una esquela algo intrigante y comprometida —le dice sacando un pequeño sobre marrón, agitándolo como si fuera un abanico—. ¿Qué precio estás dispuesta a pagar?

—El que tú pongas, tienes ya la viña… ¿el monte? —duda.

Querría haberle dicho: «Ya nos robaste la viña, solo te queda el monte». Todavía no sabe que Felipe firmó. De saberlo, no lo hubiera considerado menos ruin. Desde el principio de su viaje a Zaragoza, estuvo dispuesta a llegar a materializar la consumación de la traición a un hermano, a su marido, acostándose con

Braulio, con tal de que su hombre quedará libre, aunque después él no quisiera estar a su lado.

—¿Para qué quiero un monte lleno de zarzas y hojarascas teniendo el mejor coto de Gascas? ¿No tienes nada mejor que ofrecerme? En la carta decías estar dispuesta a pagar si el precio que te puse en cierta ocasión…

—Con tal de volver a tener a mi hombre a mi lado lo que sea —dijo torciendo los labios con asco. Respirando hondo, notando cómo se ahogaba. A pesar de lo cual, dio un paso al frente:

—¿Lo que sea, de verdad? ¿Aunque se entere tu hombre y no te vuelva a mirar a la cara? —Se burló él.

—Si es de Dios, que sea —respondió María, notando cómo no le sostenían las piernas, al ver cómo él se desabrocha el cinturón. Al instante, se lo vuelve a abrochar mirándola fijamente.

—Pues nada, sube al coche —la invita a entrar abriéndole la puerta del copiloto.

María sube al coche dispuesta a todo. Él arranca y la lleva por las calles de Cuenca hasta las puertas de un lujoso hotel recién inaugurado en la ciudad. Parece el hotel de una gran capital, poco acorde con una ciudad tan pequeña como Cuenca. Se detiene el Mercedes en la misma puerta, mira a su cuñada con una sonrisa, que a cualquier mujer le hubiera parecido encantadora. Braulio es ahora incluso más atractivo que cuando era joven: sus gestos son más elegantes y refinados. Su ropa cara le da el aspecto, más de un rico hombre de negocios, que de un militar. Intenta mostrarse encantador, sonreír de manera seductora. Sin embargo, a María le parece aún más despreciable, sin intentar disimular. A pesar de percatarse, él le habla con amabilidad exquisita:

—Comeremos tranquilamente, como los señores, y después subiremos al cuarto. ¿Te parece bien? ¿Estás dispuesta a todo? —Sus palabras parecen amables, así es su tono, como si intentara conquistarla realmente. Entonces, es cuando él muestra su cara más cruel—. ¿Incluso a acostarte conmigo como si fueras una zorra?

María asiente con la cabeza, había bajado la guardia, pensando que tendría corazón y que al final no pasaría nada. Incapaz de articular palabras, él le coge la barbilla con la mano.

—¿Estarías dispuesta a acostarte conmigo a cambio de su libertad? Lo quieres mucho o eres una puta zorra —y su rostro adquiere un gesto de desprecio infinito hacia ella, que busca la humillación de la mujer. No pensaba renunciar bajo ningún concepto a la venganza madurada durante tanto tiempo, ni por su hermano.

—Si el hermano de mi hombre no quiere ser su hermano y exige ese precio, sí. Lo que tú digas seré, lo quiero libre — ahora es ella quien se muestra desafiante.

—¿Y si se entera? —parece más conciliador—. Yo no le diré nada, pero siempre puede llegar a enterarse. Los hombres a veces bebemos y se nos escapan cosas ¿Qué pasaría si se entera?

—Sabría el hermano que tiene, lo que él hiciera después sería cuestión suya. Llevo entre unas cosas y otras más de diez años sin él, lo quiero más que a mi vida. Si he de seguir sin él, al menos que esté vivo y libre.

Braulio extendió su mano agarrándola por el cuello, como si fuera a estrangularla. Desabrochó uno a uno los botones de la blusa hasta llegar al pecho, comenzando a dibujar con sus dedos círculos en ambos pechos, alrededor de la areola de los pezones, por encima del sujetador. Ella permaneció impasible, temblando, sin saber cómo reaccionar. Dispuesta a todo, incluso a plena luz del día; aunque, desde fuera no se viera lo que ocurría en su interior. Nota que, contra su voluntad, se erizan sus pezones. Él ríe y le baja el sujetador, dejando ambos senos al aire. Ella siente vergüenza, se aprieta la blusa sobre sus pechos, pero él lo impide. Braulio no interrumpe la acción al ver bajar al botones del hotel que, al percatarse de la presencia del coche, baja veloz a abrir la puerta de María. El hombre se queda parado al ver la inesperada escena y de nuevo vuelve a cerrar la puerta girándose. María intenta abrocharse, pero Braulio lo impide de nuevo y llama al botones.

—Benito, echa un vistazo —le dice Braulio, sujetando las manos de María con sus pechos fuera de la blusa.

—Usted dirá, don Braulio —dice el botones, desviando la mirada.

—Si tuvieras que pagar una puta... —Hace una pausa intencionada, al tiempo que le sube la falda a María por encima de las rodillas— por el mismo precio... ¿con cuál te quedarías, Benito, con esta o la de ayer?

El hombre está aturdido. Braulio la muestra como un trofeo. Mira a María, Braulio le hace un gesto para que toque. María tiembla, intenta abrocharse, bajarse la falda, pero Braulio es muy fuerte. El hombre toca el pecho, toca el muslo e intenta subir la mano más arriba.

—Para hombre, bastante... —dice apartando la mano del botones de un manotazo—. Quiero una contestación ya.

—Don Braulio, me pone en un compromiso —duda el hombre. Braulio hace un gesto para que se dé prisa—. Esta es más mujer; la de ayer más guapa, joven, era una chiquilla de doce años, sin estrenar...

—No hace falta detalles ¿Con cuál? —grita Braulio.

—La de ayer, don Braulio, la de ayer... —Se decide el botones—. Aunque tiene buenas tetas, las viejas para caldo.

—¿Tanto costaba? Fíjate, María. Para este desgraciado, eres ya una vieja, una puta vieja —mira al botones con sarcasmo—, aunque si te fijas en su pantalón, te haría un favor ahora mismo ¿No, Benito?

—Me pone usted en un compromiso..., estoy trabajando ahora. Después, si usted quiere...

—¡Anda! Cierra la puerta, que todavía me voy a follar a tu mujer. Esta es mucha mujer para ti. La mejor. Mejor que la cría de ayer. Mejor que tu mujer. Su único pecado, haberse casado con el hombre equivocado —hizo una pausa mirando a María y soltándole las manos, le hizo un gesto para que se abrochase. Se dirigió al botones de nuevo:

—He quedado con don Julio y con don Torcuato para comer, les dices que tal vez me retrase un poco.

Una vez se hubo marchado el botones, arrancó el coche y de nuevo la llevó a la estación de autobuses. María iba en silencio, incapaz de reaccionar. Era tal la humillación a la que fue sometida que ni piensa en su hijo, ni en su marido, ni en Clara. Solo desea morir.

—Antes hubiera arriesgado todo por ti. Ahora te miro y solo siento pena, no vales ni los dos duros que me cuesta una puta virgen. No me sirve la prenda con la que me quieres pagar, no vales tanto. A pesar de que eres una buena mujer, puede estar mi hermano orgulloso, eso te libra. Cualquier zorra me atrae más que tú. Lo único que puedes hacer por tu hombre es rezar — le dice, casi escupiéndole a la cara, observándola cómo baja torpemente. La empuja para que baje más rápido, cae María al suelo y arranca el coche marchándose.

—Vete a la puta mierda con tus putas, malas purgaciones te den… —grita María con todas sus fuerzas.

28

El tiro de gracia

Años 1945/1946

Aquella mañana, tras casi una semana de lluvia intensa, tan solo caía una ligera llovizna. Apenas hay goteras en la galería, al contrario de los días anteriores, durante los cuales, las fuertes tormentas provocaron que las piedras del techo destilaran agua y humedad en forma de múltiples filtraciones por toda la galería y el pavimento de piedra. Todavía no ha amanecido cuando Felipe está despierto. No ha dormido en toda la noche pendiente de Paco García, el cual hace más de dos días que tirita y delira diciendo cosas sin sentido. En la oscuridad, Felipe puede ver y escuchar el castañear de sus dientes, le coloca su manta encima. Nota que tiene fiebre, se la quita de nuevo, avisa a los guardias; pero, nadie acude. Ahora parece dormir tranquilo, ya no le castañean los dientes, ni respira con dificultad, parece dormir plácidamente. Emilio llega en esos momentos, después de hablar con el grupo de cuatro hombres que están esperando ser fusilados desde hace más de ocho días. Mira a Paco, se agacha sobre su macuto sacando un jersey. Felipe puede ver cómo esconde algo que parece un papel. Se miran a los ojos, Emilio pregunta sin palabras por Paco.

—Creo que nuestro paisano se muere —responde Felipe.

Emilio se encoge de hombros, no es Paco García quien le preocupa, lleva días con fiebre alta sin ser atendido, tiene asumido que va a morir, todos lo saben. Le preocupan los cuatro jóvenes que serán fusilados, posiblemente aquella misma mañana, después de haber estado ocho días esperando en la celda reservada para los condenados a muerte, trayéndolos la tarde anterior de nuevo de regreso a la galería.

—Hoy no se libran —murmura Emilio.

—¿Quién sabe? Hace más de dos meses que no fusilan a nadie, tal vez se hayan cansado de tanta sangre —contesta Felipe. —¿Tú crees? Esta gente no tiene compasión.

—Ya. Mira a nuestro paisano, tres días ya sin que le hagan caso.

Ambos miran a Paco García. Lo último que escuchó Felipe de su boca a mitad de la noche entre delirios fue:

—Ni que mande el fascio ni que mande el comunismo, la basura la sacaremos siempre los mismos.

—Cállate, que como te oigan —sisea alarmado Felipe.

—Ni que mande el fascio, ni que mande el comunismo, la basura la sacaremos siempre los mismos —repite el pobre hombre, intentando que sus palabras se escuchen más fuertes.

Están los dos hombres en cuclillas cuando se abre la puerta de la galería encendiendo las luces y despertando a la mayoría de los presos. Emilio mascula entre dientes:

—¡Maldita sea!

Aparecen cuatro guardias, van directos a donde se encuentran los cuatro guerrilleros; mas, no se los llevan a las celdas de los condenados a muerte, van directos ante el pelotón de ejecución, los dejan despedirse de sus compañeros. Falta todavía más de una hora para que amanezca. Tanto Felipe como Emilio se han tumbado sobre sus mantas, agotados de toda la noche sin dormir. Cuando los guardias entran por segunda vez, viene un médico con ellos, se detienen junto a Paco García, el anciano anarquista, el único que había en Gascas. Se agacha, tomándole el pulso.

—Más vale que hubiesen llamado al cura. Este hombre está muerto. Sáquenlo de aquí —dice el médico levantándose.

—Tú y tú —indica uno de los guardias a Emilio y a Felipe—, sacad a vuestro amigo de aquí.

No son necesarios más, Paco García es puro pellejo, llevaba semanas enteras sin comer, ni tan siquiera la bazofia que recibía, y en las pocas ocasiones que la comía, vomitaba. Ningún médico lo ve, ni él tampoco lo hubiera consentido. Paco García quería morirse. No tenía nadie fuera, sus hijos habían muerto y su compañera enloqueció. Una mañana la encontraron muerta en un barranco de Gascas, en el único precipicio que hay en toda la comarca, cerca del río. Nadie la echó de menos hasta que en la última visita que hicieron las mujeres a Cuenca no se presentó para subir al autobús.

—Estaba como una chota, desvariaba cada vez más, pero no hasta ese punto —comentó alguien en el pueblo.

Lo cierto es que tenía motivos para estar loca y desear la muerte; pero, por mucho que lo dijeran, no estaba loca. Paco sabía que buscaría la muerte y no tuvo fuerzas para decirle que no lo hiciera, porque él también deseaba morir. Muchos sufrimientos a lo largo de la vida para soportar sus viejos esqueletos ya no podían más ninguno de los dos. Soñaron con crear una comuna ácrata en Gascas, predicaron cual apóstoles en el desierto. Ya casi ancianos, desengañados, dejaron de predicar su credo libertario. Ni sus hijos siguieron sus pasos. Antes del golpe de Estado del general Franco, ellos tan solo aspiraban a trabajar la tierra y, a sacar la basura de los corrales de los ricos para venderla a los hortelanos como abono, de ahí su eterna cantinela:

—Ni que mande el fascio ni que mande el comunismo, la basura la sacaremos siempre los mismos.

Ya no hablaban de Bakunin, tampoco de García Oliver, Ascaso o Durruti. En la Mancha no prendió la llama libertaria. Podrían haberse marchado a Cataluña o Valencia, pero amaban la tierra y decidieron vivir sus últimos años el uno al lado del otro, con sus hijos lo más felices que les permitieran. La guerra no llegó a Gascas hasta después de finalizar la contienda; no obstante, a pesar de ello, la guerra y la posterior represión se llevó a sus siete hijos, ninguno se libró, ni siquiera Liberto, con quince años se lo llevaron a Uclés, lo mataron antes de pisar el umbral del monasterio, en el momento que le preguntaron su nombre.

—Liberto García López.

Era todavía un chiquillo, jamás hablaba de política por no llevar la contraria a sus padres, él no era anarquista, tampoco tenía claro lo que era, lo único subversivo de su persona era su nombre. Nadie le dijo que eso fuera peligroso, y no lo fue hasta que le dijeron que tenía que cambiarlo por un nombre «como Dios manda». Nunca creyó que burlarse de la pretensión del alcalde le fuera a costar la vida. Con su cara de niño imberbe, lo mataron delante de su padre y de su hermano. Miguel, el siguiente en juventud a Liberto, con diecisiete años, no aguantó la presión e intentó huir, solo lo intentó, un disparo por la espalda segó su vida cuando todavía no llevaba un mes en Uclés. De los otros cinco hijos que fueron recibiendo noticias durante la guerra, todos murieron en la batalla, incluidas sus dos hijas. No, ni Paco García ni Llanos López tenían ganas de darse ánimos. Imposible dar ánimos cuando no se tiene ilusión por vivir.

—Paco, me voy a tirar por el barranco de la cueva de las Grajas, ya no puedo más.

—Ojalá yo pudiera ir contigo de la mano —fue su respuesta.

Alargaron sus brazos tocándose la punta de los dedos, mientras que batallaban por no estallar en llanto. Aquella noche nadie echó de menos a Llanos, solo él. Él sabía que lo haría y se acostó sobre un charco sin manta ni nada. Al día siguiente se negó a comer. Jamás nadie llegó a decirle que había muerto. Sin embargo, él lo supo. Tras salir Llanos por la puerta, Paco García decidió no vivir y hasta el agua sucia que recibía, con cabezas de sardinas nadando le sobraban.

31

Amarga hiel

Aunque lleva desde las siete de la mañana sin probar bocado, no tiene hambre. Son muchos los viajeros que esperan sentados la salida del autobús comiéndose lo que llevan en las fiambreras, otros, algunos hombres sacan la navaja y van cortando un trozo de tocino acompañado de un trozo de pan, que cortan al mismo tiempo que el tocino, como es costumbre en la Mancha. Ella ni tan siquiera intenta abrir el talego. Triste, se acerca a la fuente, bebe agua y se echa un poco por la cara. Está fría, pero lo agradece.

—Señora, la fuente está para beber agua, no para lavarse… —le recrimina un guardia de la estación.

—Me he mareado, perdone usted —se disculpa.

—Sí que está pálida, ¿necesita algo? ¿Ha comido? —pregunta, casi disculpándose el guardia.

—Tranquilo, es un vahído de nada— responde María, mientras se acerca a un banco, se sienta y cierra los ojos.

Llega con el crepúsculo a Gascas, la oscuridad azulada deja adivinar las sombras de los árboles de la ribera del Júcar. No se percata de que un Mercedes adelanta al autobús, casi en la misma entrada de Gascas, provocando un exabrupto del chofer, que retumba en todo el vehículo. El automóvil se detiene en una esquina a pocos metros de la parada del autobús. María es la única viajera que baja en Gascas. Está desolada, todas sus cavilaciones terminan con la muerte de Felipe, las palabras de su cuñado retumban en su mente:

—Lo único que puedes hacer por tu hombre es rezar.

La silueta del coche se distingue bajo la tenue luz de la bombilla solitaria de la esquina, que apenas llega a alumbrar. Cuando María se percata, piensa en ir en dirección contraria. Al final decide ir en dirección a donde se encuentra su cuñado. Todo el trayecto lo ha realizado llorando de rabia e impotencia. Camina insegura, nota cómo le tiemblan las piernas. Piensa en lo peor, que Felipe ha muerto. Él permanece impasible sentado frente al volante, mirándola fijamente con el rostro severo. María piensa:

—Soy capaz de mandarlo a la mierda..., si tuviera...

Contiene las lágrimas, la rabia, no quiere que la vea llorar, traga saliva. Nota un nudo en la garganta y teme que no le salgan las palabras. Apenas faltan cinco metros cuando su cuñado deja de mirarla y fija la vista en el volante. Arranca el motor del coche, acelerando sin moverse del sitio, como metiéndole prisa. Ella continúa caminando lentamente hasta situarse a dos palmos de la ventanilla.

—¿A qué mierda vienes ahora, a decirme que has terminado de matar a tu hermano? —suelta con toda la rabia de que es capaz por su boca, respirando fuerte.

—Si está muerto lo enterraremos, pero no son esas las noticias que tengo. Pronto tendrás noticias de él, muy pronto, antes de lo que te puedes imaginar..., que sean buenas o malas eso es otra cosa, lo mismo lo sueltan que...

Él hace un intento de tocarle los muslos. Ella da un paso para atrás, indignada, él la mira dibujando una mueca al sonreír.

—Nunca olvides que tengo la llave que abre y cierra puertas, también tus piernas. Nunca lo olvides. El precio sería muy alto.

Como siete años antes, de nuevo, saca una llave y tras enseñársela, pisa el acelerador arrancando.

En unos segundos se ha perdido en el horizonte en dirección a la capital de la provincia. Han de pasar varios años para volverlo a ver, ni a él ni a nadie de la familia de Felipe. María se queda sin saber, qué es lo que debe pensar. Tiene sensaciones contrapuestas de odio, humillación, esperanza, dudas; pero, sobre todo de ira. Desea llegar a su casa. Necesita llorar, siente unas inmensas ganas de llorar, pero no llora. Al pasar por la plaza de Gascas, es en el único lugar donde todavía queda gente, hombres la mayoría y jóvenes pretendientes, novios o aspirantes a serlo, de las muchachas que aprovechan esas horas como excusa para ir a por agua y ellos de dar de beber a los animales. Los jóvenes hablan medio en broma, medio en serio sobre su futuro, después ellos acompañarán a las muchachas a sus casas, les llevarán los cántaros en las aguaderas y buscarán cualquier descuido para robarles un beso. María va como sonámbula, se dirige en dirección a la cuesta que le lleva a su casa. Saluda a la gente sin saber muy bien a quién o a quién no. Nota una especie de mareo. Maldice algo entre dientes, sin fuerza. Se acuerda de un dios que se ha olvidado de ella. Las piernas le flaquean y cae sin sentido en el suelo. Son solo unos instantes, los suficientes para que la gente se arremoline a su alrededor. Cuando vuelve en sí, se disculpa por el revuelo.

—No he comido nada en todo el día.

Y es verdad, aunque no dice que lleva varios días que apenas come y casi no duerme, preocupada por su hombre. Se ofrecen varios jóvenes a acompañarla a casa, lo cual ella declina—. Ya estoy bien, ya estoy bien, se me ha pasado ya.

A pesar de sus negativas, los jóvenes la acompañan, algunos de ellos han sido alumnos suyos, otros todavía lo son. Les da las gracias y les dice que quiere estar sola, sola con su hijo. Cuando se marchan, abraza a su hijo y llora. El chiquillo no sabe qué hacer y llora también abrazado a su madre.

María no sabe si reír o llorar, si pensar que está muerto o como le ha dicho su cuñado está vivo y pronto sabrá de él, pero tal vez porque lo van a fusilar. En los últimos meses, Felipe se había convertido en un incordio dentro de la cárcel para todo el mundo, como si harto de tanto sufrimiento buscara salir del presidio sin importarle si salía por su pie o con los pies por delante.

Cuando Clara se enteró del desmayo de María, regresó junto con Antonia a la casa de María para cuidarla. Se acostaron juntas en la misma cama de noches de amor. Amor al que ambas voluntariamente habían renunciado en cierto modo. Si bien es cierto, que continuaban disfrutando y a la vez sufriendo momentos tan intensos como esporádicos llenos de contradicciones internas. En el último año, estos encuentros habían sido casi inexistentes. Temían ser escuchadas por Miguel. Clara buscó consolarla como en otras ocasiones, desde el cambio de humor de Felipe. María la rechazó. El día siguiente, lo pasa dándole vueltas a la cabeza pensando regresar sin falta al día siguiente a Cuenca. Se levantó muy temprano, apenas había dormido. Estaba muy nerviosa, buscó ropa oscura, dejando a un lado la ropa que le había cosido Clara. Se vistió con ella, le estaba muy ancha, tanto sufrimiento la había consumido.

32

El jilguero puede cantar dentro de la jaula...

—Salí de la cárcel en la madrugada de la víspera de San Isidro labrador, patrón de los labradores, precisamente el miércoles 14 de mayo de 1947.

Él no lo recordaba, sin embargo, María se lo había relatado mil veces hasta el último detalle y Felipe la creía. Ella también le comentó que había estado el domingo anterior en Cuenca y que no le dejaron verlo. Le dijeron que estaba muy enfermo y que no sabían si podría verlo vivo o muerto. Eso sí lo recordaba, al menos en los primeros días. Cuando la fiebre y las tiriteras fueron en aumento, llegó a pensar que ya había llegado su hora de la manera menos digna.

Fue a la esquina donde paraba el autobús, dispuesta a regresar a Cuenca con la esperanza de que fuera verdad que no estaba muerto. Durante la noche, mentalmente había ensayado mil argumentos, olvidándose de que el autobús solo pasaba los días impares de la semana y aquel día era martes 13 de mayo. No es que María supiera nada de supersticiones, pero ella pensó que había tenido mala suerte, regresó a su casa pensando lo que debía decir al día siguiente: «*Mire usted, señor guardia, ya sé que no es día de visita, pero el domingo vine y no pude ver a mi hombre, el lunes regresé y tampoco me dieron razón de él...*» Ensaya el mejor modo de decirlo:

«*Vine y me dijeron que mi hombre, o mejor marido, no, esposo, queda mejor esposo, queda más fino. Mi esposo estaba muy malo, pero también me dijeron que...*».

Y duda si decir «se ha muerto, lo han fusilado o tal vez, o se lo ha llevado Dios o el Señor a su lecho». Quedaba mejor lo último, pero claro, si dice eso, como lo tenían por comunista, lo mismo se lo toman a mal y es peor. Lo iría pensando por el camino. Iría al día siguiente a Cuenca y con buenas palabras sabría de su hombre.

Cuando el miércoles 14 de mayo, a punto de subir al autobús vio descender a Felipe, con el aspecto de un cadáver andante, con los ojos hundidos y casi cerrados, deslumbrado por el sol, con la visera de la gorra bajada y blanco como la cal, casi le da algo, corre se abraza a él, lo besa, pero él no reacciona. Apenas puede andar, está ausente.

—Apóyate en mí, vamos a casa —le dice, ofreciéndose como muleta. Coge con la otra mano la maleta de cartón vacía y caminan juntos como si fuesen dos borrachos.

Él se apoya en María, sin decir palabra, ella sin parar de hablarle y decirle «te quiero». Su hombre, tan fuerte, ahora lo lleva ella arrastrándolo como a un niño y eso que ella nunca ha sido fuerte. Al abrazarlo, se da cuenta de que es hueso y pellejo. Dos muchachos se acercan y se ofrecen a ayudarles. Al entrar por la puerta, quien primero lo ve es Clara. Pone cara de espanto, apartándose a un lado, sin saber cómo reaccionar. Sin embargo, nadie se da cuenta. Antonia y Miguel están jugando con una gata blanquinegra, a la que llaman Luna al lado de la lumbre. La niña corre a ocultarse tras las faldas de su madre. El niño duda unos segundos, pero casi al instante comprende que ese hombre con ropa ajada y casi mugrienta, que parecía que la había cogido prestada a un difunto de mayor envergadura que él, que da escalofríos verlo, ese hombre de aspecto cadavérico, con los ojos hundidos en las cuencas y perdidos en el infinito oscuro de su interior es su padre. Ese padre anhelado del que no recordaba su aspecto y que no se parece a las escasas fotos de soldado que le había enseñado su madre. Sabe que es su padre y su grito de alegría fue tal que, la gata que se encontraba ronroneando entre sus piernas, pegó un salto y un maullido que estremeció el aire, asustando a todos los presentes.

—¡Padreeeee! —Y vieron al chiquillo sonreír, saltar, correr gritando en dirección a su padre como nunca le habían visto antes. Su padre se soltó del brazo de su mujer y por un instante, pareció reaccionar, musitó más que pronunció el nombre de su hijo y se abrazó a él, mientras una lágrima dibujó un surco brillante en su mejilla derecha.

Tan pronto como aquella noche, Felipe se acostó en su cama de sábanas de algodón limpias y recién planchadas, se quedó dormido profundamente. No hubo pasión, puesto que Felipe no estaba en condiciones, ni tenía las fuerzas del soldado victorioso. Era un soldado vencido y moribundo. Durmió y su cuerpo se hundió en el colchón de lana.

No despertó en dos días, como si todas las noches en vela de la prisión quisiera recuperarlas de golpe. Al despertar, desvariaba diciendo palabras sin sentido, como si fuera un borracho pendenciero. Solo la presencia de Miguel lo calmaba. Después de cada estallido violento, parecía derrotado y de nuevo se acostaba, tirándose horas y horas en la cama, durmiendo plácidamente. Apenas comía, y menos hablaba. María mató una gallina para hacer caldo y así lograr resucitarlo. Se lo da solo a él, hasta al chiquillo se lo niega, era para su hombre. Sin embargo, su hombre continuaba mustio y sin ganas de vivir.

Una mañana, a finales de mayo, cuando todavía no había salido el sol, fue cuando María, medio dormida, escuchó primero el tañer de una guitarra mal afinada. No sabe muy bien si lo sueña o es verdad, porque al despertar está todo en silencio; aunque Felipe no está a su lado. Escucha rasgar de nuevo la guitarra, parece que suena mejor. Se incorpora María, casi no recordaba aquel sonido alegre, la guitarra y la alegría llevaban tanto tiempo ausentes de aquella casa, donde al igual que la del escudero del Lazarillo, era una «casa triste y desdichada». Después, escuchó los pasos y un sonar más alegre de la guitarra, acompañada, ahora, de una voz apenas audible, la de Felipe, cantar una canción de Miguel Molina:

«Apoya en er quisio de la mansebía miraba ensenderse la noche de mayo; pasaban los hombres y yo sonreía...»

María se frotó los ojos y saltó de la cama, la voz de Felipe seguía su canción, ahora sin el acompañamiento de la guitarra:

«Ojos verdes, verdes como la albahaca. Verdes como el trigo verde y el verde, verde limón...»

Vio la guitarra polvorienta sobre la mesa, en otras circunstancias le habría reñido; sin embargo, sonrió al verlo allí, en la chimenea encendiendo la lumbre, como cada mañana había hecho, desde el día en que se casaron, salvo en la guerra, hasta que se lo llevaron a la cárcel. Duda si acercarse, se estremece por la emoción, él adivina su presencia y se gira satisfecho, se abrazan, se besan y él le canta al oído:

«Vimos desde el cuarto despertar el día y sonar el alba en la Torre la Vela...»

Clara, que había regresado a casa de María por miedo a las reacciones violentas de Felipe, despertó y lo escuchó. Sin abrir la puerta, observó cómo se metían en el cuarto, escuchando risas silenciadas por los besos, ruido de los muelles del somier y los gemidos de placer de María. Y cuando cesaron ruidos y jadeos, escuchó de nuevo el murmullo de una canción cantada al oído que no había terminado todavía. Clara sabe que ella, ya no forma parte de la nueva situación surgida aquella mañana a finales de mayo:

«Ojos verdes, verdes como la albahaca. Verdes como el trigo verde y el verde, verde limón...»

El jilguero de nuevo canta, quiere volar en libertad; no obstante, sabe que está en una jaula de barrotes invisibles que jamás podrá flanquear. Aquella mañana de mayo duerme hasta el mediodía y al despertar tiene la sensación de ser el jilguero más feliz y libre del mundo. De nuevo, a aquella «casa triste y desdichada» vuelve la alegría y otras risas diferentes a las infantiles, que en su inocencia ignoran el dolor de sus mayores.

33

Miguel y Antonia

Año 1952

El tiempo va pasando y, contra todo pronóstico, Antonia, la hija de Clara, va adquiriendo una tonalidad mucho más clara, similar a la de su madre. No obstante, sus cabellos permanecen encrespados y negros como el azabache. Es una niña extrovertida y alegre, que poco a poco va ganándose el cariño de su madre y sobre todo de María, que la trata como si fuera la hija que siempre deseó tener.

Miguel, por el contrario, es un niño extremadamente tímido e inseguro, que solo el contacto con Antonia lo hace salir de su mundo interior. Acostumbrado al sufrimiento, a vivir en silencio su tragedia, a guardar su íntimo secreto bajo llave, el cual, termina por olvidar. Se acostumbró a echar a su padre de menos, casi mucho antes de haberle cogido cariño, durante once años, tan solo convivió algunos meses.

Antonia y Miguel comparten juegos y complicidades desde muy pequeños, también cama durante los primeros años de sus cortas vidas. La relación fraternal continúa después de la llegada de Felipe de la cárcel. Antonia es el contrapunto perfecto de Miguel, la seriedad y la timidez de uno contrasta con la alegría y espontaneidad de la otra. Crecen como hermanos y como tales continúan en casas de padres separados con distintos progenitores. Sin embargo, siempre están juntos. Ella es la decisión, la iniciativa y él, la calma, la fuerza y en ocasiones el ingenio necesario para llevar a cabo mil aventuras y malicias, infantiles o adolescentes. Siempre, solos los dos, como dos proscritos, ella porque le llaman la Morita y a él, por su timidez, le llaman «el Jilguero mudo», en realidad no es muy diferente a Felipe de su edad, con la diferencia de que Miguel no se acostumbró a leer. Tanto a Clara como a María las llaman madres, especialmente Antonia. Miguel, por su parte, al haber sido criado por dos mujeres, junto a una niña, provoca que ciertos ademanes fuesen más femeninos que lo que en la Mancha se entiende que deba tener un niño. Aquel niño tímido disfruta jugando junto a Antonia con sus muñecas de trapo, que fabrica Clara con sus hábiles manos, saltando a la comba o cantando canciones que escuchan en la radio. Esa relación fraternal, de complicidad, pasa de un extremo a otro en Miguel antes de que le salieran los primeros pelillos del bigote. El muchacho está enamorado de la chiquilla, aunque él no sea capaz de explicarlo, porque hay cosas que no se pueden explicar cuando se tiene trece años y todo se idealiza, sin que todavía las hormonas dicten la voluntad del cerebro. Ella ejerce sobre él un poder, tal vez inocente, pero no involuntario. Lo quiere como la hermana pequeña que ve a su hermano fuerte; pero también como al muchacho guapo del que enamorarse. Sin embargo, también lo ve triste, y hace todo lo posible porque él esté contento, tiene armas poderosas para hacerlo: su ingenio, su risa permanente y unos ojos negros ligeramente almendrados, que sonríen hasta cuando duermen, porque él la ve dormir muchas noches. La ha espiado del mismo modo que espía a su madre y a Clara, porque Miguel por las noches duerme y se levanta al escuchar el más leve ruido. Es el hombre de la casa, le dice su madre, y él se lo toma en serio. Pero también despierta muchas noches pensando que su padre llegará de noche y no quiere que lo pille dormido. Espera al padre que nunca llega. Después, a la luz del candil, se queda absorto observando a Antonia, minutos y minutos, hasta que el sueño le rinde de nuevo, y si ella se percata, sonríe y finge estar dormida.

Con la llegada de Felipe, Antonia y Miguel ya no están tanto tiempo juntos. Para entonces, Miguel tiene más de diez años y Antonia siete. La distancia entre sus casas no es mucha y se ven todos los días. Sin embargo, ya no es lo mismo, ya no son hermanos. El muchacho no cuenta todavía los catorce, cuando busca cualquier excusa para marcharse antes y recoger a Antonia, para ir juntos a la escuela o la espera a la hora que sabe que ha de pasar por su puerta para acompañarle a la fuente a por agua o a la tienda a comprar escabeche, o una barra de pan a la tahona. Tan pronto él cuenta quince años y ella doce, dan largos paseos los dos solos, no solo por la alameda, sino que van hasta el viejo molino de viento, donde los novios tienen la costumbre de dar vueltas al mismo después de casados, para así atraer la felicidad, provocando la risa maliciosa del resto de la chiquillería.

—¡El Jilguero y la Morita son novios, son novios!

Él se enfada, y en más de una ocasión se agacha y coge una piedra del suelo amenazando con tirársela a quien lo diga. Ella, sin embargo, ríe y ríe enseñando sus blancos dientes.

—No les hagas caso, es envidia cochina por no tener un hermano tan guapo como el que tengo yo.

Dice ella si son chicas quienes se burlan, y para aumentar esa envidia que supone que tienen las demás chiquillas, lo besa en la mejilla, sonrojándose él, en ese caso se enfada aún más. Sin embargo, después sueña con ese beso de hermano y lo transforma en un beso distinto.

—Sí, es mi novio, ¿qué pasa? Y es más guapo que todos vosotros juntos, que sois más feos que Picio.

Dice, si por el contrario son chicos, asimismo lo besa y Antonia ríe y ríe, y, Miguel se pone colorado como un tomate.

El amor, o lo que aquello pudiera ser, crece por parte de él día tras día, noche tras noche, siempre con miedo de que todo sea una broma de la chiquilla, que juega con él a su antojo. Unas veces es su hermano, otras su novio.

Él solo quiere ser su novio. El pensamiento más hermoso de sus días y el sueño más bello de sus noches. Ella es el pecado que lo atormenta, cuando pensando en ella se derrama, la penitencia que con mayor placer cumpliría si se atreviese a confesarla. Sueña que se marchan los dos solos lejos, muy lejos, como dice su padre: a la República Argentina. Y al igual que su padre baja la voz y enfatiza la palabra república, más que Argentina, porque esa palabra solo se la ha escuchado a su padre, y su Felipe la pronuncia así, como algo mágico, como un sueño, como el sueño mágico de estar todos los días y noches al lado de Antonia, besar sus labios, derramar la pasión que lo atormenta en su vientre virgíneo.

Es sábado, víspera de San Pedro, patrón de los segadores. Es el día que Miguel le dijo que quería pasar todo el tiempo de su vida junto a ella. No tuvo que hacer ningún sobreesfuerzo, la timidez se fugó aquella tarde de principios de verano por unos minutos. Aquella tarde de sábado, víspera de San Pedro, patrón de los segadores, fue el primer día que se atrevió a mirarla a esos ojos negros, cara a cara, y decirle:

—¡Te quiero!

La primera vez que ella, al escuchar sus palabras, no se echó a reír como él pensaba que haría. No se escuchó su risa, esa risa floja que le entraba cuando un muchacho la piropeaba, nunca él. Miguel lo meditó durante toda la noche y toda la mañana, mientras los dos segaban las últimas cebadas del estío y veía la destreza con la que ella manejaba la hoz, casi como un hombre, aunque cobrara menos de la mitad por ser una mujer y niña. Lo recapacitó en silencio, a la hora de la comida, mientras ella reía y reía de las muchas tonterías que le decían los segadores más jóvenes. Mientras que los huidizos ojos verdes de él, como los de su madre, se cruzaban con los risueños ojos negros de ella. En esos momentos toma la firme decisión de que esa tarde irá a su casa para decirle que la quiere. Ve el peligro en la forma que miran a la chiquilla los muchachos, en los piropos que le dicen sin tener en cuenta su edad, solo su cuerpo de mujer.

No puede ni debe enfadarse porque la piropeasen, si él decía que no era su novia, mientras que los celos le comían las entrañas, más, cuando aquella mañana Rufino, uno de los segadores, le dijo que aquella tarde él le enseñaría a bailar el tango argentino. Ella rio nerviosa y no se negó. Aunque Miguel no sabía bailar tango, sí conocía el baile, y solo con pensarlo, algo se revolvió en su interior pensando en esa posibilidad.

Miguel no quería que Rufino le enseñara a Antonia a bailar el tango, ni ningún otro baile. Estaba convencido de que aquel día podría ser decisivo. Rufino era muy dicharachero y ocurrente, sin duda sabría conquistar a la muchacha, por mucho que a Clara no le gustará, ni poco, ni mucho ni nada. Miguel no soportaría, que aquella noche en la plaza, cuando Domingo Gómez, Musiquillas —acordeonista de Pinarejo—, tocase magistralmente las piezas de baile, y fueran otros los brazos que abrazasen a aquella niña con cuerpo de mujer. Ya nadie se reiría de él diciéndole que era novio de la Morita, sería él quien gritase a los cuatro vientos:

—Sí, soy Miguel «El Jilguero», el novio de Antonia.

Inconsciente, ignorando su significado político, levantaría el puño, gritando al viento, como si tuviera la llave que abre el molino de la felicidad, afortunadamente esa acción la realizaba en la soledad de su cuarto. Danzarían alrededor del viejo molino, una vez estuviesen casados, como era costumbre en Gascas después de la boda. Eso piensa y está dispuesto a hacerlo, está más que decidido.

Aquel sábado al llegar a su casa cogió la mula cordobesa, le colocó las aguaderas grandes y fue a por agua, la suficiente para llenar la artesa de hacer la colada, que igual servía para lavar que para meterse dentro y dejar el agua marrón como la tierra, que se mezcla con el sudor del segador. Se vistió de fiesta con la ropa que le compró su madre en la plaza aquella mañana, para que la estrenara al día siguiente. Sin dar cuentas a nadie, con el cuidado culpable de quien está haciendo algo prohibido, para que lo viese su madre porque le haría quitarse esa ropa que ella le compró para que la estrenase el día de san Pedro. Salió a la calle y raudo comenzó a subir la cuesta que lo llevaría a casa de Clara y Antonia.

34

«Somos novios»

En el camino se cruza con Clara, que lleva dos cántaros de agua vacíos en dirección a la fuente.

—Voy con usted y la ayudo a subir los cántaros —le dice a modo de saludo a Clara.

—No, hombre, no. ¡Madre mía! Qué guapo vas. Vas guapísimo y te vas a manchar… —Se fija admirada en el muchacho detenidamente, ha estado por la mañana. María le compró esa camisa y ese pantalón «para que lo estrene mi chico mañana»—. ¿Sabe tu madre que has estrenado la ropa?

—Creo que no, pero no me mancho…

—Sería el primer hombre que tuviera cuidado. Ya te guardarás de que se enfade María, con lo que le gusta ponerte de punto en blanco.

—Es que voy para su casa.

—Pues sigue el camino, está Antonia. Si no te abre, ya sabes cómo abrir. Se alegrará de verte tan guapo.

Llega y llama, nadie le abrió. Mete la mano por el pequeño ventanillo de madera, el cual se encuentra entornado, busca con la mano hasta tocar con la punta de los dedos un cordel de esparto, estira de este y abre el picaporte.

—¿Hay alguien? Clara…

Con los nervios se equivoca de nombre.

—No, no está, pero pasa, pasa, estoy en el patio —contesta Antonia reconociendo su voz.

Y allí está ella, en el patio, sentada al sol sobre una silla de enea, luchando con un cepillo de duras púas contra ese cabello encrespado que cubre su rostro y sus ojos negros. La muchacha continúa con el cepillo estirando con fuerza de sus negros cabellos, desde las raíces hasta las puntas. Está inclinada hacia adelante, permanece sin mirarlo, ni levantar la vista.

—¿Te has dejado las buenas tardes en los bolsillos?
—Buenas tardes —balbucea él.

Ella siente ganas de reír, pero no lo hace. Continúa pasando una y otra vez el cepillo, al tiempo que emite de vez en cuando un quejido de dolor, al oponer resistencia su rizado cabello a la acción de este. Lleva una blusa amarilla de gasa mal abrochada y húmeda, que al estar echada hacia adelante deja a la vista de los ojos de Miguel sus pequeños senos, terminados en oscuros pezones. Se queda parado, intenta no mirar aquellos tersos pechos de adolescente que se asemejan a mitades de pequeños limones.

—¿Qué querías de mi madre? Se ha ido a por agua, he gastado toda con estos asquerosos pelajos...

Ella levanta la vista y se fija en él, primero en su elegante porte, después en su abultado pantalón. Él no se percata, pero ella se ruboriza y agradece que sus cabellos tapen su rostro. Se recupera y rápidamente se incorpora, colocándose las manos sobre los pechos.

—Me estabas mirando...

Él entonces enmudece, titubea, piensa en salir corriendo, se pone igualmente colorado, como un tomate.

—¿Qué quieres decirle a mi madre? —insiste ella, ahora sin poder evitar una risa nerviosa, por el azoramiento de él, tal vez, por disimular el propio. No puede evitar mirar a través de la cortina de sus cabellos el punto del pantalón de él, donde el bulto, todavía, no ha menguado.

—Nada, nada, a ella nada..., a ti —balbucea mientras escucha el silencio golpear sus sienes, como si fuera un tambor, como si una voz interior gritase: ¡Díselo! Está nervioso, pero no quiere que se note. Antonia ha quitado su mano derecha de encima del pecho para continuar desenredando sus cabellos. Él concentra los ojos en aquel punto oscuro de la anatomía adolescente de la chiquilla, que se transparenta a través de la gasa. Ella se percata, sin embargo, sigue pasando el cepillo como si no lo hubiese advertido, mirándolo fijamente a los ojos y estirando su cuerpo, siendo ahora los dos pechos los que quedaban en idéntica posición, para mayor nerviosismo de Miguel.

—¿A mí? Has dicho Clara. ¿Qué quieres decirme a mí? —No puede evitar sonrojarse al ver que el muchacho no parpadea siquiera. Más, cuando ve que en el lugar donde estaba el bulto, una húmeda mancha. De nuevo se ruboriza, le da la espalda y continúa desenredándose los cabellos como si tal cosa. Sonríe porque sabe que él no puede verla. Ella tampoco puede verlo, pero sabe a dónde está mirando Miguel. Debería molestarse, no lo hace, solo sonríe.

—Me he equivocado, quería decir Antonia... —duda, titubea nervioso. Afortunadamente, con los nervios no se ha percatado de lo sucedido en su pantalón; de lo contrario, habría salido corriendo sin decir nada. Al fin, dice lo que tanto tiempo ha soñado decir:

—¡Te quiero, te quiero, Antonia!

Entonces ella se gira de nuevo, camina hacia él, la blusa está húmeda y mal abotonada. Los pezones están erizados, sobresalen como si de dos oscuros dedales marrones se tratase. Él suspira e intenta mirarla a los ojos hasta que lo consigue. Ella intenta disimular su excitación, intentando mostrar una cálida naturalidad y tranquilidad, que está muy lejos de sentir.

—Yo también te quiero, somos hermanos, ¿no?

Y se acerca un poco más. Sabe que él la está mirando y no a los ojos precisamente, lo ve temblar y ella no puede evitar igualmente temblar, ríe nerviosa, pero se acerca a menos de un palmo de él.

—Quiero que seas mi novia —le espetó de repente, firme sin titubear, mirando a sus ojos, a sus labios, estando tan cerca, el punto de atracción ha cambiado sustancialmente, siente ganas de besarla.

Ahora es ella la que se queda anonadada. Ella lo sabía, lo esperaba. No es lo mismo ese «te quiero» de instantes antes o tal vez sí, pero de tanto decirse que se querían como hermanos ahora adquiere distinto significado. Se lleva la mano a la boca, mordiéndose el dedo índice hasta hacerse daño. Aparta los cabellos de la cara, permanece atolondrada, sin saber cómo actuar, no dice nada y él insiste:

—Quiero que seas mi novia, me muero por besarte...

Ella mueve nerviosa las manos. Nota que no sabe qué hacer con ellas. Juguetea con el cepillo, quita los cabellos enredados del mismo, hace una bola con ellos y los deja sobre el borde de la palangana que se encuentra a sus pies, en el suelo. Él permanece con las manos caídas sobre las caderas. De ser un soldado hubiese estado en perfecta posición de firmes, él insiste:

—¡Te quiero! Antonia, te amo de verdad...

Ella no dice nada, está reflexiva, él nunca la ha visto tan seria. Miguel espera que ella se eche a reír burlándose. Sin embargo, ella no se ríe, aturdida continúa jugueteando con el cepillo. Baja la cabeza, ve aquella mancha viscosa, se sonroja, tiembla, levanta los ojos y se encuentra con los del muchacho, no se atreve ni a mirarlo, cierra sus hermosos ojos negros y mueve la cabeza de un lado a otro, nerviosa.

—No, no puede ser... —titubea, ahora ella.

De nuevo comienza a pasarse el cepillo por sus cabellos, sin mirarlo, con los ojos cerrados. Nota cómo el rubor le sube mejillas arriba, ardiéndole las mismas. Es algo soñado durante tanto tiempo, que la pilla tan de sorpresa, que se siente todavía más desnuda de lo que está. Levanta los ojos y lo mira segura de que él estaría mirando nuevamente sus pechos. Sin embargo, Miguel tiene los ojos fijos en el suelo, le tiemblan las manos, incluso las piernas. A ella le ocurre algo similar. Nerviosa, se le cae el cepillo al suelo, se agacha a recogerlo, no lo hace intencionadamente, pero la camisa mal abrochada se desabrocha por completo, sus pechos están libres de tela a los ojos del muchacho. Se percata y mira para arriba, pero él sigue con los ojos fijos en el suelo. No obstante, está azorada, como si él hubiese estado mirando mientras ella se apresuraba a abrochar los botones.

—Bueno, ya lo sabes…, adiós —se despide Miguel, aún más nervioso y ruborizado que ella.

Duda si decir algo más, pero termina dándose media vuelta y se encamina en dirección a la puerta. Se siente aturdido como en una nube, como cuando le duele la cabeza a media tarde después de la siega debido a la insolación. Nota que le tiemblan las piernas, que sus pies parecen estar pegados al suelo. Ella no dice nada. Él ya ha cruzado la puerta del patio cuando Antonia lo llama:

—Miguel.

Él se detiene. No se gira, acaba de percatarse de la mancha del pantalón, siente auténtico pánico. Escucha los silenciosos y suaves pasos de la chiquilla, que camina hacia él. Se detiene a medio metro y alarga su mano, y a través de sus dedos, percibe cómo ella también tiembla, no menos que él.

—¿Me dices eso y te vas sin darme siquiera un beso?

Entonces él gira nervioso la cabeza, sin atreverse a girar el cuerpo. Al final debe hacerlo, da los dos pasos cortos que los separan, extiende sus brazos, cogiéndole los hombros húmedos, dándole un beso en la mejilla, ella se abraza a él con fuerza, y él a ella. Miguel nota a través de su camisa los senos de la muchacha, los pezones que se le clavan en su pecho, la besa de nuevo en la mejilla y roza sus labios. Se estremecen juntos, entonces suena el ruido del ventanillo que se abre. Se separan precipitadamente, los dos muy serios y nerviosos. Entra Clara, Miguel corre a ayudarle con los cántaros, le quita el que lleva en el costado izquierdo, dejándolo en la cantarera, después el otro. Con los nervios derrama agua sobre su camisa y pantalón, apenas atina a introducirlo en el círculo de la cantarera. Clara lo mira con severidad, se da cuenta de la mancha, que no tiene nada que ver con el agua que le ha empapado pantalón y camisa. Está a punto de estallar, de decir algo fuerte. Sin embargo, de sus labios salen palabras pausadas:

—Ten cuidado con el cántaro que está un poco cascado.

A sus palabras acompaña las manos, que ayudan al muchacho a colocar el cántaro. A continuación, mira a su hija e intenta adoptar una actitud que pretende ser severa, mucho más severa que la muy condescendiente que ha tenido con Miguel.

—Y tú, ponte algo, que, aunque Miguel sea tu medio hermano, es un hombre.

—Madre, si es Miguel… —protesta ella.

—Sí, es Miguel, nuestro Miguel —dice la madre, dibujando una sonrisa en cierto modo malévola, y a la vez comprensiva.

—Bueno, me voy —se despide azorado el muchacho y sale por la puerta sin mirar atrás, mientras que ella corre a abrazarse a su madre, y ríe y ríe.

—Somos novios, somos novios… —grita.

—Calla, vas a despertar a tu abuela —le corta su madre un tanto seca, pero no dice nada más.

Ella ya lo sabía, desde mucho antes de que su hija lo supiera, mucho antes de que a Miguel se le pasara por la cabeza. Lo tiene asumido como algo inevitable, prefiere que sea él a ningún otro.

35

Sábado de baile

Miguel es el muchacho más feliz de Gascas. Ríe y ríe, baila y baila y dice tonterías como nunca.

—Ya veremos si no sale un jilguero cantando —se atreve a decir una adolescente, que ya apunta maneras para convertirse en cotilla.

—Mira que si sale un moro negro en lugar de un jilguero me iba a reír... —le contesta otra que piensa ser más merecedora de las atenciones de Miguel que Antonia.

—Los moros no son negros —le replica la primera.

—Bueno, parecidos.

Antonia tiene una belleza morena, que en el verano parece casi negra. No le gusta taparse la cara cuando va a segar o vendimiar, como hacen la mayoría de las muchachas.

—¡Qué moza más guapa tengo! —Suspira al verla, quedándose embelesado mirándola de arriba abajo.

Antonia siempre daba que hablar, por su belleza y por su descaro, aquella tarde, más todavía. Miguel y ella llegaron juntos a la plaza, y bailaron toda la tarde, hasta que Clara se presentó en la plaza donde Domingo Gómez, «Musiquillas», el famoso acordeonista de Pinarejo, tocaba el acordeón magistralmente. Al verla llegar, todos pensaron que les iba a llamar la atención. No era normal que sin ser novios bailasen juntos todo el tiempo; además, Antonia era una chiquilla, no tenía edad de noviazgos y parecía que se lo iba a comer entero con esos ojos tan negros. Al parar la música, durante el intervalo entre canción y canción, se colocó entre ambos sin decir nada.

—¡Madre! —protestó Antonia.

—Solo quiero bailar con Miguel un par de piezas.

Nunca nadie había visto bailar a Clara, por la sencilla razón de que nunca había asistido a ninguna fiesta, para así evitar tener que negarse a hacerlo y poder escapar de galanteos no deseados. Ahora baila tres piezas seguidas con Miguel, en lugar de las dos prometidas, para disgusto de su hija. Antonia se niega a bailar con ningún otro. Observa que su madre mueve los labios y que Miguel asiente con la cabeza. Ni Clara ni Miguel le dirían nunca lo que aquella noche Clara le enumeró entre risas y serias advertencias, el cual no despegó los labios.

—Si has de ser el hombre de mi chica tendrás que aprender a bailar, no quiero que me la dejes coja —le dijo Clara sin perder la sonrisa tras la tercera pieza —. En cuanto a lo otro, sabes que manejo bien las tijeras.

Miguel calla, no se atreve a mirar a Clara, tampoco a contestar. Nota el azoramiento, no solo en sus mejillas. Se deja llevar, sigue las instrucciones de Clara, los quiebros y pasos que ella le indica.

—Sigues pareciendo un pato mareado, pero aprenderás —dice a Miguel, mirando a su hija—. Te devuelvo a tu novio, podéis bailar, pero como los novios decentes, sin arrimarse más de la cuenta...

—Pues usted bien que se arrimaba... —protesta Antonia, a pesar de todo, en tono sonriente, Clara ha dicho la palabra deseada, «novio».

—Tranquila, no le he quitado ningún cacho y espero no tener que quitárselo. Él ya sabe lo que tiene que hacer y no hacer —contestó bromeando Clara y haciendo un gesto con los dedos simulando unas tijeras—. No quiero que nadie me venga con cuentos, ¿entendido?

—Madre, como usted diga —contestó Antonia dócilmente haciendo un gracioso mohín..

—Como usted diga —dice Miguel.

—Ahora a bailar, ¡venga vamos, ya! —los anima empujándolos a los dos por la cintura.

Antonia le coloca los brazos a Miguel en los hombros, intercalándolos entre ambos, y él a ella en la cintura. Clara los separa.

—¡Hijos! Eso no es bailar. No se trata de pisar hormigas, sino de bailar. Es como te he enseñado, una mano en la cintura y otra en el hombro, movimiento, sin arrimarse, pero sin olvidar que el roce hace el cariño…

—Madre a usted no hay quién la entienda…

—Tranquila hija mía de mi alma y mi corazón, Miguel sí me ha entendido. Ahora me voy, que no tenga que venir nadie a darme razones, dimes y diretes —advirtió Clara, al tiempo que daba un beso a cada uno de los jóvenes.

—¡Qué alivio! —Suspiró Antonia, al marcharse Clara.

Tras bailar *Raska Yu*, comenzó a sonar el baile del *Tiro-Liro*. Miguel tragó saliva, se ruborizó, para sorpresa de Antonia, pues lo hizo de manera ostensible. No sabía cómo decírselo. La agarró de la cintura, tal y conforme le indicara Clara. Ella se extrañó de tan repentino arranque, y se soltó.

—El *Tiro-Liro* no se baila así…, ¿qué te pasa? Primero te pones colorado como un tomate, y ahora estás más blanco que la pared…

Él la cogió de la mano con torpeza, sacándola fuera de donde se encontraban todas las parejas, miró al cielo que comenzaba a oscurecerse.

—Tu madre me ha dicho que, «cuando suene el Tiro-Liro, os quiero en mi casa, sino…»

—Mi madre, siempre por delante, mandando siempre. Nadie está libre a su lado, es una sargenta. Se va a enterar. A mí también me ha dicho algo, pero yo solo quería bailar —protestó Antonia con enojo, ahora fue ella quien agarró la mano de Miguel —¡Vamos! Se va a enterar. No perdamos el tiempo. Vamos a estar antes de tiempo, ya verá, ya verá.

Muchos se quedaron mirando cómo apresuradamente se marchaban corriendo de la plaza, a pesar de que todavía quedaba la mitad de las piezas por tocar. Una vez más era ella quien llevaba la iniciativa, Miguel no comprendía nada. Llegaron a su casa y abrieron como de costumbre.

—Madre, ya estamos aquí —gritó Antonia, pero Clara no respondió —no está, quiere que estemos aquí, y ella no está.

Entonces, agarró a Miguel del cuello y lo besó, sin apenas rozar sus labios, él seguía sin reaccionar.

—Abrázame y bésame. Yo no sé besar, tú eres el hombre. No te quedes así parado. No tengas miedo es lo que quiere, lo manda ella. A otro se la cortaría, me lo ha dicho.

—A mí me ha dicho que maneja bien las tijeras.

—Y yo también —sonrió maliciosa.

Miguel la abrazó y la atrajo. Él tampoco sabía cómo besarla; pero, sí había visto muchas veces besarse a su madre y a Clara. Por entonces ¡ni lo recordaba, no obstante, torpemente la besó. Ella aprendió pronto y le devolvió el beso, mucho menos torpe que el primero, ambos experimentaron algo nuevo, una extraña sensación que los excitaba, y a la que querían dar continuidad. Entonces llegó el susto: una escoba de ciacillo voló sobre sus cabezas. Ante ellos, Clara con los brazos en jarras, con una sonrisa irónica dibujada en los labios. Suspiró hondo, frunció el ceño, procurando dar un tono grave a sus palabras:

—¿Veis como no me puedo fiar de vosotros? Que sea la última vez. Te he dicho que te la cortaría y quiero nietos.

—¡Qué pena! Madre, qué pena. ¿Sabe usted? Solo quedaban dos piezas, y nos ha dejado a mitad de la fiesta…—replicó Antonia sarcástica, mirando alternativamente a Clara y a Miguel —, usted quería que le diésemos la razón. Ya está. Ahora, ¿podemos volver al baile?

—¿Tendrás poca vergüenza, encima que no te rompo el palo de la escoba en las espaldas? Tú —señalando a Miguel —te vas a donde quieras, y tú te quedas aquí, y la próxima vez se os quitarán las ganas. Por estas —. Y se besó el pulgar.

En la plaza todavía se escuchaban los últimos acordes del *Tiro-Liro*.

36

Filigrana

Aquel día de San Pedro amaneció como muchos días hubieran deseado los segadores, nublado y fresco. En tierras donde el invierno dura nueve meses y el infierno estival tres, siempre se agradece un día nublado, y mejor si es de lluvia, aunque sea en festivo. Entre sol y nubes permaneció todo el día, sin que por ello hombres y mujeres dejasen de agradecer el descanso. Ellas menos, por la mañana aprovechan para lavar ropa y preparar merienda para los días que quedan de siega. Algunas se atreven a colgar la colada al aire, otras, más precavidas, improvisan cuerdas cerca de la lumbre. Mientras ellos llenan la taberna o realizan algunos pequeños trabajos domésticos. Por la tarde sucede algo extraordinario, que ningún habitante del pueblo quiere perderse: abre el cine Illán, de Gascas, el único que hay, hecho insólito que sucede tres o cuatro veces al año, como mucho.

En Madrid llevan proyectando durante varios meses *Me casé con una estrella*, de Concha Piquer, en el cine Illán de Gascas, se proyecta la anterior película, *Filigrana*. No importa que en Madrid ya se hubieran olvidado de ella, porque nadie en Gascas sabe que *Me casé con una estrella* existe y es más moderna que *Filigrana*. Es domingo y además fiesta de los segadores. Felipe está muy contento, María le ha dicho que de nuevo está embarazada de su tercer hijo, que de nuevo será niña, como la segunda. Circunstancia que nadie conoce, ni siquiera María. Para celebrarlo, y porque tampoco hay muchas oportunidades de ir al cine en Gascas, invita a toda la familia: a María, a la pequeña María, de cinco años, y a Miguel. Felipe está encantado con la idea de ser de nuevo padre, deseaba con toda su alma un chiquillo. María tiene pensado el nombre. Si como intuye es chiquilla, se llamará Concha, no como Concha Piquer que iba a aparecer en la pantalla momentos después, sino como Concha Flores y Concha Torres, la madre y hermana de María.

Ahora toca disfrutar de otra Concha, Concha Piquer.

María le recuerda que la familia la forman también Clara y Antonia. Él ya lo había pensado y tenía las entradas. Para Felipe, Clara es como una hermana para María. Tal vez no la invitaría de saber lo que saben ellas y Miguel, pero él no sabe, ni intuye nada de que su cariño es diferente. La ve tan débil y fuerte a la vez, tan femenina y dulce, que la admira mucho más de lo que nunca admiró a nadie.

Clara siempre ha sido muy buena con Miguel, casi más buena que con su hija. El muchacho sabe que ellas se quieren y lo que desde su más tierna infancia ha visto le parece natural, a pesar de intuir que es un secreto que no debe aflorar a sus labios. Ambas se quieren, María piensa que cada una de una manera diferente. Felipe sabe que se quieren, aunque no sabe, ni lo va a saber nunca que no precisamente como hermanas. Felipe sabe que, a pesar de que la actividad guerrillera prácticamente ha desaparecido, Clara coge de vez en cuando sus costuras y se marcha. La mira a ella y ve a Emilio, en ocasiones ráfagas de lágrimas acuden a sus ojos y llora sin sentido, solo con mirarla.

—Te veo y pienso en Emilio, nos queríamos mucho. Fue lo mejor que me pasó en la cárcel, cuánto lo echo de menos —se disculpa Felipe cuando no puede reprimir el llanto.

Entonces, las dos mujeres se abrazan a él y lo besan para consolarlo, creando alguna duda en Clara, que prefiere callar. Ha escuchado tantos rumores carcelarios. Alguna vez, Clara aprovecha para rozar, cuanto apenas, los labios de María, que ella retira de inmediato. Clara ha invitado en más de una ocasión a María a su casa, aprovechando la ausencia de su hija, así como la demencia encamada de Angustias. Es cierto que María, no siempre inocente, ha acudido a la llamada de su amiga, más cierto que casi siempre, ha escapado de la encerrona en el momento que se ha percatado de la misma. Alguna vez, cuando por cualquier circunstancia la ha visto hundida, ha sido María quien ha ido a casa de Clara para consolarla o ser consolada. Sí, ella también la busca, porque Felipe, en ocasiones no es el mismo, aunque lo intente y María se pone muy triste y la desconcierta cuando esto pasa. Es como si la cárcel lo hubiera trastornado, como cuando llegó, y esa demencia fuera algo que viene y va, aunque cada vez sea menos. Algunas veces lo ve días enteros pensativo, sin decir palabra mirando las llamas de la chimenea, horas y horas.

A Clara lo mismo la ve alegre que desesperada. La quiere y le hierve la sangre cuando la ve melancólica y después resulta que es una trampa para que vaya a consolarla. Cierta tarde de verano Clara le mandó recado con Antonia, diciéndole que se encontraba mal en la cama. Era una estratagema de Clara.

—Te echo mucho de menos, la cama se me hace inmensa sin ti a mi lado. A veces sería capaz de hacer un trato con tu hombre, si quisieras y él quisiera… ¿él querría?

Le preguntó Clara sin rubor, después de hacer el amor, cuando María la miraba dulcemente. Pero al ver la cara escandalizada de María, ríe, y su rostro parece una amapola roja, como si fuera capaz de sonrojarse a su antojo…

—No tienes vergüenza ni la conoces, esta conversación ya la tuvimos hace años —refunfuña María —. He venido porque la chiquilla me ha dicho que estabas mala en la cama, una cosa es que yo. Esta la última, te lo juro por la Virgen. ¿Pretendes meterte en la cama con mi marido. ¿Tú te has oído? Lo que me faltaba…

—Exagerada, eso es mentira, yo no quiero eso, ni quitarte a tu hombre, pero si tu hombre quiere, y no hay más remedio, me sacrifico, todo con tal de estar contigo. Además no dices que es lo más maravilloso que te ha sucedido, de buenas amigas es compartir…

—¡Sinvergüenza! ¿Se puede ser más descarada?

—¿Qué le vamos a hacer? Imagina que Felipe me cura, es tan tierno como tú, y cariñoso con todos, que a lo mejor...

—No te dejo de hablar porque, ¡buff!, ni lo sé...

—Me quieres tanto como yo a ti y me echas de menos tanto como yo. Por eso. Sin que se entere nadie, Felipe, bueno, no sé qué pensarás, veo a tus hijas y me da envidia. Sé que es una locura, pero me gustaría tener un hijo que se pareciese a Miguel, y el padre solo podría ser tu hombre...

—Ni hablar. Como me vuelvas a decir una cosa así, no vuelvo a pisar tu casa, ni tú, por supuesto, la mía.

María la quiere, la exaspera cuando le propone compartir lecho. No sería capaz sin sentir celos de los dos. Lo que propone Clara es un laberinto en su cabeza y una filigrana bordada en su corazón, siendo capaz de amar a Clara y a Felipe con la misma intensidad, por separado; aunque piense, y esté convencida de que solo debe estar con su marido, atormentándole cada vez que cae en las redes de Clara o en la tentación de ser ella quien la busque.

Al cine con Clara acude Antonia, «La Morita». Felipe odia a los moros. A pesar de los años transcurridos sufre pesadillas con ellos como protagonistas. No es que Antonia pareciese, a sus trece años, una mora. Tampoco que se asemejase a aquellos aguerridos y fieros mercenarios africanos que él mataba, con los ojos cerrados, y que ellos, a su vez, mataban a sus compañeros. Los odia, no puede evitarlo. Los odia de manera inconsciente en sus pesadillas nocturnas y de manera consciente en sus divagaciones diurnas. Adora a Antonia, a pesar de que su rostro quemado por el sol del campo, sus cabellos y sus ojos almendrados, oscuros como el azabache, más negros que el cieno, recuerdan sus orígenes africanos. Felipe piensa que «es muy dispuesta y cariñosa, y a él lo llama tío y a María madre.». Además, lo abraza y lo besa mucho más que su propia hija. También es la novia de su hijo Miguel, a pesar de que Felipe no lo sabe. Eso solo lo sabe Miguel, Antonia, Clara y casi todo el pueblo lo sospecha o sabe, menos Felipe y María, de lo contrario no les dejarían sentarse juntos. Tampoco saben la razón por la cual Clara le dijo a la pequeña María que se sentase entre Antonia y Miguel. Ella, Clara, conoce bien a Miguel y a su hija, le preocupa más la determinación de la chiquilla que la voluntad del muchacho. Sabe que más pronto que tarde pasará lo inevitable, y si ha de ser, que sea con Miguel. Quiere que su hija siga confiando en ella, aunque se vea abocada a consentir lo que una de sus clientas le ha dicho que sucede en Marruecos:

—Allí, cuando tienen nueve años las casan a cambio de camellos. Esa gente lo lleva en la sangre.

Siente rabia, pero disimula, lo cual no impide que le dé por pensar. Antonia, desde antes de ser mujer, ya le hablaba de matrimonio con Miguel. Lo sucedido la víspera, era la crónica de un noviazgo anunciado e inevitable:

—Madre, si me quiere besar, no como hermanos, sino como dicen que hacen los novios ¿qué hago? ¿Eh, madre?

—Ya te cuidarás como de mearte en la cama. Sabes, te rompo la escoba en los riñones hasta que se te quiten las ganas de novio.

—Madre, solo una vez, solo una vez. Te lo juro...

—Como me vuelvas a jurar, ni una ni ninguna...

Y fue Clara quien complació a su hija, advirtiéndole que el siguiente beso, no podría volver a repetirse, porque de lo contrario, a ella la mataría y a él le cortaría el «colgajo».

—Y te quiero en casa antes de que Musiquillas termine.

—Pero si yo no sé cómo se besan los novios...

—Él seguro que sabe, y si no que aprenda, solo uno...

Clara se sentó al lado de María y colocó su mano sobre su brazo, exactamente igual que al lado contrario Felipe. María la miró y no dijo nada. Después miró a su marido y retiró el brazo del reposabrazos de la butaca del lado de Clara, colocando su mano encima de la de su marido, entrelazando los dedos. Él agradeció con la mirada y una sonrisa el gesto de María.

En el NO-DO hablan de un amigo americano y de una guerra fría que comienza a notar el deshielo. Miguel y Antonia nada saben de amigos americanos ni de guerra fría, ni deshielos, ni miran el NO-DO, se miran a los ojos y sonríen. Entre ambos, la pequeña María mira a uno y a otro, y ríe también, y como niña que es, juega con uno y con otro pensando que las risas de ellos son provocadas por ella, y es feliz porque ella no sabe que la están ignorando. Ellos viven en un mundo paralelo, ajenos a todo, incluso a la pequeña María, que se encuentra entre los dos.

Al finalizar el NO-DO y encender las luces entra el nuevo sargento de la Guardia Civil de San Antonio de los Llanos. Va directamente a la fila reservada a las autoridades. De repente, se para y gira la cabeza, reconoce a Felipe. Sin embargo, el leñador no reconoce al sargento. Su mente selectiva ha borrado muchos episodios del pasado. El sargento ya no es el joven guardia que lo atormentaba. Ahora es un hombre granado con bigote frondoso. Han transcurrido más de ocho años desde la salida de prisión, once años desde que lo viese por última vez. Pensó que jamás lo olvidaría. Tampoco es tanto tiempo. Sin embargo, Felipe lo ha olvidado, ya ni tan siquiera aparece en sus pesadillas. Sabe que hay un nuevo sargento en San Antonio de los Llanos, pero no lo ha visto nunca. El sargento sí reconoce a Felipe desde el primer instante. Felipe está ensimismado hablando con María. El sargento se para en el pasillo mirando a Felipe. Sonríe. Cuando va a llamar al leñador por su nombre, ve a Clara, lo cual provoca que se le ensombrezca el semblante. Él conoce muy bien a Clara, pero ella no sabe que el sargento conoce a Felipe, ni sabe quién es el nuevo sargento de la Guardia Civil, ni tiene por qué saberlo, ni le había prestado atención pendiente de Antonia y Miguel. El nuevo sargento de la Guardia Civil de San Antonio de los Llanos sí sabe quién es Clara, y conoce su historia, no su historia con María, tampoco de sus actividades clandestinas, ni la historia cambiada que cuenta una y otra vez. Él conoce la otra historia, la ocurrida catorce años atrás en un pueblo del sur de la Mancha, porque él fue uno de los protagonistas. Se sorprende de verla allí, tan lejos del pueblo que los vio nacer. El sargento ha oído hablar de una modistilla que tiene muy buenas manos, incluso su esposa ya ha hecho encargos a Clara. Sabe que ella tiene una hija que es «morita». Conoce la historia inventada por Clara, porque la modista se la ha contado a la esposa del sargento «pobre muchacha, los moros abusando de ella con su padre delante», le dijo. El sargento no sabe que esa modistilla de la que le habla su mujer es hija de aquella mujer a la que mató catorce años atrás, ¿cómo imaginarlo con casi trescientos kilómetros de distancia? Miguel y Antonia tampoco conocen al nuevo sargento de la Guardia Civil. Nadie conoce el vínculo de Clara con aquel apuesto sargento. Todos ignoran que estuvo enamorado de ella y que, por azares de la naturaleza, no es el padre de Antonia porque él, aquel respetado y apuesto sargento de la Guardia Civil, fue uno de sus violadores. Clara escucha su voz, la reconoce y palidece al instante. Su tez se vuelve más blanca que la sábana donde se iba a proyectar «*Filigrana*». Felipe se gira al escuchar la voz, que al momento reconoce y que ordena:

—¡Chiquillos, fuera de aquí!

Felipe también palidece porque, al escucharlo, se fija y recuerda haberlo visto muchos años atrás. El sargento se dirige solo a Clara:

—¡Buenas tardes, Clara! Qué sorpresa verte aquí.

Clara no parpadea, se queda con la boca abierta. Ha llegado antes el tono de sus palabras, que la visión de quien las pronunciaba, y al instante le ha temblado todo el cuerpo de pánico. Los recuerdos de aquel día regresan a su mente. Conocer a María borró de su memoria el dolor de lo ocurrido. Ahora una tenaza parecía apretarle las sienes, al tiempo que unas enredaderas le aprisionaban todas sus articulaciones y la garganta, impidiéndole respirar. De no comenzar a apagarse las luces todo el mundo se hubiera percatado de su cara de terror. El sargento se inclinó acercando sus labios al oído de Clara. Le dice algo que solo Clara oye, pero no escucha, es tal el terror que siente en esos instantes.

Después, el sargento se incorpora y llama a Felipe por su nombre. En la pantalla aparece el título de la película, «*Filigrana*». El sargento sonríe y nombra a Felipe, este se incorpora y el sargento le ordena que se siente.

—Una auténtica filigrana, Felipe López, una auténtica filigrana del destino. En un perdido pueblo de cuyo nombre no pienso olvidarme, vosotros dos, uno al lado del otro, y yo, de comandante de puesto ¡Disfrutad de la película! Vale la pena, la vi el año pasado en Madrid —saluda, llevándose la mano a la sien, y se marcha a las primeras filas, sentándose entre don Matías, el alcalde y don Hipólito, el cura.

Clara y Felipe se miran interrogándose mutuamente, y María los mira interrogando a ambos. Aquel 29 de junio de 1952 en un cine, que abría menos de media docena de veces al año, Felipe pensaba disfrutar viendo a Concha Piquer, casi tanto como si hubiese sido Miguel Molina, no prestó atención a la película, tampoco a Clara ni a María. Solo disfrutaron de aquella tarde Miguel y Antonia, que al sentarse de nuevo lo hacen juntos, sin tener entre ambos a la pequeña María. Aunque, solo se miran de refilón y tienen sus manos entrelazadas sin atreverse a la más insignificante de las caricias que no fuera con sus miradas. Ninguno de los tres adultos se da cuenta, porque bastante tienen.

Aquella noche Clara, Felipe y María pasaron la noche en vela. La tranquilidad se desvanece de sus vidas. Mientras que Antonia y Miguel, cada uno por su lado, sueñan con nuevos besos y caricias.

37

Cuando las penas ahogan

Finales del año 1954

Más de año y medio después de aquel día de cine, viendo *Filigrana*, son muchos los acontecimientos que rompen la monotonía de la vida en Gascas. Se habla de la reaparición del Maquis en la comarca a pesar de que jamás había actuado en la misma. Unos por infundir temor, otros por tener alguna esperanza. Se trataba de tan solo un rumor. Nadie sabe nada, pero todos hablan de ello. Clara, Casilda y su marido están seguros de que no, mientras que Felipe, igualmente, sospecha que no. Todo se basa en el reforzamiento de la dotación del cuartelillo de la Guardia Civil y en la incesante actividad que llevan a cabo guardias y somatenes, patrullando la comarca incansablemente. Felipe ha visto hombres armados en el monte, pero en todos los casos se trata de somatenes acompañados de guardias o simplemente guardias. Está convencido de que no hay maquis, aunque siempre quedan dudas.

En las semanas posteriores a aquella función de cine, tras los nervios lógicos, a pesar de sus temores, nadie lo ha incordiado. Tan solo se ha cruzado en un par de ocasiones con el sargento y se han saludado sin más. Quien no está tranquila es Clara. Sin embargo, todos lo ignoran. Nadie parece estar al corriente de que Clara, desde aquel día, apenas duerme por las noches, que han regresado las pesadillas de antaño, pero ahora no tiene a nadie que la calme a su lado. Fue poco a poco, de manera progresiva.

Al principio nadie notó nada, Antonia bastante tiene con su enamoramiento, como para fijarse en lo que le ocurre a su madre.

La muchacha va a trabajar, sea a la siega, la vendimia, coger aceitunas, plantar o coger ajos, o se levanta antes del alba para coger la rosa del azafrán, y cuando, no hay otra cosa, ayuda a coser o bordar a su madre. Si es posible, se escabulle con Miguel, para saltándose, mínimamente, las normas impuestas por su madre, disfrutar de besos y caricias furtivas, siendo esos escarceos su máxima preocupación. Ella, siempre ella, es quien da un paso más en las restricciones, cual desafío a la voluntad materna. En ocasiones, Miguel intenta frenar sus propios impulsos, otras, es él quien pretende conseguir una meta más allá de la frontera que ella impone, en ese caso, Antonia lo frena, porque: «mi madre te la corta, y ella siempre habla en serio». En realidad, ansía traspasar esa frontera, pero en eso, sí está dispuesta a obedecer a Clara, aunque se tenga que quedar en el puesto fronterizo.

Antonia desconoce, por el trabajo y el tiempo que pasa con Miguel, que su madre, muchos días está en la cama casi hasta el mediodía con dolor de cabeza. Los días que ella no va al campo, su madre se levanta temprano y cose o borda con naturalidad. Ignora que quien solo bebía agua, ahora, además, bebe aguardiente, que apenas cose y cada vez el abandono de su persona es mayor. Clara, después de dos años sin salir de Gascas, de nuevo se ausenta sin dar explicaciones a nadie. Extrañado le pregunta Felipe si de nuevo la guerrilla está activa, ella le contesta que no, de una manera muy particular:

—El Manco, está preso y pronto estará muerto. Si quieres a María, mejor no preguntes, saber es malo para la salud.

No hay noticias de que haya estado el Manco en la zona de Gascas a pesar de actuar entre la zona de transición de la Serranía y la Mancha, pero más hacia el este. En cierta ocasión, en casa de Casimiro, en una de esas noches de radio a la que asistían tanto Clara como Felipe ella afirmó haber conocido al Manco de la Pesquera.

Pasó más de un año cuando su hija comenzó a darse cuenta de que a su madre le pasaba algo raro. Dejaba los encargos sin terminar, dando largas por falta de tiempo. Hasta ese instante, las pesadillas e inquietudes habían sido invisibles para todo el mundo. Nadie sabe nada, ni María, ni tan siquiera su propia hija, hasta que Clara no puede ocultar un incipiente embarazo, que comienza a ser visible para todo el mundo. Nadie sabe quién es el padre, de nada sirven los intentos de su hija ni de María por averiguarlo, la cual llega a dudar de Felipe, por lo que Clara le había dicho en algunas ocasiones a María, incluso, se había atrevido a decírselo a Felipe delante de ella:

—Si algún día quisiera tener otro hijo, que ni loca, me gustaría que se pareciese a Miguel, así que tendrías que ser el padre.

—Tranquila, nunca haría eso sin tu aprobación, ni él querría, aunque lo pusiera en un aprieto. Te quiere tanto como yo —le dice Clara a María una de las veces que le pregunta.

En la mente de Clara retumban durante casi dos años las palabras dichas en el cine un 29 de junio de 1952, fiesta de los segadores por el sargento de la Guardia Civil:

—Me habían dicho las malas lenguas que me habías hecho padre, pero ya veo que no. Has parido una asquerosa mora, pero todavía estás a tiempo de parir un español de verdad.

Nada contestó Clara ese día. Unos días después recibió la visita del sargento con su esposa para tomarle medidas para un vestido. Cuando el vestido estuvo listo, fue él a recogerlo. Lo que sucede en la casa nadie llega a saberlo, solo Clara, pronto llega la primera amenaza:

—Cuidado con la lengua o a esa mora que tienes por hija la cristianaremos y ocupará tu lugar.

De Ernesto Pujalte hay muchos comentarios, a cual más halagador: «El sargento de la Guardia Civil es una persona respetable, un hombre de bien, buen católico, casado y con cuatro hijos.» «Un muchacho bien plantado, galán, caballero y gentil como él solo.» «Envidia causa el verlo, siempre tan elegante, hasta con el uniforme de faena, además un buen patriota.» «No ha luchado contra los rojos en la guerra por la edad. De haberlo hecho, habría sido un héroe, seguro, como después lo fue atrapando bandoleros y maquis por las montañas de la Serranía.» «A saber, si no había tenido algo que ver con la captura del Manco de la Pesquera.»

Nadie lo vio rondar a aquella muchacha que había traído al mundo una hija de moros. Como buen marido, enamorado y galán, lleva a su esposa a la mejor modista de la comarca. Después se encarga él de recoger el vestido, si fallan las medidas, vuelve de nuevo o es la modista quien se acerca a la Casa Cuartel, y el sargento, que es todo un caballero, gentil como él solo, la acerca de regreso a Gascas. No falla un solo domingo ni fiesta de guardar a misa; incluso, si no es por una causa mayor, acompaña a su mujer al rosario todas las tardes.

Por el contrario, las cotillas del pueblo especulan sobre el embarazo de Clara: «A saber, en qué borrachera se habrá entregado a otro borracho como ella.» A esas alturas, nadie habla de la modista de manos exquisitas, de la bordadora precisa, la nuera que nunca fue y que cuida a la anciana suegra con el mismo cariño que lo hubiera hecho la mejor de las hijas. Nadie habla del primor con el que cuidaba a Angustias. Solo decían que la anciana puso la casa a su nombre. Ahora discurren maldades sobre ella: «*Se casó con Emilio por el interés, por la casa.*» «*Menuda pécora engañó a la pobre mujer.*»

Nadie sabe que fue la anciana quien decidió poner la casa a nombre de Clara, por deseo de su hijo. Cuando lo hizo, él llevaba ya cuatro años muerto y ella llevaba más de seis años cuidándola sin pedirle nada. Clara se siente agradecida a la anciana y en cierto modo a Emilio, aunque ahora su hija no lleve sus apellidos, sino los del marido. De casa María, después de salir Felipe de la cárcel, no la hubieran echado, esa es la verdad. Sin embargo, hubiera resultado insoportable contemplar o escuchar las palabras y gestos de cariño, los ruidos del somier y gemidos apagados de los esposos, perceptibles solo para ella en sus largas noches de insomnio. Bien que lo pudo comprobar unos días después de que Felipe recobrase el «sentido».

Ahora para todo el mundo es una borracha que va a la taberna a comprar vino y aguardiente, y no para hacer mantecados, sino para bebérselo. No bebe en la taberna, como los hombres, por vergüenza. Clara va a comprar aguardiente a la a la taberna despeinada, sin arreglar. No es que antes se arreglase mucho, pero ahora se le nota descuidada en extremo. Preocupada, Antonia deja de ir al campo a echar jornales. No quiere que a su madre la vean así, y se dedica a coser y a bordar y terminar los encargos que su madre ha dejado a medias. La gente continúa pasando por su casa, no solo para hacer encargos, sino para enterarse y cotillear. Las manos de Clara las ha heredado Antonia, la cual consigue el milagro. Clara se implica de nuevo en la faena con su hija al lado, la cual le pide consejo hasta para lo que sabe. Intenta por todos los medios evitar que su madre cometa cualquier locura. Le ayuda María, entre las dos consiguen que Clara, de nuevo, acepte su segunda maternidad no deseada. No consiguen, a pesar de los intentos, saber quién es el padre. En esos meses, Antonia madura, aunque su risa eterna y perenne risa, parece haber desaparecido. Su cara de preocupación es constante, ya nadie la ve por ninguna parte. Muchas veces, ni tan siquiera aquel que le hace olvidar las penas, Miguel. Si él está a su lado, le hace reír y soñar. Miguel, sin ella, tampoco ríe ni sueña.

Aquella noche del mes de abril, Antonia estuvo hasta altas horas de la noche terminando un vestido de novia, que tenía que entregar para la hija de don Jonás. A la mañana siguiente, la joven permaneció en la cama hasta más tarde de lo habitual, y despertó porque Angustias estaba llamando a su madre a voces.

—¿Qué quiere usted?

—Hablar con tu madre…

—Si mi madre no tiene que ir a Valverde.

—Pues a mí me ha dicho que iba a Valverde u Olmedilla, no sé, esta cabeza. Ya se me ha olvidado. ¡Mecachis!

—Eso digo yo… mecachis.

Antonia sabe que la anciana desvaría. Como en otras muchas ocasiones, y cada día más. Sin embargo, como un rayo, una sospecha pasa por su mente. Corre directa al cuarto de su madre. Al entrar comprueba que su madre no está en la cama, las sábanas están en el suelo y el palanganero sin agua, siendo que Clara lo primero que hace cada mañana es lavarse la cara, mientras que el aguamanil permanece lleno. Lo más chocante es que la cama permaneciese sin hacer. Su madre embarazada de cinco meses. Llevaba más de tres meses sin beber, aceptando su futura maternidad, si bien es cierto que de nuevo comenzaba a hablar de marcharse de Gascas. Antonia intenta obtener alguna explicación más de la anciana, pero esta solo pronuncia palabras sin sentido. Tres días después, el pastor de la dula la encuentra colgada de una encina, en un lugar que difícilmente podría haber llegado ella por sí misma. Todo el mundo da por hecho que se ha ahorcado por propia voluntad. Todos, menos su hija y María, que están convencidas de que no han sido sus manos quienes han colocado la soga alrededor de su cuello. Incluso Felipe y Miguel piensan que sí. Ni uno ni otro están dispuestos a admitirlo en público, ni mucho menos en privado ante ellas.

Alguien, de manera interesada, vuelve a hablar del maquis, pero nadie que resultase creíble. Ni tan siquiera la Guardia Civil lo relaciona. El sargento dice que no hay maquis en la comarca.

—Solo algún aspirante a tocarme los huevos, hasta que se me hinchen —dice el sargento.

Hay algunos interrogatorios, apenas unas preguntas sin sentido que no llevan a ninguna parte, como si a nadie le importase su muerte. Bien es cierto que durante bastante tiempo se recordó en las conversaciones de las mujeres en las tiendas, la fuente, en el lavadero o a la salida de la iglesia. De la misma manera, los hombres en la taberna especulan sobre quién es el padre, casi más, que, sobre ella o su muerte, que parece ser algo secundario.

38

Noches de radio, escuchando a Dolores

Año 1954

Con la salida de Felipe y Casimiro de la cárcel, ambos comienzan una rutina, que en cualquier lugar del mundo no tendría la menor importancia: escuchar la radio. En España esta acción no solo es clandestina, sino además muy peligrosa. Tan particular acto de rebeldía, suelen hacerlo en casa de Casimiro y Casilda, vecinos a su vez de Clara. Los asistentes eran siempre los mismos: Casimiro, Casilda, Clara, Felipe y Venancio, un pastor muy joven, huérfano de padre y madre, tan solo con un par de años mayor que Miguel. La casa de Casimiro tiene la particularidad, al igual que la de Clara, que está a las afueras del pueblo. Además, están al final de una empinada cuesta, y en el caso de la de Casimiro, con una segunda puerta para la entrada de los animales, el grano, la paja o la leña, en la parte trasera. Dicha puerta se encuentra al volver la esquina y no tiene casas enfrente, estando oculta a las miradas indiscretas de la vecindad. No es que fuera necesario escuchar la radio juntos. Todos y cada uno podían hacerlo tranquilamente en sus respectivas casas sin riesgo. No obstante, necesitan saber que forman parte de algo, que no están solos. Aunque han sido vencidos, no se sienten derrotados, todavía sueñan con reemprender la lucha por sus sueños de libertad. Radio España Independiente era eso, la voz de la esperanza de quienes no se resignaban a estar de brazos cruzados sin que por ello dejasen de sentir miedo. Escuchan la radio cabeza contra cabeza, pegados al transistor, sin otra voz que se escuche que no sea la Dolores Ibárruri, «La Pasionaria».

Los clandestinos radioyentes llegan de uno en uno. Todos acceden por la puerta trasera de las cuadras, salvo Clara, que siempre entraba por la puerta principal —cuando estaba viva— una vez que ha dejado a Angustias acostada y a Antonia empeñada en leer los libros que saca de casa de María y Felipe, libros que en su momento habían sido del padre de María o de la madre de Felipe. No eran libros subversivos, ya se había encargado María de quemar o esconder concienzudamente los mismos:

—Hasta *Tormento, Marianela* y *Miau*, de Pérez Galdós, estuve a punto de quemar, del miedo que tenía –se quejó María, al entregar *Niebla*, de Unamuno a la muchacha.

—La lectura también tiene algo de clandestino cuando se lee a luz de un candil —susurró Antonia sonriendo.

La casa de Angustias está pared con pared con la de Casilda y Casimiro, es mucho más pequeña y da solo a la calle terminada en cuesta. Les basta dar un pequeño golpe de aviso, para que se presente Clara, ahora ya ni siquiera eso. A estas reuniones hubo un tiempo, en el cual, solo participaban Casilda y Clara. Eran tiempos más peligrosos, en los cuales llegó a participar algún enlace de la guerrilla o del Partido, que andaba escondido de la Guardia Civil o de paso, ya fuera para Francia o en sentido inverso. Incluso hubo guerrilleros, no siendo Gascas zona de acción de la guerrilla, pero sí está en un lugar estratégico, cerca de la carretera de Madrid, a mitad de camino entre la capital y Valencia. La parte norte es pura Serranía, con grandes extensiones de encinares y pinares, mientras la sur es la fértil huerta de la vega del Júcar y las tierras de labor, viñas y olivares, que limitan con San Antonio de los Llanos, son claramente manchegas. Característica que se da asimismo en el conjunto urbano, el pueblo se extendía mayormente sobre el terreno llano, llegando hasta la alameda que bordea el Júcar y el arroyo Gascas, mientras que algunas calles subían empinadas en dirección a la Sierra, donde se encontraban las eras, el molino de viento harinero y el camposanto.

Fue Casilda quien captó a Clara, quien ideó el plan de casarla con Emilio. No obstante, fue Clara quien buscó a Casilda una vez conocida su historia a través de los labios de María. Es Casilda una mujerona alta y robusta, le saca la cabeza en altura a su marido, viste siempre de negro desde la muerte de su padre. Al igual que el padre de Clara, el padre de Casilda fue el último alcalde elegido democráticamente. Al padre de Clara lo asesinaron después de unos meses de cárcel, fusilado, mientras que al padre de Casilda lo mataron en el mismo día de la entrada de los franquistas en Gascas, y por la espalda, después de ser humillado ante todo el pueblo. Dándose la circunstancia de ser destituido dos veces de su puesto como alcalde: la primera en junio de 1934, tras la huelga general agraria y la segunda al terminar la guerra. En ambas ocasiones, su sustituto fue la misma persona, don Matías Echániz, el suegro de Braulio. Al padre de Casilda le dieron un cubo de cal para que enjalbegase la pared de la Casa del Pueblo y borrase todos los símbolos que recordaban su condición. Lo tuvieron cara al sol junto a otros vecinos republicanos, con el brazo en alto y la mano extendida. Querían que cantasen el Cara al sol. Todos cantaron, pero él no llegó a hacerlo, ni levantó el brazo ni tan siquiera hizo el ademán de mover los labios, sabía que de todos modos lo matarían.

—Matadme si queréis —les dijo desafiante y no es que fuese valiente, tenía miedo; pero, era sabedor de que de todos modos lo matarían, quiso que fuera con la dignidad de alguien que fue elegido de manera democrática.

Sin embargo, aquel hombre grande y fuerte como la hija, aún más alto que ella, una estatura fuera de lo común por aquellas tierras no quería que nadie se avergonzase de él. No les esperó en su casa, sino en el Ayuntamiento, al igual que hiciera en junio de 1934 cuando fue destituido por primera vez por don Matías en nombre de la República. En abril de 1939, el máximo representante del gobierno de la República en Gascas era él y sabía que en esta ocasión no se iban a conformar con destituirle. Cuando le ordenaron enjalbegar la Casa del Pueblo, para volver la pared a su estado original, blanco, como había estado toda la vida, y que durante la guerra milicianos forasteros pintaron un ¡Viva la República!, primero se negó. Cuando apuntaron a su mujer y a sus hijos, comenzó a pintar de blanco la fachada, repasando cada una de las letras, estando seguro de que al terminar de pintar la última letra recibiría el disparo que acabaría con su vida. Al terminar, dejó con tranquilidad la brocha en el cubo de cal, esperando el disparo. No lo mataron en ese instante, como pensaba, dejaron que se secara la cal. Mientras tanto, mantuvieron a todos los habitantes republicanos del pueblo, esperando con el brazo en alto y cantando el Cara al sol. Llevaron pintura negra y pretendieron que escribiese: ¡Viva Franco! Se negó dos veces, a la tercera comenzó a escribir lo que querían. Cuando terminó de escribir Viva, los fascistas estaban disfrutando de la humillación, conforme iba dibujando la F en un trazo rápido se convirtió en una R y aún le dio tiempo de escribir: ¡Viva Repúblic...! Hubiera terminado si antes un tiro por la espalda, disparado por el cacique don Matías Echániz, no hubiera acabado con su vida. Sus labios tampoco llegaron a terminar la frase, mentalmente fue Casilda quien la terminó. Ella no quiso llorar a su padre delante de todos. Ni una lágrima salió de sus ojos. Intentó consolar a su madre y hermanos. Tampoco lloró cuando se llevaron a su marido, a pesar de estar convencida de que no lo volvería a ver, ni siquiera agachó la cabeza cuando se la raparon y le dieron aceite de ricino, haciéndola procesionar aquella primera semana santa, realizando sus necesidades piernas abajo, junto con otras mujeres e hijas de republicanos. Todos estaban convencidos de que se la llevarían a la cárcel. Sin embargo, no se la llevaron. Ella nunca habló de política, incluso era catequista en la iglesia antes de la guerra. Al igual que María, era creyente. Su pecado, ser hija y esposa de socialistas y republicanos. Perdió la Fe el mismo día que mataron a su padre y sacerdote y cacique rieron juntos los asesinatos que tuvieron lugar en la plaza de Gascas. Nunca la vieron, después, vestir con ninguna prenda de color; aunque, en no pocas ocasiones comentó que el luto no era por su padre sin decir por qué o quién. Muy pocos sabían cuál era la razón, pero ella se prometió a sí misma que lucharía con todas sus fuerzas para volver a vestir de color, porque el luto era por España.

La radio está en una estantería de madera anclada en la pared. Casimiro saca el reloj de bolsillo y mira la hora. Es la primera reunión tras la muerte de Clara. Falta Venancio, el joven pastor. Tampoco está Casilda, que lo espera junto a la otra puerta de la casa. Falta un quinto personaje al que esperan los cuatro con ansiedad. Felipe coloca unas copas vacías y unos mantecados sobre la mesa, mientras que Casimiro saca una botella de aguardiente y un porrón de vino. El leñador se acerca al lado de la mesa y echa un trago de vino, Casimiro se dirige a la estantería donde se encuentra el transistor escondido, y tras mirar el reloj de bolsillo, coge el receptor colocándolo sobre la mesa, comenzando la ardua tarea de intentar sintonizar la emisora, es entonces cuando aparece Casilda con el joven pastor tras ella.

—Podemos comenzar, él no vendrá —dice el pastor.

Todos le miran desconcertados

— Nos vamos a Francia. Esta mañana ha estado en La Montesina, hemos almorzado juntos y le he contado lo que me pasó ayer por la mañana y me ha dicho que esto se acaba, es tontería arriesgar la vida y lo que no es la vida.

—¿Lo que te pasó ayer por la mañana? —pregunta Felipe.

—Sí, ayer cuando estaba cerca de La Montesina, vi a seis hombres muy guarros, como si llevasen toda la vida en el monte. Gente de mal hablar, con sogas en los máuseres, no tomizas, sino sogas largas, no como las de aquí. Al principio pensé que serían maquis y que él estaba equivocado. La cosa es que me asusté por los modos. Las maneras no eran las que se supone que deben tener los maquis con el pueblo, por mucho que el Manco hiciese barbaridades. Sin más, me pidieron de comer y les enseñé la merienda que no llevaba. Me miraron el morral y vieron que era verdad, que no llevaba nada. Entonces uno me dijo que, si de buen grado les daba un cordero, yo les dije que eran del amo, de don Matías. «Pues le dices a tu amo que te lo han quitado los maquis. O nos lo das de buen grado o te colgamos», me dijeron. Entonces, uno de ellos me puso la soga en la cara y yo creía que me iban a colgar de verdad. Le dije que hiciesen lo que fuese menester, pero que no podía dar lo que no era mío. Sin embargo, que lo cogiesen, que prefería que el amo me lo descontase, de lo poco que me paga, a estar colgado. Cogieron un cordero y me volvieron a enseñar la soga. «Si dices una palabra a los guardias, la próxima vez que vengas por aquí te colgamos...»

—¿Entonces, es verdad que hay maquis? —pregunta Felipe.

—No —contestan al unísono Casilda y Venancio.

—Son guardias —sigue Casilda—, aunque, también pueden ser somatenes, pero no del pueblo.

—Yo creo que son somatenes —dice Venancio—. No conocí a ninguno, lo buscan a él, porque piensan que fue quien entró el otro día en la Casa Cuartel, pero no me preguntaron por él. Estuvieron pendientes de mí todo el tiempo, así que pillé y volví para Gascas, y en cuanto pude, fui directo a hablar con don Matías. Le dije que me tenía que llevar a San Antonio con el coche, a dar parte a los guardias. Ni me preguntó nada de nada, solo me dijo que no me preocupara, que ya se encargaría él de ir a dar parte. «Bastante he perdido esta tarde. No seas haragán y limpia los corrales, que el cordero tiene que salir de tus costillas». De ese modo que me contestó y con la poca cara de espanto que puso, tengo claro que estaba al tanto antes de que yo se lo contara, no me cabe duda, querían saber si yo...

—¿Qué hacemos entonces? —preguntó Casimiro.

—Nada podemos hacer, o irnos a Madrid con mi hermana —dice Casilda— como ha dicho Venancio, es tontería seguir.

—Irnos, yo me voy con él, le ayudaré en lo que pueda. Cuando termine lo que ha venido a hacer, se irá —contesta Venancio—. Aunque, tal vez ahora, no se pueda hacer y tengamos que volver más tarde, no lo sabe bien. Tampoco sabe si no nos tendremos que quedar aquí o si nos podremos ir.

Ninguno sabe lo que ha venido a hacer la persona a la cual se refieren. Sin embargo, ninguno pregunta. Confían en él, y les ha dicho que a su debido momento sabrán, tanto el motivo del regreso como su misión. Sabe que lo buscan, según les contó, la primera de las dos veces que asistió a una de esas noches de radio, para sorpresa de todos, menos de Casilda. Esa persona no quería comprometerles durmiendo en casa de nadie, prefería el monte.

—Ante todo tranquilidad, no más reuniones. Cualquier cosa se comunica por medio de las estafetas —fueron sus últimas palabras.

—Podría haber venido, y despedirse —se queja Felipe.

—No puede. Él no pasa desapercibido. Lo importante es que sepamos que está ahí y que, si alguno nos encontramos con maquis, lo tengamos en cuenta. Ya no hay maquis, son guardias o somatenes. De momento, prudencia y después siempre demos parte a los guardias —indica el pastor para que parezca que somos unos chivatos.

No podían evitar especular. Aquella noche la radio quedó en silencio. La voz de Dolores no se escuchó, no porque las interferencias lo impidieran, sino porque sabían que la esperanza de seguir luchando era una absurda fantasía, que lo único que les quedaba era soñar con un milagro, pero ninguno de ellos creía en los milagros. Era como una segunda derrota, para la que tampoco estaban preparados. Se despidieron del pastor, que como les había dicho se uniría al ausente. Ya jamás volvieron a verlo. Durante varios meses, tanto Felipe como Casimiro, escuchan la Pirenaica en su propia casa. De manera ocasional, Felipe se reúne con Casimiro y Casilda o Casimiro con Felipe y María para escuchar Radio España Independiente, para escuchar a Dolores. Ya no es lo mismo por mucho que Dolores a través de las ondas les hable de esperanza. Saben que Venancio ha acompañado en su marcha a Francia, a quien ninguno nombra. Les ha costado, no obstante, al final han llegado. Incluso, sin nombrarlos, La Pirenaica les avisa de su llegada. Se alegran de que se hayan marchado. Aunque, se han llevado algo que tenían antes de su partida: la esperanza, la poca esperanza, casi nula, terminó desapareciendo con su marcha.

Felipe, a partir de ese día, ya no piensa en otra cosa que no sea en su familia y si algún día fuera posible, marcharse lejos, muy lejos, a la República Argentina. Todos soñaban con irse de un pueblo que ya comenzaban a hablar de que en un plazo más o menos corto estaría bajo las aguas del Júcar. Las gentes más pudientes de Gascas comenzaban a vender sus tierras, a comprarse casas en San Antonio de los Llanos, Cuenca, Valencia o Madrid. Los más pobres escuchaban aquellos rumores como algo imposible:

—¿Cómo van a inundar Gascas, si es la mejor huerta de la provincia de Cuenca?

—Eso Franco jamás lo permitiría —decían los adictos al Régimen, o los propietarios de la vega, que en los últimos años habían conseguido que sus hortalizas ganaran gran prestigio en los mercados de abastos.

Felipe, no creía que Gascas fuera anegado nunca, él solo tenía un pequeño bancal en la ribera, en el cual sembraba todo tipo de hortalizas, sobre todo melones y tomates.

—¿Cómo van a anegar esto? Imposible.

Era solo un rumor, pero la amenaza estaba ahí, esperando anegar Gascas.

39

Callos en el corazón

29 de septiembre del año 1955

El monte está en todo su esplendor, a los jabalíes se les ve casi sin buscarlos, los conejos tienen horadados todos los ribazos, las liebres, si madrugas las puedes pillar en la cama, y las perdices y codornices andan correteando, más que volando. Hasta las avutardas se pueden ver, y eso que son las más difíciles de avistar a pesar de su gran tamaño.

Se respira el olor a madera de encina recién cortada, mezclada con aromas de romero, tomillo y espliego de los campos cercanos, sembrados de lavanda. Todavía el monte guarda colores verdosos, gracias a un verano que ha sido especialmente lluvioso. El joven parece nervioso y, de vez en cuando, mira la posición del sol, y en ocasiones mueve los labios, como si fuese a decir algo. Mira a su padre y continúa dejando caer con furia el hacha sobre el tronco de la encina. Un viento frío sopla, mientras que padre e hijo, primero con el hacha y después con la sierra, cortan las encinas. Una vez cortadas, comienzan a trocear y seleccionar según su grosor. A un lado los troncos más recios, a continuación, los intermedios, un tercer montón con los más finos, mientras que las ramas son colocadas en gavillas perfectamente apiladas aparte, alejadas de las encinas sobre un claro del monte, para evitar que cualquier accidente pueda llegar a prenderlas, más cuando Felipe trabaja con el cigarro encendido en la boca. Las gavillas de leña fina son las primeras en ser acarreadas, aunque no se vendan, sino que se regalan a los compradores, como detalle o son utilizadas por los leñadores para autoconsumo.

A esas horas crepusculares, debido a la inclinación del monte, se introduce el sol casi horizontalmente entre las encinas, las cuales alargan sus sombras, asemejando tenebrosidades amenazantes y misteriosas de extrañas criaturas, seres imaginarios de ultratumba. Imagina Felipe nuevos relatos para contar ante una sartén de miguillas dulces a la chiquillería la víspera de Todos los Santos, aunque falta todavía un mes, ya va maquinando historias.

—Qué pena que seas tan zoquete a la hora de coger el lapicero, con la imaginación que tienes —le dice María.

—Pues escribe tú mis tontunas, para eso eres maestra de escuela —alega él enseñando sus ajadas manos llenas de duros callos.

—¿No tengo ya bastante? — replicó ella.

—¿Y yo? ¿Acaso te crees que me quedan ganas de otra cosa que…? —y la abraza, intentando besarla.

—Sí, menudo bribón, para eso siempre te quedan ganas, parece como si quisieras recuperar todo el tiempo perdido…

Y claro, esas historias se pierden, y al año siguiente son otras nuevas. En ocasiones, los chiquillos, al cabo del tiempo, le piden que les vuelva a contar aquella historia que tanto les entusiasmó, y él, ni la recuerda, les cuenta otra distinta, improvisada, porque de la original ya se ha olvidado. Aunque, las que más les cuenta, y casi nunca olvida, son las leyendas de Gustavo Adolfo Bécquer. Nadie al verlo, si no le conociese, diría que es capaz de recitar no solo poemas, sino narrar multitud de historias, casi como si fuese un cómico. Tras ese aspecto de campesino rudo, se esconde el niño bien, al que su padre quiso meter a sacerdote para enderezarle. Mal le salió la jugada al padre. De tener dudas pasó a convertirse en un anticlerical convencido, por todo cuanto vio en el seminario.

Felipe mira a su hijo y sonríe, pensando en la historia que se le acaba de ocurrir para contársela a sus dos hijas. A Miguel pocas historias de miedo y apariciones le contará, ya es un muchacho y los muchachos se van con las muchachas, ya no quieren cuentos de padres o abuelos, que animados por el aguardiente cuentan historias de apariciones, monstruos y fantasmas la víspera de Todos los Santos.

A pesar del golpe seco del hacha, a pesar del ruido de la sierra, a pesar de los desafinados cantos de Felipe, los jilgueros todavía parecen tener ganas de cantar con sus mil trinos y tonos diferentes. No se ven otros animales en el monte, que asustados han huido lejos de los ruidosos humanos. Cuando los leñadores se marchen, perdices, conejos, liebres y algún jabalí despistado correrán por allí, tomarán posesión de un monte que les pertenece. Felipe, con el rostro quemado por el sol, es fuerte, se le nota que está acostumbrado al duro trabajo. No es viejo, aunque lo parece, el sufrimiento lo lleva marcado en el rostro, ya ajado, y aún no ha cumplido los cuarenta y cinco años. Sin embargo, sus facciones reflejan más de cincuenta, duerme poco y ha sufrido mucho.

Se cree seguro, al pensar que apenas se vislumbran amenazas. Su semblante es risueño, aplica su máxima de que no hay una cosa tan seria que no se pueda decir con una sonrisa. A pesar del sufrimiento, ríe mucho, como si quisiera recuperar las risas perdidas, como los besos y abrazos de María, por tantos años de cárcel. Si le preguntaran, si es feliz, sin dudarlo respondería que sí. Sin embargo, si se ahondase en su interior se descubriría pesadumbres ocultas, dudas y miedos, y unas ansias por escapar de una jaula en la que se siente atrapado. A pesar de todo, él siempre contesta a todo el mundo que sí, que es feliz, que fue muy feliz.

Cuando le asaltan dudas, que siempre le asaltan, como mucho, interiormente, se preguntará con respecto a qué periodo de su vida debe comparar esa felicidad actual.

No pierde de vista a su hijo, observa cómo descarga el hacha con furia sobre la encina. Disfruta orgulloso de su presencia, a pesar de que le falta pericia. Miguel falla muchos golpes, desperdicia fuerza de manera innecesaria. Si no fuera tan tozudo, le enseñaría, pero, como joven que es, no se deja aconsejar. Felipe llama a su hijo a modo de apodo «Marra-golpes», sin que se entere. Mueve la cabeza de un lado a otro y piensa en decirle que así no, que no es cuestión de fuerza, sino de maña. Al principio se lo decía, pero los hijos a ciertas edades se consideran más sabios que sus padres, y solo hacen caso de extraños. Tampoco le preocupa, sabe que debe desengañarse por sí mismo, y a pasos veloces, va mejorando. Felipe sabe que cuando no lo mira, se fija en cómo lo hace él, suficiente que le diga una cosa para que haga la contraria, así que prefiere hacer como que no lo mira, aunque a veces le pretende gastar una broma.

—Hijo. Ten cuidado, no vaya a haber un avispero en ese tronco podrido —le dice, al verlo cerca de un tronco hueco.

—Padre, si las avispas con el frío no salen…

—Tu fíate, que al pobre Antonio le mataron las mulas, y él se salvó de milagro.

El hombre está todo el tiempo cantando. Presume de que canta mal y sí, en ocasiones desentona y él lo sabe. Siempre que canta, desafina en sus cantos, pero tampoco tanto como presume. Al igual que los jilgueros, necesita cantar, ha estado tanto tiempo sin poder hacerlo, tanto tiempo enjaulado que después de tanto sufrimiento, necesita cantar. Canta mal, sin embargo, «canto mucho para compensar», dice siempre. Y su voz causa estupor a los pacientes jilgueros, que en ocasiones callan y parece que lo escuchan, sin entender bien por qué a Felipe, lo llaman el Jilguero.

Miguel permanece en silencio, como en otro mundo, ese mismo día ha cumplido diecinueve años. Está pensando en Antonia, especulando sobre la sorpresa que le reserva ella para el día de su cumpleaños. Está deseando que finalice la tarde porque Antonia le ha prometido algo que nunca olvidará. Miguel viaja a las nubes infinitas, más allá del crepúsculo de la tarde, del cual regresa cada vez que siente el dolor en sus manos. Masculla una maldición, que no termina de pronunciar, ante la mirada severa de su padre. Cuando esto ocurre, suelta el extremo de la sierra o deja el hacha. Se escupe en las manos o como le ha enseñado su padre, se orina en ellas, a pesar de la repugnancia que le causa, pero es lo que más lo calma. De nuevo, calmado, agarra el hacha con decisión.

—Esta juventud —mueve la cabeza Felipe, ríe y continúa cantando con más fuerza, aún si cabe.

El muchacho le enseña las manos ensangrentadas, tiene las ampollas reventadas y la piel en sangre viva. Sin embargo, no se ha quejado en toda la mañana. Se hace tarde, está muy cansado y busca con su acción que su padre diga.

—Vámonos al pueblo.

Se ha empleado a fondo para conseguir marchar antes. Aquel día, al contrario que otros, que cada dos por tres descansaba del hacha, ni tan siquiera se ha entretenido en buscar los primeros níscalos de otoño. Se ha empeñado en terminar cuanto antes, cortando leña como si no hubiera un mañana. Su padre es duro y quiere que su hijo lo sea igualmente. No recuerda que ese día es San Miguel, no sabe nada de la cita que tiene el muchacho con Antonia, de haberlo sabido a media tarde hubieran dejado la faena. Felipe nunca recordó su cumpleaños ni el de sus hijos, ni tan siquiera el de María. El padre le mira las manos sin dejar de cantar, aunque baje el tono. Se levanta encaminándose en dirección a la galera, saca de la aguadera una garrafa cubierta por esparto, la coge y se acerca a su hijo, indicándole que ponga las manos en forma de cazuela, derrama agua sobre las mismas, cuanto apenas un pequeño chorro.

—Frótatelas —le ordena en un tono suave, casi musitando, para luego alzar un poco más la voz—. No me haces caso con el hacha, la coges mal y te rebota. Tranquilo, ya aprenderás...

El muchacho hace un gesto de fastidio, pero no dice nada. Espera que su padre diga: Nos vamos, pero su padre calla y va de nuevo en dirección a la galera, coloca la garrafa de agua y saca una más pequeña. Es vino blanco, echa un trago y le dice a su hijo que vuelva a poner las manos.

—Qué pena de vino. Escuece, pero limpia, menos que la orina, pero... —musita mientras derrama el vino en las manos del muchacho, este hace un gesto de dolor.

El campesino se quita el pañuelo de la cabeza y con una ternura, difícil de creer en un hombre de aspecto tan rudo, se lo enrolla al hijo en la mano derecha, la más ensangrentada, le aprieta con fuerza haciéndole un fuerte nudo.

—Anda, ayúdame a terminar este tronco y lo dejamos.

Por fin lo dice. Miguel mira el tronco y al horizonte, sobre unas piedras se distingue dos diminutas cabezas rojas y blancas de los jilgueros, están tranquilos, expectantes, parece que están pendientes de él. Tan cantarines siempre, aguardan en silencio. Miguel se coloca las manos en la cintura, estirando la cabeza hacia atrás.

—Padre, estoy molido.

—Y yo también, hijo, y yo también.

—Pero a usted no le salen ampollas...

—Tú eres joven. Cuando tenía tus años, cuando comencé a trabajar el monte, hasta entonces fui un señoritingo — hace una pausa y recuerda aquellos tiempos, cómo aprendió a las órdenes del padre del mayoral de su hermano, que era el mayoral de don Pascual López, su padre. Piensa en eso, lo buena persona que era y sumiso cornudo, a las órdenes del amo, padre del actual mayoral de Braulio. Pensar en el mayoral le asusta, ve la cara que comienza a tener y ve la misma cara, el mismo gesto de su propio padre, de su hermano Braulio—. ¿Será verdad que aquel bastardo era igualmente su hermano? —piensa en voz alta. Se percata de que su hijo todavía está escuchándolo, y que a él se le han ido los pensamientos por los cerros de Úbeda—: A mí también me salían ampollas. Ahora tengo callos hasta en el corazón, como del mismo modo te pasará a ti…

—¿Callos en el corazón? Tiene usted unas cosas…

El muchacho, que siempre está serio, ríe, ríe al tiempo que se dispone de nuevo a agacharse, para continuar aserrando el tronco de encina y así terminar pronto. Es entonces cuando el padre, que siempre ríe, se pone serio.

—Es un decir, es un decir. La vida te da muchos palos y lo que ahora te duele, luego te parecerán caricias. Ya lo verás.

A lo lejos sus siluetas bien se podían haber confundido con don Quijote y Sancho, el padre pequeño y algo recio, el hijo alto y muy delgado. Sin embargo, no son personajes de una novela de encantamientos y caballerías, son dos campesinos con la piel quemada por el sol y el cuerpo cansado por el duro trabajo del leñador. Dura vida que comienza antes del alba hasta después del crepúsculo, cuando hasta el descanso persigue un solo fin: poder trabajar al día siguiente y si se tercia comer para poder trabajar. Vida con callos duros en el corazón y las manos del padre, mientras que el hijo de manos más tiernas y el corazón mucho más tierno, de enamorado. Felipe no cesa de mirar a su hijo. Cuando este levanta la garrafa de agua, sus arrugas, al mirar a contraluz, se marcan más, su mirada risueña no esconde el sufrimiento, mientras sus ojos denotan orgullo, orgullo con el que mira a su hijo, tan alto y guapo.

«Vale hasta para guardia, da la talla. Como se parece a mi padre», piensa, mientras sonríe. Copón y a mi hermano, a mis hermanos, y piensa una vez más en Pepe, el hijo del capataz de su padre, que en Braulio.

«¿Cómo no pensar mal sabiendo lo que sé? Es también mi hermano, un hijo puta, pero mi hermano».

40

La amenaza del pantano

Felipe confía en María. Siempre surgieron dudas, sin embargo, siempre se descartaron de inmediato. Está claro que Pepe Galindo es hermano suyo por parte de padre, es innegable, pero está seguro de que Miguel es hijo suyo, por nadie más pondría la mano en el fuego, solo por María. Ella no le podía haber sido infiel. Sabe que no fue él quien primero la besó, posiblemente tampoco el segundo, pero él fue, quien primero hizo el amor con ella, él no sorbió las babas de su hermano. No quiere pensar en eso, él es su hijo, María es imposible que le guarde ningún secreto. El monte le está trastornando, no quiere pensar en esas cosas. Resopla irritado consigo mismo, señalando a su hijo con la mano donde se encuentra el hato, como queriendo decir dos cosas al mismo tiempo. Con la cabeza le indica dónde se encuentran trabadas las mulas.

—Anda, deja la garrafilla en el hato y destraba las mulas, que nos vamos ya.

—¿Con la galera vacía, padre, con la galera vacía?

—Yo también estoy cansado. A ver si llegamos antes de que se haga de noche, mañana madrugamos y cargamos la leña. Ahora cargamos las gavillas y para casa.

El muchacho marcha presuroso y contento a obedecer las órdenes de su padre, mientras este agarra las tijeras de podar y comienza a cortar las ramas y hacer nuevas gavillas de leña, que, sin dilación, tras atarlas, coloca encima de la galera. Entre gavilla y gavilla mira a su hijo uncir las mulas a la lanza: «Pobrecillo, no le queda nada, es un crío y mira qué predispuesto… ¿para qué? Para estar toda su vida malviviendo… piensa. Las cosas que se me emperejilan, ¿seré tontaina?».

Los rayos solares comienzan a entrar totalmente de manera horizontal entre las ramas de las encinas, deslumbrándole los ojos. El muchacho termina la tarea mientras que él apenas lleva media docena de gavillas. El hijo se coloca a su lado imitando la faena del padre, con más celeridad que el mismo.

—¿No te duelen ya las manos? —pregunta sorprendido el padre.

—Padre, usted lo dice, los malos tragos cuanto antes mejor y no voy a estar mirando, viéndole a usted trabajar — responde al padre—, ya se me pondrán los callos duros.

De vez en cuando se le ve morderse los labios de dolor.

Tras sacar la galera al camino, ambos se suben al pescante, llevando las riendas el padre. El hijo, antes de los primeros cien metros, ya está dormido, apoyado en el hombro de su progenitor. Todavía falta más de una hora para que anochezca, y esa mañana no había salido el sol por el horizonte cuando ya estaban en el monte cortando encinas. El oficio de leñador era el que más se le resistía a Miguel, tal vez no fuera el trabajo más duro, sin embargo, sí el que más pericia precisaba. El golpe debía ser matemático, de lo contrario la dureza de la madera provocaba el rebote brusco del hacha. De haber seguido los consejos del padre, aquel veintinueve de septiembre, día de su cumpleaños, no se le habrían puesto las palmas de las manos en sangre viva. Ver que su padre cortaba casi dos encinas, mientras que él una, provocaba en el muchacho un afán de superación, que le impedía rendirse a la evidencia, de que el manejo y la experiencia hacen al maestro más que la fuerza. El hombre está deseando llegar para poder descansar y el muchacho sueña con acercarse a ver a Antonia. Sueña con sus ojos, sus risas. Imagina sin querer, no quiere pensar, pero los sueños son libres como el viento que viene del norte. El traqueteo de la galera lo lleva más allá del molino que comienza a vislumbrase en la lejanía. Sueña que su mano ensangrentada se desliza por debajo de la camisa floreada de Antonia, buscando los dos pequeños montículos que coronan sus senos. Ella sonríe con dulzura, mientras él torpemente va desabrochando de uno en uno los botones de su blusa, hasta quitársela y tirarla al suelo. Entonces miran los dos la prenda, está manchada de sangre, ella horrorizada. De las manos de Miguel fluye sangre como si fuese un Cristo. Ella no mira sus manos, sino la blusa y se aparta de él con una sonora bofetada:

—Imbécil, me has manchado la camisa de sangre —despierta Miguel de manera tan brusca que asusta al padre.

—¿Qué te ha pasado, Miguel?

—Nada, padre, nada —contesta el hijo aturdido, acomodándose la manta sobre su cuerpo para que su padre no se percate de que al igual que en los sueños, algo ha actuado con la libertad de una virilidad que dejó atrás la niñez, pero que todavía le avergüenza. De nuevo cierra los ojos para seguir soñando con la muchacha, pero ya no es capaz de concentrarse ni de dormirse.

Llegando al pueblo, el muchacho se desata el pañuelo, no quiere que nadie sepa que tiene las manos de mantequilla de Flandes. Quiere presumir de tener unas manos fuertes como corresponden a un hombre hecho y derecho. No quiere preguntas, no desea dar respuestas. Las llagas desaparecerán y se convertirán en callos. Solo ante el padre admite su debilidad. La mano derecha la tiene hinchada. Se sopla con un gesto de dolor. Normalmente antes de llegar a la casa paran en la plaza para darle agua a las mulas, pero Miguel ha preferido parar en un pozo que hay antes de entrar en el pueblo, no quiere pasar por la plaza. A Felipe tampoco le gusta pasar por la plaza, son muchos recuerdos, algunos muy buenos, pero otros muy malos. Allí comenzó a enamorarse de María aquella tarde que le dio por recitar una leyenda de Gustavo Adolfo Bécquer. Son muchos recuerdos en

La Casa del Pueblo, donde ahora luce un cartel de madera con el largo y aparatoso nombre de: «*Sección Femenina de Falange Española de las JONS—Cátedra Femenina Francisco Franco*.» Donde ahora no enseñan a leer ni a escribir, tampoco a rebelarse contra la injusticia, sino a coser, bordar y, sobre todo, a ser unas sumisas amas de casa. Felipe piensa en todos aquellos que llenaban la plaza alrededor del pozo y de la fuente, de esos otros que asistían a la Casa del Pueblo pocos quedan. Algunos están muertos, otros han pasado por la cárcel, donde ya no queda ninguno. De aquellos, en Gascas, casi tampoco queda nadie, se han marchado a Madrid, Valencia o Barcelona. Ahora, que cada vez cobra más fuerza el rumor de que Gascas tiene los días contados como pueblo. Como siempre sale la conversación sobre el pantano. Se sabe que don Mariano y Braulio ya han vendido las tierras, viñas, olivares y vega al Consorcio del Júcar, pero ellos lo niegan, Felipe, a pesar de todo, sigue pensando que son solo rumores.

—¿Cómo van a tener el cuajo de anegar un pueblo entero con una vega que es la envidia de la provincia de Cuenca?

Él siempre dice que quiere marcharse. Lleva desde antes de salir de la cárcel hablando de irse de Gascas. No quiere quedarse en España, sino marcharse lejos. Él siempre dice que a la República Argentina. Sin embargo, en el fondo tiene miedo a dejar aquella tierra, tiembla con tan solo pensarlo. Cuando alguien le habla del pantano no puede dormir, porque en realidad, no quiere marcharse de Gascas.

41

El sonido de los campanillos

La muerte de Clara, un año antes, ha dejado un ambiente extraño y enrarecido en Gascas, especialmente entre las personas más cercanas a la modista. En principio, enfrió la relación entre Miguel y Antonia, el luto y la incertidumbre empaña la alegría de la muchacha, la cual se refugió en el cuidado de la anciana Angustias, madre de un marido que nunca fue de su madre, como un modo terapéutico de aislarse del mundo. Si cuando vivía Clara, Miguel pasaba al interior de la casa, tras la muerte de esta, eso había dejado de ocurrir, al menos en los primeros meses. Para todo el mundo eran novios desde hacía ya más de tres años, pero la necesidad de guardar las apariencias en una España gris y la circunstancia de que ya no hubiera nadie en la casa, aparte de la anciana Angustias, la cual está inválida, encamada y con demencia senil, provocaba que evitasen verse a solas en el interior, y que toda o casi toda la relación pasase a ser casi de dominio público. Ahora, a más de un año de la muerte de Clara, de nuevo se ve la ilusión en los ojos de la muchacha, que ha madurado a la fuerza, en todos los aspectos. No deja de ser una niña de poco más de quince años, pero su predisposición a la hora de trabajar y cuidar a la anciana le hacen aparentar más edad. Los rasgos tras la muerte de su madre han perdido ese aspecto dulce y alegre de la niñez. Regresan a sus oídos las advertencias de su madre contra los hombres, repetidas una y otra vez, incluso poniéndola en guardia contra el mismo Miguel, al cual le consideraba como hijo. Ahora ya hablan de boda a pesar de la edad de ambos, a pesar de la recomendación de María y Felipe para que esperen la finalización del servicio militar, a pesar de que faltan todavía dos años para que comience la mili. Miguel plantea incluso marcharse voluntario para adelantar el momento. Incluso baraja la idea de pedir el ingreso en la Guardia Civil. Felipe nada dice, parece que hasta le agrada la idea. María es más reticente y Antonia llega a decirle que si se mete a guardia, se busque otra novia, lo cual lo frena.

Miguel acompaña a Felipe al monte casi desde que era todavía un crío, sin embargo, el trabajo del monte lo supera. Siega, labra o vendimia como cualquier otro muchacho de su edad; pero, con el hacha no se apaña. El muchacho quiere estar a la altura de su padre y pierde los nervios de ver que con muchos menos golpes Felipe corta la encina. Rebota el hacha en sus manos, las cuales, a pesar de estar hechas al duro trabajo agrícola, se llenan de vejigas. Cuando su padre intenta enseñarle, él se enoja, no lo puede evitar.

Las últimas luces de la tarde recortan la silueta de la galera llegando a Gascas, después de haber parado a dar de beber a las mulas. El aire fresco se va convirtiendo en frío. El hombre va encogido sobre sí mismo, mientras el muchacho va erguido, como si alguien en la lejanía pudiera contemplarlo en mitad del campo. Lleva Felipe las riendas, solo las entrega a su hijo para sacar la petaca de tabaco. Mientras contempla las primeras casas del pueblo, extrae tres colillas que le han quedado de otros cigarrillos, sacando el papel de fumar Bambú y tras deshacer las colillas, deposita el tabaco sobre el mismo. Mira fijamente las colillas desechas, no hay suficiente tabaco e introduce el índice y el pulgar en la petaca. Termina de rellenar el cigarrillo, lo enrolla y se lo acerca a los labios humedeciendo el papel, para terminar de liar el mismo. Lo ofrece al muchacho:

—¿Quieres?

—Si sabe usted que no fumo, ni quiero — replica el muchacho haciendo un gesto de asco negando con la cabeza.

—Mejor. Si no hubiese sido por la guerra, nunca hubiese fumado, ¡maldita guerra!

—La guerra… ¿Por qué la guerra? ¿Quién puede querer una guerra? Matar a alguien sin conocerlo, sin que te haya hecho nada, entre hermanos.

—Yo qué sé. Sí, entre hermanos… —fija Felipe los ojos en el cigarro —. Mis hermanos en un lado de la trinchera y yo en el otro. ¿Te imaginas? Mis hermanos y yo en Teruel, pegándonos tiros… —Cierra los ojos con amargura, parece que se emociona—. Mi hermano José María murió en Teruel, Braulio me acusó de haberle matado —Felipe, para referirse a su hermano Braulio, nunca dice tu tío y pocas veces se refiere a él como mi hermano.

Miguel quiere conocer detalles. Su padre le habla un tanto molesto, prefiere no dar muchos pormenores.

—Ya habrá tiempo. Escucha los campanillos —dice, y comienza a cantar el pasodoble *Doce cascabeles,* de Luis Mariano.

El hijo no insiste, lo deja cantar; no obstante, el hombre necesita cantar; pero, también hablar. Prende fuego al cigarro colocándoselo en la comisura de los labios, como si estuviese sujeto por un pegamento, con la boca casi cerrada, fuma y habla al mismo tiempo. Cuando trabaja, son totalmente prescindibles las manos para fumar, solo necesarias para liar el cigarrillo o para cuando ya la ceniza le quema los labios, quitárselo para apagarlo con los dedos y meter la colilla en la petaca. El hombre recupera las riendas y se queda fijo en el horizonte, que se dibuja detrás del humo del cigarrillo. Humo y cigarrillo que le traen otras imágenes de guerra que comienzan a desfilar por su mente, saliendo por sus labios, como si se tratase de una procesión grotesca de muertos y heridos que se burlan de su memoria que lucha por olvidar.

La galera comienza a subir la pequeña cuesta que los lleva a una pequeña plazuela, dejando a unos metros la entrada a la plaza. Pueden ver a las muchachas y muchachos en la fuente, y algún labriego dando de beber a las mulas, Felipe se extraña de que Miguel no haga intención de mirar siquiera para la plaza.

Al subir la cuesta, con tantos baches, los cabezales de las mulas comienzan un alegre tintineo. Felipe está orgulloso de esos cabezales con media docena de campanillos de bronce macizo cada uno, que tan bien suenan, y le ayudan a olvidar.

No han terminado de subir la pendiente cuando, a la llamada del sonido de los campanillos, la pequeña María, baja corriendo cuesta abajo, interponiéndose en el camino, con intención de subirse a la galera sin esperar a que pare. El leñador le hace un gesto a su hijo para que baje y ayude a la chiquilla, lo cual realiza de un salto. Agarra a su hermana en volandas en dirección al pescante y dándole un beso fugaz en la mejilla, que la niña le devuelve en el aire, la entrega a su padre. La chiquilla se abraza al padre, le da un primer beso y se retira.

—Padre, pincha usted —dice la chiquilla al besarle por segunda o tercera vez, pero, no obstante, se abraza de nuevo y lo besa una y otra vez.

Desde lo alto de la plazoleta María, con la pequeña Concha en brazos, intenta retener a la chiquilla que quiere zafarse de sus brazos para imitar a su hermana. Miguel, de dos zancadas, se planta junto a su madre y su hermana. Coge en brazos a su hermana y casi la tira por el aire a su padre, el cual la agarra al vuelo. Todos ríen, aunque la madre menea la cabeza desaprobándolo.

—Como un día se os escape la chiquilla, vamos a tener un disgusto —exclamó con enojo fingido la madre.

La niña besa a su padre y lo abraza con fuerza, pero luego extiende los brazos en dirección a su hermano y dice:

—Ota vez, ota vez.

Todos ríen, pero la madre impide que se repita la acción.

42

La madre

—Mira tú que suben carros, galeras, caballos, mulas y borricos, pero siempre saben cuándo llegas tú, conocen el sonido de tus campanillos más que yo —dice orgullosa María riendo, que cambia el semblante al fijarse en las manos de Miguel, que lo tiene al lado—. ¿Qué te ha pasado?, ¿qué te ha pasado?

—Nada, mujer, que le han salido ampollas en las manos. Ahora, mientras yo descargo, lo curas y ya está. Es un mocetón... —quita importancia Felipe.

—¿Y tú te quedas tan tranquilo? ¡Desde luego! ¡Hombres! —protesta María.

—¿Qué le vamos a hacer? —Felipe ríe y se encoge de hombros.

—Tienes menos luces que un peón caminero. Mira que llegar a eso. El campo es un mata personas —recrimina María a su marido enojada. Después, cambia el tono por otro mucho más cariñoso para dirigirse a su hijo—. Tú tienes que aspirar a algo más. Tu padre tiene unas ideas: llevarte a cortar leña, con el hacha... ¿a quién se le ocurre? Pobrecito mío —dice María sin dejar de besarlo.

—Madre, necesitamos los cuartos, padre no puede solo. Necesitamos los cuartos, madre, ¿no se da usted cuenta? —dice Miguel que, aunque agobiado, se deja mimar.

—Dale la tetilla —musita Felipe sin ser oído.

Estira de las riendas que sujetan la yunta cuando escucha, a sus espaldas, unos pasos que le resultan familiares. Apenas se gira, la ve por el rabillo del ojo. Sonríe y comienza a silbar. Vuelve su mirada el muchacho. La madre, centrada en las manos de su hijo, no se percata. Miguel se separa como empujado por un resorte, casi la empuja. Ella, ajena, lo agarra con más fuerza.

—Madre, déjeme usted —le dice de forma imperiosa.

—Pero, hijo… ¿Qué te pasa?

Antonia sube la cuesta con un cántaro de agua al costado. Lleva un pañuelo de flores anudado a la nuca, dejando escapar sus rizos negros y encrespados por sus ribetes. Los ha visto llegar desde la fuente, donde ha estado esperando hasta verlos aparecer. Anda un poco encorvada hacia el lado izquierdo, en el derecho transporta el cántaro. Conforme se va acercando, el cuerpo de la muchacha se va enderezando más, hasta dar la sensación de que la pesada vasija está vacía, sin peso alguno. Incluso se permite la licencia de pasarse una mano por rostro y cabellos, intentando introducir dentro del recinto del pañuelo, sin conseguirlo, sus encrespados cabellos rebeldes. Llegando a lo alto de la cuesta, su cuerpo muestra más predisposición, saca el pecho hacia adelante, levanta la cabeza haciendo un esfuerzo mayor para no inclinar su cuerpo, a pesar del peso del cántaro. Parece ensayar una sonrisa, aunque nadie la ve. El muchacho desea verla, siempre aparece en sus sueños, haciéndose la luz en sus noches. Nota la sequedad en su boca, como si toda su saliva se hubiera secado de raíz, y ello le impidiera articular palabra. Apenas levanta la vista para mirarla, y de inmediato la baja, como apresado por una timidez imposible de vencer. Durante el trayecto venía pensando y soñando con ella. Ahora los mimos de su madre le molestan, le hacen sentirse ridículo. Hace un gesto brusco y casi grita al oído de su madre una frase que escuchó a alguien, no sabe a quién, para que la oiga solo ella, vocalizando exageradamente sus palabras.

—¡Basta ya, cojones! Los hombres se hacen a fuerza de golpes. Si tengo que hacerme polvo las manos con el hacha o el azadón me las hago, el pan no viene solo, hay que trabajarlo y traerlo con sudor. No somos reyes para comer sin dar un palo al agua.

—Este muchacho, ni que hubiera escuchado…, no me acuerdo quién... —musita Felipe mirándolo con severidad.

El hijo parece calmarse, mira en dirección hacia donde está Antonia, la cual ha dejado el cántaro en el suelo, descansando la vasija sobre un rincón que hay entre la pared y el poyo de piedra, justo antes de entrar al zaguán de la casa. Se recompone la ropa tras dejar el cántaro. De nuevo ensaya una sonrisa, se muerde los labios.

—Así están más rojos y parecen pintados —le dijo una amiga, y ella se muerde los labios para que parezcan pintados sin estarlos, no lo necesita.

Antonia no se pinta los labios, habiendo desaparecido en gran medida los rasgos de sus ancestros árabes. Conservaba, no obstante, una importante herencia facial: sus ojos negros, pero sobre todo sus labios anchos y carnosos, junto con sus cabellos rizados y negros. No obstante, gestos, nariz y visajes, recuerdan mucho a Clara, la recuerda siempre que siente deseos de pintarse los labios.

—Tienes los labios más bonitos que he visto nunca, ni se te ocurra pintártelos. Ningún color igualaría al tuyo natural, mi chiquilla preciosa…y enamorada —le dijo aquella noche, víspera de San Pedro, la primera noche que fue a la plaza a bailar con Miguel. Y no se los pintó, ni se los ha pintado nunca después, solo se los muerde para que el rojo sea más intenso.

Antonia pone gesto de preocupación cuando, en realidad, le divierte la escena, al ver a Miguel intentando zafarse de su madre. Él que tanto presume de ser un hombre hecho y derecho, tan alto que la enjuta figura de la madre a su lado parece de una chiquilla. A Antonia le divierte ver aquellos gestos tan infantiles, que parecen rabietas de chiquillo malcriado. Entonces ríe la muchacha de la conclusión a la que ha llegado. El sonido de su risa fresca llega hasta Miguel, que apenas se gira. La muchacha cambia su expresión alegre por un gesto burlesco, que pretende simular pena, para provocar la risa de Miguel, pero a él no le hace gracia y suelta un respingo. Ella comienza a andar decidida en dirección al muchacho. Sin embargo, contra todo pronóstico, este le da la espalda con enojo. Miguel entra corriendo en la casa, sin detenerse, con lágrimas en los ojos, preso de una no superada timidez, que le provoca una sensación de impotencia, sobre todo ante ella. Nada que tenga importancia, pero a él se lo parece y es suficiente. Hubiera preferido ir en dirección a ella, abrazarla, pero no se siente capaz. La madre y las hermanas corren tras él. El padre, sin embargo, mira a la muchacha y le sonríe, esta con gesto que simula casi dolor, también sonríe a Felipe.

—¿Qué le ha pasado a Miguel? –pregunta.

—Nada, nada, su madre que es muy exagerada. Tranquila, no le pasa nada —contesta el padre mientras comienza a desuncir las mulas de la galera y hace intención de ir a meterlas en dirección a la cuadra, pero se detiene.

La joven hace intención de querer entrar.

—Mejor no. Ya sabes cómo es.

—Quería felicitarlo. Es su cumpleaños… —dice ella a modo de disculpa.

Escuchan a Miguel quejarse y maldecir, mientras la madre musita algo intentando consolarlo, diciéndole no se sabe qué. El padre se da una palmada en la frente, tan fuerte, que tira la gorra al suelo.

—Quería felicitarlo, es su cumpleaños… —redunda ella, ahora, como pidiendo permiso por segunda vez.

—¡Copón! ¡Copón en Dios bendito y adorado! Ya lo veía yo. Imbécil que estoy. Veía que tenía ganas de venir. Es su cumpleaños y ni acordarme. ¡Copón en Dios! Por eso ponía hoy tanto empeño en terminar. Tenías que haberlo visto con las ganas que dejaba caer el hacha, era como si deseara terminar en una hora lo que se necesita un día. Tú tienes la culpa…, bueno, tú y yo…

—¿Yo? —pregunta con estupor la muchacha.

—Pues claro, mujer de Dios. Por las ganas que tiene siempre de verte, seguro que habíais quedado para hablar… —hay en el tono de Felipe cierto tono pícaro, que no gusta a la muchacha.

—Sí, para hablar un poquito —dice ella, casi con vergüenza, como si Felipe pudiera adivinar sus pensamientos. Después se asoma al quicio de la puerta y grita a media voz: —¡Feliz cumpleaños, Miguel!

Miguel no responde. Todavía se escucha a María hablarle, incluso se oye «dile adiós» por lo menos. Antonia se detiene unos segundos en la puerta, segura de que saldría Miguel. Antonia aprieta los labios, mientras murmura: «Ay, Señor». Mira a Felipe y se queda fija en él como si buscara un consejo.

—¡Qué guapa que eres! Pero que muy guapa… y buena muchacha, muy buena y decidida… ¡copón, lo tienes todo! —dice Felipe, que la mira fijamente de arriba abajo.

La muchacha sonríe algo aturdida ante el repentino arranque de su futuro suegro. Se sonroja y termina encogiéndose de hombros.

—Ya me pasaré mañana… ¡Buenas noches! —se despide.

—¡Buenas noches, Antonia! Perdónalo y perdona si te he ofendido —responde Felipe, consciente de su descaro.

—¿A mí? No, no pasa nada. ¡Buenas noches! —La muchacha se da media vuelta, no sin cierto esfuerzo, recoge el cántaro mientras a sus espaldas escucha la voz de Felipe.

—Seguro que luego se pasa a rondarte, lo sabré yo…

La muchacha sonríe girando levemente la cabeza. No dice nada y se pierde cuesta arriba, mientras Felipe fija su mirada en Antonia.

—Claro que subirá, tiran más dos tetas más que dos carretas. Buena moza se va a llevar mi muchacho, pero que muy buena moza, la hostia divina —musita fijo en el cuerpo de la muchacha, que camina recta; aunque, conforme va subiendo la cuesta va inclinándose por el peso del cántaro.

Una vez las mulas están en la cuadra, les echa de comer, a cada una en su pesebre, un poco de cebada y un buen puñado de paja tapando por completo las piedras de sal mineral que hay en cada uno de los pesebres. Les pone agua en el pilón central y al salir le da un pequeño azote a la mula.

—Buena mula es la Cordobesa —el mulo relincha ligeramente como quejándose del trato de favor a su compañera—. ¡Ay, ¡Sacristán, Sacristán…! Tú también eres un buen macho, pero…

Cuando termina de arreglar a los animales, escucha derramar agua sobre la palangana, sonríe y se acerca a la lumbre, allí está Miguel con el torso desnudo lavándose. El muchacho masculla algo en silencio, es evidente que aquel muchacho es hijo suyo, no tiene ninguna duda; pero, Miguel tiene la misma compostura que don Pascual, también que Braulio. No puede evitar llevar sus recuerdos muchos años atrás. Bambolea la cabeza de un lado a otro cuando lo mira María, que se acerca al muchacho con un puchero de agua caliente para echarlo en la palangana.

—Que buen mozo que es tu hijo —murmura la mujer.

Felipe solo asiente con la cabeza, pensativo, mientras mete la mano en el bolsillo del chaleco y saca la petaca, donde rebusca unas cuantas colillas que revuelve con picadura. Mira a los ojos a María y baja la cabeza disimulando, al tiempo que comienza a liar un cigarrillo.

—Sí, es muy buen mozo, no ha salido al padre. Si yo hubiera tenido esa compostura, en fin, no ha salido a su padre — murmura fijo en el cigarrillo que está encendiendo.

—Sabes que sí, que ha salido al padre, pero mucho más grande y guapo…, aunque, más soso, le falta…

—¡Madre! ¡Vale ya! ¿No? —Protesta Miguel apartando con el pie, de entre sus piernas, a una de las gatas que al salpicarle el agua ha saltado colándose por debajo del palanganero.

43

Añoranzas de terciopelo

Felipe agarra cuatro cuñas de madera, que hay tras la puerta de la cuadra, en el interior de un viejo serón de esparto. Prepara una para cada una de las puertas que hay de la calle hasta el corral, donde guardan la leña fina. Los troncos los guardan en un amplio porche. Se asegura que queden bien seguras y firmes. Sujeta la cortina de saco de la entrada a un clavo que hay al efecto. Tira la espalda para atrás, le duelen los riñones, pero hay que dejar la galera libre, para así, al día siguiente, poder llevar al menos una carga de leña a San Antonio de los Llanos.

—Esto es para mí, así que cuanto antes termine antes me acuesto —murmura para sí.

Y comienza a entrar las gavillas de leña, las cuales echa con decisión encima de una tinada, que se apoya sobre unas vigas de madera, a modo de porche de poco más de dos metros, que es donde suelen esconderse los conejos. Dos gallinas, habían cambiado el gallinero por la tinada, Felipe no se percata de la presencia de las aves y tira la primera gavilla sobre ellas, estas salen cacareando, intentando esquivarla.

—Eso por no dormir en el gallinero —dice riendo.

Cuando sale, ve a Miguel que entra con una gavilla por encima de su cabeza, lleva las manos vendadas.

—¿Qué haces? Haz el favor de adecentarte y ve a disculparte con la muchacha, que tienes un cuajo... —le increpa su padre.

—Ya has oído a tu padre, que no hay otra muchacha que valga más y te quiera... como ella no vas a encontrar —se escucha a su madre desde el interior de la casa—. Yo le ayudo.

Se arremanga el mandil y se dispone a coger una gavilla, pero su escasa fuerza le impide siquiera descargarla de la galera.

—Anda, quita, mujer, dale de cenar a los chiquillos —dice Felipe, señalando la puerta del pasillo a María.

—Dejadme los dos. Yo sé lo que tengo que hacer —corta el muchacho, quitándose las vendas que con tanto esmero le ha liado la madre. Le da las vendas en la mano a su madre y coge una gavilla casi en volandas, demostrando la fuerza, superior al padre.

El matrimonio lo mira orgulloso.

—Como tú dices, vale para guardia… —musita la madre—. Aunque más valdría que hubiera estudiado.

El padre la mira con severidad, niega con la cabeza, luego sonríe a su mujer, condescendiente, como si ella hubiera dicho una barbaridad, cuando es él quien suele decir que vale para guardia.

—Sí, vale para guardia, pero más vale que hubiera estudiado para maestro como su madre, como su abuelo. ¡Maldita guerra! ¡Copón! —maldice Felipe.

—¡Maldita guerra! Mil veces maldita, maldita intolerancia… Él no ha podido ser, pero las chiquillas…, las chiquillas todavía pueden serlo. Lo serán —parece reflexionar María.

—Maestras como tú.

—Yo qué sé, mira de lo que me ha servido… Bueno, sí.

—¿Para qué?

—Para venir a este pueblo y conocerte a ti.

—Pues, querida amiga, para esta carga te podrías haber ahorrado el viaje, solo te he dado sufrimiento.

—Amigo mío, tú no. Tú solo me has dado felicidad, y me has hecho reír tanto. ¿Te acuerdas? Me hiciste reír hasta cuando aquella primera vez que te visité en la cárcel, mellado, con más cardenales que el Vaticano, de la paliza que te habían dado. Y yo viéndote más allá que aquí, reí. Aunque, después en casa, no dejé de llorar en toda la noche. El dolor, amigo mío, nos lo han dado otros.

Ella se cuelga de su cuello intentando besarlo en los labios. Él mira para todos lados, suspira y la besa en la frente.

—Copón en Dios, en la cárcel y con miedo de que nos vean. Así no se puede vivir, tiene que llover — musita.

Entonces ella se alza y lo besa. No rehúye el beso Felipe, pero la coge de la cintura y la empuja para dentro de la casa. Le devuelve, ahora, él el beso y le da un azote en el trasero.

—Hasta para darte un beso tenemos que escondernos — protesta ella, haciendo un mohín de disgusto.

—No puedo evitarlo, tengo ahora más miedo que cuando estaba preso, mucho más…

—Has salido de los muros, en la cárcel seguimos estando todos, amigo mío, solo que no vemos los muros, porque los tenemos dentro de nuestras cabezas, antes eras «El Jilguero», ahora somos todos jilgueros enjaulados, y lo que es peor, sin ganas ni de cantar…

Felipe, mueve la cabeza de un lado a otro, la besa y cierra los ojos, saltándosele las lágrimas. Se abrazan fuerte y hacen el beso interminable, con sabor a sal y dolor. Escuchan los pasos de Miguel, y se separan apresuradamente. El muchacho disimula, e incluso cambia de posición la gavilla de leña, para fingir que no se ha percatado. Ellos no pueden evitar echarse a reír. Miguel también ríe, termina haciéndolo a carcajadas.

—Anda, prepara la cena, que esto en un santiamén lo terminamos el chiquillo y yo —dice él, separándose y limpiándose las lágrimas con la manga de la camisa.

Cuando terminan, ve cómo su hijo comienza a asearse de manera precipitada, saca el reloj del bolsillo y musita:

—Ya no son horas.

—¿Qué dice usted? —Pregunta Miguel girándose y agarrando la toalla, y mirando a su padre.

—Cosas mías, cosas mías —responde.

—Lleva razón, sí creo, que lleva razón. Ya no son horas…

—Pues, yo de tus años, siempre le llevaba la contraria a la razón, así que ya sabes, ¿a qué esperas?

—Ya veré lo que hago, ya veré...

—Y gracias a eso vienen esos besos de los que antes te reías —y se echa Felipe a reír, dándole una palmada en la espalda a su hijo.

Tras la cena, ve a su hijo indeciso. Felipe, entonces, le hace un encargo innecesario para obligarlo a hacer lo que el muchacho desea.

Al menos en tres ocasiones Miguel agarró el pomo de la puerta dispuesto para salir a la calle. En las tres regresó sobre sus pasos. Su padre, que lo observa en silencio, se acerca e intenta echarle el brazo por encima del hombro. Sin embargo, se encuentra que la altura casi no se lo permite, por lo que solamente le coloca la mano sobre el hombro, como siempre, dando un palmotazo.

—Acércate a Casa de Casimiro y le dices que mañana sábado por la noche se pase por aquí, tengo que hablar con él.

—¿Hablar o escuchar la radio? —pregunta el muchacho.

—Lo que salga: hablar, escuchar la radio, o las dos cosas, lo que se tercie —responde el hombre.

Son muchos los sábados que se reúne con Casimiro para escuchar La Pirenaica, ya no acude Venancio porque se fue a Francia, ni Clara porque está muerta, tampoco Casilda, perdida la esperanza, ya solo piensa en marcharse de Gascas.

Felipe permanece en la puerta un buen rato hasta que lo ve desaparecer tras la esquina.

El padre se acuesta con una sonrisa en los labios, queda tan lejos los años de sufrimiento que hasta tiene ganas de cantar a pesar de estar muy cansado. Por mucho que las pesadillas y los recuerdos le traigan una y otra vez imágenes de antaño, ya no hay motivo para la preocupación. Es mucho más pobre que cuando comenzó la pesadilla, cuando aquella guerra fratricida regó los surcos de los campos de España con la sangre de sus gentes. Ahora es un jilguero enjaulado, como bien había dicho ella, unas horas antes. Ahora, la jaula es tan grande que puede respirar. Ya no son las cuatro paredes de la cárcel con salida al patíbulo, en donde estuvo tantos años. Ya no tiene que esperar una visita al mes de la mujer que ama. Ahora le basta con alargar la mano y comenzar a acariciarle la nuca, y bajar sus dedos ajados por su espalda hasta donde se encuentra el secreto de la vida, para que ella reaccione:

—Anda, déjame, pesado. Anda, no seas...

Un beso con olor a tabaco sella la boca de la mujer, y los labios se entreabren, mientras los ojos se cierran y las manos comienzan a desabrochar botones. Hay, no obstante, resistencia y reservas, la madre siempre es la madre y piensa en el hijo que se acaba de marchar y en la muchacha a la que va a visitar. Pero, María, sobre todo, piensa en la madre de esa muchacha. Devuelve los besos a su marido, nota la emoción del recuerdo, mientras las lágrimas escapan de sus ojos cerrados. Siente la emoción y la transmite a él abrazándolo con pasión desmedida. Necesita las caricias de aquellas manos suaves y aquellos labios sin olores extraños, que llenaron sus noches de pasión durante tanto tiempo, pensando en él. Ahora que esas manos, esos labios, el cuerpo suave de Clara no está a su lado, la echa de menos. Él piensa que esas lágrimas son por él y abre los ojos al notarlas en sus mejillas. —¿Estás llorando?

Ella se encoge de hombros y dibuja una sonrisa tonta en su rostro llena de inocencia, como si fuese una niña traviesa. Termina haciendo un gesto afirmativo.

—Es de felicidad —miente.

Ahora es ella quien busca sus labios, no quiere preguntas, prefiere olvidar en los brazos y besos de su hombre, los brazos y besos que nunca llegaron a hacerle olvidar los de él. Ahora que tiene lo que anhelaba, llora emocionada echando en falta a Clara, que sin quererlo tanto la había amado. Del mismo modo que buscase en los brazos de Clara a su hombre, busca en los brazos de Felipe a Clara. Se aferra con fuerza a su cuerpo, queriendo recuperar el tiempo perdido de tantos años, tantas pesadillas, sabiendo que Clara siempre estaría entre los dos, sin que él llegara a saberlo jamás. Aunque una noche le dijese:

—Muchas noches en la cárcel, cuando llegaban noticias de otros presos, lo pasaba muy mal, pensando que otros labios te besaban, que otro hombre se acostaba contigo.

—Nunca mis labios han conocido los labios de otro hombre distinto a ti...—duda un poco, sin embargo, no miente— desde que nos hicimos novios. Lo otro, no te quepa duda, lo estrenaste tú y tuyo sigue. Nunca me he acostado, ni me acostaré con ningún hombre que no seas tú. De eso puedes estar tranquilo —terminó.

Él notó cierto titubeo en sus palabras. Ella se dio cuenta, pensó que lo justo sería decirle que se había acostado con Clara, pero solo le dijo en un tono que intentaba ser de broma:

—Pero en esta cama pocas noches he dormido sola: Miguel, Clara, Antonia, siempre alguno de los tres ha dormido conmigo y algunas noches los tres, eso sin contar a Dios, a la Virgen María, a los cuatro angelitos y al Espíritu Santo.

Él ríe con ganas y se ha quedado tranquilo para después de hacer el amor dormirse profundamente, mientras ella se quedaba pensando en Clara, sintiendo añoranzas de la suavidad de la piel de terciopelo de Clara. Tampoco le dice que llegó a sospechar que el hijo que esperaba Clara era de Felipe y que, al día siguiente de su muerte, ya sabía quién era el padre, porque María sabía muchas cosas que él ignoraba.

El Jilguero ama y se deja amar. Es feliz y quiere que ella sea feliz. Es consciente de que no es libre, pero la jaula es inmensa y puede cantar. Aunque su trino solo lo puedan escuchar aquellos que lo quieren, aquellos que en silencio cantan, ríen y lloran junto a él. Quedan tan lejanos aquellos días de sufrimiento...

44

No son horas...

Camina decidido, no se le nota el cansancio. El muchacho llama a la puerta del camarada de su padre con un golpe seco seguido de dos continuados y un cuarto distanciado. Tardan en abrir la puerta. Sale Casilda envuelta en una manta, dejando escapar, por debajo de la misma, la combinación. Sale descalza, desgreñada y con los ojos adormilados, señal de que ya estaban durmiendo cuando llamó Miguel. Le acerca un candil a la cara, como si necesitase saber de quién se trata.

—¡Buenas noches, Miguel! —saluda la mujer.

—¡Buenas noches, señora Casilda! ¿Está su hombre? —pregunta el muchacho con indecisión.

—Está ya acostado. Está durmiendo, ha madrugado mucho y está muy cansado... ¿Querías algo?

—Mi padre. Mañana, bueno lo de siempre.

—Ya se lo digo, pero no son horas, no son horas... bueno, se lo digo... ¡Buenas noches, Miguel!

Y sin más preámbulo, la mujer cierra la puerta.

—No son horas, lleva usted razón —musita él—. ¡Buenas noches tenga usted!

El muchacho se queda pensativo ante la puerta. Finalmente se gira y se aleja, consciente de que cuanta menos gente le vea, mejor. Sonríe, nadie pasa por la calle, no hay farolas que la alumbren, ni tan siquiera una triste bombilla solitaria, y de las ventanas cerradas, nada parece dar señal alguna de que alguien esté tras ellas contemplando lo que sucede en el exterior. «No son horas», musitó de nuevo, mientras maldice mentalmente el tiempo perdido de indecisión. No obstante, se encamina a la puerta de al lado, la casa de Angustias, en un vano intento de estar cerca de Antonia, de respirar su imaginario aliento, a través de las gruesas paredes de la casa. Se detiene ante su ventana, desde donde se han relacionado muchas noches desde la muerte de Clara. Un perro comienza a ladrarle. Llama al perro por su nombre y tras dos ladridos más, calla el animal, acercándose a olisquearle. Mira de un lado a otro, como esperando ver luz en alguna ventana, prepara sus nudillos para dar unos golpes en el cristal, decirle al menos: «¡Buenas noches! Perdona por ser tan imbécil».

Sin embargo, se detiene antes de llegar a rozar la ventana. Se queda unos instantes acariciando la cabeza del perro, el cual ha puesto las dos patas delanteras apoyadas sobre sus piernas. Cuando el perro lo deja, da media vuelta sobre sus pasos seguido por el animal, que parece esperar una recompensa que no llega. Al otro lado de la ventana, Antonia entre sueños escucha los ladridos del perro, no hace caso porque sabe que siempre que pasa alguien por la calle ladra como si le fuese la vida en ello, aunque sea un gato. El hecho de que se calle y escuche la respiración y el jadeo alegre, le hace sospechar que está allí Miguel. Tarda en reaccionar y asociar ideas. Cuando lo hace, pega un salto de la cama y corre en dirección a la ventana, justo a tiempo de poder ver cómo Miguel acaba de desaparecer tras la esquina con paso pausado. Ella lo llama en un tono apenas audible, susurra su nombre sabiendo que no se escuchará. Gritaría, pero sabe que al día siguiente estaría en boca de todas las cotillas de Gascas. Siente el aire frío de la noche sobre su rostro, se estremece apretándose las manos sobre el pecho. Con resignación, se encoge de hombros y esboza una leve sonrisa, suspirando a un tiempo.

—No son horas.

Miguel comienza a bajar la calle, de repente ve las luces de un coche que acaba de doblar el inicio de esta, parece un Land Rover. Piensa que es la guardia civil. De inmediato, vuelve sobre sus pasos corriendo. Antonia lo ve desde la ventana y antes de que el muchacho toque con los nudillos la puerta, abre.

—Los guardias, son los guardias —exclama asustado. Desde pequeño les tenía miedo, a pesar de habérsele pasado por la cabeza meterse a guardia, si no lo hizo fue por la advertencia de Antonia, y porque no le hacía gracia a su madre.

El coche se para en la misma puerta, no lleva distintivos que acrediten que se trata de la Guardia Civil, se bajan dos hombres con aspecto campesino, llaman en la puerta de Casimiro y Casilda.

—No son horas, no son horas —se escucha la voz de Casilda.

—Abre y calla, abre a la Guardia Civil —se escucha la voz de uno de los recién llegados.

Los jóvenes se miran, no los conocen y ellos conocen a todos los guardias de San Antonio de los Llanos. Escuchan la puerta al abrirse y cerrarse, se miran asustados, abrazados. Pronto comienzan a escuchar ruidos como de mover muebles. Murmullos y lamentos atraviesan las paredes. No hay gritos, no logran escuchar las palabras con claridad, ocultas por el ruido de los muebles al caer al suelo o ser desplazados de manera violenta de un lado a otro. Los visitantes pasan casi una hora en la casa, un fuerte portazo les avisa de que salen a la calle. Entonces vuelven a asomarse por la ventana y pueden ver a los dos hombres que habían visto antes y a un tercero que sí conocen, es Ernesto Pujalte, el sargento de la Guardia Civil de San Antonio de Los Llanos, parece muy enfadado. Le escuchan decir:

—Tiene que estar, tiene que estar esa maldita máquina, cojones.

Suben al coche, parece que discuten en su interior, sin que se lleguen a escuchar sus palabras. Terminan marchándose. Ahora escuchan más diáfano el rumor de las palabras de Casilda, intentando dar ánimos a su marido, este parece quejarse dolorido.

—Vamos a acostarnos —escuchan decir a Casilda, en esta ocasión con claridad.

Miguel decide salir y llamar a la casa de al lado, ella le retiene:
—¿Y si ahora te ve alguien…?
—Tranquila. No hay nadie en la calle, tengo que saber lo que ha pasado...
—Pueden estar en las ventanas.

Al final ella cede y acepta. Pero, antes de salir, las luces del coche iluminan de nuevo la calle, regresan los guardias. Se detiene de nuevo el vehículo en la puerta, están unos minutos con las luces encendidas, terminando por bajar solo el sargento, que saca la pistola, baja también uno de los hombres y le dice algo al oído. Vuelve a enfundar la pistola y se suben al coche, permanecen unos minutos con el motor encendido. Puede verse cómo tienen cada uno de ellos un cigarrillo encendido, bajan las ventanillas para poder respirar, parecen esperar algo, al final se marchan. En la casa de al lado ya no se escucha nada, parece como si se hubieran acostado.

—No es cuestión de ir ahora, no son horas —dice Antonia adivinando la intención del muchacho, cogiéndole la mano—, ya se habrán acostado y los guardias pueden volver.

Permanecen unos minutos mirando por entre las rendijas de la ventana asustados y en silencio, abrazados sin saber cómo reaccionar. Temen el regreso, pero ya no parece que vayan a volver, entonces él decide marcharse.

—Me voy.

—¿Para eso vienes? —dice ella colocándose frente a él, abrazándolo fuertemente.

—Me tengo que ir, mañana madrugo... —él baja la cabeza, desvía la mirada que, en la oscuridad, percibe más que ve, duda, está nervioso. Nota el cuerpo de ella más próximo, ella le acaricia la cara en la penumbra, los dedos de ella se enredan entre los cabellos frondosos del muchacho.

—¿Madrugas?

—Sí, madrugo...

—Ah, bueno, si madrugas... —y aprieta su cuerpo de adolescente contra el joven cuerpo de él.

—Sí, madrugo...

—Ya lo has dicho, madrugas —y su mano atrae la cabeza de él hacia su rostro, se pone de puntillas y lo besa en los labios—. ¡Feliz cumpleaños, Miguel!

Él permanece rígido, inmóvil, como una estatua. Ella de nuevo le vuelve a besar, lo abraza con más fuerza, aún si cabe, y él nota el cuerpo de ella bajo la manta en que está envuelta, la cual se sujeta con sus cuerpos, la risa nerviosa de ella brilla en la oscuridad.

—Perdona —se atreve a decir él—, me comporto como un gilipollas, como si fuese un chiquillo...

—¿Y a quién le importa eso ahora? ¡Feliz cumpleaños, Miguel! —Ella lo besa de nuevo y se abraza con más fuerza, se estremece, duda, repite un segundo beso, no quiere que se vaya.

—¡Gracias! Me tengo que ir... —dice temblándole la voz, mientras intenta retirarla suavemente contra su propia voluntad. Una parte de él ha cobrado vida por sí misma, ella lo nota a través de la manta. No obstante, él parece querer marcharse, a pesar de ello.

Ella deja de abrazarlo, él permanece impasible, sus ojos se han habituado a la oscuridad, puede verla, amarla y desearla. Al separase, la manta cae al suelo, ella está en camisón, un camisón blanco de raso que antes fue de su madre. Él tiembla cuando de nuevo ella se acerca mirándolo fijamente a los ojos, lo abraza y lo besa. Ahora nota el relieve de su cuerpo entero con sus curvas, montañas, valles y ríos. Bebe del jugoso manantial de sus labios, el beso deja de ser fugaz para convertirse en penetrante y apasionado, comienza a devolver las caricias a un cuerpo que parece indefenso entre sus grandes manos, entre sus fuertes brazos, el cual teme apretar por miedo a que se rompa como un frágil cristal. Se abandonan el uno al otro, sin palabras, se besan mezclando el sabor de sus fluidos, la abraza con fuerza, sin miedo ahora a romperla. Ella solo ríe nerviosa y lo besa, acaricia con su lengua el lóbulo de su oreja, siseando como una serpiente, apenas un susurro en el oído, ella le dice:

—Te quiero —Mientras, se suelta de los brazos de él y lo coge de la mano, llevándolo hasta su cuarto.

Se acerca a la puerta de la habitación. En una pequeña repisa hay una caja de fósforos, tantea con las manos hasta encontrarla, rasca iluminando su rostro. Prende un candil que hay colgado de una especie de gancho en esa misma repisa. Se abrazan y caen sobre la cama. Ambos están nerviosos. Él intenta quitarle el camisón, el cual termina rasgando. La acaricia sin control, con torpeza impaciente, intenta con sus manos acaparar todos los pliegues, rincones y curvas de su cuerpo, olvidándose por completo de sus manos doloridas.

—Espera, espera —susurra riendo ella, mientras se incorpora de la cama y se quita el camisón, quedando desnuda e indefensa.

De repente, siente vergüenza y se tapa los senos, quedando su sexo libre de toda protección, tirita como de frío, ríe nerviosa. Él se levanta también, ella lo acaricia e intenta desabrochar su pantalón. Entonces se percata de una humedad viscosa, retira la mano como sintiendo un escalofrío a la vez que cierta sensación de asco. Ríe ella, él intenta decir algo, pero no sabe qué.

—Te ha vuelto a pasar —dice ella estremeciéndose al recordar aquella tarde en la que él le dijo «te quiero» y llegó su madre.

Él está demasiado excitado como para recordar nada. Sus pantalones caen al suelo y al intentar zafarse de ellos, derriba el palanganero produciendo un ruido espantoso. Es entonces cuando se escucha la voz de la anciana Angustias.

—Clara, Clara, qué es ese ruido.

—¿Estás tonto? —le regaña ella—. Nada, señora Angustias, que me he levantado a mear y no encuentro el orinal.

—Cuando lo encuentres, vienes y me ayudas a mí a bajar, que también tengo ganas de mear.

—Ahora mismo —contestó, bajando la voz, hace un gesto como de fastidio y le dice a él—: Anda, vístete, otra vez será, otra vez celebraremos tu cumpleaños como Dios manda.

Lo besa de nuevo, ahora es él quien intenta retenerla, pero ella se separa y le entrega el pantalón.

—Pero —se lamenta él, señalando su sexo erguido.

—Anda, cochino, vístete. No son horas y la señora Angustias está despierta. Otro día… ¿Vale? Te lo juro. No son horas…

Tras ponerse el camisón y la manta por encima, sale de la habitación y se mete en el cuarto de la anciana. Miguel las escucha hablar.

—No soy Clara, soy Antonia.

—¿Y cuándo viene tu madre? Hoy no la he visto...

—El domingo si Dios quiere…

—Quiero que me den pronto nietos, para eso se han casado.

Miguel escucha y piensa que hace bastante más de un año de la muerte de Clara y más de diez de la muerte del hijo de Angustias, al cual él nunca llegó a conocer. Sabe que a la mujer ya no le carbura la cabeza, pero se asombra del tono de cariño que usa Antonia con ella, al tiempo que le ayuda a llevar una realidad que no existe. La anciana guarda una extraordinaria memoria sobre ciertos detalles del pasado, mientras se olvida en muchas ocasiones hasta de que tiene que abrir la boca cuando Antonia le da de comer.

—Claro, mujer, claro que le darán nietos, para eso se han casado, para tener hijos...

—Tú eras muy pequeña, ¿te he contado que se casaron en la cárcel? Por poderes...

—Sí, muchas veces...—Y Antonia suspira, son tantas veces las que se repite la misma historia. Al principio le llevaba la contraria, lo cual provocaba nervios en la anciana. Ahora solo le lleva la corriente.

—Tienes que escribirle a Franco, decirle que mi hijo es bueno y seguro que lo sueltan...

—Sí, mañana le escribo...

—Mañana, eh, mañana, yo te la dicto... —La mujer habla emocionada, mientras que la voz de Antonia suena triste, casi como un susurro—. A ver si no nos olvidamos. art

Miguel espera varios minutos desnudo. Siente frío y se coloca la manta que hay sobre la cama alrededor de su cuerpo. Lleva años esperando ese momento, sabe que esa noche será la decisiva, tiene miedo, podría decirse que un auténtico pavor. Él siempre deseó y temió ese instante. Por ello, no le contó nada a su padre, para así tener la excusa. Ella era quien tomó la decisión, pero, al mismo tiempo, no quería que se sintiera obligado. Miguel es consciente, debe hacerse el valiente, serlo, lo desea tanto como ella. A pesar de ello, cuando ella lo sugiere, él tiembla y le entran ganas de salir corriendo; por mucho que supiera que esos instantes no los olvidará en su vida.

Sus ojos se acostumbran a la oscuridad, ve su imagen reflejada en un espejo roto que hay en la pared frente a los pies de la cama. Ve reflejado el libro que hay sobre la mesita, «*Veinte poemas de amor y una canción desesperada*». Lo coge y llega a leer en la primera página la dedicatoria de su abuela Virtudes, para su padre, en la oscuridad no es capaz de entender la letra. Comienza a leer el libro, mientras espera a la muchacha.

La anciana no deja que se marche la muchacha, se ha desvelado y quiere conversación, no entiende de horas. Habla de lo guapo que es su hijo:

—Más guapo que el chiquillo del Jilguero y sobre todo más alegre, mira que es soso el muchacho de Felipe.

Parece que al final se duerme la anciana y Antonia aprovecha para escapar. Se encuentra a Miguel sentado en la cama esperándola. Se desprende ella de su manta, él deja resbalar la suya sobre la cama y antes de abrazarse, de nuevo la anciana llama a la muchacha.

—Antonia, chica, hazme una manzanilla con una pizca de aguardiente a ver si me duermo.

Se quedan los dos paralizados, ella le da un beso a Miguel y recoge de nuevo la manta con intención de regresar al cuarto de la anciana. Miguel intenta retenerla, ella lo besa en los labios y le dice:

—Vístete, cuando se desvela, ya ni duerme ni deja...

—¿Con aguardiente? Eh, no te olvides de una pizca de aguardiente —escucha a la anciana.

—Pero... vacíale media botella —dice Miguel riendo al tiempo que intenta retenerla de nuevo, abrazándole las piernas y besándola a la altura de los pechos sobre la manta.

—Ni con un cuartillo entero de aguardiente se duerme. Otro día, te lo prometo, por estas. Mañana madrugas —Besándose el pulgar.

Se abrazan, lo besa en los labios y le hace un gesto para que se vaya. La voz de la anciana, impaciente, se escucha de nuevo. Antonia responde, besándolo de nuevo.

—Copón con la vieja del aguardiente —se queja él.

—Otro día, te lo juro por estas —dice ella besándose dos veces el pulgar al tiempo que con picardía le guiña un ojo.

Ella sale de la habitación sin dejar de mirar hacia atrás, mostrando una sonrisa que a Miguel le hace desear impedirle llegar a la cocina a preparar la manzanilla con aguardiente para la anciana. Da unos pasos y ella, con un gesto de las manos y la cabeza, le dice que no, que se vaya. No obstante, la sigue y la abraza.

—Inclinado en las tardes tiro mis tristes redes a tus ojos oceánicos. Allí se estira y arde en la más alta hoguera mi soledad que da vueltas los brazos como un náufrago...

— Hago rojas señales sobre tus ojos ausentes que olean como el mar a la orilla de un faro —continúa ella entre risas el poema número siete de Pablo Neruda —. Espero que tu padre tuviera más ritmo en su recitar que el que tienes tú, porque, de lo contrario, tú no estarías en este mundo...

—¿Cómo? —Titubeo él, sonrojándose.

—Tu madre me contó una historia muy graciosa, que ya te contaré. De todos modos, Miguel, galoparé en la noche sobre tu cuerpo cual su yegua sombría. Te lo juro; pero esta noche no, te lo pido, yo que tengo más ganas que tú...

—Antonia, tráeme la manzanilla, que me desvelo...—la anciana reclama la manzanilla con aguardiente.

—Que se desvela dice, cuando despierta, ya ni duerme ni deja en toda la noche. La cosa va para largo, te lo digo yo. Anda, márchate que hay más noches que poemas en este libro. Además, a ti nunca te gustó la poesía, parece mentira, que siendo tu madre maestra y tu padre jilguero, tú no digas ni pio —le dice al oído, quitándole el libro, que él lleva todavía en la mano, arrepintiéndose al instante de su broma.

—Estaba leyéndolo, de verdad...—parece disculparse él, bajando la cabeza, hasta con ella es tímido cuando Antonia alude a esa timidez enfermiza que siempre tuvo.

—Cógelo y llévatelo. Es de tu padre y yo me lo sé de memoria. Es verdad, aunque yo diga lo contrario que algún poema. No que gustas cuando callas, porque estás como ausente y yo quiero tus palabras que me hacen cosquillas en el oído como me gusta hacerte a ti en los riñones...

—Me voy —titubea él.

—Pero no te enfades, anda quédate si quieres y esperamos a que se duerma —dice ella intentando atraerlo.

—Me voy. Estoy cansado.

—Vaya. Era broma...

La voz de la anciana la reclama de nuevo. Él recoge sus ropas y se viste, sin que ella haga, ahora, nada por retenerlo, sabe que le tocará estar en vela toda la noche, a no ser que se ponga algodones en lo oídos para no escuchar a la anciana.

Miguel camina temeroso por la calle, mirando a todos lados, intentando descubrir en la oscura noche a alguien que esté despierto y lo pueda ver. En su casa, María está despierta. Después del primer sueño, le da con el codo a Felipe, despertándolo.

—¿Estás despierto? ¿Sabes si ha llegado el chiquillo?

—Seguro —contesta Felipe aturdido.

María hace ademán de levantarse para comprobarlo, pero él le coge la mano.

—Espera —le dice, atrayéndola hacía él. Ella parece resistirse. No obstante, termina cediendo a sus besos y caricias, dejando para después la comprobación.

Cuando Miguel llega a su casa, escucha el ruido del somier que sale del cuarto de sus padres, gemidos y jadeos de su madre y, como un bufido final, por parte de su padre. Después de un silencio inicial, un cuchicheo, distingue claramente las palabras de su padre entre risas reprimidas.

—Ya ha llegado, no te tienes que levantar a comprobarlo.

Miguel se acuesta pensando en que tal vez llegará el día que, ese ruido chirriante, lo emitirá un somier que sostenga el cuerpo de Antonia y el suyo. Mientras tanto, le toca calmar sus deseos en soledad, pensando en ella, en sus labios, en esos oscuros pezones que le traen perturbado y que le hacen preguntarse si todas las mujeres los tendrán así de oscuros. Piensa que los hombres deben tenerlos más claros que las mujeres. Tan solo ha visto a dos mujeres desnudas en su vida aparte de ella: a su madre y a Clara, y siempre las vio en la oscuridad del cuarto, donde momentos antes hacían el amor sus padres, en esa misma cama. Aunque, para entonces, él ya había olvidado aquellas escenas. No recuerda ni tan siquiera, la ocasión que lo vieron de pie frente a ellas y lo acostaron entre las dos, dando por terminada la noche de amor entre las risas y el sofoco de María.

45

Los recuerdos queman más que las ascuas

Felipe se levanta en silencio procurando no hacer ruido, intenta que pase desapercibido su abandono del lecho. Desde la muerte de Clara duerme poco y mal. Aunque en esas noches, en las cuales, después del primer sueño despierta con el cuerpo de María a su lado y le arrebata el sueño. Después, duerme tan a gusto que se quedaría un par de horas más abrazado a María. Con el tiempo se acostumbró a que no fuesen los disparos quienes lo despertaran cada mañana. Todos los días, antes del alba, está despierto, no importa que tenga que trabajar o sea festivo, y cuando despierta, se pone nervioso si no se levanta.

Sale del cuarto, cerrando con sumo cuidado la puerta tras de sí. Nunca enciende la bombilla, que cuelga del techo con un cable trenzado. Caminando en la oscuridad, se acerca al brillo fosforescente de las ascuas. Su primera acción es liar un cigarrillo y coger las tenazas buscando las ascuas entre las cenizas y rescoldos del día anterior. Inmediatamente, coge un ascua con las tenazas y prende el cigarro, aspira profundamente la primera bocanada de humo, hasta que esta llega a sus pulmones, y como siempre, le provoca una ligera tos. Carraspea y coge el cigarrillo entre los dedos, para al final terminar por dejárselo entre los labios. Tras las primeras bocanadas, cuando ya está mediado el cigarrillo, coge de la leñera un manojo de sarmientos y un par de troncos. Aparta las cenizas hasta uno de los extremos de la chimenea, separando al tiempo las ascuas hacia el centro, de manera muy pausada, como si fuese un trabajo de precisión. Sobre las ascuas echa primero los sarmientos para después echar los troncos, o como aquella mañana las cepas. Se agacha y sopla con los fuelles hasta que los sarmientos comienzan a prender. Lo siguiente es agarrar uno de esos sarmientos y acercarlo al candil que cuelga en un extremo de la chimenea y después enciende la mecha del otro, que está colgado de la estantería de la radio.

El candil es la principal fuente lumínica después de la bombilla, pero él nunca la enciende. Hay velas, pero suelen encenderlas menos aún. Por último, sale a la tinada y entra con una gavilla de ramas de encina seca y la coloca sobre las cepas, pone dos nuevas cepas sobre la gavilla y las llamas suben con furia hacia arriba. Todas las mañanas repite el mismo ritual, paso por paso. Después se encamina hacia el aparador y saca la botella de aguardiente, se quita el cigarro de los labios, lo apaga y echa un pequeño trago a galillo, enjuagándose la boca durante un par de minutos. Una vez realizado el enjuague, lo escupe sobre las llamas, que toman un color azulado por unos instantes, debido al alcohol. Vuelve a echar otro trago para, al final, dejar la botella encima de la mesa y liar otro cigarrillo.

Como todas las mañanas, coge el badil y la escoba amarga, y después la fina de ciacillo para terminar de limpiar la ceniza. Se sienta y piensa en las manos de su hijo, él también las tuvo así, cuando, recién salido del seminario, su padre le puso a trabajar como un jornalero más. Recuerda que lo que fue un castigo le hizo amar la tierra, sentirse parte de esta. Entonces, se tragó el dolor, seguro de que su padre pronto le levantaría el castigo. Mucho tardó. Cuando su padre le recriminó que trabajase igual que todos, él no quiso dejar de hacerlo, más que nada, por llevarle la contraria y porque las ideas de algunos jornaleros le habían contaminado el cerebro, ya era uno de ellos y quería estar al lado de ellos.

—¿No me dijo usted que tenía que ser uno más?, pues eso soy, padre, eso soy, un jornalero más —. Y eso fue.

Él no castiga a su hijo. Quisiera que hubiera estudiado, pero, al contrario que su padre, él no tenía dinero para poder darle esos estudios. Cuando salió de la cárcel no fueron bien las cosas y Miguel tenía once años. Ahora lo necesita a su lado, tienen la suerte de tener aquel monte, más agradecido que la escasa tierra seca que le dejaron en herencia, siempre sujeta a las inclemencias del tiempo. Sin embargo, a pesar de todo, el monte es generoso, las encinas siempre están ahí, esperando el hacha, donde cortan una, crece otra. No es algo instantáneo. No obstante, el monte se va regenerando todos los años, y siempre hay tajo para sacar unas cuantas cargas de leña que vender en San Antonio de los Llanos y otros pueblos manchegos escasos de leña. Es una suerte tener aquel encinar en aquellas tierras de transición entre la Serranía y la Mancha. Es una suerte que en los pueblos vecinos escasee la leña, mientras que en Gascas hay hermosos encinares y algunos pinares, aunque el pino no lo quiere nadie para la lumbre, echa mucho humo. Felipe, al pensarlo, se siente afortunado.

En ocasiones, su hijo le pregunta por su pasado, por cuando era un niño o un joven casi rico, el motivo por el cual se hizo rojo, siendo que toda su familia era católica y muy de derechas.

—Ahora podríamos vivir mucho mejor. ¿Tú no querías ser rico? —le pregunta el muchacho, sin ser capaz de discernir qué era ser rojo y qué de derechas. Solo sabe que los ricos viven muy bien y los pobres pasando muchas necesidades y con miedo.

—¿No voy a querer ser rico? Claro que quería ser rico, pero hay cosas que solo se aprenden con el sudor de la frente. En mi casa, los años buenos comíamos muy bien, llegaban los Reyes Magos de manera generosa. En casa de nuestros jornaleros, los años buenos pasaban hambre, pero comían...

—En casa tampoco han venido nunca...

—Entonces, como ahora, los Reyes Magos se olvidan de visitar a los hijos de los pobres, como escribió un poeta que se llamaba como tú: «Ningún rey coronado tuvo pie, tuvo gana para ver el calzado de mi pobre ventana…»

—Uno de esos poetas muertos que dice madre…

—Sí, uno de esos poetas muertos, Miguel Hernández. Lo que te decía, los hijos de los jornaleros, también soñaban con que el mundo fuese una juguetería. Y se hacían amigos nuestros para poder jugar con nuestros juguetes, sin comprender por qué sus abarcas cada cinco de enero, estaban vacías, estaban desiertas.

—Como las mías.

—Sí como las tuyas.

—Sigue padre.

—En los años malos, en mi casa vivíamos igual de bien, comíamos igual de bien y los Reyes Magos nos traían los mismos regalos. En casa de los jornaleros pasaban aún más hambre y algunos de sus hijos dejaban de venir a jugar con nosotros, porque el hambre los había matado, como le ocurrió al hermano de Casimiro.

—Casimiro es muy amigo tuyo, ¿por eso te hiciste rojo? —pregunta el muchacho.

—No. Te equivocas. Yo no me hice rojo. Fueron las circunstancias y gracias a tu abuelo Pascual. Al castigarme a trabajar como cualquiera de sus jornaleros, comprendí el valor del trabajo, el valor del sudor, el ver cómo mis compañeros se deslomaban a trabajar y a pesar de eso, pasaban sus hijos hambre. Mientras que, en mi casa, y eso que no éramos muy ricos, teníamos la vida regalada. Ver cómo venían a pedirle una fanega de trigo a mi padre, para poder pasar el invierno, y cómo mi padre, después les obligaba a devolverles dos fanegas y alguna peonada de balde, me hizo comprender muchas cosas…

—¿Tan malo era?

—No, no sé, era rico, y sabía que podía hacer lo que quisiera, él ponía el precio, si lo podían pagar, lo pagaban, si no, pasaban hambre. Algunos protestaban. ¿Y sabes que les contestaba el muy católico de mi padre? ¿Tú sabes lo que les contestaba?

—Padre, ¿cómo he de saberlo si no lo conocí?

—Recuerdo cuando el pobre Jonás Requena le dijo: «Don Pascual, el año pasado no me prestó trigo y pasé el invierno». Y mi padre se echó a reír en su cara, y le contestó: «Sí, Jonás, sí, pasaste el invierno, pero... ¿cómo lo pasaste?». Ver al pobre hombre bajar la cabeza y casi suplicarle que le prestara dos fanegas de trigo en las condiciones de usura que le exigía, fue todo uno...

—Ahora, según dicen, don Matías hace lo mismo, y también el mayoral de su yerno, de don Braulio, creo que es...

—Hace mucho tiempo que no sé quién es, ni quiero saberlo —cortó a su hijo, dibujando una mueca amarga en sus labios.

—Siga usted, padre...—le animó Miguel, comprendiendo todo, puesto que conocía buena parte de la historia, nunca en su casa llamaron a Braulio «tío», ni hacían la más mínima referencia al mismo.

—Después conocí a tu otro abuelo, a don Jaime, y a su hija, a tu madre que sí lo eran, rojos...

—Pero, madre reza, los rojos no rezan, ni quieren al Señor...

—No hagas caso de lo que te digan —hace una pausa, mientras se quita la colilla de los labios—. Sigo pensando, que no me hice rojo, me hicieron rojo, después de terminar la guerra. Es cierto, era diferente a mi familia, pero en el fondo pensaba casi como ellos. La victoria, que no la paz, me terminó de cambiar y me puso al lado de quienes, como yo, sufren la victoria, nuestra derrota...

Normalmente, intentaba evitar este tipo de conversaciones con su hijo, pero eran muchos los días en los que necesitaba hablar con alguien, sin poder hacerlo con nadie. No quiere pensar en todo aquello que pasó, nadie habla de eso, ni siquiera en la cárcel, cuando piensa la cabeza le arde, como dice él «se me cruzan los cables». ¿Cómo engullir tanta amargura en silencio, cuando debes olvidar hasta quién eres para poder vivir? Porque él, muy a su pesar, ya no es «El Jilguero», aquel que recitaba poemas y se revelaba contra su padre, aquel que creía que sus jornaleros tenían el mismo derecho a comer que él. Ya no podía cantar en la plaza canciones que se burlasen de sus verdugos. ¿De qué sirve conocer la verdad si la tienes que ocultar?

Nota la boca seca, con sabor a hiel, escupe sobre las llamas con gesto de asco. «Peor sabe lo que se traga uno sin tener que hacerlo», piensa mientras se quema los labios con el final del cigarrillo, lo apaga con los dedos y lía el tercero. Cuando agarra con las tenazas una ascua y sin saber el motivo, piensa ahora en aquellos cañones de fusil que en ocasiones quemaban más que las ascuas, sopla sobre la ascua y la arrima al cigarrillo. Ese día rompe el ritual sin saber el motivo, se siente cansado, no quiere ir al monte, quiere pensar que es porque se está haciendo viejo, busca justificarse:

—Ya no soy un chiquillo.

Esa noche ha sido especial, ha estado más tiempo despierto que durmiendo, haciendo el amor y hablando con María, y lo que menos desea es marchar al monte y menos solo. Con lo tarde que llegó Miguel, no quiere despertarlo convencido de que él, igualmente, ha tenido una noche inolvidable.

—Pobrecillo, teníamos que haber venido al mediodía —piensa en voz alta, dibujando una sonrisa —. Buena moza la condenada…

46

Algún día tomaré café

Se sienta de nuevo en la silla. Cierra los ojos y ve sombras y más sombras. Piensa, como tantas otras veces en Emilio, y se mira sus manos como esperando que de las mismas salga un pajarillo, tal conforme en ocasiones hacia Emilio. No quiere pensar en él, tampoco en Clara, nunca la nombra delante de María, «la pobre la quería más que a una hermana».

Mira fijamente las llamas escuchando su crepitar ruidoso al prender las hojas de la hojarasca, como si pequeños disparos surgiesen de todos los lados de la chimenea, los cuales, al consumirse, parece que buscan que Felipe no olvide que hubo un tiempo que esos disparos fueron reales y se llevaron a miles de jóvenes llenos de vitalidad por delante. Le hacen recordar que apretó el gatillo contra muchachos que no tenían nada que ver con él, en una guerra que no era la suya. La humedad calaba hasta los huesos en las trincheras. Los recuerdos eran heridas abiertas en su corazón. Cada vez que apretaba el gatillo, sabía que podía segar jóvenes vidas de españoles, pero, sobre todo, de jóvenes marroquíes que, si él estaba en una guerra que no era la suya, ellos con mayor motivo. Era a ellos a quienes más recordaba porque eran los mercenarios marroquíes quienes atacaban, sin miedo a nada, siendo quienes más miedo infundían y con más saña mataban.

—A los moros les esperan siete mujeres en el paraíso —dijo un jovencísimo miliciano anarquista de Tarrasa en el frente de Teruel.

Felipe procuraba no mirarlos, cerraba los ojos. En más de una ocasión llegó a tenerlos a menos de un metro, viendo la muerte en sus ojos. No tenían miedo a las balas.

—¿Es que no hay fascistas, solo moros? —Recuerda que le preguntó ese mismo muchacho minutos antes de morir atravesado por la bayoneta de un rifeño.

Él sentía miedo, un miedo atroz, por la noche veía la cara de los magrebíes atravesando las trincheras enloquecidas. Le horrorizaba la idea de morir, de no volver a Gascas, no ya por él, que también, sino por María. Al frente llegaban noticias que decían que aquellos mercenarios tenían licencia para todo: abusar de mujeres y niñas, robar o matar como parte del botín. Gascas se encontraba muy lejos del frente. No obstante, ello no evitaba que se imaginase a María bajo los cuerpos lujuriosos de aquellos rifeños que él mataba con los ojos cerrados. En las noches, escucha sus gritos, los lamentos de los moribundos, su desesperación, los lloros desconsolados de padres, hermanos o hijos, que imploran la presencia de madres, mujeres, hermanas o novias en todos los idiomas: en árabe, italiano, alemán, ruso, inglés, catalán, vasco o gallego con todos sus distintos acentos.

—¿Hay alguien de Motilla? Soy Facundo Martínez, «el Cerro bajo». Decidle a mi mujer que he muerto y que la quiero mucho, que muero pensando en ella y en nuestros hijos. Si hay algún paisano, que se lo diga...

—Soy Jacinto Nuño «Pies zancas», de Iniesta. Si salgo, se lo diré, te lo prometo compañero.

Sabían que iban a morir y querían que los suyos lo supieran. Otros gritaban palabras de todo tipo, maldecían a los moros y a los cristianos, a los comunistas y a los fascistas. A otros los escuchaba rezar, no solo en la trinchera enemiga, sino también en la republicana. Su principal pesadilla fue al final de la guerra, cuando comienzan a llegar las noticias de las derrotas, de pueblos ocupados, de atrocidades cometidas por los vencedores.

Vencedores que dejan libertad de acción a aquel ejército mercenario llegado del norte de África. Pensaba en lo que le podría pasar a María, a su hijo, de nada servía saber que estaba en casa de su padre, que era de los otros, de los nacionales. Él había pasado de republicano a rojo. Pensaba en María y en los peligros a los que se podía enfrentar, porque él siempre tuvo claro que de aquella guerra no saldría vivo.

Después de tantos años, todas esas sensaciones y pesadillas se clavan dentro de su mente, crecen y amenazan con explotar el cráneo. Se imagina su cerebro atravesado por una bala, desperdigados sus sesos entre el barro rojizo regado con la sangre de los soldados españoles, de ambos bandos, y mercenarios marroquíes, alemanes o italianos, como en tantas ocasiones había visto. Las noches en el frente se hacían insoportables. Después de la guerra, muchas noches, todavía, escuchaba los gritos desgarradores de los heridos, el silbido de las balas o las explosiones de las granadas o morteros como cuando se encontraba en la trinchera. Dormía en vilo, el ruido de un gato o un perro le hacían reaccionar, saltar del catre o de la húmeda manta extendida en el suelo y agarrar el máuser con los ojos desorbitados. En sus pesadillas y recuerdos, ahora, se ve arrastrando cadáveres después de la batalla, sueña que es arrastrado su cadáver en la trinchera, que moros, cristianos o ateos pasan por encima de su cuerpo con total impunidad. Cada noche, cuando no logra conciliar el sueño, piensa en eso; pero, cuando se duerme, sus sueños son insufribles pesadillas, en las cuales, odia, dispara con ira contra los rifeños que, del mismo modo están en una guerra que no es la suya, defendiendo una religión, un dios, que no es al que adoran, ejercen de mercenarios inmisericordes.

Observa ensimismado el fuego mientras se toca la oreja. Nota aquella dureza encallecida, que le hace recordar aquel día en que entraron las tropas republicanas en Teruel, casa por casa. Cómo caminaban evitando pisar los cadáveres esparcidos por las calles. Puede ver como si estuviera en la Plaza del Tórico, los soldados republicanos parapetándose, intentando evitar los disparos que salían de algunas casas.

—López, revisa que no quede nadie en esa casa —le ordenó el sargento, señalando una de las casas desde donde habían disparado.

Entró y no vio a nadie vivo, salvo tres cadáveres de soldados italianos del *Corpo di Truppe Volontarie*. Cuando ya iba a salir, de repente le entraron unas ganas irresistibles de orinar. Se acercó a un rincón de uno de los cuartos y empezó a desabrocharse la bragueta. El sonido del chorro rompía el silencio del cuarto. Entonces lo vio: un muchacho que no tendría ni veinte años, con uniforme del ejército franquista, apuntándole. Sin esperar más, agarró el fusil con rapidez, seguro de que iba a morir.

—Por culpa de una meada —se repetiría más de una vez.

Los nervios se apoderaron de Felipe, podía escuchar los latidos de su corazón. Por suerte, quien le apuntaba, con la cara ensangrentada y enmascarada por el polvo de los escombros, no tenía menos miedo que él. Al instante quedaron los dos paralizados, apuntándose mutuamente. Felipe, con las manos en el máuser, la bragueta abierta y todavía orinando. El muchacho le apuntaba con las manos temblorosas Permanecieron así un buen rato, mirándose aterrorizados a los ojos. Felipe quiso hablarle, decirle:

—¿Y si lo dejamos?

Pero no le salió la voz.

El dedo del muchacho temblaba sobre el gatillo. Había recibido un tiro de refilón en la frente y la sangre le cubría la cara. Sus facciones le recordaron vagamente a su hermano José María, aunque esa sensación la tendría mucho después. Felipe estaba convencido de que su vida acabaría en aquel instante. No era capaz de disparar, ni tampoco de dejar de orinar, mojándose los pantalones. Bajó el máuser. Entonces el muchacho, trémulo, disparó. Felipe sintió un doloroso picotazo en el lóbulo de la oreja. Al mismo tiempo vio al muchacho derrumbarse en el suelo, con los ojos muy abiertos, sin dejar de mirarlo. Un disparo había sonado también a su espalda. Quien había apretado el gatillo fue Emilio, no menos asustado que él, desviando el disparo del soldado enemigo. Le había salvado la vida.

—Métete el pájaro y vamos —le dijo, tirando de él.

Felipe no era capaz ni de recoger el fusil ni de apartar la vista del cadáver de aquel muchacho.

Recuerda los ojos de aquel muchacho, algo mayor de la edad que ahora tiene su hijo. Solo con pensarlo vuelven los temblores de entonces. A todos los que mató en la guerra los mató con los ojos cerrados, sin mirar al disparar. Sin embargo, a aquel muchacho habría sido incapaz de dispararle mirándolo a los ojos. Lo más grave es que el tiempo y las pesadillas fueron dibujando un rostro diferente al que tuvo frente a él: el de su hermano José María. Maldice aquella guerra fratricida que enfrentó a hermanos contra hermanos, con él en un lado de la trinchera y sus dos hermanos en el otro. No puede quitarse de la cabeza la mirada de aquel muchacho, menos aún desde que supo que su hermano José María murió allí.

«¿Quién sabe si fue por un disparo mío o si salté por encima de su cuerpo para llegar a aquella casa? ¿Qué habría pasado si aquel muchacho hubiese sido mi hermano? ¿Nos habríamos abrazado o matado?», se preguntó a sí mismo muchas veces. También lo habló con Emilio en la cárcel y, años después, con su hijo.

—Tu hermano habría hecho lo mismo que tú: tirar el fusil. Y yo no habría disparado contra tu hermano por nada del mundo. Lo conocía bien. Nos hemos bañado juntos en el río, en pelota picada…

Emilio tragó saliva y se mordió la lengua antes de decir algo que habría ofendido a Felipe. Habían sido mucho más que amigos; Emilio incluso había sido su primer amor. Pero eso no podía decírselo. Felipe aún no lo habría entendido.

—¡Copón, que nos hemos criado juntos! Somos de la misma quinta.

Ni siquiera a María fue capaz de contárselo, aunque lo pensó mil veces. Casi veinte años después sigue siendo una de sus pesadillas. Sigue viendo aquellos ojos abiertos desde el día en que su hermano Braulio le dijo que José María había muerto en Teruel. Hay noches en que desea lo mismo que le dijo su hermano Braulio:

—Ojalá hubieses sido tú el muerto y no José María.

Soñar, pensar, ver a aquel muchacho convertido en su hermano José María, apuntándole, mirándose ambos a los ojos horrorizados... Es uno de los recuerdos que más le atormentan. Aquella guerra le quitó la posibilidad de tener una vida feliz durante muchos años. Incluso la de tener una familia más allá de María y sus hijos. María perdió a sus hermanos y a sus padres al final de la guerra, pero él perdió a sus hermanos, aunque uno viviera. Ambos pasaron a ser dos seres extraños.

Felipe coloca un puchero con malta entre las ascuas. No le gusta la malta; prefiere el café, como cuando era joven. Sin embargo, tiene que conformarse con el sucedáneo de cebada que él mismo tuesta. Destapa varias veces el puchero, como si así pudiera hacerlo hervir antes. Está nervioso. Sin darse cuenta comienza a jugar con las tenazas alrededor del fuego: retira ceniza, arrima ascuas, observa cómo la porcelana roja de la vasija empieza a ennegrecerse. Retira el puchero del fuego con las manos, sin preocuparse por quemarse. Nota el calor, pero no la suelta. Los callos de sus dedos son demasiado duros para eso. Lo destapa y echa la malta en el tazón de barro.

«Algún día volveré a tomar café cada mañana», piensa.

Apaga la colilla con los dedos y la guarda en la petaca. Hace el gesto de liarse otro cigarrillo, pero vuelve a meterse la petaca en el bolsillo. Luego saca el reloj y mira la hora, absorto. Cuando vuelve a introducir el reloj en el bolsillo, no está seguro de la hora que es. «Pronto», piensa y continúa sin tener ganas de ir al monte y menos solo. A pesar de ello, no piensa despertar a Miguel, también llegó tarde, y a saber. Comienza a beber el humeante tazón de malta «peor que la achicoria, copón», masculla, y echa un buen chorro de aguardiente en el tazón, casi la misma cantidad que había de malta. Mueve la cabeza de un lado a otro, se levanta y va al aparador para dejar la botella de aguardiente «quien quita la ocasión evita el peligro», piensa; sin embargo, coge una copa y echa un poco. Agita la copa y se queda fijo en el rastro espeso que deja el anís sobre el cristal. Felipe evita hacer ruido para no despertar a su hijo, no quiere que lo acompañe ese día al campo, es sábado, quiere que descanse, que le cicatricen las manos, que disfrute lo que no ha disfrutado él. Sobre todo, porque tiene ese desasosiego que lo perturba. Llevaba meses sin pensar en lo que esa mañana le inquietaba. Siente miedo, mucho miedo. Pero quiere desviar esa sensación a otras sendas, y piensa en María, en lo que han hablado, durante esa maravillosa noche:

—Los jóvenes deben vivir, disfrutar. Si llego a saber que era su cumpleaños, nos habríamos venido antes —le dijo a María.

—No sabías nada, tú nunca te acuerdas de su cumpleaños, ni del mío…—los hombres sois así —lo disculpa María.

—Sí que me acuerdo, claro que me acuerdo —protesta Felipe, mientras mira un imaginario reloj en su muñeca —te podría decir el día y la hora que te conocí, y hasta el pañuelo que llevabas…

María se echa a reír, después, vuelve la conversación anterior:

—Los jóvenes deben vivir y disfrutar, siempre que no se quemen —dice María, mientras mira fijamente a los ojos a Felipe.

—Sí, pero en el invierno quemarse un poco, no es malo.

—No me gusta que estén solos, no me gustaría que hubiera bombo antes de hora, Antonia es muy impulsiva y tú hijo…

—Tranquila, tranquila mujer, son como hermanos, se respetan.

—Ya, ya, se respetan como tú a mí. Además, de toda ascua surge el fuego y ellos se quieren, son jóvenes y se pueden quemar y no son hermanos, ni nunca lo fueron.

—De tus ojos sí que surge fuego, llamas verdes...

—Tonto, si estamos a oscuras... ya estás otra vez...

Y de nuevo comienzan los abrazos, los besos, el fundirse de sus cuerpos en uno solo. Está cansado, pero aquella noche la preocupación de María provoca nuevos besos y caricias, un recuperar el tiempo perdido. Cuando por fin decide levantarse de la silla para ir al monte, después de otra copa de aguardiente, aparece Miguel restregándose los ojos, dispuesto a comenzar la tarea.

—Acuéstate, anda —le dice.

—No, no tengo sueño, no me voy a acostar —responde el muchacho con decisión. Y sin dilación marcha en dirección a la cuadra a preparar las mulas. El joven duda de si debe decirle o no lo ocurrido en casa de Casimiro por la noche.

47

La visita

Diciembre del año 1949

Felipe en su segundo invierno de libertad se enfrenta a una boca más para alimentar. Nada le resulta fácil. Ninguno de los antiguos amigos de su padre está dispuesto a darle trabajo, ya antes de la guerra lo consideraban un traidor. Mientras que todos sus antiguos amigos, de verdad, los jornaleros, estaban muertos, presos o lejos de Gascas, y todos cuantos quedaban vivos, con mucho miedo. A falta de la viña, solo le quedaban algunas tierras de poca importancia y el monte. A todas luces insuficientes para sacar adelante una familia, por mucho que contase con las aportaciones en especie que daban algunos jóvenes a María, a cambio de que les enseñase a leer, escribir y las cuatro reglas.

Poner en marcha el monte no resulta fácil: limpiarlo de zarzas, comprar carro y mulas, es problemático cuando no se tienen posibilidades económicas y las puertas se cierran a tu paso. Pocos eran quienes estaban dispuestos a darle trabajo, ni tan siquiera como jornalero. El capataz de su hermano, no quiso siquiera recibirlo, lo recibió su mujer, y prima hermana de Felipe.

—Don Braulio le ha dicho a mi hombre que ya ha cumplido contigo —dijo la mujer del mayoral de su hermano.

A su lado estaba su hijo, que ella llamó Pascual, de unos diez años. Felipe pensó: «Como su abuelo».

Al mirar con detenimiento al chiquillo, lo levantó en el aire y lo acercó a sus ojos, dándole un beso. Lo abrazó casi con desesperación, rompiendo a llorar. Los ojos, los labios, la nariz, todo su rostro era la viva imagen de Cristóbal, su hermano mellizo.

—¿Cómo te llamas? —le preguntó al chiquillo cuando fue capaz de cambiar las lágrimas por una sonrisa forzada.

—Pascual Galindo López para servirle a Dios y a usted —contestó el chiquillo alegre.

—Pensaba que te llamabas Cristóbal —musitó, intentando reír, mirando a su prima.

—Cristóbal era su mellizo, y como tu mellizo se murió muy pronto —contestó la madre del chiquillo con tristeza— nunca debimos ponerle como a tu hermano. El amo se empeñó. Si lo que lleva tu mujer es chiquillo, no le pongas Cristóbal.

—Prima, lo siento de todo corazón, no lo sabía —se disculpa Felipe, que abraza de nuevo al chiquillo. Este no comprende el motivo por el cual aquel desconocido llora y lo abraza de tal modo. Felipe se levantó y miró fijamente a su prima.

—Será el nombre que ella quiera. No llames a tu tío amo, las personas no tienen amos.

—Primo, fue tu hermano, no tu padre quien se empeñó. Y sí que hay amos. Hay que son amos hasta de sus propios hijos o de sus propios hermanos. No hacen falta las palabras, te has dado cuenta nada más verlo. Tiene la misma cara que Cristóbal y el mismo abuelo que tus hijos… —dijo exhalando un suspiro prolongado de desazón— mi hombre, bueno, ya lo sabes.

—Sí, ya lo sé, ya lo sé, prima. Y lo que hace tu hombre, que también es mi hermano, y hermano de… ¿no?

—Tú no eres como ellos. Pascual, acércate a por el botijo de agua, tengo la boca seca —ordena la mujer al chiquillo. Cuando se marcha, suspira hondo.

—Pero…

— Déjame que siga. Ya no hay remedio. Yo era una chiquilla que rezaba porque te fijaras en mí, aunque fueras mi primo, por mucho que todo el mundo dijera que eras raro, ya sabes lo que decían de ti, aunque no lo eras. Me alegré cuando regresaste del seminario, pensaba que era mi oportunidad, me quedé con las ganas, llegó ella, y me alegré por ti. Como ella sufrí tu cárcel, y ella sabe, que por mucho que me costaron palizas, siempre salí en tu defensa, y en defensa de ella…

—Pero, tú eres mi prima.

—Déjame. Calla, deja que me quite este peso de encima. También soy prima de tu hermano, el amo, don Braulio. Mi marido, que es tu hermano, no te puede ni ver, está rabioso contra ti, porque siempre te he defendido y piensa que tú y yo hemos tenido algo que ver. Ojalá, porque Braulio, no lo tuvo en cuenta que era su prima por parte de madre, y que era ya la mujer de su hermano, porque don Braulio sabía que mi marido era hijo de su mismo padre, y no le importó. Y mi marido hace lo que le dice el amo que es su hermano y su amo. Y, sí, tu hermano es el padre de Pascual, el amo de mi marido, de mí y de su propio hijo…

—Me entran ganas de llorar —musita Felipe.

—Pues imagínate a mí. Y no te digo nada más, que bastante tienes con lo tuyo. Mi consejo es el mismo que te dio tu hermana Elvira, en cuanto puedas, coge a tu mujer y tus hijos y márchate lejos, cuanto más lejos mejor. Nadie te va a dar trabajo, de no ocurrir un milagro, y, primo, ni tú ni yo, creemos en los milagros…

Las palabras de su prima dejaron destrozado a Felipe, cuando llegó a su casa, nervioso, fue directo al aparador a por la botella de aguardiente, que se tomó de un solo trago.

—¿Qué te pasa Felipe? —Le preguntó alarmada María.

—Que nos vamos de aquí, a donde sea. Ya no aguanto más —contestó, mientras echaba su segunda copa de aguardiente —Estoy cansado de tantas falsedades, de tantas sonrisas en la cara, y tantas puñaladas en la espalda…

Quien siempre reía de cara a los demás, se consumía como una ascua por dentro hasta convertirse en ceniza. Piensa que hubiera sido un acto piadoso recibir un tiro cuando estaba en el frente, o que, a aquel muchacho turolense le hubiera temblado menos el pulso. No comprende nada, le duele el sufrimiento de su prima, el suyo propio, «¿qué país es este que las buenas personas están condenadas desde la cuna?» Le dijo a su prima. «¿Cómo le podían negar el pan y la sal, si él lo único que ha hecho toda su vida era trabajar sin meterse con nadie?»

—Pero, ¿qué te pasa? —Pregunta María por segunda vez.
—Tranquila, ya estoy bien —le responde.

Con la segunda copa se tranquiliza. Aunque se sienta en la mesa, y comienza a llenar una tercera. Guardan silencio, roto solo por el juego de los chiquillos jugando con las gatas. De repente, les parece escuchar el ruido de un motor de un coche que se detiene en la pequeña plazoleta donde viven. Algo extraño en Gascas, donde tan solo el médico, don Faustino, don Hipólito, el cura, don Matías Echániz, el alcalde y su hijo don Mariano, tienen coche. Todos se quedan paralizados, en silencio, como entumecidos. La aldaba de la puerta golpea con fuerza de manera insistente. María se queda como si se hubiera convertido en una estatua de sal con el hilo y la aguja en posición de enhebrar, pero sin decidirse a hacerlo. Felipe derrama el aguardiente sobre la mesa. La aldaba golpea, de nuevo, con violencia. Felipe maldice algo entre dientes, sus hijos que se encuentran jugando alrededor de la mesa camilla, cada uno sujeta a una gata parando sus juegos. Mientras, el sonido de la aldaba sigue golpeando dentro del cerebro de los cuatro habitantes de la casa.

—Los guardias —se atreve a decir María.
—Los guardias, los guardias —contesta Felipe.

Habían transcurrido tan solo siete meses desde que había sido eximido de pasar revistas semestrales en el cuartelillo, se temía de no haberlo entendido del todo bien.

—Ya estás listo —le dijo el guardia que le terminaba de sellar la cartilla.

—Hasta la próxima —respondió él.

—¿Estás tonto o qué? Encima gilipollas. No quiero volverte a ver más por aquí... ¿Te enteras?

—¿Ya no tengo que pasar más revista?

—No. Si te veo aparecer por aquí, será para no salir. ¿Entendido?

Por supuesto, no apareció más por el cuartelillo. Cuando lleva alguna de las escasas cargas de leña al pueblo vecino, si debe pasar por la calle de la Casa Cuartel, que está casi en la misma plaza, procura evitarlo, aunque el camino sea más largo. Un mes antes le hubiera correspondido volver a pasar revista. Todos los días se despertaba con el temor de que en cualquier momento la Guardia Civil podría presentarse en su casa.

La pequeña María corre temerosa a esconderse debajo de la cama, en el interior del cuarto de sus padres. Mientras Miguel, con trece años, es el primero que se pone en pie. Felipe, lentamente, se levanta de la silla, como si un enorme peso le impidiese hacerlo, y camina despacio en dirección a la puerta. Pregunta antes de decidirse a abrir.

—¿Quién es y qué formas son estas?

—Don Gervasio, soy don Gervasio. Felipe, abre —se escucha una voz grave desde el exterior.

—No conozco a ningún don Gervasio —responde sin decidirse a abrir.

—Sí, me conoces. Soy el nuevo cura de San Antonio de los Llanos. Abre en el nombre de Dios —La voz en esta ocasión suena más rotunda, como una orden.

Felipe sí conoce a don Gervasio. Sí reconoce la voz. Sabe a quién pertenece, quién está al otro lado de la puerta. Abre con indecisión. No comprende nada. Ante él se recorta la impresionante figura del sacerdote, el negro de la sotana, su altura y corpulencia en el quicio de la puerta, con la luz crepuscular tras sus espaldas, le hace aparentar todavía mayor altura de la que en realidad tiene. Palidece Felipe al escuchar la voz de aquel sacerdote de cara agradable, pero de ojos impenetrables. Lo mira de arriba abajo, como si no creyese lo que sus ojos ven. Al sacerdote parece divertirle la escena, sin embargo, no transmite otra cosa que no sea una mueca. Felipe así lo entiende. El cura, antes de entrar, extiende la mano semicerrada con la palma vuelta hacia abajo para que el hombre bese el sello de oro, en el cual se muestra una cruz. Un campesino que sube la cuesta con dos mulas tirando de un carro se queda mirando, se detiene unos segundos y continúa con su camino. Él mira sorprendido sin terminar de entender el gesto del sacerdote. No sabe cómo reaccionar, si decirle que pase, o que se marche con viento fresco. Los dos hombres en el quicio de la puerta permanecen inmutables durante interminables segundos, frente a frente, como si se tratase de una fotografía instantánea, como si el tiempo y las personas se hubieran quedado petrificadas en ese preciso instante. El sacerdote mueve la mano con impaciencia. Él lo mira a los ojos, entre desafiante y temeroso. Sus ojos no pestañean, miran ahora entre suplicantes y aterrorizados. Sabe lo que debe hacer, era un gesto que había repetido muchas veces, años atrás, tragándose su orgullo, como si fuese un purgante, como se lo había tragado en tantas ocasiones. Mira al sacerdote y es como si viera la muerte personificada, como si la muerte, que él tantas veces había esquivado, la tuviera frente a frente. María suelta la aguja, la pincha en el alfiletero y se quita el mandil incorporándose, seca el aguardiente derramado, se peina con los dedos el cabello y acude en auxilio de su marido. Con gesto decidido rompe el impasse, sale a la puerta. Se inclina ante el sacerdote cogiéndole la mano y besándola. Mira a Felipe invitándolo a que haga lo propio. Él mira a su esposa, a su hija pequeña y a su hijo Miguel, se inclina y besa el anillo del cura, notando cómo se clavan las espinas de Cristo en su orgullo. Después es Miguel quien se inclina y besa la mano del sacerdote, la chiquilla pasa corriendo a refugiarse de nuevo bajo la cama.

—Pase usted, padre, está en su casa —invita María a entrar al sacerdote ante el mutismo de su marido.

48

El jilguero comienza a cantar...

El sacerdote pasa a la casa, apartándose Felipe sin decir nada, humillado en su orgullo, pero sobre todo paralizado por aquella presencia. María llama a su hija para que bese, también, la mano del sacerdote. El sacerdote dice que no es necesario. No obstante, María insiste. La chiquilla avanza con la cabeza gacha, y antes de que se incline para besar la mano, este la coge en brazos, dándole un beso en la mejilla y poniendo la cara para que la chiquilla lo bese también a él.

Cuando la deja en el suelo, le da un ligero azote en el trasero.

—Márchate a jugar con tu hermano —le dice y la chiquilla desaparece en un santiamén, como alma que lleva el diablo.

María, diligente, retira la copa que había dejado su marido sobre la mesa y termina de secar el aguardiente derramado, que desprende el aroma empalagoso del anís.

—Siéntese, señor cura. ¿Qué se le ofrece? ¿Le apetece una copa de aguardiente? ¿Un poco de vino, unos mantecados? Siéntese usted.

—Ponme una copa de aguardiente y dile a tu marido que se siente. Yo no me como a nadie. Ponle a él otra.

María, presurosa, acude al aparador, donde se encuentran las copas. Felipe, nervioso e inseguro, se sienta en una silla al otro extremo de la mesa, frente al sacerdote. El aroma del anís es menos denso que la tormenta que se desata en el cerebro de Felipe.

De repente, todas aquellas heridas de la cárcel, que pensaba cicatrizadas, comienzan a supurar de nuevo. Recuerda cuándo los mandaban a cavar nuevas fosas, y esperar ante el paredón, cruzando la mirada con los sentenciados. Puede ver las ejecuciones y escuchar los gritos de «¡Viva la República!», antes del primer disparo. Vuelven esos instantes macabros de recoger los muertos, todavía sangrantes, y echar a las fosas los cadáveres de aquellos hombres. Cuando él pensaba, que tal vez en la próxima saca, su cuerpo podría ser uno de tantos que otros condenados recogerían. Contempla cómo echa la última pala de tierra, sin poder disimular su rabia, pero con la lección aprendida, que debe ocultar, tragando su propio veneno. Tumbas sin una marca, sin una señal, sin el derecho a un recuerdo, sin nombre.

Mira al sacerdote, todavía con aspecto de ser muy joven, más que Emilio. Claro que recuerda a aquel cura que esparcía agua bendita sobre las fosas de aquellos hombres sin dioses a los que adorar. María mira a su marido al tiempo que observa al sacerdote. Ninguno de los dos dice una palabra. El sacerdote parece estar estudiándolo, como intentando adivinar lo que le pasa por la mente al leñador. Felipe parece mostrar respeto con la cabeza gacha. Se ha quitado la gorra y juguetea con ella entre las manos nervioso. El sacerdote con la copa de aguardiente en la mano, pero sin beber, mira el rostro de Felipe a través del cristal.

—Felipe, nos volvemos a ver. Nos volvemos a ver. Algo me decía que nos volveríamos a encontrar. Sinceramente, deseaba verte. Siempre he sabido que teníamos cuentas que ajustar tú y yo...

—Dios mío, ¿todavía más? —piensa María mientras cambia su expresión de expectación por la de espanto.

Felipe no responde, está pálido, aterrorizado, incapaz de articular una sola palabra, incapaz de pensar. Las imágenes que su mente se había empeñado en borrar reviven y le descalabran la cabeza como si millones de piedras fuesen lanzadas al mismo tiempo.

—Tranquilo, hombre, solo quiero ayudarte —dice el sacerdote intentando dar a sus palabras un tono cordial—. Sí, hombre, no pongas esa cara, solo quiero ayudarte a ti y a tu familia.

—¿Ayudarme? —balbucea Felipe.

—Llevo menos de un mes de cura en San Antonio de los Llanos, y me he acordado de ti, en realidad nunca te he olvidado... ¿Recuerdas? Me han dicho que eres un poco... Bueno, que no tienes remedio y que te dedicas a vender la leña que nadie o casi nadie te compra...

Felipe se encoge de hombros, es la cruel realidad. El sacerdote coge un aguardentado de la fuente de cristal, que acaba de poner María sobre la mesa, invita a Felipe con la mirada a que haga lo propio, como si él fuera el anfitrión y Felipe el convidado. Felipe permanece en el silencio más absoluto, inmóvil, con un nudo en la garganta que ni siquiera el aguardiente es capaz de desatar. En su cerebro resuena el sonido de los disparos. Es María quien responde un poco sorprendida, ella no conoce al sacerdote, ni Felipe en ningún momento ha mencionado nada, ni sobre aquel sacerdote, ni durante aquellos siete largos años de presidio. Nunca le contó nada, nunca quiso contar nada y ella le respetó. Ni siquiera que había ejercido de enterrador, ni nada que tuviera que ver con él o Emilio, ella sabe que le duele pensar sobre aquellos años. En cierto modo, agradece que él no le cuente nada sobre aquel periodo, lo cual le permite guardar silencio sobre ese mismo espacio de tiempo, sin por ello dejar de sentirse menos culpable por su relación con Clara.

—Son cosas para olvidar, mejor no saberlas y si las sabes, mejor olvidarlas —Le dijo Felipe.

Y casi las había olvidado. La puerta de su memoria carcelaria quedó entornada tras salir por el arco de Bezudo del castillo de Cuenca. Sin embargo, no se había cerrado del todo, regresaba de vez en cuando en forma de pesadillas. Allí está aquel cura para recordarle que la memoria siempre sigue viva, que por mucho que la anestesies en tu cerebro, termina regresando para recordarte que tú estuviste allí. Que, incluso, pueden volver esos recuerdos que jamás debiste olvidar, que en realidad jamás saliste de la cárcel, que estabas vigilado y localizado, que vivías en otra prisión sin saberlo. Felipe, aunque en ocasiones se sintiera libre, es consciente de estar sometido a una constante vigilancia por parte de las nuevas autoridades, lo cual provoca que reprima sus impulsos. Sabe que de lo contrario tendrá su castigo. Él mismo se castiga cuando calla, cuando siente la rabia y no dice nada, baja la cabeza y acepta los desaires, las palabras, el hambre como un mal menor, con resignación, tal vez cobarde. La historia, los sueños, las ideas, todo está aprisionado en la cárcel que se encuentra en el interior del cerebro.

—No creas que me engañas. Dicen que no tienes remedio, que eres irrecuperable para la nueva España. Yo sé que llevan razón. Sé que no debería hacerlo. Pero, conozco mejor que ellos, el sentimiento que late en tu corazón. No me importa que seas rojo, que no creas en Dios, a quien yo debo obediencia y, por tanto, tengo un deber ante él. Si estás vivo y eres un hombre libre, es porque Dios lo quiere así y mi deber es hacer cumplir su voluntad.

—¿Vivo?, ¿libre? Vivo y libre, ¿de verdad cree usted eso? —se atreve a decir en un tono apenas audible Felipe.

—Sí, vivo y libre. Ahogado en deudas y sin poder decir lo que piensas; pero, estás vivo, al lado de tu mujer y tus hijos. Además, con la suerte de cara, porque yo estoy dispuesto a ayudarte. Un cura ayudando a un ateo. Anda bebe conmigo, que yo te puedo ayudar más de lo que te imaginas. Aunque, claro, nada sale de balde —dice el sacerdote mientras bebe un trago de aguardiente y coge un segundo aguardentado, para dar tiempo a pensar lo que va a decir.

—De mí puede depender que se te abran las puertas que ahora tienes cerradas. Unos no perdonan. Otros tienen miedo de relacionarse contigo por temor a otras personas u otra persona, que ya no está, y que si estuviera tampoco te perjudicaría. Otros lo hacen simplemente porque son malas personas con ganas de fastidiar.

—¿Mi hermano Braulio?

—Olvídate del tema, no pienses mal de tu hermano, ni siquiera pienses en tu hermano. No soy yo quien te lo debiera decir. Pero si te olvidas de él, y de todo lo que has pasado en la cárcel, mucho mejor.

—¿Mejor? ¡Vamos, hombre! Después de todo lo que he pasado, hemos pasado... ¿Ahora viene usted y me dice que me olvide?

—Debes perdonar. Sé que no podrás. Debieras olvidar, sé que es imposible, pero ahora tienes unos hijos y debes mirar hacia adelante. Sin meterte en líos, sin recordar, ni hablar de ciertos asuntos. En esta España hasta las piedras escuchan, ven y hablan.

Felipe se siente nervioso, al tiempo que confuso. Hace intención de hablar, pero el sacerdote le indica que guarde silencio. No termina de comprender, sus dedos parecen tener vida propia, sin cesar de dar vueltas a la gorra. El sacerdote le detiene la mano con un gesto que más bien parece una orden. El leñador detiene los movimientos de sus dedos, no se atreve a mirar al cura y deja la gorra colgada de la silla. Su frente descubierta parece como si tuviera un pañuelo blanco en la misma. El sacerdote se fija en ella, blanquísima a la luz de la bombilla, contrastando con su rostro moreno quemado por el sol. Felipe se siente observado, se enfurece, aunque procura disimularlo. Realmente se siente crispado e intenta, una vez más, reprimir sus emociones. Las arrugas de la frente, muy marcadas, le dan el aspecto de ser más viejo de lo que en realidad es. El sacerdote tendrá seis o siete años menos que él, pero cualquier observador hubiera calculado, al compararlos, más de diez.

—¿He hecho algo tan grave como para que ocurra esto? Dígamelo usted, don Gervasio, porque yo todavía no sé el motivo por el cual estuve en la cárcel.

El sacerdote le hace callar con un gesto, podría decirse que enérgico, como si le molestasen las palabras del leñador.

—Sí lo sabes. No lo reconocerás, ni yo tampoco te lo he de decir, pero lo sabes. Mejor no hables así, mejor haz como si no lo supieras. Saldrás ganando. Todos pensarán que alguna razón debe haber para que alguien tan respetable te denuncie, nadie entra en la cárcel por nada, la justicia es eso, justicia... En España la justicia... —duda, respira hondo— dicen que está inspirada, Gracias a Dios, por el Supremo Hacedor —parece razonar el sacerdote.

Sus últimas palabras están cargadas de ironía, que Felipe no llega a captar. Él lo toma como cuando su suegro intentaba dar una lección a un chiquillo con dificultad para aprender alguna operación matemática. El tono del sacerdote camufla la ironía, sus palabras denotan que no termina de creer lo que está diciendo, que da unos consejos imposibles de cumplir, pero necesario. A pesar de todo, continúa:

—No pongas en duda la justicia que te condenó, no vaya a ser que alguien piense que pones en duda la justicia del Caudillo. Mejor hazme caso, no preguntes. No hables más de la cuenta, que Dios aprieta, pero no ahoga y estoy seguro de que Dios te ayudará.

María contempla la escena absorta de pie, en silencio, en la chimenea un puchero comienza a hervir provocando que la tapa se levante. María siente deseos de arrodillarse, de suplicarle esa ayuda. Pedirle al sacerdote que se apiade de ellos. Mira a su marido y en su semblante no vislumbra nada bueno. Su marido no parece creer en la bondad del sacerdote, más bien, todo lo contrario. Sus ojos reflejan miedo, un miedo atroz, es como si se estuviese muriendo, anticipadamente, de pánico, ante las novedades que pudiera traer el sacerdote.

El borboteo del puchero al hervir, el ruido de las ascuas al derramarse el líquido sobre las mismas precipita a María sobre el puchero para destaparlo y retirar, con las tenazas, unas pocas ascuas, en medio de una gran humareda que hace estornudar a María. El sacerdote sonríe, parece como querer acercarse para ayudarle. Se adelanta Felipe, que agarra el puchero directamente con la mano.

—Unas pocas habichuelas con collejas, comida de pobres —dice María— si quiere cenar...

—Muchas gracias, me espera don Matías, vuestro alcalde. Creo que ha mandado matar un cabritillo —rechaza amablemente el sacerdote. A continuación, mira a Felipe.

—No tengas miedo, hombre. Voy a ser muy generoso, no te voy a pedir nada. Ni siquiera que vayas a misa. Dicen que ni antes de la guerra, ni después de salir de la cárcel, te ha visto nadie en misa, y en la cárcel ibas porque no te quedaba otro remedio. Ni siquiera quisiste ser monaguillo, con lo bien que hubieras vivido. Dios es Dios y no quiere que nadie vaya a la fuerza a su casa. La gente es la gente y aunque, esté mal decirlo, son muchos quienes creen reservar un rincón en el cielo con ir a misa todos los domingos y fiestas de guardar, quienes se arrodillan ante él dándose golpes de pecho y luego con mayor fuerza, si pueden, le dan esos mismos golpes a su prójimo y si pueden pisarlo, lo pisan. Dios es indulgente, pero también sabio, y mira el corazón de las personas. Te puedo asegurar que algunos, por mucho que se confiesen y hagan penitencia, no creo que Dios les llegue a perdonar sus pecados. Sé que tú eres una buena persona, equivocada, pero, al fin y al cabo, una buena persona. Yo no te voy a obligar a que, como un fariseo vayas a misa, pero... —hace una pausa prolongada para beber un trago de aguardiente, y coger otro mantecado. Guarda silencio hasta que termina el mantecado—. Muy buenos, María, muy buenos los mantecados, buenísimos. Vuestros hijos pertenecen a España, al Señor y merecen ser criados y educados en los valores de la Santa Iglesia Católica, en los valores cristianos, como toda persona bien nacida. Es la prenda que necesito, no por mí, sino para los demás, para usarla como llave.

La referencia a la llave hace palidecer a María. No obstante, puede ver en las palabras del sacerdote, algo muy diferente a lo que pretende transmitir. Su cuñado las dos ocasiones en que ha utilizado esa metáfora ha sido a modo de amenaza. Nadie se percata.

—Soy una persona bien nacida —se atreve a musitar Felipe.

—No lo voy a poner en duda, es más estoy seguro. Es algo que me consta, tampoco tengo necesidad de estar aquí, tampoco nadie tiene… Te voy a ser franco. Bueno, claro. No nombremos la soga en casa del ahorcado, yo no puedo pedir favores para ti, si no tengo tu compromiso… —se interrumpe y hace un gesto con el dedo a María para que se marche. María retira el puchero de la lumbre y se encamina en dirección al cuarto, pero al ir a cerrar la puerta, el sacerdote le hace un gesto para que no lo haga.

—La casa es grande, María, muy grande, echa un vistazo a los críos —. El sacerdote espera a que se marche—. Nadie tiene por qué saber lo que yo sé de ti, ni lo que tú sabes de mí.

—Yo no sé nada de usted… ni tengo nada que ocultar.

—Pues eso, no sabes nada, nada de nada, ni me conoces ni te conozco. Nadie sabe que fui capellán de la cárcel. Tienes enemigos que te desean el mal, pero ninguno, que yo sepa, te quiere muerto. Yo te puedo ayudar, es una deuda que tengo pendiente contigo. Solo te pido y exijo que tus hijos vayan a la iglesia, por mucha manía que le tengas a don Hipólito. Los inviernos en la Mancha son fríos y si llevas leña a mi casa, se te abrirán las puertas de otras casas que ahora tienes cerradas. Te lo juro por Dios, Nuestro Señor —Después señalándole con el dedo, con gesto severo—. No te digo que tú jures, pero sí que me des tu palabra de hombre, de que nadie sabrá nada de lo que tú puedas saber de mí. No hace falta que te diga más, a buen entendedor pocas palabras bastan…

—¿Quién me desea mal? Dice usted que tiene una deuda… ¿conmigo? ¿Qué deuda?

—No preguntes. Todo a su tiempo. Ni sabes nada ni debes saber nada. Tú déjate ayudar.

En realidad, era cierto. Felipe poco o nada sabe del sacerdote. Lo único, el tiempo que estuvo de enterrador y que le salvó la vida junto con su hermano, aquel primero de abril, nueve años antes. El sacerdote no mencionó para nada a Emilio y a Tobías. Felipe sabe que los tres desaparecieron al mismo tiempo, porque María lo comentó primero y Clara después. Supo que se habían unido a la guerrilla, muriendo en una emboscada de la Guardia Civil, por culpa de un desertor, que se entregó a cambio de ser perdonado. No obstante, el traidor murió fusilado dos meses después en la cárcel de Burgos.

El sacerdote termina la copa de aguardiente de un trago, parece estar escrutando sus pensamientos, como si los adivinase. No dice nada, le tiende la mano, pero no como lo hiciese al llegar, sino de hombre a hombre. Al leñador le llama la atención la suavidad de las manos del sacerdote, mucho más suaves que las de María, recuerda al obispo de Cuenca en su niñez, como entonces, un escalofrío recorre su cuerpo. Se la estrecha sin apretar.

—Tranquilo, hombre. Me tengo que ir. Vuestro alcalde me está esperando con una buena cena, aunque siempre se ha dicho que de grandes cenas están las tumbas llenas…, no tardes con la leña.

A Felipe, la referencia a las tumbas, no le hace ninguna gracia; pero, como en tantas otras ocasiones, calla y no dice nada. Antes de marcharse, sale María y los chiquillos a hacerle la reverencia y besarle la mano. Sin embargo, el sacerdote dice con una sonrisa:

—¡Buenas noches! —Agarra el pomo de la puerta, sin permitir que le besen la mano, y se marcha.

Dos días después, un carro de leña era descargado en la casa del cura en el pueblo vecino de San Antonio de los Llanos. Aleccionado por María, Felipe no pensaba cobrar por la leña, tampoco hubo oportunidad de regalársela al sacerdote porque este directamente le dijo:

—Que Dios te lo pague.

Y él dio las gracias al sacerdote pensando:

—Encima de puta pongo la cama.

Ese mismo día, mientras descargaba la leña en la casa del cura, don Genaro, el médico, y jefe de Falange de San Antonio de los Llanos, le encargan una carga de leña cada uno, antes de salir del pueblo, otra carga, doña Hortensia y una cuarta don Tomás. Aquel invierno, las nieves impiden la tala de encinas, quedando el porche vacío antes de lo esperado. En la casa del leñador se pasó frío, el tiempo no dio tregua, siendo prácticamente imposible ir al monte, debiendo abastecer la demanda, con la leña almacenada en su casa, que siendo mucha se quedó corta. El cura, don Juan, don Genaro y a todos los que aquel año les llevó leña no pasaron frío aquel invierno. En la casa de Felipe, poco faltó. Durante los dos años siguientes, la primera carga era para la casa del sacerdote. Inmediatamente para todos los demás; las ramas y la peor leña la dejaba para su casa. Todo cambió gracias al sacerdote. Compró una galera, con casi el doble de capacidad que el viejo carro de varas. Aquel año de 1949 por fin entraba dinero en su casa. Si bien, desconocía el secreto que debía guardar al sacerdote ni los acontecimientos tan dramáticos que vendrían.

Felipe, el hombre que decía que cantaba mal, pero mucho para compensar mucho, por fin comenzaba a respirar, a cantar y a soñar con salir algún día la jaula.

49

La última visita

31 de marzo del año 1952

Los acontecimientos, las situaciones, el destino no los controla nadie. El despertar a la realidad después de un sueño placentero, tras más de dos años de creer que, a pesar de todo, se podía volver a respirar a soñar, suele ser muy doloroso. Las cosas pasan porque tienen que pasar. Las personas piensan ser dueños de su propio destino, que son sus manos, sus decisiones quienes controlan, en un determinado momento, su futuro. Hacen planes, como si realmente fuera así. Es cierto que, en ocasiones lo parece, y los planes de futuro pueden llevarse a cabo, con más o menos esfuerzo y voluntad. Sin embargo, es el destino quien juega con las personas a su antojo, cual mano invisible que, de antemano, escribe el porvenir. La vida está llena de casualidades, de misterios que no siempre comprendemos, y que achacamos a voluntades divinas, diabólicas o simplemente al destino de cada persona. El destino llevó a Felipe a conocer a aquel sacerdote, del cual, supuestamente, él guardaba un secreto. El destino, o tal vez no, llevó al sacerdote a San Antonio de los Llanos, lo cual provocó que el sacerdote lo visitara y sin desvelar el secreto del cual pensaba que Felipe era sabedor, ambos hombres hiciesen un pacto, del que Felipe no sabía las reglas. El sacerdote le ayudó para que su leña fuese admitida en las chimeneas, de aquellos que le habían declarado el boicot por sus supuestas ideas políticas. Ideas que él, en principio, no consideraba tener, al menos hasta el punto de ser considerado un peligroso elemento rojo, como alguien llegó a decir. Ideas que ahora sí las tenía por culpa de la injusticia sufrida en su persona, y en la de tantos otros.

La cárcel, las contrariedades y la humillación, provocaron que las semillas inculcadas por su suegro germinasen y echasen raíces. Circunstancias y casualidades le cambiaron radicalmente su vida. Otras circunstancias, o tal vez las mismas, provocan que de nuevo su vida y la de los suyos den un nuevo giro. Visto ese giro, como un espectador que asiste a los acontecimientos, protagonista no deseado, que interpreta un papel, en el cual no habría querido participar. Cuando mira el horizonte, con esperanza e ilusión, sin saberlo, está a punto de comenzar a andar una nueva senda, dos años después de la llegada del sacerdote. Esto sucedía un par de meses antes de la llegada del nuevo sargento de la Guardia Civil aquel lunes, último día de marzo del año 1952. Cuando por fin supo el secreto del sacerdote.

En esos dos años la relación entre el sacerdote y Felipe apenas ha pasado de los saludos más o menos fríos y protocolarios:

«¡Buenos días!», «¿Cómo está usted?», «¿Cómo está la familia?», «don Amador me ha dicho que le lleves dos cargas», «Parece que hoy va a hacer frío...»

La desconfianza de uno y el hermetismo del otro propician esa falta de relación natural entre dos personas, que lo único que pretenden es intentar ser cordiales entre ellas; a pesar de existir un abismo insalvable. Felipe procura siempre mantener esa distancia. Interiormente se siente agradecido, sabe que, de no ser por el sacerdote, nada habría cambiado. No obstante, no quiere sentirse obligado, ni mostrar ni en público ni privado su agradecimiento. Está muy lejos de confiar en el sacerdote, convencido de que tiene razones más que sobradas para la desconfianza. Motivos, que desaparecerían, si el sacerdote se abriese y le dijese todo lo referente a sus últimos días en la cárcel, tanto de Emilio, de Tobías y el mismo sacerdote. Felipe es conocedor de que tanto su amigo, como el joven asturiano, se marcharon a la guerrilla; pero, por mucho que intentaba atar cabos, no lo conseguía, llegando siempre a la conclusión, de que el sacerdote tenía algo que ver en la muerte de ambos. En su momento intentó que Clara le dijese algo, pero ella siempre se negó en redondo. Asimismo, le extrañaba lo afectuosa que se mostraba con el sacerdote, en las pocas ocasiones que había coincidido el sacerdote y ella en su casa. Sin embargo, eso lo interpretaba como parte de la actuación de esta, para no levantar sospechas de su actividad clandestina. Don Gervasio, por su parte, es consciente de lo que le sucede a Felipe y no pierde la oportunidad de intentar demostrarle que puede confiar en él, a pesar de saber que esa circunstancia nunca tendrá lugar. Sin embargo, no está dispuesto a decirle nada que tenga que ver con su secreto. En no pocas ocasiones, visita la casa del leñador, y con cualquier excusa, siempre lleva algún presente, normalmente chocolate de Quintanar de la Orden para los hijos de Felipe, incluso llega a llevarle una vajilla de Talavera de la Reina a María. Nunca acepta quedarse a cenar, a lo sumo toma una copa de aguardiente y algún mantecado o magdalena. Si es época de matanza, algún chorizo o morcilla. Cuando esto ocurre, Felipe busca el modo de estar atareado. En las pocas ocasiones que se sienta a hablar con el sacerdote, siempre es de cosas banales: del tiempo, del trabajo o de lo rápido que crecen sus hijos.

Por su parte, Felipe visita la casa del sacerdote dos o tres veces al año cuando lleva las cargas de leña. Una a principios del otoño y otra, si es posible, antes de que termine el invierno, en la cual, solía acompañar la carga con algo de matanza que le mandaba María, y que entrega Felipe con diligencia, como si le quemase en las manos. Felipe procura ser puntual, las inclemencias del tiempo podrían llegar a retrasar o adelantar la frecuencia de esos viajes. Al principio le fastidia cada tronco que lleva a la casa del sacerdote, ya que no recibe nada a cambio y lo consideraba responsable directo de la muerte de su mejor amigo. Los hijos del matrimonio y la propia María, para alegría de esta, cumpliendo el compromiso pactado con el sacerdote, acuden todos los domingos y fiestas a la iglesia, y los chiquillos a la catequesis. No como feligreses de don Gervasio, sino del viejo cura de Gascas, don Hipólito. Aunque en más de una ocasión, Felipe los lleva a San Antonio de los Llanos a escuchar a don Gervasio, mientras él, espera en la taberna, de tertulia o intentando apalabrar alguna carga de leña. Felipe nada objeta, al menos de palabra, pero para nada está dispuesto a asistir a la iglesia a no ser que se sienta amenazado. No lo considera así, inconscientemente tiene la sensación de tener un ángel de la guarda, el cual, a pesar de todo lo inquieta.

La distancia inicial siempre se ha mantenido, aunque en muchas ocasiones se siente tentado de preguntar al sacerdote por sus dos compañeros y amigos. Teme que, si esa pregunta la formulase, el fino cristal que lo protege se rompería sin remisión. Considera que es mejor dejar todo como está, los muertos están enterrados y él nunca fue un valiente, salvo aquel primer aniversario de la «Victoria» en el patio de la prisión, y más le habría valido no serlo.

Han pasado ya casi tres años, desde aquella primera visita del sacerdote a casa de Felipe. A pesar de lo cual, el resto de sus días tendrá siempre mucho más presente aquella tarde de finales del mes de marzo del año 1952. Después de un largo y frío invierno, tras haber visitado durante la mañana a sus posibles clientes, el sacerdote le mandó recado para que se acercase a su casa. Felipe pensó que era porque, debido al frío invierno, se había quedado sin leña, por lo cual regresó a Gascas antes de pasarse por la casa del cura, improvisando una carga de leña, que nunca llegó a descargar.

—Tengo leña, más de la que voy a gastar. Te vendrá bien venderla a alguien que te la pague —le dijo el sacerdote cuando a media tarde se presentó Felipe.

—Yo se la dejo, y ya tiene para el invierno.

—No, mejor la vendes —pareció dudar un instante el sacerdote—. Quiero hablar contigo largo y tendido. Así que, si te parece bien, pasas y hablamos, y si no puedes, vienes mañana y comemos juntos. Tú decides…

—Ya que estoy aquí… ¿Algo malo?

—Sí. Al menos a mí me lo parece, pero pasa…

Pasaron los dos hombres al interior de la casa. El sacerdote ofreció asiento a Felipe, pero este permaneció de pie. Al instante, el primero llamó a la criada, dándole orden para que calentase unos chorizos, y trajese queso y jamón:

—Aurora, vamos a merendar algo.

—Por mí no lo haga, yo ya he comido.

—Yo también. Vamos a merendar, a cenar, y ya veremos. Es mucho de lo que debemos hablar…

—Me está usted asustando.

—No te asustes. Siéntate, hombre, siéntate… ¡Copón!

—Eso a usted no le pega…

—Eso tú no lo sabes, los de Toledo también lo decimos.

—Pero usted es cura.

—Dejemos eso aparte. Sentados en esta mesa no hay ni cura ni leñador, sino dos hombres…Felipe y Gervasio…

El gesto del sacerdote es grave. Felipe se sienta sin esperar a que el sacerdote se lo repita. Se quita la gorra y como siempre que está nervioso, juega con ella. El sacerdote camina con paso pausado en dirección a un botellero de madera que tiene junto al aparador. Coge una botella de vino, abre un cajón del aparador sacando un sacacorchos, regresando junto a Felipe. Sin sentarse, apoya la botella en la mesa dispuesto a sacar el corcho, sin cesar de mirar a Felipe, sentándose a continuación.

—No hay ningún secreto ni verdad que no termine sabiéndose ¿Te gusta el Rioja? —pregunta el sacerdote.

—No lo sé, a mí me sacan del vino, el agua y el aguardiente, nada de nada. Eso que dice no lo he probado nunca. Bebidas raras, como no sea alguna vez el coñac, no las he probado, no —contesta Felipe intentando mantenerse serio, pero termina riéndose—. Mi padre traía de vez en cuando, ¿sabe? Mi padre era rico, a mí siempre me gustó más el vino de la tierra. Mejor así, iba para pobre. Seguro que está bueno, a mi padre y a mi hermano les gustaba mucho.

Provoca la risa espontánea del sacerdote, siendo algo novedoso para Felipe. No es que no lo hubiera escuchado alguna vez reír. Cuando va a su casa y juega con sus hijos, ríe mucho, pero no de esa manera. El sacerdote llena una copa, que ofrece al leñador, mientras que él hace lo propio con otra. Acto seguido, coge un afilado cuchillo, y comienza a cortar tacos de queso y unas rebanadas de pan para iniciar la merienda. Felipe está expectante. El sacerdote lo sabe, aunque duda por dónde entablar la conversación. Parece que algo le preocupa más de lo normal. Sin embargo, comienza hablando de cosas banales.

—El mejor queso del mundo es el de esta parte de la Mancha. El jamón mejor el de mi tierra —dice el sacerdote, acercando el queso a Felipe—. ¿Tú sabes? Bueno… ya están aquí los chorizos —se interrumpe a sí mismo, al llegar el ama de llaves con una fuente de chorizos y un hermoso trozo de jamón, que comienza a cortar sin dejar de mirar al leñador—. Ahora probarás el jamón de los Montes de Toledo, de cerdo negro…

Felipe se encoge de hombros, agarra un trozo de jamón que le ofrece el sacerdote, directamente en la mano.

—Tenga usted cuidado con los dedos —se atreve a bromear—. Está muy bueno, estos gorrinos son de esos que crían con bellotas… ¿No? —pregunta Felipe.

—Exacto, cerdos ibéricos, lo mejor en gorrinos…

—Digo yo que, aquí en Gascas, también se podrán criar unos cuantos gorrinos de esos. En mi monte hay bellotas para hartarse… más dulces que la miel.

El sacerdote ríe percatándose de que la criada permanece en la estancia esperando alguna orden.

—Aurora, vaya usted preparando todo para el rosario.

—¡Copón! Comen ustedes bien. ¡La hostia consagrada! —exclama Felipe.

50

El secreto

El sacerdote le mira condescendiente.

—Sí, los curas comemos bien, mejor que los maestros. Pero no estamos aquí para hablar de maestros, curas o gorrinos. Felipe, amigo, todo se acaba, hasta la esperanza misma. Más, cuando hay secretos que nos atormentan…

Piensa Felipe, que los vencidos están obligados a pagar un peaje, sufrir un sinfín de humillaciones a diario. Hubiera preferido, antes de comenzar la tarde, cualquier humillación antes de compartir merienda con el cura. A pesar de lo cual, frente a él, encontró a ese hombre amable que reía con sus hijos, con Clara o con María, cuando él, siempre pensaba: «pájaro, a mí tu no me engañas»

El sacerdote habla de manera distendida, muy lejos de cómo alguna vez lo había escuchado en las fiestas patronales de San Antonio de los Llanos. No obstante, intenta dar un toque de trascendencia que hace que Felipe guarde silencio y le preste más atención, su juego con la gorra se detiene. Él es agnóstico, al menos eso dice, aunque ni él termina de creérselo. Presume de ser un caso perdido para la Iglesia, pero en cierto modo, ha terminado cogiendo aprecio a aquel cura, que cada vez que va a Toledo, a Cuenca o a Madrid trae algo para la pequeña María y un libro para Miguel. De vez en cuando algún detalle para María curiosamente nunca trae nada para Felipe.

—Y eso que soy quien le calienta la casa —le dice a María, mientras ojea Cuentos de la Alhambra, que le ha traído a Miguel de un viaje a Granada—. De todos modos, no quiero cosas de curas.

Pero el sacerdote no le trae cosas de curas a Miguel, sino todo tipo de novelas de aventuras, principalmente de Julio Verne o Mark Twain, que despiertan su imaginación, mientras que el chiquillo rechaza los libros de poesía.

Felipe espera, ansioso, saber el secreto que guarda el sacerdote, secreto que él, supuestamente, conoce y que termina deduciendo antes de que el sacerdote termine por contárselo, cuando ya nada se puede ocultar; pero, el sacerdote duda, titubea, se ve nervioso.

—Bueno, no quiero entretenerte mucho, solo decirte que a mí me repugna tanto como a ti lo que sufríais los presos, los fusilamientos, quería pedirte perdón… —dice el sacerdote, contradiciéndose con lo dicho momentos antes.

—¿A mí? —pregunta con incredulidad Felipe.

—A ti y a todos aquellos por los que pude hacer algo y no hice. Pidiéndote perdón a ti, en cierto modo, les pido perdón a aquellos que murieron sin que yo dijese nada…, algunos por mi culpa. Tal vez no hubiese servido de nada, pero por miedo, hice todavía menos. No hice nada. Yo no tengo nada que ver con don Antonio, cada muerto me dolía. Te lo juro.

—¿Por miedo? ¿Usted miedo? Miedo nosotros que no sabíamos si cualquier mañana veríamos el nuevo día. Usted no sabe lo que es pasar miedo. Sentir cómo se paraliza hasta el pensamiento. Notar cómo no corre la sangre por el cerebro. No, usted no sabe lo que es sentir miedo. Usted no sabe lo que es enterrar a un amigo sintiéndote afortunado de ser tú el enterrador y no el enterrado. Sentir miedo es escuchar los disparos desde la celda pensando que, al día siguiente, tal vez, seas tú el muerto. Esperar a que maten a tu amigo para poder darle sepultura, eso si no te obligan a enterrarlo vivo. Lo que está pasando con quienes perdimos la guerra es realmente criminal. No creo que su dios, si es justo, bendiga los crímenes cometidos en su nombre. Si hay Dios, aunque sean obispos de Roma, arderán en la caldera de

Satanás, como don Antonio, don Hipólito, o el alcalde de mi pueblo, que se santiguan todos los domingos y fiestas de guardar, y tienen más muertos sobre su conciencia que pelos tienen en la cabeza... —su tono por primera vez en muchos años se muestra desafiante.

—Te equivocas en una cosa. No tienen muertos sobre su conciencia, porque, como dices tú, si Dios existe, que no tengo ninguna duda, creo en Dios, irán al infierno. Si digo que no tienen muertos sobre su conciencia, es porque lo que no tienen es conciencia, son simplemente asesinos. Estoy de acuerdo.

—¿Qué está diciendo? A mí no hace falta que me dé la razón...—corta extrañado Felipe, siendo cortado a su vez:

—No te la doy, la llevas. Y, sí, no tengo miedo de reconocerlo ante ti, y de decir que soy un cobarde. Tengo que decirte, antes de que nos vayamos por los cerros de Úbeda, que Emilio y Tobías murieron por cobardía mía, no de ellos, los dos fueron muy valientes...

—¿Qué tiene usted que ver con la muerte de Emilio? ¿Qué tiene usted que ver? ¿Quiénes fueron sus asesinos?

Instintivamente, Felipe coge el cuchillo que se encuentra sobre la mesa. Lo esgrime ante el sacerdote amenazante. Se percata y lo deja de nuevo sobre la mesa, alejándolo de sus manos, alarmándose él mismo. No sabe de dónde ha sacado el valor, tampoco el motivo por el cual escupe aquellas palabras sin pensar siquiera. Aquella rabia durante tantos años dormida despierta como un torbellino sin miedo. Incluso, aquel primer aniversario de la victoria franquista tuvo miedo, ahora no. Por primera vez en muchos años no siente miedo de decir lo que piensa. Lo que jamás contó a María ahora confiesa al sacerdote. Es consciente de que sus palabras podían ser escuchadas. Sabe que el sacerdote le puede denunciar; pero, contra todo pronóstico, el sacerdote piensa lo mismo que él. El jilguero con el pico atado canta con rabia, vomitando la astilla que tenía incrustada en la garganta, el sacerdote, comienza a quitarse un gran peso de encima. Cuando

Felipe cesa unos segundos para echar un trago de vino, aprovecha el silencio del leñador, para seguir él:

—Tengo mucho que ver con su muerte —respirando hondo—, mucho y nada. Pero vayamos por partes. Sí, sé lo que es sentir miedo, miedo a decir que se está cometiendo un crimen. Miedo a participar en ese crimen y no tener las agallas para negarme. Miedo y vergüenza por rociar cadáveres de personas inocentes con el hisopo de agua bendita, sabiendo que esas personas hubiesen tomado esa bendición como una ofensa. Miedo a tener miedo, sabiendo que soy un cobarde por no haber hecho lo que pensaba que debía haber hecho en cada momento. Miedo por no evitar la muerte de quien más quería, huyendo como un cobarde en lugar de dar la cara por él.

Felipe nota cómo le tiemblan las piernas, consciente de que, de no haber estado sentado, se hubiese desplomado en el suelo. Intuye el secreto del sacerdote, del cual no se sabía conocedor. Un secreto que posiblemente hubiese adivinado de no haberse sentido amenazado, de no haber sido preso del terror, más que de las rejas. Ahora comienza a atar cabos de manera desordenada. Aquellos días estuvo preso del pánico y la rabia. Si hubiera estado en sus manos, el sacerdote estaría muerto y enterrado, como su amigo. Mira fijamente al sacerdote, su cara apenas ha cambiado la expresión, pero por sus mejillas corren lágrimas, solo es capaz de articular un apellido.

—¿Galarza?

—Sí, Emilio, por Emilio y.… —Asintió el sacerdote, Felipe pudo darse cuenta de cómo se derrumbaba don Gervasio, emocionándose, intentando no romper a llorar— y Tobías —concluyó entre lágrimas el sacerdote, ahogándose, hasta el punto de que fue Felipe quien llenó su copa y se la llevó, casi hasta los labios al sacerdote.

No era Felipe hombre capaz de consolar a nadie. Frente a su debilidad interior siempre tuvo puesta la coraza, el caparazón que se ponen los débiles para no ser avasallados, para fingir una dureza que no tienen, esconder su debilidad, su miedo por todos los medios posibles, creyendo que de lo contrario serán más vulnerables. Siente rabia, dolor, ira, inseguridad, pena, sobre todo pena, no por Emilio y Tobías, sino por el sacerdote, que lo ve derrumbado, tan grande y abatido. Nunca pensó verlo así.

—Los curas, en ocasiones, también necesitamos confesarnos, confesar nuestros pecados, pedir perdón. Pude haber evitado su muerte, la muerte de los dos. Fui cobarde.

El sacerdote cogió la copa que Felipe le ofrecía, echó un trago de vino y carraspeó. Viendo que Felipe comenzaba a liar un cigarrillo, le hizo un gesto para que le diese otro, arrepintiéndose al instante.

—No, déjalo. Emilio fue, es, la persona que más he querido en toda mi puñetera vida… mi gran amor… —el sacerdote observa a Felipe, que ha abierto los ojos como platos, incluso ha llegado a hacer un gesto de extrañeza, quedándose con el mechero de yesca a medio palmo del cigarrillo, sin decidirse a prenderlo.

—Sí, no te escandalices. Piensa de mí lo que quieras, pero no creo que tú quieras a tu mujer de una manera más tierna y limpia que el modo como yo quería a Emilio, como Emilio te quiso a ti…— aseveró el sacerdote, con lágrimas en los ojos, totalmente descompuesto, dejando perplejo a Felipe.

—¿A mí? Yo también…, yo también lo quería mucho, era mi mejor amigo, junto con Casimiro…

—Él estuvo enamorado de ti, pero te respetaba. Al final nosotros llegamos a querernos, a amarnos…

La tez morena de Felipe, por momentos, adquiere una palidez amarillenta. No está preparado para una confesión así. El plato de jamón, el de chorizos continúan prácticamente sin tocar, mientras que la botella de Rioja ha fenecido, ambos necesitan beber. Son muchas las sensaciones en tan poco tiempo. Fue Felipe quien llenó ambas copas.

—¿Por qué me cuenta usted esto? No tiene derecho, ¡maldito sea! No tiene derecho. Ni llego a entender qué tiene que ver eso con que matasen a los dos... —increpa Felipe, levantándose de la mesa y comenzando a recorrer a pasos cortos la estancia. Realmente Felipe anda dando vueltas a algo que le perturba —. Yo nunca pensé eso ni sospeché. Emilio era mi amigo, estuvimos en las trincheras juntos. Juntos habíamos emborrachado nuestro miedo muchas veces. ¿Cuántas veces meamos juntos? Siempre creí que era una buena persona, y viene usted y me dice esto. Nunca pensé que él fuese eso, que fuera...

—¿Maricón? —Le ayudó a terminar el sacerdote, su cara parecía que había recobrado la compostura.

—¿Y Tobías también? No puede ser, ni Emilio tampoco. ¡Qué cojones! Eran dos hombres como Dios manda... —apunta con el dedo al sacerdote —. Emilio me salvó la vida, era un hombre como Dios manda, ¡copón!

—Pues claro que eran dos hombres como Dios manda. Suponiendo que Dios mande ser de alguna forma. ¿Realmente hasta hace un momento pensabas que Emilio y Tobías eran buenas personas y ahora no lo consideras así? ¿Tú crees que por no ser maricón eres mejor que ellos? Los dos eran buenas personas, de las mejores que he conocido. Tú lo sabes. Y si hay cielo, estarán en él con más mérito que quienes les mandaron matar. Muchos días, muchas noches, todavía me atormento pensando que lo que les pasó fue castigo de Dios. No a ellos, sino a mí, que rompí mi compromiso sacerdotal, mi compromiso con Dios. No por querer a Emilio, eso nunca puede ser pecado, sino por no ponerme al lado del que sufre, por callar ante la injusticia. Emilio te quería mucho, hablaba mucho de ti, de lo pesado que te ponías hablando de tu mujer y tu hijo, de los celos que sentía de María, de tanto como la querías a ella, de las lágrimas que derramabas, de tu sufrimiento, por lo enamorado que estaba de ti. Hubiese dado la vida por ti y así me lo decía. Te quería, Felipe, te quería. Sí, Emilio era maricón, ¿y qué? Y yo, ¿y quién sabe si hasta el mismo Caudillo?

—¡Copón! —exclamó Felipe, sonriendo aturdido, no sin cierta malicia —. La voz sí que la tiene, sí.

—No seas bruto, las paredes oyen y no solo por el mugido se conoce al toro. Ni Emilio la tenía, ni yo... —dudó el sacerdote para al final no pronunciar la palabra. Si bien Emilio era de modales elegantes, a pesar de su condición de campesino casi analfabeto, el sacerdote tenía una voz grave, y un aspecto muy varonil, alto, fuerte y robusto.

—Pero el Caudillo sí tiene voz aflautada, de mariquita, ¿no? —ironizó Felipe.

—Lo que te quiero decir es que, ser o no ser, no es garantía de ser buena o mala persona. Lo que importa son los sentimientos y nuestros sentimientos eran puros... lo cual no quiere decir que fuesen castos, al menos por mi parte, tampoco por la suya — replica el cura ignorando la ironía.

Mira el sacerdote el reloj de la pared, parece de nuevo nervioso. Felipe mira asimismo el reloj de la pared y como si no se fiase, saca el de bolsillo. El sacerdote saca dos sobres del bolsillo de la sotana, los cuales entrega a Felipe.

—Si piensas que debo pagar por querer a Emilio, ya sabes dónde está el cuartelillo. Aquí tienes una carta que escribió para ti Emilio y mi confesión.

Por los rostros de los dos hombres corren lágrimas que no hacen nada por reprimir. Se abrazan y por unos instantes parece como si se fundiesen en uno solo. Se separan y Felipe siente vergüenza de sí mismo. Sin terminar de saber el motivo sabe que no es por el abrazo. Él considera aberrante, y algo totalmente condenable la relación sexual entre dos hombres o entre dos mujeres.

—Dicen que también hay mujeres, no me lo creo...

El sacerdote piensa en decir: «sí, también hay mujeres que se acuestan con mujeres.» Prefiere callar. Sabe que Felipe ignora lo que él sabe de Clara, pero piensa, que, tal vez, Felipe, de saberlo, habría tenido motivos para pensar que, entre Clara y María, pudo haber una relación diferente a la que él pensaba.

El sacerdote termina de romper sus esquemas del bien y del mal. Siempre ha despreciado y se ha burlado de los homosexuales, y ahora el hombre que más le ha ayudado desde que salió de la cárcel y su mejor amigo en las trincheras y en el presidio, que lo quería como a un hermano, quien le salvó la vida...

—Asturianos de braveza..., ¡copón! —pensó en voz alta Felipe recordando un poema de Miguel Hernández —¡Dios mío!

Emilio y Tobías, tan templados e íntegros, resulta que eran eso. Eso que él aborrecía, como si fuese el peor de los crímenes. Él, que presume de agnóstico al igual que Emilio; no obstante, mantiene los mismos esquemas morales que sus verdugos, y recurre a Dios como escudo. Siente que le arde el pecho. Las sienes parecen estar a punto de estallar. No está preparado para aquel cambio. No sabe cómo asimilarlo. Con manos temblorosas coge los sobres que le tiende el sacerdote. Intenta abrir el primero sin desgarrarlo, a pesar de no ser necesario, ya que están abiertos; sin embargo, sus temblores, sus nervios, le hacen romper el primer sobre, el de Emilio. Sus piernas soportan un peso brutal, no lo sostienen. Torpemente desdobla la carta de Emilio Galarza. No hay mucho que leer, letras mayúsculas desiguales y gigantescas. Lee despacio en tres ocasiones el papel, durante las cuales mira varias veces al sacerdote. Nota cómo tiembla el suelo bajo sus pies, como si se encontrase trabado, como una mula, incapaz de reaccionar, temblándole hasta la última de las células de su cuerpo. Agita la carta como si un ataque de párkinson se apoderase de todo su ser. Se sienta nuevamente en la silla, deja la carta sobre la mesa, coge la copa para echar otro trago de vino, pero, está vacía y la botella también.

51

La confesión

El sacerdote se acerca al botellero, y agarra otra. Le cuesta trabajo abrir, el corcho se rompe sin terminar de salir, termina empujando la parte inferior del mismo al interior de la botella. Sirve primero a Felipe, unos trozos de corcho caen en la copa, hace un gesto como de ir a coger la misma para cambiarla, el leñador niega con la mano. Ante la indecisión del sacerdote, le quita la botella y llena la copa casi hasta rebosar. Después, sirve al sacerdote. Tras beber, el sacerdote echa mano de un pañuelo para secarse las lágrimas, el leñador hace lo propio, pero con la manga de la camisa.

—Emilio…—musitan los dos casi al unísono.

Se hace el silencio, roto solo por el crepitar de las llamas. Se miran a través de la copa de vino y, sin embargo, parecen invisibles. Felipe aplasta la llama del cigarrillo con sus dedos, de manera inconsciente, en lugar de guardar la colilla en la petaca, se la lleva a la boca, como si fuera un nuevo cigarrillo. Hace un gesto de asco, siente la necesidad de escupir, pero piensa que no es apropiado hacerlo ante el sacerdote. Se acerca de nuevo a la chimenea, echa un trago de vino y escupe sobre las llamas, moviendo agitadamente la cabeza de un lado para otro, murmurando:

—Tengo el corazón encogido y la boca como un cenicero… ¡Me cagüen todo lo nacido y por nacer!

—Ahora, lee mi confesión.

Felipe mira el sobre sin abrir, lo agita.

—Si usted considera que debe confesarse, yo no soy cura. Busque usted un cura. ¿Por qué me la da a mí? Bastante he leído ya. Ellos murieron luchando por aquello en lo que creían. Esta carta debería haberla entregado, antes, a su madre, a su mujer...

—Tal vez. No lo hice en su momento y ahora lo que deseo es entregarme, quiero que me denuncies.

—¿Yo? ¿Está usted tarumba?

—Soy el culpable de su muerte, yo debería haber muerto en lugar de ellos...

—No. Se equivoca. Yo nunca he denunciado a nadie, menos por tener miedo, porque yo también tengo miedo.

—Por favor, léela —Se impacienta el sacerdote.

Felipe abre el sobre y comienza a leer. Después de leerla y haber llenado otra vez la copa de vino parece más tranquilo.

—Soy un ignorante. Sin embargo, aunque no entiendo bien lo que quiere decir, creo que, después de leerla, estoy de acuerdo, eso no puede ser malo. No puede ser malo que dos personas se quieran. ¡Uff, manda huevos! —Le entran escalofríos solo con imaginar al sacerdote, a su amigo y a Tobías en una cama, del cual el sacerdote no había dicho que fuese homosexual, aunque él así lo entendía—. Por menos, a muchos les han hecho el paseíllo o están en las fosas de las tapias de los cementerios, incluso uno que era poeta, de los buenos, que no me acuerdo de su nombre. Como María tiene los ojos verdes, me aprendí su poesía. De joven me gustaba aprender poesías de memoria. Alguna gente pensaba que me las inventaba yo. A ver si me acuerdo:

Verde que te quiero verde
Verde viento. Verdes ramas...

Felipe sonríe recordando los momentos en que le recitaba el poema a María

—. ¿Sabe usted lo tierna que se me ponía? ¡Madre mía! ¿Cómo se llamaba ese muchacho? Era de Granada...

—Federico García Lorca —puntualiza el sacerdote.

—Eso, Federico García Lorca.

La referencia calma por unos instantes el nerviosismo, la confesión parecía como si la estuviera leyendo, una y otra vez, la primera página, sin darle la vuelta.

—Dale la vuelta a la hoja y termina de leer.

Comienza a leer y apenas lo hace, mete de nuevo la carta en el interior del sobre, doblándolo cuidadosamente, agita ambos sobres en el aire acercándose al sacerdote.

—Esto, esto…, usted. No puede ser, no sé qué pretende, pero a mí no me engaña. ¿Está loco? Lo fusilan a usted y a mí. Muchos, antes, tuvieron miedo y se entregaron a cambio de clemencia, algunos todavía están en la cárcel, la mayoría muertos… ¿Quién iba a creer que yo no estaba en el ajo? —En esos momentos, se siente como el padre que regaña al hijo—. Esto solo puede tener un destino, el infierno, pero no el infierno de satanases y demonios, sino el de las llamas. Yo también tengo miedo y me lo aguanto. Tampoco me queda otro remedio, pero usted puede irse a donde sea…

Se levanta ante la mirada expectante del sacerdote, de nuevo echa otro trago de vino, saboreándolo, tras dejar la copa vacía de un trago exclama como si nada:

— ¡Buen vino, copón, buen vino!

Ríe nervioso. Sus ojos parecen buscar algo en concreto que no encuentra. Termina por quedarse fijo frente los restos de cenizas de la chimenea, apenas quedan unas ascuas. Se gira y mirando a los ojos al sacerdote rompe ante él los dos sobres en mil pedazos. Camina en dirección a la chimenea, dándole la espalda. Agarra las tenazas, concentrándose en las escasas ascuas, aparta las cenizas, excava un cuenco incandescente entre gris, rojo y amarillo, deposita los restos de los sobres cuidadosamente, como si fuese una delicada pieza de cristal que corriese el peligro de romperse. Mira unos segundos cómo prende el papel. Cuando no queda nada más que restos laminados de ceniza, de nuevo los expande con las tenazas colocando a continuación un poco de leña fina en forma de cabaña para, a continuación, colocar un par de troncos de cepa a los lados y un tercero más gordo de encina sobre ellos. Durante unos instantes, permanece fijo mirando cómo comienza a prender la madera, regresa junto al sacerdote y mirándolo fijamente le dice:

—Tal vez debería haberme quedado con la carta de Emilio y leérsela a su madre, pero la pobre chochea. Mejor si María le escribe una y se la lee Clara. Ella piensa que su hijo todavía está vivo. María le escribe cartas que luego le lee Clara, bueno la muchacha con la que lo casamos —Se queda pensativo—. Ya sé que la conoce y me ha parecido que bastante bien, aunque no comprendo el motivo… —hace una mueca que no llega a ser irónica—. En fin, usted sabrá. Su pobre madre por lo menos vive con la esperanza de que algún día lo verá entrar por la puerta. Por otra parte, todos necesitamos confesarnos, todos tenemos pecados, miedos y cobardías inconfesables. Yo no he escuchado nada ni he leído nada, ni sé nada. He escuchado y leído esto bajo secreto de confesión. Y lo otro, bueno, puede ser como un propósito de enmienda, en eso no me meto, usted pretende ser un cura honrado, hoy el cura honrado soy yo. Bueno, no quiero decir —se disculpa Felipe, haciendo el gesto de lavarse las manos.

—Tranquilo.

—Si quiere seguir siendo cura, nadie sabrá nada. Si quiere colgar los hábitos, váyase fuera de este maldito país y hágalo ya. Si quiere seguir con lo que está haciendo, soy una tumba, y si necesita algo, siempre que no comprometa a mi familia más de la cuenta, aquí me tiene. Pero, sobre todo, nunca se entregue, lo matarían, sería un suicidio y nadie tiene derecho a matarse a sí mismo.

—No quiero escapar, pero no puedo seguir aquí, es peligroso para todos. Me buscan. Es inútil quemar papeles, bendecir el silencio cuando tarde o temprano todo se sabrá, tal vez es lo que deseo. Prefiero elegir yo el momento a que otros lo elijan por mí. Aunque tampoco tengo madera de mártir…

—Si se siente culpable, usted entiende de penitencias. Usted debe saber la que mejor merece. Usted, como yo, es cobarde, yo mucho más que usted. Ninguno tenemos la culpa de tener miedo. Sé que ahora cada vez que me cruce con usted e imagine a usted con Emilio como un hombre y una mujer... No sé, no sé... ¿Dice que Emilio me quería? ¿Cómo qué me quería? Como a un hermano...

—Ya te lo he dicho antes. Como yo lo quería a él, de manera limpia, como un hombre quiere a una mujer, como una mujer quiere a un hombre, como un hombre quiere a otro hombre. Él no creía en el pecado, yo sí, pero creía en el amor y era consciente de que por mucho que te quisiese, tú ya tenías a alguien a quien querías más que a tu vida. Se conformaba con estar a tu lado, con abrazarte, con ser tu mejor amigo. Después me quiso a mí, yo seguí queriéndolo. Sin embargo, su afinidad con Tobías era mayor, querían los dos unirse al maquis y yo, como has leído, les ayudé y en cierto modo sigo ayudando en la lucha, a pesar de ser cura.

—¿Pero Tobías?

—No. Tobías, no. La afinidad con Tobías era política, para los dos era más importante su amor a la libertad, a España que a un hombre o una mujer...

—¡Ah! ¿Y usted pertenece al maquis? ¿Clara?

—En cierto modo sí, como tú... —El sacerdote asiente.

—No, yo no. Yo no quiero líos, no sé nada ni quiero...

—Vale, lo que tú digas.

Felipe de nuevo toma asiento, pero el sacerdote permanece de pie, mirándolo. El leñador coge un trozo de jamón, lo tiene unos instantes en la mano y lo vuelve a dejar en el plato, apartado, en su lado. Vuelve a coger de nuevo la copa de vino y bebe hasta dejarla seca. El sacerdote, asimismo, bebe manteniendo los ojos fijos en el cerco rojizo que ha dejado el vino, apurando también la copa. Durante unos minutos se mantienen en silencio, con los ojos fijos cada uno en su respectiva copa, quietos, esperando que fuese el otro quien rompiese el silencio. Fue de la calle de donde llegó el ruido de un trueno seguido de un relámpago.

Al instante comenzó a llover. La estancia, que daba al patio de la casa, quedó casi en penumbra. El sacerdote dio media vuelta a la llave de la luz para encender la lámpara del techo, pero no había fluido eléctrico por culpa de la tormenta. Sacó una caja de fósforos y encendió las tres velas del candelabro que se encontraba sobre la chimenea, colocándolo encima de la mesa. Los hombres se miraron ahora más fijamente, en silencio, como si a través de la luz azulada de las velas quisieran averiguar los pensamientos del otro.

—¿Por qué quiere entregarse? ¿Quién es ese Ernesto Pujalte?

—¿Ernesto Pujalte? Es el cabo de la Guardia Civil de la cárcel. Parece mentira que no le recuerdes, se marchó después a la Serranía, a capturar maquis... el día que te hiciste enterrador fue quien...

—¿El cabrón aquel? —La expresión de Felipe cambia de manera radical.

—Sí, el cabrón aquel, Ernesto Pujalte.

—No me termina de cuadrar la cosa sobre la muerte de Emilio y Tobías, la desaparición de usted... —duda Felipe.

—Es muy fácil. Tampoco es necesario que lo entiendas. Ellos querían marcharse al maquis, y yo, con todo el dolor de mi corazón, los ayudé. El tal Pujalte sospechaba o sabía algo, no me preguntes cómo ni cómo no. Me acusó a mí de haberles ayudado y de ser maricón. Yo sabía dónde se escondían, había quedado en encargarme de llevarles provisiones y no lo hice, porque estaba convencido de que Pujalte estaba pendiente de mí. Supe que habían detenido al enlace que los ayudó a ir con el maquis. A pesar de que estaba, por decirlo de algún modo, arrestado, pude avisarles, arriesgándome a que me pillasen. Tuve miedo y no lo hice. No les avisé de que el enlace les había traicionado, también a mí, pero...

—¿Pero?

—Yo era sobrino segundo de un jefe de Falange de Toledo. La familia de mi madre tiene muchos contactos. Simplemente me apartaron del sacerdocio unos meses, mientras se aclaraba todo, y nunca se aclaró nada. Sí, me tuvieron recluido, pero sabía cómo avisarles. Ese cabo infundía mucho miedo, tú lo sabes, y yo fui muy cobarde. Ese es mi secreto, esa es la verdad, puedes denunciarme y tal vez deberías hacerlo, ganarías muchos puntos ante el nuevo comandante de puesto de San Antonio de los Llanos, ante Ernesto Pujalte. Yo podría ser tu aval, el escudo que te proteja....

—¿Yo? No, yo no, ya ha habido bastantes condenas en este país. Son demasiados los muertos, usted vive bien, bebe este vino de… Rioja, que está muy bueno, ¡copón, ¡qué bueno que está!, come este jamón… —Hace una pausa y coge el trozo de jamón, que se mete en la boca. Está claro que no ha escuchado la última parte de las palabras del sacerdote o tal vez no ha querido escucharlas. Él continúa—: Tiene una profesión…, un oficio, el más difícil de todos… —se atreve a bromear tras la pausa.

—Tengo una inquietud que no me deja dormir, ni siquiera respirar, remordimientos de conciencia que me devoran las entrañas, pero lo peor es el miedo, la cobardía a lo que inevitablemente va a suceder cuando se sepa todo, que se sabrá… —dice el sacerdote fingiendo ignorar la doble intención final del leñador.

—Nadie sabe nada, nadie tiene por qué saberlo, yo no voy a decir nada, no me importa con quién se acueste cada cual. No lo entiendo, no comprendo que dos hombres o dos mujeres, que dicen que también las hay…—hace un nuevo gesto como de asco—. No es cosa mía, todo pasó hace mucho tiempo. A nadie le debe importar, nadie debe saber si usted no quiere que se sepa…

—Emilio y yo nunca nos acostamos…

—¿Y si lo hicieron, a quién le importa?

—A nadie, pero él te quería a ti.

—Pues hubiese marrado el golpe.

—Esa no es la cuestión ahora. Tú no sabes todo. Dentro de unas semanas llega ese nuevo comandante de puesto, ahora como sargento de la Guardia Civil a San Antonio de los Llanos. Sería muy peligroso para todos, ataría muchos cabos, y pondría en peligro a ti, a Clara a María y a muchos más, ¿sabes quién es?

—Ernesto Pujalte. Ya lo ha dicho usted antes, y tiene miedo, pero no le puede hacer nada.

—¿Estás seguro? Os comprometería, sobre todo a Clara, que está haciendo una gran labor, pero también a ti y a Casimiro.

—¡Váyase! Hágame caso, ya se lo he dicho antes, váyase, olvídese de este país. Yo siempre he querido irme a la Argentina, donde dicen que se hacen dos cosechas… y, además, hablan como nosotros.

—También he pensado en irme, pero sería otra traición sabiendo que mi peor enemigo soy yo mismo. Sé que no debo vivir, que no debiera vivir, que he de morir…

—No diga usted tontunas, conmigo ha enmendado, me ha ayudado y mucho. Todavía puede ayudar a mucha gente, a Emilio le gustaría. Si ha de morir, continúe con lo que está haciendo, que al final lo matarán. Yo si no tuviese la mujer y dos hijos que mantener…

—Sí, eso debiera hacer, a Emilio le gustaría —echa otro trago de vino, y luego reparte el resto de la botella entre las dos copas—. Resulta curioso, quise convertirlo y el convertido fui yo, el cura guerrillero… —una sonrisa amarga se dibuja en el rostro del sacerdote. En el exterior se escucha el ruido del chapoteo de la lluvia contra el suelo, que anula el crepitar de la leña al arder. Llaman a la puerta. Se trata de la criada. Las luces de la lámpara se encienden. Los hombres permanecen en silencio.

—Don Gervasio, ya es hora… el rosario, ya es hora.

—¿Ha venido Joaquín? —pregunta el sacerdote.

—Sí, hace un rato —responde la criada.

—Dile que vaya preparando todo, que ya voy.

La criada da media vuelta cerrando la puerta tras de sí. Felipe mira señalando la puerta.

—Tranquilo, confío plenamente en ella. Si tienes miedo de que haya escuchado algo, tranquilo.

—Debo irme, ya es de noche y parece que está dejando de llover. No sé qué hará, pero si necesita cualquier cosa, no lo dude… —le tendió la mano y el sacerdote se la estrechó, pero terminaron fundidos en un largo abrazo.

El regreso en dirección a Gascas resulta interminable. Los siete kilómetros escasos, que separa un pueblo de otro, el llano del monte parece como si se fueran prolongando conforme avanza la galera. Comienza a lloviznar, a pesar de ello, no se cubre la cabeza con la capucha del impermeable. Necesita despejarse, no solo por el mucho vino bebido. Nunca en los últimos diez años ha hablado con tanta libertad, nunca se habían trastocado, en tan poco tiempo, tantos esquemas preconcebidos desde la cuna. El vino le nubla la vista, agradece las gotas que resbalan por su rostro hasta llegar a sus labios como agua bendita. Se siente preocupado por el sacerdote, pero al mismo tiempo tiene la sensación de ser mucho más libre. En mucho tiempo es la primera vez que una carga de leña regresa a su casa sin ser descargada. Siente la necesidad de continuar la conversación. Planea el modo de hacerlo. La galera la tiene cargada, al día siguiente volverá a casa del sacerdote y continuarían la conversación. Le inquietaba el nuevo sargento de la Guardia Civil; en su momento, aturdido, no había dado toda la importancia que ahora. Si es una amenaza para el sacerdote, con mayor motivo podría llegar a serlo para él. Tiene de nuevo muy presentes las amenazas carcelarias. Intenta ponerle cara, buscar en un rincón de su memoria un recuerdo que le sirva de referencia sobre la persona del nuevo comandante de puesto, sabe que lo conoce, recuerda el tono de su voz, pero se ha olvidado de su cara.

Durante los tres siguientes días la lluvia es intensa, por lo cual Felipe decide esperar a que se despeje el temporal. Su mente se va nublando por cada segundo que pasa. Le atormenta el recuerdo de Emilio. No termina de asimilar lo dicho por el sacerdote, ahora comprende e interpreta la efusividad y las exageradas muestras de cariño de su amigo. Ahora comprende lo de aquel día que le salvó la vida en Teruel y que entonces no le dio importancia. Ahora comprendía la ofuscación de Emilio al verlo, los nervios al quitarle el pantalón al cadáver a aquel muchacho, cómo se giró, cuando él se quitó los suyos orinados y la delicadeza con la que tapó el cadáver.

—¡Qué pena de muchacho! —exclamó Felipe.

Tampoco tenía por qué ser motivo, a él nunca le dio motivos ni mostró el menor indicio de su homosexualidad, lo consideraba un valiente, muy hombre. Nunca notó ni la más mínima insinuación que le hiciese sospechar nada.

Cuatro días después, cuando Felipe llegó a casa del sacerdote, nadie le abrió. Preguntó a los vecinos y le remitieron a casa de la criada, la cual le dice que se ha marchado a Quintanar de la Orden, por estar su madre bastante grave. Le dice que el domingo regresaría. Felipe, contrariado, tras vender la leña, regresa a su casa dispuesto a volver al domingo siguiente y hablar con el sacerdote, aunque tuviera que asistir a misa. Aquel domingo pisa por primera vez, en mucho tiempo, la iglesia, en compañía de María y de sus hijos, es otro el sacerdote quien oficia la liturgia. Al salir de la iglesia, la criada del sacerdote va a su busca para decirle que había fallecido la madre de don Gervasio y que debía estar un tiempo en Quintanar. Días después, echaron un sobre, a través del ventanillo de la puerta, con el importe de todas las cargas de leña que llevó durante aquellos tres años a la iglesia, incluido el último viaje que no descargó.

52

Casilda y Casimiro

Octubre del año 1955

Pensó Felipe que ya jamás volvería a ver al sacerdote, pero no fue así. Poco después de morir Clara, en una de esas noches de radio, llegó de manera inesperada, para él; sin embargo, no para el matrimonio formado por Casimiro y Casilda. Don Gervasio llegó vestido como un campesino; sin embargo, cualquiera que le hubiera mirado las manos, se habría percatado de que no lo era. Antes de colgar los hábitos era enlace de la guerrilla, llegando incluso a alojar guerrilleros en la casa parroquial. Llegó procedente de Francia. Era una persona muy culta y eso le abrió posibilidades en el país vecino, sin tener que recurrir a los duros trabajos de la mayoría de los españoles en el país galo.

A Felipe le llama la atención, ver a aquel matrimonio comunista hablar con naturalidad con el cura, porque Felipe le sigue considerando como tal. Lo encontró muy desmejorado, mucho más delgado.

—Tenía que despedirme de vosotros, y de la Pasionaria de la Mancha. Vaya mujer grande, y no lo digo por su altura, ella y la pobre Clara mantuvieron viva la llama de la esperanza —dijo alabando a Casilda, la única de todos los presentes que se acercaba en altura al sacerdote.

Felipe quiso hablar a solas con él, pero el sacerdote se negó.

Apenas intercambiaron unas palabras, como si el antiguo sacerdote se sintiera culpable de lo sucedido. Fue él quien aconsejó a Felipe que intentase ahorrar dinero para marcharse a Argentina cuanto antes.

—Ya hablaremos más adelante. Ahora voy de paso y no quiero estar más tiempo del preciso —le dijo —, pero volveré. Tengo aquí faena por hacer y unas cuentas que ajustar.

Han transcurrido más de tres años desde que se marchase el sacerdote, como tal, y apenas un par de meses desde que lo viese Felipe por última vez en casa de Casimiro. Algo le dice al leñador que Gervasio continúa estando por Gascas, a pesar de lo comentado por Venancio de que ambos se marchaban a Francia. Sospecha que las cuentas pendientes tienen algo que ver con el sargento. Tiene conocimientos de que ha habido tiroteos en el monte entre somatenes y dicen que maquis. Casimiro le asegura que no, que ya no hay maquis y menos donde nunca han existido, nada más que de paso y de manera circunstancial.

—Si te lo digo es porque lo sé —asegura contundente.

No tiene por qué dudarlo, sabe que Casimiro no lo engañaría jamás; pero, sabe que le oculta algo, del mismo modo que le ocultaba algo Clara e intuye que, también, le oculta algo María. Sospecha que cada uno de ellos oculta u ocultaba algo, pero no llega a comprender qué «Hasta los durmientes están muertos», piensa al recordar a Clara. Conoce sus periplos por la provincia vendiendo sus telas por Cuenca, San Clemente, Villarrobledo, Las Pedroñeras, Las Mesas, El Provencio o Motilla. Sabe por María, que siempre llegaba con lo mismo que marchaba, aunque, en ocasiones, regresaba con algún dinero procedente de sus presuntas ventas. Pocos van al monte tanto como él y en los últimos meses ha visto muchos somatenes de Gascas y otros pueblos, y guardias de San Antonio, pero a nadie más. Del mismo modo ha comprobado los puntos que son utilizados como estafetas de la guerrilla, él mismo ha participado alguna vez, ni rastro de actividad alguna. Nada había cambiado desde hace más de tres años. Nadie recoge nada, ni deja nada en ellas.

La aparición del nuevo sargento y la extraña muerte de Clara, en la práctica, a él realmente no le habían afectado más que a cualquier otro vecino, excepto en el plano afectivo. Hubo de centrarse en consolar a María, la cual realmente lo llega a pasar muy mal. En cuanto al temor de que el sargento quisiera buscarle las cosquillas, no las tenía todas consigo. No obstante, sus temores se fueron desvaneciendo conforme pasaba el tiempo sin que el sargento lo interrogase. Si se encontraban se saludaban, llegando incluso el sargento a sentarse en la misma mesa de la taberna en la cual se encontraba Felipe tomando un vino con el boticario de San Antonio de los Llanos. Incluso llegando a intercambiar algunas palabras sobre el clima o la cosecha de aquel año, siempre con gran cortesía y amabilidad por parte del sargento, y cierto reparo por su parte.

Tal era su tranquilidad, que ya había descartado marcharse de Gascas y de España por motivos políticos. Lo que realmente le inquietaba era la nueva amenaza, en forma de rumor que comenzaba a tomar fuerza: la anegación del pueblo bajo las aguas del Júcar, razón por la cual muchos querían vender y nadie comprar.

Desde el otoño del año anterior, corren otros rumores sobre ciertas cartas escritas a máquina, las cuales recibe puntualmente el sargento, que le hacen poner muy nervioso. Hasta Felipe han llegado esos rumores, incluso la descripción de quienes se llevaron la máquina de escribir de la Casa Cuartel dejando, a dos guardias inconscientes y colgando la cabeza de un judas de trapo en los soportales. Sin que nadie comprenda cómo pudieron entrar sin la ayuda de alguien de dentro de la Casa Cuartel.

—Parecían don Quijote y Sancho. Pero don Quijote era casi un gigante y Sancho no es que fuese gordo ni de baja estatura, pero a su lado parecía un tapón —escuchó decir a Florencio, el dueño de la taberna, único testigo del hurto, junto con los dos guardias inconscientes —. Imposible saber quiénes eran. Hasta ahora, la persona más alta que he visto fue al cura que tuvimos, a don Gervasio.

Ni a Florencio ni a nadie se le pasaba por la cabeza que don Gervasio estuviese metido en ninguna historia de ese tipo, menos siendo un sacerdote. Aunque, alguien sí lo pensaba, más porque esas cartas anónimas estaban escritas con cuidadosa ortografía, hasta el punto de que la máquina de fabricación alemana, marca Urania, carecía de la letra ñ y la persona que remitía las cartas dibujaba a mano la virgulilla sobre la eñe.

En esos años había pensado en multitud de ocasiones en el sacerdote, haciéndose mil conjeturas. Su desaparición le convierte en un hombre nuevo que rompe con el pasado a pesar de la presencia de Ernesto Pujalte. Ya no siente tanto miedo, consciente de que permanece en una cárcel sin barrotes. Comienza a levantar cabeza y ya nadie le regatea el precio. Todas las cargas de leña las cobra sin problemas. A dieciséis años del final de la guerra, nadie le recuerda si fue rojo o azul. Sí, al principio echa de menos al sacerdote, le llama la atención que se uniese a la guerrilla y que después de cesar la actividad de esta regresara, para volver a desaparecer.

Miguel, ahora, es su inseparable compañero en las tareas agrícolas, no es que el joven le dé mucha conversación, se limita a escuchar y a realizar escuetas preguntas, y, sobre todo, escucha. Acostumbrado a ir al campo a cortar encinas, aserrar, cargar y descargar, siempre en soledad, ha desarrollado una necesidad imperiosa de hablar, necesita contarle a alguien lo que piensa lo que siente, sus sueños sin miedo. Al igual que los jilgueros, no puede estar en silencio. A falta de compañero de conversación, canta, dice que canta mal, pero canta mucho para compensar. A pesar de su silencio, sabe que su hijo lo escucha y lo comprende. A todo el mundo no podía contarle todas las cosas que a él, que en muchas ocasiones termina con la coletilla.

—Esto ni a tu madre, ¿oyes bien?, ni a tu madre.

La galera discurre lentamente entre caminos de olivares, rastrojos y añojales. Las aceitunas todavía no han comenzado a teñirse de morado, cornicabras, manzanillas y gordales esperan las últimas semanas para que de ellas destile el oro líquido del campo mediterráneo. El paisaje es triste en otoño, con sus tonos entre verdosos y pardos de olivos, encinares y chaparros. El paisaje es triste en otoño, las vides se han quedado sin hojas que tapizan el suelo con un manto diverso de rojo, amarillo y marrón.

Los barbechos ya están labrados preparados para la siembra, los añojales, algunos, han perdido su amarillo por el gris negruzco, tras la quema. Mil tonos en infinitas tonalidades visten esos campos de transición entre la Serranía y la Mancha. Pronto, a cada paso, se impone la Mancha con rotundidad, el aire trae distintos aromas, ya no es el fuerte aroma de la aceituna, pino o carrasca entre fragancias a espliego, romero y tomillo. Ahora es la llanura castellana la que manda, grandes extensiones de tierra de color marrón rojizo o blanquecino, son los aromas más tenues, apenas perceptibles a tierra seca, paja y hierba. No obstante, todavía se percibe el perfume a espliego, tomillo o romero de los ribazos, pero infinitamente más suave.

Las mulas, a pesar del cansancio, caminan con más alegría. Ya no es la subida del ribazo o la bajada de la vaguada una y mil veces con el leñador diciendo «arre» o «sooo» para que se esfuercen en subir o se retengan al bajar. Ahora no, ahora todo está como la palma de la mano. La gran llanura manchega se extiende como si fuera una manta sobre la cama, con pequeñas ondulaciones y aburridos tonos otoñales. A las mulas no les importa ese paisaje más triste, mientras que después en el pesebre tengan cebada y paja abundante. Para los animales el esfuerzo es menor, y la senda infinitamente más llevadera, llana, sin baches ni curvas, sabiendo que el camino siempre estará despejado. Desde el inicio del trayecto se puede vislumbrar en la lejanía Gascas.

La galera va cargada con troncos de encina, cortados en trozos de unos tres palmos de longitud, apilados por orden de grosor, abiertos en dos mitades o tres partes transversalmente según el grueso de estos. Los más recios debajo, firmes y dando estabilidad y los más finos arriba, escalonados, cuidadosamente colocados para evitar que se muevan y puedan desequilibrar la carga, atados con tomizas de esparto que evitan cualquier movimiento de estos. Todo bien atado y sujeto.

Miguel va más callado y taciturno que de costumbre, se le nota el cansancio y el sueño. Cuanto más intenta sonsacarle, más se encierra en sí mismo y tan pronto lo ve con una sonrisa boba, como con cara de preocupación. Siguiendo el plan previsto ese día, comerán en Gascas, para después, llevar la leña al pueblo vecino.

En el camino de regreso ven a lo lejos un vehículo que al acercarse pueden comprobar que es un «Land Rover». Miguel palidece al reconocer el vehículo, se estremece. No son los mismos hombres. Sin embargo, sí el coche. Está seguro de que es el mismo, se apartan a un lado para que pase. El vehículo les adelanta en dirección a Gascas, parece tener prisa. Padre e hijo saludan con la mano, por si acaso, sin obtener respuesta. El vehículo se aleja dejando una densa nube de polvo pajizo.

—Vayan ustedes con Dios —saluda Felipe al alejarse el coche.

—Anoche estuvieron en casa de Casimiro y le pegaron una paliza —Por fin, Miguel suelta prenda.

—¿Anoche? ¿Quién? —Lo mira el padre, incrédulo.

—Ese coche, aunque eran otros hombres los que iban. El sargento y dos hombres que no conozco.

—¿Y no me has dicho nada en toda la mañana? ¡Vaya cuajo tienes! ¿Qué le hicieron? —le interrumpe Felipe.

—Pegarle una paliza, ya te lo he dicho.

—Pero sabrás algo más...

—No sé nada más. Bueno, volvieron después, pero ya no entraron.

—¿Y tuviste el cuajo de no preguntar a Casimiro? Es como mi hermano. Más que mi hermano.

—Me dio miedo, y ya no eran horas.

—Pero, hombre, has tenido tiempo. Lo peor es que si me lo hubieses dicho, hubiera ido a su casa esta mañana a enterarme.

—No lo pensé.

—¿En qué estarás pensando? Bueno ya lo sé, ya lo sé...

Miguel baja cabeza avergonzado, ruborizándose. Felipe permanece en silencio durante unos instantes con cara de preocupación. Después comienza de nuevo a cantar, en un tono tan bajo que Miguel casi apenas lo puede oír. En su semblante se adivina la preocupación.

—¿Le dijiste que esta noche viniese a casa?

—A su mujer, él estaba acostado. Antes de que llegasen esos hombres, esos guardias... —titubeó.

—¿Te vieron los guardias?

—No. No me vieron, ni sé si eran guardias, creo que sí. Solo conocí al sargento. Cuando iba a preguntar a Casimiro si les podía ayudar, fue cuando volvieron. Me dio miedo...

—Ya. Tampoco eran horas. Llevas razón, no eran horas, nunca son horas para que los pobres podamos dormir en paz. ¿No hemos tenido bastante?

Ni una palabra dijeron más. Ambos estaban cansados, preocupados. Miguel ha aprendido a interpretar los silencios de su padre tanto como sus palabras. Es pronto y no los esperan todavía. La sorpresa para ellos fue encontrarse en la casa a Antonia con cara de inquietud, totalmente sofocada, fuera de sí. Al ver a Miguel, corrió a sus brazos.

—Volvieron, Miguel, volvieron y los mataron.

—Tranquila, eso nadie lo sabe —tercia María.

Antonia explica que volvieron una tercera vez, que Angustias comenzó a llamarla, como en otras noches, en las cuales se le olvida que no puede andar y quiere levantarse a orinar o hacer otras necesidades. Aquella noche no era ese el motivo. Cuando llegó al cuarto de Angustias, la mujer estaba muy nerviosa. No la llamaba como en otras ocasiones a gritos, sino intentando no ser escuchada.

—Me dijo que había oído a Casilda decir que le habían matado a su hombre. Cuando me lo estaba contando la pobre mujer, escuché un golpe muy fuerte y ya no escuché nada más, aparte del coche al irse. Esta mañana estuve llamando a su casa, pero no me ha contestado nadie. Tengo mucho, mucho miedo. Tampoco quería que me viese nadie, pero hace un rato volví a llamar y tampoco. No sé qué hacer. Estoy segura de que han matado a los dos.

—Eso es pronto para saberlo. No están en su casa, pero no tienen por qué estar muertos. Tranquilízate —María intenta de nuevo calmar a la muchacha.

53
La carta escrita por el hombre que no sabía leer

En la mente de Felipe, de nuevo reaparece la sangre de las trincheras, de la cárcel. Se culpa de no haber creído a María, intuyendo que una nueva amenaza rondaba en torno suyo, no solo de él, sino también de su familia. Las sospechas se confirman pronto, el pastor de la dula ha encontrado colgado a Casimiro. Curiosamente en el mismo lugar donde casi dos años atrás apareció Clara, una encina milenaria existente en un claro de un monte de pinos. La noticia corre como la pólvora. Anastasio, el hijo mayor del matrimonio, fue el primero en enterarse de la muerte de Casilda, fue quien entró en la casa encontrándose con el cuerpo sin vida de su madre. Para algunos el caso estaba claro: Casimiro había matado a golpes a su mujer y después se había colgado. Conociendo la corpulencia de Casilda y la de su marido, el genio de una, y el genio del otro, la hipótesis no tenía ni pies ni cabeza, más, cuando el cuerpo del hombre tenía golpes por todos lados. Cuando Mariano Echániz, el hijo del alcalde y principal terrateniente junqueño, además cuñado de su hermano, se acercó al grupo de hombres que se encontraban comentando el suceso, que ya todos conocían, alguien contó haber escuchado a un guardia algo referente a una máquina de escribir. Otro más informado, dice que el sargento está recibiendo amenazas de muerte escritas con una máquina de escribir sin la letra eñe que, para más INRI, fue robada del cuartelillo dos años atrás. Cada uno aporta datos y dudas, son muchos los rumores y ninguna la certeza, lo único cierto es que el matrimonio está muerto. Todos piensan que es imposible que Casimiro fuera el asesino, quien con más ahínco lo defiende es Felipe. Mariano Echániz se acerca con sonrisa de suficiencia.

—Muy seguro estás tú de que no haya sido tu camarada quien ha matado a su mujer y luego se haya colgado —señaló Echániz recalcando la palabra «camarada».

Todos se quedan mirando al recién llegado, se abre el corro y saludan respetuosamente lo saludan, mostrando servilismo y en cierto modo su temor. Se dirigen a él como don Mariano, incluso Felipe, a pesar de que de críos jugaron juntos y hasta después de los veinte años fueron muy amigos. Él, igualmente, hubiese sido don Felipe de no haberse apartado del rebaño, haciéndose amigo de otro grupo distinto.

—Hay dos tipos de personas: quienes viven del sudor de su frente y quienes viven con el sudor del de enfrente.

Él pudo ser de los segundos. Le hubiera bastado dejarse llevar por las normas establecidas por su padre. Pero, entonces, tal vez, hubiese terminado siendo sacerdote de un dios en el cual decía no creer. Lo peor, que posiblemente tampoco hubiera terminado al lado de María y por ella daba por buenos hasta los años de cárcel, de los cuales ella era inocente. Los culpables debían buscarlos entre la «gente de bien», en su propia familia. Guarda más que respeto a don Mariano Echániz, temor; aunque le cueste dirigirse a él con el «don» delante.

—Don Mariano, yo no tengo camaradas. Lo único que quiero es trabajar y mantener a mi familia. Sé de sobra que Casimiro era incapaz de matar a una mosca.

—Ah, ¿sí? Si estuvo en la cárcel, ¿por bueno? Mira, no me toques los cojones. Dejemos eso. Os voy a dar una noticia —realiza una pausa —: ¿A qué no sabéis lo que llevaba esa persona tan buena en el bolsillo de la pelliza?

Unos se encogieron de hombros, otros negaron con la cabeza, esperando la respuesta de sus labios.

—Una carta. La confesión, diciendo que ha sido él quien ha matado a su mujer, escrita de su puño y letra —hace una nueva pausa. Lo más interesante, agarraos que vienen curvas, confiesa ser el padre del crío que iba a tener la muchacha que vivía en tu casa, Clara, creo que se llamaba —dice, dirigiéndose a Felipe y después observa las reacciones de los presentes, sin que pueda encontrar otra cosa que perplejidad y sorpresa.

—Sí, se llamaba Clara. ¿Y dice usted que de su puño y letra? No me joda, don Mariano, si no sabía leer.

—¿No sabía leer? Curioso. ¿Ni siquiera a máquina? —pregunta absurdamente Mariano Echániz.

—Perdone, don Mariano —Felipe no puede evitar echarse a reír, seguido por el resto. Termina por pedir disculpas al cuñado de su hermano—, es de cajón que, si no sabe leer, no sabrá escribir, ni a máquina ni a mano... —Felipe continúa medio burlándose del terrateniente —. El pobre hombre no sabía leer, cuanto ni más escribir, y va y resulta que escribe una carta confesando su crimen..., sus crímenes, ¡anda ya! Vamos a tener que creer en los milagros. ¡Vaya por Dios! Y además de su puño y letra o a máquina porque muy claro no lo deja usted.

—Estás muy equivocado. Él escribía cartas desde la cárcel a su mujer — replicó Mariano Echániz molesto.

—Él no escribió ni una sola carta desde Uclés a su mujer. Casilda comenzó a recibirlas cuando su hombre estaba en Cuenca. Lo sé porque yo era quien las escribía y también leía las cartas que mandaba ella, y mi mujer escribía las que mandaba Casilda, que sí sabía leer, pero su letra no la entendía ni ella.

—Ahora se comprenden muchas cosas —dice pegándose un puñetazo en la palma de la mano Mariano Echániz—. El sargento estará muy interesado en saberlo, mira tú, que podría ser que esa carta también la hayas escrito tú.

—Don Mariano, desde hace más de siete años, no he escrito ni mi nombre...

—Entonces habrá que buscar al escribidor de esa carta, de esas cartas, porque hay más cartas y el sargento terminará encontrando al culpable. Ya le dije yo que Casimiro era analfabeto, pero comienzan a cuadrar muchas cosas. Buenas tardes, Felipe, gracias por aclararme las dudas.

—Usted sabe que me tiene a su disposición, don Mariano. Usted sabe que, si existe esa carta, la escribió la misma persona que mató a Casimiro, a Casilda y a Clara... ¿o no? —cuestionó Felipe con un tono que pretendía ser contundente.

—Pues sí, a no ser que... quien escribía antes cartas de amor ahora las escriba con amenazas. Felipe, Felipe, muy agradecido te estará el sargento, en este pueblo pocos saben escribir —ironizó Mariano Echániz, marchándose directo al coche, arrancando en dirección a San Antonio de los Llanos.

Ya no había remedio. Si antes había hablado, ahora debía continuar. Le gustaría ser el único perjudicado, cosa ya de por sí, imposible. Miró a su alrededor y pudo comprobar más miradas huidizas que de aprobación. Hay miedo, y eso se palpa en el ambiente. Eran tiempos de silencio, hasta los jilgueros debían utilizar sordina. Él sabe de sobra, o al menos lo cree, quién es el autor de esa confesión, quién los ha matado, no solo a Casilda y Casimiro, sino igualmente a Clara. Habían dado por hecho que Casimiro y Casilda sabían escribir, pensaban que eran ellos quienes escribían esas cartas amenazantes que recibía el sargento. Solo había dos máquinas iguales en la comarca, las dos estuvieron juntas en la Casa Cuartel, ahora solo quedaba una. Felipe tenía claro quién robó la máquina. Su preocupación crece cuando le cuenta lo sucedido a María, la cual palidece, quedando traspuesta, más cuando Antonia dice:

—Angustias me dijo que gritaban, ¿dónde está la puta máquina de escribir?

Felipe entonces recuerda que alguna noche le pareció soñar con el teclear de una máquina de escribir.

—¿Tú no sabrás nada de esa máquina de escribir que dicen que robaron en el cuartelillo?

—¿Máquina de escribir? ¿Yo? No sé por qué me preguntas eso...

54

Los sueños

En los días que siguen, Felipe observa a María. Está claramente nerviosa y rehúye su presencia, incluso, alega no encontrarse bien, para evitar sentarse a la mesa y cenar. No quiere atosigarla. Sabe que María no es del todo inocente sobre la autoría de las cartas que dicen que recibe el sargento. Le duelen sus silencios, pero hace tiempo que se acostumbró a ellos. Tal vez algún día ella decida contar todo lo que la atormenta por dentro, todos esos secretos que los dos saben que existen. María tiene motivos para sentir miedo. La visita recibida por el matrimonio se podría llegar a repetir en su casa. Marcharse de Gascas pasa de nuevo a ser más prioritario que nunca.

El viejo camino que comunica Gascas con San Antonio recientemente lo han asfaltado, pasando a denominarse carretera en lugar de camino. Se ha asfaltado recientemente, pero llamarle carretera no deja de ser un eufemismo exagerado. Han desaparecido los charcos y desniveles, echando gravilla blanca con tierra arcillosa sobre el viejo camino. Tierra que al paso de los escasos coches levanta una polvareda impresionante; aunque, eso no ocurre con carros, galeras. Sí, el camino es polvoriento, pero mucho más firme y cómodo para transitar, que antes, razón por la que, con orgullo, todos le comienzan a llamar la carretera a lo que desde tiempos inmemoriales se le llamó el camino de San Antonio. En el pescante, como siempre, van sentados Felipe y Miguel. El padre taciturno y preocupado, como intuyendo la desgracia que considera inevitable. María apenas habla y la ve más ajetreada y ausente que de costumbre. Anda quemando los escasos libros que aún quedaban en la casa.

Aquella mañana, antes de levantarse, le preguntó por la máquina de escribir que aquella noche creyó escuchar. María niega saber nada de esas cartas y menos de una máquina de escribir.

—¿Qué más quisiera yo? ¿Te imaginas?

Pero Felipe se imagina muchas cosas, mientras ve que libros, como La Celestina o El Lazarillo de Tormes perecen bajo las llamas de la chimenea.

—¿Por qué los quemas?

—Porque tengo miedo, mucho miedo, no me fío. Tengo pesadillas, pensando que pueden entrar una noche y pueda pasarnos algo. Felipe, estoy cansada de todo esto, no aguanto más…

—Entonces… ¿qué hacemos? ¿Le intentamos pedir ayuda a mi hermano? ¿Nos vamos?

—¿Para qué? Tu hermano no hará nada, si no tiene nada que sacar. Parece mentira que todavía confíes en él. En cuanto podamos nos vamos de aquí —María baja los ojos, piensa que debería decirle que el peligro es mayor de lo que él se pueda imaginar, que las cartas las escribió ella y, lo peor, que va a seguir escribiéndolas a pesar del miedo que siente. El único modo de evitar seguir mandando cartas al sargento es marchándose. No se atreve a decirle que es ella, que en el momento que él sale por la puerta Felipe, ella saca aquella máquina robada en la Casa Cuartel y derrama su rabia golpeando las teclas, y que solo la muerte le hará desistir—. Nos tenemos que ir cuanto antes….

Todos saben que Casimiro no sabía leer y por supuesto menos escribir. Por tanto, la carta fue escrita, sin lugar a duda, por el asesino o asesinos del matrimonio. Los hijos estaban al corriente que, durante años, el matrimonio, sobre todo Casilda, colaboraron con el maquis. Saben que en esa casa ha estado el mismo Fortuna y Chichango. Lo mejor es callar, por mucho que se les revuelvan las tripas de pensar lo que les habían hecho a sus padres, remover la cuestión era muy peligroso. Como otros muchos de los vencidos y derrotados, el salir de Gascas para marchar a Madrid o a Valencia se convirtió pronto en una imperiosa prioridad vital. María y Felipe pensaban lo mismo, debían salir, pero mientras María se conformaba con abandonar Gascas cuanto antes mejor, Felipe soñaba con abandonar incluso España, marchar a la República Argentina o a México.

Felipe, con la mirada perdida en el horizonte, intenta aparentar la tranquilidad que está muy lejos de tener, no le cabe duda de que es María quien le escribe las cartas al sargento. De nuevo ha escuchado el teclear de la máquina y María no estaba a su lado en la cama. Al levantarse, la ha visto llorando al lado de la lumbre. No ha querido preguntarle, ni se atreve a hacerlo, tampoco quién es la persona que se encarga de hacerlas llegar al sargento. Sabe que los guardias han visitado y registrado concienzudamente la casa de Casimiro y Casilda, buscan la máquina de escribir, que él piensa, en realidad sabe, que está en su casa. Desde el momento de salir de la cárcel siempre tuvo la sensación de que María le ocultaba algo, no iba a obligarle a decírselo. Estaba seguro de que era algo relacionado con Clara, por lo que para él solo podía ser que ella también participase de las mismas actividades que la modista. Sin embargo, ella nunca había salido de Gascas, nunca había asistido ni siquiera a las reuniones en casa de Casilda. No obstante, desde la muerte de Clara, cambia y, sobre todo, desde la muerte de Casimiro y Casilda. La ve muy nerviosa, piensa que se lo dirá, si ella quiere, muy pronto. Prefiere no pensar en ello y soñar con marcharse lejos, a la República Argentina. Tal vez podría vender el monte, quedaría muy por encima de cualquier nivel de las aguas del pantano, aunque ahora nadie, absolutamente nadie quiere comprar nada.

La Mancha permite alargar mucho la vista, su mirada se aleja mucho más allá que en cualquier otro lugar, casi como si fuese el mar. Los ojos de Felipe traspasan el mismo horizonte, se ve en un barco navegando por el Atlántico hacia Argentina, recuerda el consejo dado al sacerdote y recibido del guerrillero.

—¿Se habría marchado él a la República Argentina? —No ha vuelto a saber nada de Gervasio desde esa segunda visita a casa de Casimiro y Casilda, pero al igual que le ocurre con María, intuye que pronto lo volverá a ver.

Felipe mira el horizonte llano y polvoriento, con el cigarrillo en la comisura de los labios, sus manos son los espejos de su vida, fuertes y encallecidas. Al lado su hijo, bien plantado, pero «*más corto que las mangas de un chaleco*», piensa él. Lo ve frágil, indeciso y con miedo; aunque él, asimismo, tiene miedo, no lo mostraba porque como decía: «*Tenía callos en el corazón y cantaba mal, pero para compensar cantaba mucho*». Felipe cree llevar sujetas las riendas de su vida, a sus sueños los deja volar al infinito, mucho más allá del horizonte manchego.

Miguel, de igual forma, mira al horizonte abstraído, no le preocupa casi nada, ni siquiera piensa en esas dos personas que mataron. En su mente se mezclan alternativamente o al mismo tiempo momentos oníricos y reales. Abstraído en sueños que ya no son adolescentes, sueña con Antonia, con sus besos y abrazos, con algún día no lejano casarse con ella, pero sobre todo en la promesa incumplida, y que por diversas razones no ha existido posibilidad de llevar a cabo. En el horizonte ve su risa adolescente, sus ojos negros como el cieno, su cuerpo desnudo frente a él, iluminado por la lamparilla de aceite, en ocasiones, o un candil en otras. Parece estar escuchando a su padre, pero en realidad no le presta atención. Si le hubiera preguntado algo, no habría sabido contestar, lo oye, pero no lo escucha. El hombre se quita los nervios en ocasiones cantando, otras hablando sin parar. Si canta o habla no piensa en lo que realmente le preocupa. El hijo ya conoce de memoria sus historias, no le interrumpe nunca, ni él se calla, a no ser para hacer la misma pregunta, siempre repetida y que siempre queda sin respuesta o con un leve encogimiento de hombros por parte del muchacho.

—¿Verdad que tú piensas lo mismo?

Porque Felipe presume de ser una persona muy cabal y rara vez admite estar equivocado. Supone que sus planteamientos siempre son razonados concienzudamente, aunque, la realidad se empeñe, casi siempre, en llevarle la contraria. Cuando emprenden la marcha para vender leña se cambian de ropa, quieren causar buena impresión y María procura, dentro de lo posible, que estén presentables. Continúan llevando el pañuelo gris campesino a cuadros atado al cuello como todos los días, pero limpio, pantalones de pana, pero sin los remiendos en las rodillas o perneras, camisa y chaqueta limpias, el padre con una gorra negra y el hijo con una de color marrón, abarcas en los pies y calcetas de algodón duro, de color caqui, en lugar de calcetines. Contrasta el aspecto risueño del padre, incluso cuando está preocupado, con la gravedad del semblante del muchacho, más pendiente de sus sueños y pensamientos, que de escuchar a su padre historias que conoce de memoria o canciones desentonadas. Aquel año han aumentado los encargos. Con un poco de suerte, ese día podrán vender dos cargas de leña, aunque en ese momento a Felipe fuese lo que menos le importaba. No quería hablar de ello, como si la muerte de aquel matrimonio hubiese sucedido a personas anónimas en un lugar muy lejano, y en lugar de haber sucedido dos meses antes, hubiera ocurrido, al menos, veinte años atrás.

—Se nota que la gente pasó frío este invierno. Aunque lo que manda es el trabajo bien hecho, hasta don Valentín, que es más fas…, bueno eso, hasta don Valentín —de nuevo repite el nombre del notario de San Antonio de los Llanos enfatizando el nombre— nos ha encargado cuatro viajes de leña, cuatro, don Valentín, don Valentín después de dieciocho años, los que tienes tú, ¿te das cuenta?

—Tengo diecinueve —puntualiza el muchacho.

Y al hombre se le llena la boca de orgullo, inspira el humo del cigarrillo que no despega de los labios y lo espira por las fosas nasales. Los recuerdos están ahí, claro que los recuerda, pero como algo del pasado, como una lejana reminiscencia de algo que prefiere olvidar, sin que ello le impida dormir. Las caras de los presos, de los muertos, se van borrando poco a poco de su cerebro, aunque no deja de hacer cavilaciones sobre el secreto del sacerdote, sobre sus actividades durante y después cómo un sacerdote podía haber terminado en la guerrilla, sobre la conversación de aquel mes de marzo, recibida en secreto de confesión acompañado de vino de Rioja, chorizos, queso y jamón, y sobre todo mucho dolor y sufrimiento, siendo una de las cuestiones que más le hacen pensar, junto con la muerte de Clara, Casilda y Casimiro. Llega a considerarse a sí mismo mala persona, no siente dolor por aquellas muertes, solo inquietud y miedo egoísta. La muerte del matrimonio le hace pensar más de lo que él quisiera. Ve que el peligro lo tiene más cerca de lo deseable. Ha visto cómo los hijos del matrimonio, apenas dos semanas después, sin despedirse de nadie, han cogido sus familias y sus escasas pertenencias y se han marchado a vivir o a sufrir en otra tierra, donde tal vez algún día puedan soñar, y tal vez olvidar. Ni tan siquiera se han preocupado de intentar vender lo que nadie quería comprar, la tierra o la casa de sus padres y las suyas propias. Felipe no quiere pensar en ellos, no quiere tener miedo, y si piensa en ellos, lo tiene. Él quiere soñar, quiere olvidar las pesadillas de antaño. El presente lo ve como tributo que debe pagar para cumplir sus anhelos, ahora sí que tiene ideales y sueños, los que nunca tuvo. Sin embargo, todavía se siente cobarde a pesar de sentirse casi más libre que nunca. Siente que tiene miedo, que calla y habla cuando no debe. Su estancia en la cárcel es como una espada de Damocles que está sobre su cabeza, una espada que le amenaza ahora, puede ver su filo a medio palmo de sus ojos. Casimiro fue su jornalero de confianza, su mejor amigo de juventud, juntos alegraban fiestas y tertulias; uno tocaba la guitarra y cantaba, el otro tocaba el acordeón. Casimiro era cinco años mayor que él, por lo que fue su maestro en muchas cuestiones, aunque no supiera leer ni escribir, tocaba el acordeón magistralmente. Los dos fueron a la guerra, pero estuvieron en distintos frentes y en distintas cárceles hasta 1943. Casimiro era en cierto modo quien abría el camino de lo que luego le ocurriría a él, eran como dos líneas paralelas dibujadas por distinto puño y que una se trazaba un tiempo más adelantada que otra, pero que terminan en un mismo destino. La sola idea de pensar que podría volver a la cárcel le provoca las peores pesadillas, peores que la muerte. Le horroriza pensar que a María le pueda ocurrir algo. La cárcel, la miseria y abusos que ha sufrido su familia le hacen soñar y añorar al tiempo que desea escapar de allí, a donde sea, siempre que pueda hablar con libertad, sin miedo. Alguien le habló de Argentina y él así se lo hizo saber al sacerdote, «seguro que estará allí», en Argentina, en la República Argentina, seguro que me ha hecho caso. Argentina, un lugar donde le dijeron que se recolectan dos cosechas al año, que no son necesarios barbechos ni añojales. Felipe, como campesino de una tierra seca y desagradecida, es a cuanto aspira, a trabajar la tierra y recibir su fruto de manera generosa. Sus pensamientos los traslada a su hijo:

—Dos cosechas al año, Miguel, dos cosechas al año, en Argentina, en la República Argentina.

Al pronunciar la palabra república, baja la voz y mira para todos lados, como si alguien, aparte de su hijo, pudiera escucharlo; aunque, estén en mitad de una larga carretera en la que no se divisa un alma en varias leguas.

—Cuando ganemos dinero suficiente, vendemos todo y nos vamos para poder decir lo que pensamos sin tener que mordernos la lengua. Además, hablan castellano…

Felipe sueña, pero prefiere soñar y no pensar. Es consciente de que es muy difícil vender nada, por mucho que el monte quede por encima del nivel del pantano. Sueña con volar, con irse a la República Argentina, a México o a Cuba. Los sueños de Miguel, sin embargo, tienen un territorio mucho más reducido y concreto, comienzan y terminan en el mismo punto, en unos labios, unos senos y el sexo de un único cuerpo, el de Antonia. Es joven y no ve ninguna amenaza en el horizonte, su único horizonte termina en los ojos de la muchacha a la que ama. Ya han pasado tres semanas desde la muerte del matrimonio y nadie los ha molestado, ni hay señales de que vayan a hacerlo. María habla de marcharse pronto, incluso sin vender el monte. Felipe prefiere esperar, ahorrar un poco más, aguantar hasta que se sepa si es verdad lo que dicen de construir el pantano.

—Ahora, trabajando los dos, ahorraremos y nos iremos. Tú quieres que nos vayamos, ¿verdad? —pregunta a su hijo que, distraído, no contesta y él interpreta como que está de acuerdo—. Me alegro de que pienses como yo.

—No, padre, no me quiero ir —Miguel, en ocasiones, se atreve a contestar.

Su padre comprende que no quiera salir de una tierra que es la única que conoce, a él le ocurre lo mismo. Miguel no siente la necesidad de escapar. El pantano no lo ve como una amenaza. Sencillamente, duda de que vayan a inundar un pueblo, con una vega que es la envidia de la comarca, para hacer un pantano. Felipe continúa con su alegato hasta que, cansado, el muchacho finge estar convencido:

—Lo que usted diga, padre, tiene razón.

Otras veces, Miguel se imagina esos paisajes descritos por su padre, que nunca ha visto. Entonces Miguel se ve montado en caballo por la Pampa argentina, corriendo detrás de una hermosa yegua sobre la que cabalga Antonia. En sus sueños puede ver cómo ambos llegan a un río grandioso, del que no se ve la otra orilla y allí desnudos bajo las cataratas de Iguazú, contemplan un impresionante arcoíris después de hacer el amor.

55

¡Alto a la Guardia Civil!

Noviembre 1955

La galera levanta poco polvo, pero este cada vez se pega más a la garganta, formando una capa con sabor áspero a arcilla. El hombre de tanto hablar tiene la boca seca, «como una abarca» dice. Echa mano a la garrafilla de agua, envuelta con pleita de esparto. Al levantarla se percata de que está casi vacía, se detiene un instante, mira a su hijo y se la entrega.

—Anda, bebe.

—Padre, ¿ha bebido usted? —El muchacho coge la garrafilla y la agita mirando a su padre.

El hombre asiente con la cabeza, le hace un gesto al muchacho para que beba. Miguel la levanta, quedando el recipiente vacío. Felipe, no obstante, la empina resbalando unas gotas sobre sus labios. Maldice entre dientes no haber tenido la precaución de llenarla al pasar por el pozo de La Veguilla, de «agua más dulce que las avellanas», no importa que no estuviesen dulces las avellanas o amargas las almendras, Felipe siempre habla de la dulzura de las primeras y la amargura de las segundas.

—¿No había bebido usted?

—¡Qué más da! Cuando lleguemos a San Antonio, beberemos lo que haga falta.

Continúa la inquietud que le atormenta desde hace días, especialmente desde que el primer rayo de sol atravesó el cristal de la ventana aquella mañana, como si fuese un dardo letal. El teclear de aquella máquina de escribir no puede quitárselo de la cabeza, como si los relojes del tiempo regresaran al pasado y sus agujas proyectasen sus sombras sobre el futuro.

San Antonio de los Llanos se ve cerca, no solo se distingue la silueta de la torre de la iglesia, sino hasta las grietas de algunas de las paredes de las casas, y, sobre todo, los distintos tonos entre rojizos marrones o grises verdosos de sus tejados. Ya se vislumbra con claridad el camposanto, con los cipreses sobresaliendo por encima de sus tapias. Siempre se alegra Felipe de ver aquel viejo molino en desuso, sin aspas, que queda como símbolo de una tierra de leyenda inventada, de una tierra de soñadores, de quijotes, pero, ante todo, de versados sanchos en una tierra seca y desagradecida.

—Padre, padre... los guardias —grita de repente el muchacho, saliendo de su abstracción, cuando soñaba en esos instantes que se encontraba besando a Antonia.

—Tranquilo, hombre, no hemos robado a nadie, ni hecho nada malo —contesta Felipe, que instintivamente comprueba que la placa, de hojalata azul, del impuesto sobre carruajes de caballerías está debidamente colocada, con su respectivo precinto.

De reojo comprueba que la carga no sobresale por ningún lado. No hay motivo para la preocupación, se los cruzan cientos de veces y nunca pasa nada. No obstante, al igual que su hijo, se pone en guardia. Presiente el peligro, ya no los mira igual y es mucho lo que le cuesta disimular ante su hijo. Sin embargo, lo hace a pesar del miedo.

—Ya lo sé, pero son los guardias —insiste Miguel.

El hombre se encoge de hombros, intentando infundir la tranquilidad que no tiene, recuerda la conversación con el sacerdote, frunce el ceño, tensa las riendas.

—Sujeta los ramales un momento —ordena a su hijo, dándole las riendas. Introduce la mano en el bolsillo y saca la petaca de tabaco, lía con parsimonia el cigarrillo dejando la petaca sobre el pescante para sacar el mechero de yesca—. ¡Mecachis! La madre que parió a Panete. Se ha quedado sin piedra, menos mal que tengo cerillas.

Busca en el bolsillo interior de la chaqueta, hasta encontrar una caja de fósforos. Levanta la vista, los guardias permanecen inmóviles a unos quinientos metros. Murmura algo que no puede escuchar el muchacho. Prende fuego al cigarro realizando un movimiento de cabeza de un lado a otro. Rompiendo su costumbre, coge el cigarrillo entre sus dedos, le tiembla el pulso, no puede evitarlo, por mucho que intente disimular ante su hijo. Recupera las riendas tensándolas un poco, para que los animales caminen más despacio, presintiendo que algo malo habría de ocurrir y quisiera dilatar el tiempo. Sin quererlo, de nuevo, el miedo le comienza a golpear las paredes de su cerebro. La muerte del matrimonio, las amenazas en la cárcel, las palabras del sacerdote: todo estalla en sus oídos. No puede evitar sentirse nervioso. Llegando a la altura de la pareja de la Guardia Civil, Felipe saluda, intentando forzar una sonrisa amable, siendo respondido por uno de los guardias, igualmente con una sonrisa.

—¡Buenos días, señores guardias! —saluda Felipe y musita Miguel sin parar el carruaje.

—¡Buenos días, hombre! —contesta el guardia, que antes había sonreído.

—Vamos a tener suerte —piensa el leñador.

—Tú, ¿no das los buenos días? —pregunta el otro guardia a Miguel señalándolo con el dedo.

—¡Buenos días! —repite Miguel con la cabeza gacha.

—Zoquete, anda baja y aprende a dar los buenos días, y a contestar cuando se te pregunta —increpa el guardia, ahora, de malos modos, agarrando el cabezal de la mula del lado derecho y frenando bruscamente la galera.

El muchacho baja del pescante, aturdido y claramente nervioso. El padre también baja, el cual se quita la gorra y ordena con la mirada a su hijo que del mismo modo se la quite. Miguel intenta contestar, pero el padre se adelanta.

—Mire, señor guardia, es un chiquillo todavía…

—¿A ti te ha preguntado alguien, so memo? —ahora es el guardia sonriente quien le increpa a él, señalando directamente a la cara.

—No, señor guardia, no, pero es mi hijo y es un chiquillo.

—¿Un chiquillo? —se dirige ahora a Miguel—. Contesta, cacho maricón, ¿te ha comido la lengua el gato, marica?

—Me gustan las mujeres, yo no soy eso —contestó Miguel.

—Muy bien, hombre, te has salvado por los pelos. Vamos a ver si tu padre se salva también. Estoy calentito y tengo ganas de pegar una hostia. Alguien se la tiene que llevar.

—Usted dirá, señor guardia, si me la merezco no se prive, pero al chiquillo le pido que, por Dios, haga usted el favor de perdonarle si algo no hace como debiera —ruega Felipe, intentando desplazar a su hijo, interponiéndose entre el guardia y él.

Uno de los guardias comienza a dar la vuelta al carro, mira la placa, sube al pescante, baja, al final se coloca junto a su compañero para dirigirse a Felipe:

—A ti, cacho zoquete, nadie te ha enseñado el modo de llevar un carro por la carretera, ¿verdad que no?

Felipe, sorprendido, intenta contestar, pero antes de que conteste, el otro guardia agarra fuertemente las riendas y agitándolas en el aire a modo de látigo, como si ya lo hubiese hecho otras muchas veces, o hubiese sido ensayado, lo que provoca el pataleo de la mula y el relincho del mulo.

—¿Qué es esto?

—Un ramal —contesta con voz pausada Felipe.

—Exactamente un ramal, unas riendas, lo mismo da. Sirven para llevar cogidas las mulas desde el pescante cuando se va por los caminos… —señalando la carretera y agitando nuevamente las riendas, a escasos centímetros de la cara de Felipe—. Sin embargo, cuando se va por la carretera hay que ir andando con ellas bien sujetas de las manos, para que no se espanten las caballerías cuando pasen los coches. ¿Qué es eso de ir repanchigado en el pescante? ¿Enterado?

—Sí, señor guardia, enterado —asiente Felipe sin levantar la mirada del suelo, sabiendo que por allí casi nunca pasa ningún coche.

—Nosotros tenemos la obligación de hacer cumplir las leyes. No nos gusta fastidiar a la gente, pero el desconocimiento de las leyes no exime de su cumplimiento. ¿Comprendido? Hoy vamos a ser benevolentes... —comienza la perorata el guardia con media sonrisa, terminando con un tono suave, que contrasta con el empleado anteriormente.

—Gracias, señor guardia, muchas gracias. Se lo agradezco en el alma — contesta Felipe.

—Tú, sube al pescante —ordena en tono grave a Miguel, al tiempo que le entrega las riendas a Felipe. Después, sonriendo, como intentando ser amable con el leñador:

—¿A quién llevas esta leña?

—A don Joaquín Bermúdez, al señor boticario... —contesta más tranquilo Felipe.

—Muy bien, a don Joaquín, una persona muy respetable, al señor boticario. Eso está muy bien...

—Es muy buena persona —se atreve a interrumpirle.

—Perooo, hoy no llevarás la leña a don Joaquín. Al boticario se la llevas mañana, ¿entendido? Mañanaaaa. Esta leña la quiero en el cuartelillo a la voz de ya. La dejas donde te diga el sargento y le pagas cien pesetas de la denuncia...

—Yo no tengo veinte duros, eso no lo gano ni con dos cargas de leña. Si llevo la leña al cuartelillo, no podré pagar. No tengo tantos cuartos...

—Ese problema no es mío, es tuyo. No pretenderás que resolvamos tus problemas nosotros. Las leyes están para cumplirlas. Así el próximo día sabrás cómo debes circular por la carretera. Tampoco hace falta que pagues las cien pesetas hoy, cuando cobres la leña, siempre que no se te ocurra olvidarte, claro.

—Son muchos cuartos, veinte duros y la carga… —se queja el leñador, casi musitando.

—¿Estás tonto? Parece que no hablo en cristiano o que tú no lo entiendes. Los veinte duros tienen que estar antes de una semana en el cuartelillo, y la leña antes de que termine el día, si no, los veinte duros criarán más que los conejos y serán cuarenta…, ochenta, cien… ¿Entendido? —nuevamente el tono del guardia se torna severo.

—Entendido —asiente Felipe.

—Y ahora coge las riendas y pasito a pasito hasta el cuartelillo —el guardia cambia el tono severo, por uno amable, como si en realidad le estuviese haciendo un favor.

Felipe coge las riendas, intentando apaciguar su rabia. Ni siquiera en los peores momentos carcelarios sintió tanta humillación e impotencia. Toda la ilusión y la tranquilidad de los últimos meses, se quebró en parte con la muerte Casimiro y Casilda. Ahora, termina por romperse, definitivamente, en unos minutos. Hubiera deseado tener un fusil y descargarlo con furia, como cuando estaba en el frente y disparaba contra los moros con los ojos cerrados. Se arrepiente al instante del pensamiento, él necesitaba cerrar los ojos, le horrorizaba disparar contra personas que ni tan siquiera conocía. Mira a su hijo, lo ve tenso, bien aleccionado aprieta los puños sobre los varales.

El joven nota cómo la sangre de las arterias, que están dilatadas, parece estar a punto de estallar. Cuando los guardias se han difuminado en la distancia, el muchacho golpea con fuerza su puño contra los varales hasta que comienza a brotar sangre de sus nudillos. Desea saltar, gritar, defender a su padre, defenderse él. Los menos de dos kilómetros que quedan hasta llegar a San Antonio resultan eternos. El aire produce algo más que polvo, se ha vuelto irrespirable. Ambos notan una extraña sensación que les aprisiona la garganta. El hombre ya no habla, ni mucho menos canta. Mientras el muchacho nota las lágrimas de impotencia correr por sus mejillas, sucias por el polvo, dejando surcos blanquecinos marcados en su rostro.

Entran al pueblo por la inercia de las mulas, no porque el hombre arree a los animales, ni el hijo a su lado lo haga tampoco. El padre guarda silencio y el hijo maldice como jamás lo había escuchado Felipe, el cual, camina como sonámbulo arrastrando los pies, sin ganas, sin atreverse a mirar a su hijo. San Antonio de los Llanos es casi del doble tamaño y habitantes que Gascas. A él ya se han trasladado muchos gasqueños ante la amenaza del pantano. Sin embargo, a pesar del mayor número de habitantes, la plaza, siendo igualmente el centro neurálgico del pueblo, no tiene la misma alegría que la de Gascas al no existir ni fuente ni pozo. En la plaza se encuentra la iglesia, la botica, el ayuntamiento, una de las tres tabernas del pueblo y algunas de las casas señoriales con escudos blasonados. Adentrándose unos metros por la calle principal está la Casa Cuartel.

Al entrar al pueblo, padre e hijo continúan andando. Es el boticario quien primero los ve, la primera persona que comenzase a comprarle leña nada más salir Felipe de la cárcel. Acaba de cerrar la farmacia, antes de hora. Los ve llegar a lo lejos, se extraña de la estampa tan diferente a otras ocasiones: el hombre y el muchacho andando cada uno a un lado de las mulas, el primero con la cabeza gacha y el segundo mirando al frente, como desafiante, muy contrario a su acción habitual. El día anterior estuvo toda la tarde esperando, le habían avisado por medio del «correíllo» que llegarían por la mañana, antes del mediodía. Viendo que no llegaban cerró antes, seguro que estarían al llegar. Es un hombre de más de sesenta años, siempre generoso y amable con el leñador, de su casa nunca salía sin almorzar, comer, merendar o cenar según la hora de llegada. El hombre se encamina en dirección a la galera.

—Felipe, hombre, ¿no vendrás desde la Montesina andando delante de las mulas?

Se atreve a ironizar, pero el semblante del leñador no da la sensación de estar propenso a admitir bromas, el muchacho menos aún. Alarmado, se percata de que algo bastante grave ha sucedido, a juzgar por el semblante de ambos.

—Si yo le contara —responde Felipe, como un lamento, que apenas escucha el boticario.

Ve los nudillos ensangrentados de Miguel. Le tiende la mano, primero al padre y luego al hijo.

—¿Qué os ha pasado?

Antes de que puedan contestar, les hace un gesto para que esperen un momento. Abre la botica y comienza a curar la mano del joven, dispuesto a escuchar...

El leñador relata lo ocurrido y el boticario se ofrece a prestarle las cien pesetas, a cuenta de los dos viajes, que, en teoría, debían llevar al día siguiente. Después los invita a su a comer, donde le entrega dos billetes de diez duros.

—Mejor, al tiempo que lleváis la leña, pagáis los veinte duros y os olvidáis de la cuestión. Con esa gente es mejor así, cuanto menos trato mejor. El sargento es un poco especial. Un consejo más: no traigáis la leña mañana, andan las cosas un poco revueltas, puedo esperar una semana o lo que haga falta. Creo que ha pasado algo con don Gervasio... —les dice el boticario mientras comen.

—¿Con el cura? ¿Y eso? —salta Felipe a pesar de sospecharlo.

—No lo sé bien —Respira hondo el boticario—, no dicen mucho. Lo que aquí se dice es que el sargento lleva ya un tiempo recibiendo todos los meses una carta escrita con una máquina de escribir un poco especial, que para más inri se robó del cuartelillo hace un par de años. En esas cartas parece ser que lo amenazan de muerte. Le echan la culpa a don Gervasio... —¿Don Gervasio?

—Sí. Dicen que pertenece al maquis, que es él quien escribe las cartas. Al menos eso me dijo el médico...

56

16 años después, la guerra no ha terminado

Felipe hace un gesto de extrañeza ante las palabras del boticario.

—Pensaban que se escondía en casa de unos comunistas de Gascas —prosigue el boticario. De momento no lo han encontrado, ni a él ni a las máquinas de escribir que robaron en el cuartelillo. A quien sí han encontrado, y eso lo sabes tú mejor que yo, al matrimonio, creo que eran amigos tuyos..., los que aparecieron muertos.

—Sí, Casimiro y Casilda.

—Eran amigos tuyos, ¿no?

—Sí, eran amigos míos.

—A raíz de eso, don Gervasio se ha hecho más visible y las cartas ahora llegan, según dicen, todas las semanas. La semana pasada apareció, por segunda vez, un «judas» de paja colgado en la puerta de la Casa Cuartel, con un letrero que decía que el próximo sería el sargento. Por lo poco que sé, vieron a dos hombres, a uno no lo conocieron, pero del otro, dicen que, sin duda alguna, era don Gervasio...

—Eso no puede ser, don Gervasio no está por aquí —indica Felipe.

El boticario hace un gesto para que salga Miguel.

—Sal a echar un vistazo a la galera —ordena Felipe a su hijo.

—Padre... —protesta el muchacho.

—Por tu madre, sal a la galera —ordena Felipe casi gritando.

—Tú sabes de sobra que está por aquí —dice el boticario cuando Miguel sale por la puerta.

—No, don Joaquín, no lo sé. Se fue hace cuatro años…

—¡Copón, Felipe! Que a mí no me engañas, ni yo a ti. Sabes que puedes confiar en mí. Son muchos años. Pero si no lo sabes… mejor que no lo sepas. Ten mucho cuidado, el sargento es muy zorro y te buscará las vueltas a ti y a mí, y a todo aquel que tenga que ver con don Gervasio — replica enojado el boticario.

—¿Usted tiene que ver algo con don Gervasio?

—Aquí nadie tiene que ver con nadie, ni tú ni yo ni nadie. Todos sabemos lo que sabemos, lo que tenemos que pensar, lo que debemos de hacer y lo que podemos hacer, que es bien poco, pero como ese cabrón se entere, nos mata…

—¿A usted también? Si es rico…

—Sí, además católico y de derechas. ¿Y eso qué tiene que ver? Es cuestión de decencia, no ser de derechas ni de izquierdas. No es el momento de absurdos debates, ni el momento ni el lugar. Lo importante es que sepas que en mí puedes confiar y sobre todo que tengas cuidado. Tú mismo me has contado lo mal que lo pasaste en la cárcel. Te puedo decir con claridad que, si no va a por ti, es por tu hermano, el militar, pero que sepas que el sargento te tiene ojeriza…

—Y usted, ¿cómo lo sabe?

—Joder. Si ya lo sabes, me junto con todos ellos. A mí me dicen cosas que no dirían delante de ti y porque ni todos los ricos, ni todos los curas, ni todos los guardias están de acuerdo con lo que pasa en España. Por cierto, ¿sabes que estuvo tu hermano hace dos semanas?

—No lo he visto desde hace al menos quince años.

—Por lo que sé, puso al sargento firme después de que pasase lo de tus paisanos. Tampoco sé mucho más, pero dicen que hablaron de ti y de lo que está ocurriendo. Detalles no conozco. Tiene miga la cosa que ahora que ya no hay maquis quien ha estado haciendo barbaridades para acabar con ellos ahora tenga tanto miedo a un cura…

—¿Tiene miedo el sargento?

—Más de lo que te puedes imaginar. Desde este verano es el primero que pisa la taberna de Florencio todas las mañanas, y muchas son las noches que la cierra. Por las tardes no hay sargento, está borracho o está de muy mala leche…

—Tampoco está mal que de vez en cuando tengan miedo. Mi hermano, ¿cómo está?

—Supongo que bien, yo la última vez que lo vi fue hace dos años en Villarrobledo, pero seguro que está bien. Es coronel y dicen que está a punto de ascender a general. Creo que está ahora en Valencia. Pero volvamos a don Gervasio: dicen que saben que, seguro que es él, pero del muchacho que lo acompaña no tienen ni idea, solo saben que es muy joven. Creo que tú, más o menos, te lo puedes imaginar.

—¿Mi hijo? —exclama asustado Felipe.

—No, hombre, no. Piensa un poco.

—Venancio supongo es a quien se refiere usted… se fue a Madrid hace un tiempo.

—Sí, a Madrid —ironizó el boticario—, también hace más de un año que no lo ves.

—Sí, por lo menos un año; estaba hasta los mismísimos. Estaba harto de los abusos de los somatenes y de la guardia civil. Cada vez que les apetecía un cordero se lo quitaban, sabiendo que su amo, don Matías Echániz, era cómplice, y era el pobre Venancio quien terminaba pagando el cordero —Felipe piensa que Venancio está en Madrid.

—Felipe, tú lo sabes mejor que yo, dieciséis años después, la guerra todavía no ha terminado para los pobres, tampoco para quienes pensáis o pensamos que el miedo nunca debe ser quien domine la voluntad de las personas...

—No sé qué quiere decir, aunque supongo que lleva razón. Solo le digo una cosa, después de siete años de cárcel, lo único que quiero es vivir en paz, con mi familia, con todo el mundo...

—¿Y tú crees que te van a dejar? Ellos mandan, son ellos quienes deciden si tú tienes derecho a vivir en paz.

—¡Copón en Dios!

—Dios, no tiene nada que ver en lo que hacen los miserables que hablan en su nombre, si te sirve de consuelo, te diré, que, como católico que soy, todos esos criminales, por muchos golpes de pecho que se den, o vayan bajo palio, irán al infierno de cabeza, lo juro por Dios y por la Virgen —terminó besándose el pulgar el boticario. Ahora ve a llevar la leña al cuartelillo, pagas los veinte duros sin decir ni palabra...

Cuando llegan a la Casa Cuartel a llevar la leña, Felipe teme encontrarse con el sargento. Sin embargo, el mismo, como ya había dicho el boticario, por las tardes, no está, está borracho o de mala leche. Mejor que esté durmiendo la borrachera. Un guardia les indica dónde deben descargar la leña. Cuando terminan y se disponen a marcharse, nadie les ha dicho nada del dinero.

Cuando van a subir al pescante, un guardia llama al leñador.

—¿Felipe López?

—Para servir a Dios y a usted, señor guardia —responde fingiendo humildad Felipe.

—Faltan las cien pesetas de multa o cuatrocientos reales a tu elección. No te olvides de traerlas lo antes posible... —dice un guardia rubio con acento gallego. Su tono es correcto, pero grave—. Mejor si las traes hoy.

—Para que no críen, para que no críen... ya sabes... — Aparece uno de los guardias que lo habían multado— porque podrían criar más que los conejos —y comienza a reír a carcajadas sin que parezca que le haga mucha gracia al guardia gallego.

En el camino de regreso no se atreve a mirar a su hijo. Está decidido, deben aguantar lo imprescindible, deben irse lejos, muy lejos para no regresar jamás a una tierra cruel que devora a sus hijos. Un punzón parece clavarse en su cerebro, millones de avispas de un imaginario enjambre atacan sin piedad cada una de sus neuronas, formando espirales laberínticas, de las cuales resulta imposible salir a no ser con un golpe de decisión o muerto. El hombre sereno se había evaporado, quedando los posos de una malta de mala calidad aguada, y a pesar de ello muy amarga. ¿Cómo asimilar en tan pocas semanas que todos los sueños se disuelvan como un azucarillo en el café? De nuevo tiene miedo a enfrentarse con María, y contarle lo sucedido. Del mismo modo, que nunca le contó nada sobre la cárcel, ahora siente pavor de decirle que tiene miedo y que lo que más miedo le produce es sentir ese miedo. Sentir miedo le da inseguridad, le cercena las alas, como al pajarillo que un niño cruel quiere evitar que se escape de la jaula. El miedo traba sus ideas de igual modo que traban a las mulas las patas, para que no se vayan a sembrados ajenos. Las arterias parecen más marcadas, más moradas, sus músculos están contraídos, sus labios apretados con fuerza haciéndose daño en las mandíbulas.

—Esto no se lo dices a nadie, ni a tu madre —le dice Felipe como un susurro a su hijo.

Miguel calla, no dice nada. Esa tarde por fin sabe lo que quería decir su padre cuando le dijo:

—Tengo callos hasta en el corazón.

A él ya se le están formando. Nada sabe de la guerra, pero desde muy pequeño le han enseñado a callar, a renunciar a lo que otros tienen, a decir que sí cuando piensa que no. Acostumbrado a agachar la cabeza sin protestar ante lo que considera injusto, no lo comprende, solo sabe que debe hacerlo así, tal y conforme se lo han enseñado, y así lo respeta.

Miguel ha estado a punto de enfrentarse al guardia gallego cuando les ha pedido las cien pesetas, a pesar de ser el único que en ningún momento se ha reído. Sabe que no sirve de nada enfrentarse, por ello no lo ha hecho; pero ha pensado que puede haber oportunidades para hacerlo. Él no iba a aguantar cosas, como las que le contaban sus padres. Se mira las manos heridas por delante y por detrás. Debe resistir, aguantar hasta que los callos se le endurezcan en el corazón o hasta que el vaso de su paciencia rebose.

Felipe encuentra consuelo en María, en sus palabras plagiadas de los sermones eclesiásticos, adaptadas para la ocasión. Se admira de sí mismo, cómo aquellos sermones que tanto escuchó de crío y tanto aborrecía, ahora en los labios de María suenan diferentes. No son los mismos, pero él sabe de dónde han salido. María le susurra al oído, lo besa, lo desnuda con las palabras. Escucha y busca en su memoria versos de juventud, los mismos versos de Neruda, con los que la conquistó. Sin embargo, se traba su lengua y prefiere escucharla. María no pregunta nada porque lo sabe todo y acaricia con sus palabras a su hijo, a su esposo, los besa. No dice nada que pueda hacerles sospechar que lo sabe, pero sus palabras, besos y manos acarician por igual. Se pone cariñosa y comprensiva, cenan y se acuestan.

Miguel no tiene ganas de visitar a Antonia, se siente cobarde, sangre humillada y atrapada en un cuerpo joven pugna por salir, por explotar cual tormenta en el mar. No puede dormir, no cesa de dar vueltas a lo ocurrido y no comprende cómo su padre puede estar tan tranquilo en su cuarto haciendo el amor con su madre, porque lo sabe, los oye por mucho que intenten no hacer ruido.

Se levanta y sale a la calle. Se sienta en el poyo hasta que nota el frío y la humedad calando sus entrañas. No irá a ver a su novia, no tiene ánimo para ello. El frío le hace levantarse y comenzar a caminar bajo la tenue luz de las escasas bombillas. Va despacio por calles desiertas. Hace tanto frío, que los perros se refugian dentro de las casas, si pueden. Comienza a caer aguanieve. Sube por la calle que lleva a la casa de la joven y piensa en ella. No sale el perro de Casimiro a ladrar, dicen que los hijos antes de irse a Madrid lo ahorcaron. Otros dicen que lo encontraron muerto en la puerta del cementerio. Se para unos segundos en la puerta de Antonia, no llama.

57

Hilos de esperanzas rotas

Al regresar a su casa, escucha a sus padres, ya no están haciendo el amor, pero no duermen, no pueden dormir, están hablando.

Miguel se acuesta y sueña que está en medio del campo, oculto entre los trigales, mientras acaricia a Antonia, la cual emite los mismos gemidos que instantes antes emitía su madre. Se imagina, puesto que no tiene el conocimiento, situaciones tan fantásticas como irreales. Llega al cénit de la ensoñación y sin saber el motivo, recuerda las palabras del sacerdote don Hipólito. Prefiere no creer en ellas, no puede ser pecado ese placer solitario, o tal vez sí. Podría ser, que Dios por culpa de su pecado lo castigara y le impidiese hacer realidad esas fantasías que lo han dejado rendido, extendido bajo las sábanas, temiendo el apocalipsis final. Escucha reír a su madre y seguidamente a su padre. Desaparecen las nubes oscuras de su mente, comprende que no hay lugar para el arrepentimiento, que lo que siente, lo triste, es que no haya sucedido, que esas fugaces fantasías adolescentes no se hayan transformados en realidades perceptibles.

El interior de la casa está caliente y confortable, gracias a la lumbre. Felipe se ha encargado de que los mejores troncos de cepa estén ardiendo en la chimenea. Felipe sabía que en el exterior un fuerte y gélido aire del norte se había desatado, trayendo consigo nubes oscuras que anuncian nieve.

—Hace más frío que en enero —dice María acercándose a la pared, donde cuelga un almanaque prendido de una alcayata enjalbegada, como si necesitase cerciorarse de que realmente es noviembre. Nadie recordaba que un mes de noviembre hubiese nevado tanto.

Ninguno decía acordarse, aunque aquella mañana no habían podido salir al monte por culpa de la aguanieve, que comenzó a caer cuando Miguel era la única persona que caminaba por las calles de Gascas y que cesó a media mañana. Momento que Antonia aprovechó para ir a visitar a María para que le dijese cómo hacer las magdalenas que tan bien le salían a ella. Con disimulo se acercó a Miguel, que estaba cortando leña, invitándolo, con un pícaro guiño para que, ya que no iban al monte, fuese a probar las magdalenas, y él le dijo que iría con mucho gusto. En los gestos y el tono de su voz, Miguel adivinó la intención de la muchacha de cumplir la promesa pendiente. Siendo martes, Miguel se vistió con ropa de domingo. Estaba triste y alicaído, pero verla le transmitió ilusión por vivir, del modo que solo ella podía lograrlo.

Al salir, le cuesta a Miguel cerrar la puerta, es tan fuerte el viento que da la sensación de ser capaz de arrancar hasta los árboles más frondosos. No pensaba que soplara tan fuerte como para resultarle imposible cerrar la puerta estirando. No le queda más remedio que pedir ayuda a su padre para que empuje, el cual continúa taciturno, dando vueltas a la cabeza. Acude al auxilio de su hijo a regañadientes.

Apenas emprende a andar calle arriba, comienza a nevar débilmente. Minúsculos copos acompañados del fuerte viento forman parte de un inmenso remolino blanco. No había cogido la pelliza y de una carrera regresa a casa a por ella. Cuando llama, su padre acude a abrir. María, al escuchar la puerta, le dice que no salga. Él hace oídos sordos y sale a la carrera para no dejarse convencer por su madre que, no obstante, logra retenerlo unos instantes. Cuando logra escapar, el viento ha cesado casi por completo, sustituido por intensa nieve. Apenas puede ver más allá de unos pasos. Nota la humedad en piernas y cabello, intenta esconder la cara entre las solapas de la pelliza. La calle está totalmente vacía, escucha la voz de su madre, él acelera sus pasos con decisión cuesta arriba. María se queda en la puerta rindiéndose a la evidencia. En la acera de enfrente ve a unos niños que han salido en el momento que ha cesado el viento y se ha puesto a nevar. La mano de Anastasia, abre la puerta y mete para dentro a los chiquillos dándoles un pescozón. María piensa que tal vez le hubiese gustado, en esos momentos, hacer lo mismo que su vecina, darle un pescozón a Miguel y meterlo para dentro. Nota las manos de su marido que la abrazan y le susurran al oído:

—Tiran más dos tetas que dos carretas, mira que guapo que se ha puesto —. La besa en la nuca, colocando sus manos en el pecho de ella, que se gira y se rozan los labios, mientras él busca el beso profundo de los novios.

—Para eso estoy yo ahora —protesta ella.

Termina besándolo, abrazándose a él que la mira con los ojos tristes. Piensa que su hombre busca una cosa, pero necesita otra. No ríe, no canta, lleva mucho tiempo sin verlo así, si bien desde la muerte de Casimiro y Casilda está raro. Ahora está hundido, intentando no transmitir esa preocupación. Sin embargo, a ella no se la puede ocultar, para ella es tan transparente como un vaso de cristal y además sabe cosas que él ignora, aunque ella sí es capaz de disimular toda la preocupación que le corroe por dentro.

—Espera —le dice separándolo con las manos.

Las chiquillas están jugando arriba, en la cámara, la parte alta de la casa se las escucha reír. Se acerca a la puerta que sube a la cámara y ata la cuerda del picaporte al cáncamo de la pared. Se abraza fuertemente a él.

—Nos vamos, nos vamos, nos vamos a la República Argentina, a México, a donde sea, pero nos vamos —le dice sin dejar de besarlo.

Él se abraza a ella, las lágrimas resbalan por sus mejillas, la besa como aquella primera vez junto al viejo molino de viento, fundiendo sus labios, sus cuerpos en un abrazo intenso. Cuando el beso termina, se separan y se miran fijamente a los ojos, los dos están llorando.

—Nos echan —dice él—, nos echan, han ganado, ahora sí estamos vencidos de verdad...

—Te equivocas —contesta ella como un susurro—, nos vencieron, pero no nos rendimos, siempre nos quedarán hilos de esperanza para unirlos y hacer coser nuestra bandera...

—Hablas como tu padre...

—Son palabras de mi padre, decía que los pobres podíamos ser vencidos, pero nunca debíamos perder la esperanza, nunca deberíamos decir ni pensar que estábamos derrotados, que mientras haya un hilo que se pueda unir a otro... Aunque nuestra bandera esté pisoteada por las botas del enemigo, siempre debemos tener la esperanza de comenzar a tejer una nueva bandera de la libertad y emprender de nuevo el camino de la lucha...

—Buen hombre... —musita él.

—Buen hombre —repite ella.

Lo vuelve a besar y abrazados se buscan y se pierden en la penumbra del cuarto, sobreviven a la oscuridad mientras un trueno anuncia que se avecina una nueva tormenta. En la cámara se escuchan las risas de sus hijas jugando, ajenas a la tragedia. Felipe se duerme viendo los copos caer sobre la repisa de la ventana. María permanece despierta abrazada a él, piensa en tierras lejanas donde comenzar una nueva vida. Tiene miedo, sabe que no será fácil comenzar a vivir en una tierra extraña, por mucho que, de igual forma, se hable la lengua de Castilla. Será difícil dejar atrás su patria, aunque en el nombre de ese país esté la palabra que les gusta unir al de España: república.

—República Argentina —musita.

Entonces escucha la voz de su hija mayor gritar:

—¡Padre, madre... ¡Padre, madreeeeee!

Se desprende del brazo de su hombre, que reposa sobre su pecho, se coloca la toquilla por encima de las enaguas y acude a abrir a las chiquillas, que asustadas se han cansado de jugar y reír, encontrándose con la puerta cerrada. Sobre los hombros de la mayor hay una bandera de tres colores. María palidece al verla, intenta disimular.

—Madre, mire usted qué toquilla tan rara, no tiene flecos —dice la chiquilla como si hubiese encontrado un tesoro.

—Sí, un poco rara, pero bonita —No puede evitar reír.

María prepara la cena a las niñas, para después de acostarlas quedarse a solas con sus recuerdos.

Cuando todos duermen aprieta contra su pecho la bandera, permanece a ella abrazada un buen rato mientras las lágrimas corren libremente por sus mejillas. Pronuncia el nombre de su padre, de su madre, de todos y cada uno de sus hermanos, coge las tijeras para dividir la tela por colores. No pretende cortarla, sino descoserla.

La bombilla apenas alumbra, pero María no suele encender las velas. Sin embargo, coge el candelabro que hay sobre la cornisa de la chimenea y enciende las tres velas. Echa sarmientos y troncos al fuego, la estancia se ilumina, nota cómo la flama le quema la cara y debe retirarse de la chimenea. Comienza a descoser las franjas de la bandera humedeciéndola con sus lágrimas, que se secan rápidamente por el calor de las llamas. Se le pasa por la cabeza quemarla, sin embargo, pacientemente, va deshilvanando los hilos, uno a uno, sin prisas, piensa en qué color echará primero al fuego: primero el rojo, después el morado o tal vez el amarillo.

«¿Cómo voy a echar el amarillo con el escudo bordado por mi hermana? Sería como echar la bandera entera», piensa mientras se estremece. No es solo una bandera, es su memoria, sus padres, sus hermanos. Se muestra indecisa con el amarillo. «Debo hacerlo, la pueden encontrar», hace el gesto de echar la bandera completa al fuego sin terminar de descoserla.

Ante sus ojos llega aquella tarde de lunes del mes de abril, en Valencia, cuando su padre se presentó con los tres trozos de tela que compró en los almacenes España de la calle del Mar.

—Concha, manos a la obra, que me han vendido el último trozo de tela morada que les quedaba, todos se han vuelto locos...

En sus recuerdos puede ver a su madre moviendo la cabeza al tiempo que quita la capucha al cabezal de la máquina de coser y en poco más de media hora está la bandera cosida.

Al día siguiente toda la familia y miles y miles de valencianos, estaban en la Plaza de Emilio Castelar celebrando que el rey se había marchado. Se seca las lágrimas con la bandera al recordar cómo años más tarde su hermana Concha decide bordar el escudo. No, no será capaz de quemar aquella bandera de España, ninguno de sus tres colores, no fue capaz cuando entraron los nacionales en Gascas, menos ahora que queda tan lejos la guerra. Termina de descoserla. Ya pensará el modo de guardarla en un sitio seguro. Además, ella sabe que todavía hay algo más peligroso en su poder que aquella bandera.

«No la debía haber descosido, lo mismo me da que me maten por una cosa o por dos, yo me echaré toda la culpa, nadie más la tiene», piensa ahora.

Al rato piensa todo lo contrario. Cree que ha perdido el juicio, pero es tanto el dolor que lleva en su corazón que no comprende cómo es capaz de sonreír a pesar de todo. Al final termina guardando los tres trozos debajo del colchón de la cuna de su hija Concha. Al día siguiente buscará un lugar seguro, el mismo en el que tiene la máquina de escribir.

—Concha la cosió, Concha la bordó y Dios quiera que Concha algún día la vuelva a coser —musita y sonríe imaginándose a la pequeña Concha, hecha una mujer, cosiendo la bandera—. Siempre quedarán hilos de esperanza para unirlos y hacer una bandera nueva y el día que lo hagas, te acordarás de tu abuela, de tu tía y de tu madre —le dice a la chiquilla dormida, como si pudiera escucharla, y de haberla escuchado como si pudiera entenderla.

Tiene hambre, pero piensa que, si su hombre no cena, ella tampoco. Le cuesta dormirse pensando en su familia y en lo que les contó aquella mañana Antonia. Ella había intentado que entrase en razón, pero sabe que no puede hacer nada. Piensa, a continuación, en Clara, en sus padres y hermanos, en esa bandera que cosió su madre y bordó su hermana, y en la ilusión de su padre al verla terminada. Casi no recordaba cuándo guardó la bandera, ni dónde. Seguro que no estaría muy escondida. De lo contrario, no la habrían encontrado las chiquillas. Si las niñas la encontraron, en caso de registro podría ser encontrada por cualquiera. La esconderá junto a la máquina de escribir, esa con la que le escribe las cartas al sargento, y que aquel guardia gallego se encarga de hacerle llegar.

Tiene más miedo que nunca, el guardia le ha dicho que están buscando la máquina por todos lados, desde antes de la muerte de Casimiro y Casilda. El sargento está como loco buscando y haciendo cábalas. Es por lo que se ha permitido avisar al cura y al pastor, ellos se encargarán de desviar la atención y también de vengar la muerte de Clara, que es lo que le importa a ella; aunque, el cura quiera llevar a cabo la venganza, además, por otra muerte diferente, ocurrida muchos años atrás. Lo importante es que el asesino de Clara pague su crimen. Llora en silencio junto a la lumbre, piensa otra vez en la bandera

Está casi amaneciendo cuando termina de dormirse. Nada más escuchar a Miguel llegar, se incorpora. Estaba segura de que no regresaría, que aquella noche amanecería su hijo al lado de Antonia. Cuando sabe que Miguel se ha acostado, se vuelve a quedar dormida y sueña que del vientre de Antonia nace una preciosa niña con la cara de Clara, que se llamará Clara y, a su vez, tendrá una hija, también de nombre Clara.

58

Angustias

—¿Por qué los guardias se han llevado a tu madre? —pregunta la anciana con la mirada perdida en el techo.

—¿A mi madre? ¿Cuándo? —extrañada responde Antonia, mientras aprovecha que la anciana tiene la boca abierta para meterle la cuchara de malta con sopas de pan.

—Esta mañana, esta mañana mismo. Con estos ojos lo vi… —y la anciana señala con sus retorcidos dedos artríticos en dirección a sus ojos hundidos de cuencas oscuras y ojerosas, que se hacen más evidentes en su piel blanca con la luz de la lamparilla iluminando sus pupilas.

—¿Y eso? ¿Cómo ha sido?

—Pues… ¿Cómo va a ser? Igualito que se llevaron a mi Jonás y a mi Emilio. Entraron y se los llevaron encañonándolos con las escopetas…

—¿Esta mañana? Los guardias…

—Se la llevaron con el vestido amarillo de flores azules…, bien que me acuerdo.

—¿Qué guardias? ¿Con el amarillo de flores azules?

Palideció Antonia, fue con el ese vestido con el que encontraron colgada a Clara. La anciana llegó a ver el secuestro de Clara, aunque, jamás hasta esa tarde dijo nada.

—Muchacha, qué tonta estás. ¿Cómo lo voy a saber yo? Solo sé que estaba ese tan alto y guapo… el que viene algunas noches, si tú lo has tenido que ver…

—¿El que viene algunas noches? Miguel, mi Miguel…

—Y dices que yo estoy tonta, tú sí que estás como un jeringo. El Jilguerillo no, pobrecito. Estás tonta de verdad, tienes cada sandez…

—Entonces ¿quién es el muchacho tan alto y guapo que vino?

—Yo no quiero malmeter. Vale que tu madre tenga sus necesidades, es joven, pero no está bien que una mujer casada deje entrar a otros hombres en la casa. Si se enterase el pobrecito de mi Emilio…

—Pero… ¿quién? —pregunta Antonia impaciente a punto de perder los nervios.

—El guardia tan guapo que viene algunas noches, ya te lo he dicho. Entraron y se llevaron a mi Jonás y a mi Emilio, y hoy en día mi Jonás está muerto y mi Emilio en la cárcel. Mala gente, muy mala gente, y pilla tu madre y me dice que se va a Cuenca, como no sea a ver a mi Emilio, ¿qué viaje lleva…? Parece que hace mucho frío para el tiempo en el que estamos, ¿no?

La mujer comienza a mezclar acontecimientos y personas, si bien es cierto que a su marido y a uno de sus hijos se los llevaron el mismo día, no a Emilio, que fue hecho prisionero en el frente, antes de llegar a Gascas y fue llevado a Uclés.

—Duérmase, que es muy tarde, hace mucho frío, nieva.

Antonia termina de tapar a la anciana con las mantas, que cierra los ojos. Cuando va a retirarse, escucha de nuevo la voz de la anciana:

—Cuando llegue tu madre le dices que venga, que quiero hablar con ella por si va a esperar a mi Emilio o no… Una mujer decente no se va con cualquiera.

Antonia no se atreve a decirle que su hijo no llegará nunca y que su madre, como su hijo, está muerta, que Clara lleva ya más de año y medio enterrada, que nunca regresará. Las palabras de la anciana le hacen hilvanar hilos, comienzan a cuadrar las sospechas. Se maldice a sí misma por no haber despertado aquella noche y posiblemente otras muchas. Se siente culpable, pero sobre todo impotente y rabiosa. Nota que suda por todos sus poros de su piel, a pesar del frío que hace. Su frente se ha impregnado de un sudor frío y extraño. Recuerda haber visto al sargento de la Guardia Civil alguna tarde cuando iba a recoger vestidos para su mujer o hijas. Ella misma tomó medidas a las chiquillas en cierta ocasión. No obstante, nunca lo vio fuera de horas y mucho menos de noche. Claro que ella tenía un sueño muy profundo. Sabe que la mujer desvaría, pero...

—No te olvides de traerme un par de magdalenas ¡eh...! —le recuerda la anciana al salir Antonia de la habitación.

Comienza a preparar la masa para las magdalenas, sabe que esa tarde llegará Miguel, es el cumpleaños de ella. Cuando está batiendo la masa, la anciana la llama y regresa a la habitación de la mujer.

—¿Y dónde dices que se ha ido tu madre?

—Usted me ha dicho que a Cuenca.

—¿Y se ha ido sin avisarme? Podría haberme ido con ella. Tanto tiempo sin verlo, ¡qué tonta!, si me lo ha dicho. Se ha ido a Cuenca y es que quiere tanto a mi Emilio...

—Sí, tenía prisa de reunirse con su marido.

—Ay, cualquier día me traen un nieto o una nieta. No te ofendas si te digo que será más guapa que tú...

—Seguro. Hágame el favor, duérmase.

—A estas horas seguro que ya está con mi Emilio.

—Sí, con su Emilio, está con su Emilio.

—Entonces podré verlo pronto.

—Sí, seguro que podrá ver a los dos muy pronto, seguro —le dice a la anciana, cogiéndole la mano con una de las suyas y acariciándole la cabeza con la otra.

Se siente aturdida, asiente con la cabeza. En esos momentos piensa que tal vez no es solo la anciana quien desvaría, sino también ella. Hacer caso a lo que Angustias diga es igual de demencial que mantener una conversación coherente con la misma, además de sacar conclusiones de las palabras de la mujer. Sin embargo, algo le dice que, dentro de su demencia, la anciana fue testigo de muchas de las vicisitudes que provocaron la muerte de su madre. De repente, la anciana ríe.

—¡Córcholis! De esta acabo peor que Juana la Loca, ¿quieres creerte que no me acuerdo de qué es lo que te he dicho que no te tienes que olvidar? ¡Ya sé! Cuando tengas las magdalenas, me traes unas cuantas, no te olvides ¡eh!, que ya sabes que me gustan mucho.

—Tranquila. En cuanto estén, le traigo un par.

—Con mucha azúcar.

—Sí, con mucha azúcar —contesta Antonia y cierra la puerta, no quiere que la anciana le vea llorar y necesita llorar.

En la mesa tiene un lebrillo de barro, con la masa lista para hacer las magdalenas. En una olla de horno, que en su parte central tiene una especie de chimenea. Comienza a colocar los moldes de las magdalenas, coge un bote de hojalata donde guarda azúcar. El bote está prácticamente vacío, no queda cuanto apenas, echa toda la existente. Se encamina hacia la alhacena, en su interior tampoco hay. Comienza a ponerse el abrigo para acercarse a comprar, pero al asomarse por la ventana se percata de que la tormenta de viento y nieve ya ha comenzado, sería una locura acercarse a la tienda de la plaza a comprar azúcar. En otras circunstancias, habría ido a pedirle a alguna vecina. Seguro que, en caso de vivir Casilda, incluso nevando como nevaba, no hubiera tenido reparos en acercarse. Ahora hay algo que le preocupa más, y que al recordar lo ocurrido a Casilda y Casimiro le ayuda a acrecentar sus sospechas que comienzan a convertirse por momentos en certezas. Se siente abatida solo con imaginarlo. Quiere pensar en las magdalenas, en el azúcar, en que ese día cumple dieciséis años. Fuerza una sonrisa que solo ella ve y piensa que Miguel estará muy pronto allí a su lado, y las magdalenas sin hacer, con muy poca azúcar, pero seguro que tampoco estarán malas. Se encoge de hombros mientras dibuja una mueca al tiempo que coloca la olla horno sobre la estufa de leña y murmura:

—Pues, magdalenas sin azúcar…

59

Magdalenas sin azúcar y aguardiente...

No puede evitarlo, termina llorando como María Magdalena. Piensa en su madre, piensa en las historias que le contó Clara, aunque nunca le habló de la violación. El suceso lo conoció después gracias a María. También, llegaron hechos tergiversados en forma de crueles cotilleos por otras muchachas. Está llorando cuando suena tímidamente la aldaba de la puerta.

—Soy yo —se escucha la voz de Miguel al otro lado.

Antonia no necesita más explicaciones, sabe quién es ese yo. Enciende el candil, se seca los ojos con el delantal. Si sentía reparos de que le viese la anciana llorar, que la vea Miguel mucho más. Contesta con un *«ya voy»*, se estira la ropa, se quita el mandil y se dirige en dirección a la puerta, buscando la forma de aparentar tranquilidad. Cuando abre la puerta, intenta ensayar una sonrisa. Lo ve a él encogido, con la cabeza metida entre los hombros. Acerca el candil a su cara para poder verle el rostro, le ha parecido ver su nariz roja como un payaso. Pasa el candil un par de veces por la cara del muchacho y se le olvidan todas sus cavilaciones. Piensa en esa nariz y en la cara estúpida que pone él ante el movimiento de la llama azulada del candil. Sin saber el motivo por el cual la realiza —lo que para él era esa absurda acción— no sabe si comparar su nariz con un payaso de circo o con un pimiento morrón. Lo mira divertida con los ojos húmedos por las lágrimas, Miguel tiene copos hasta en las pestañas. El muchacho está indeciso, sin atreverse a entrar, sabiéndose objeto de chanza. A ella le entran unas ganas irrefrenables de reír y lo hace a carcajadas. Por unos instantes, disimula sus lloros, ocultos tras las risas descontroladas, que contagian a él. Después, a la luz, ya, de la bombilla del comedor, él nota que ha llorado y ella le habla de cebollas inexistentes. Se abrazan y besan. Como ella, él asimismo anda preocupado, hundido en sus cavilaciones. Le enoja el silencio de su padre, que lo dejen de lado, tanto ante el boticario como ante su madre. Se siente desplazado, enojado con un padre el cual no es capaz de valorarlo como a un hombre hecho y derecho. La pareja permanece durante unos minutos abrazada muy estrechamente, cada uno con sus preocupaciones, ajeno a las preocupaciones del otro. En su abrazo, pese a la intensidad de este, no hay entusiasmo de novios. Se besan como si fuese el beso protocolario, esos que se dan las parejas por las mañanas para desearse buenos días, sin ganas ni deseo, por costumbre, después de muchos años de casados. Ninguno sabe de los desasosiegos del otro, no obstante, saben que al otro le pasa algo. Se sientan en la mesa camilla como si fueran un matrimonio de ancianos alrededor del brasero. No hay emoción hasta que ella fija su atención en los nudillos de la mano derecha del muchacho, y él en los ojos húmedos y enrojecidos de ella. Es ella quien toma la iniciativa y coge la mano inquiriendo con cara de preocupación.

—¿Qué te ha pasado en la mano?

Él respira hondo, no sabe por dónde empezar. Fija su mirada en la fuente de magdalenas, que todavía desprenden el calor y aroma de haber salido de la olla horno, tan solo dos minutos antes. Ella se queda esperando la respuesta que no llega, mientras de la olla que hay encima de la estufa llega un ligero olor a chamuscado. Cuando los labios de él comienzan a entreabrirse, ella suelta precipitadamente la mano del muchacho, casi en el mismo instante de haberla cogido. Va con las manos desnudas hasta la olla, nota el calor de las asas y las retira rápidamente al notar el ardor en las yemas de sus dedos.

—Me olvidaba de los cernaderos —dice Antonia utilizando una palabra, que él desconoce, para nombrar a los paños de cocina, propia de las tierras norte de Andalucía y del sur de la Mancha, de donde procedía Clara.

Agarra dos paños de cocina para retirar la olla. Coloca las nuevas magdalenas sobre una fuente de loza, y en la mesa coloca nuevos moldes rellenándolos con la masa.

—¿A las magdalenas les llamas qué...? —pregunta él con cara de estúpido.

Lo que provoca nuevas risas de ella. Su risa ahora es fresca, más alegre que la burlesca de la llegada.

—Cernederos, es una de las palabras de mi madre. Lo que nosotros llamamos rodillas, ella llamaba cernederos.

Y agita los dos paños de cocina, dejándolos a continuación enrollados a las asas de la olla horno. Él se percata de que no tienen azúcar por encima y que las nuevas que acaba de poner en la olla tampoco.

—¿No les echas azúcar por encima?

—No tengo azúcar —dice ella cambiando el semblante en un rictus de amargura indisimulada, que él interpreta como de fastidio por la falta de azúcar, se levanta y la abraza por la espalda.

—Mujer, no te pongas así, tú ya tienes el azúcar que necesito. Si no fuese por ti, no tendría ni sal, tú me das todo el dulce que necesito —le dice, intentando darle la vuelta.

—Y tú a mí, y tú a mí —le contesta ella sin darse la vuelta.

Él lo intenta, pero ella no quiere girarse. No quiere llorar, mas no puede evitarlo y llora desconsoladamente del mismo modo que antes reía contra su voluntad. Él hace que se gire y busca sus labios, apenas un roce y ella comienza a llorar refugiada en su pecho, pucheros cómicos, casi infantiles. Miguel le acaricia los encrespados cabellos, sabe que no debe preguntar. La deja llorar, se inclina y le besa las mejillas sintiendo el sabor salado de sus lágrimas en su paladar. Él también llora de impotencia por ella, por él. Cuando por fin se calman, Antonia se seca las lágrimas y se pone de puntillas besándolo en los labios.

—Ya —dice mientras suspira profundamente al tiempo que tras un nuevo beso se desprende de sus brazos.

Camina hacia la alhacena y sale de la misma con una botella de aguardiente, que coloca encima de la mesa, junto a la fuente de las magdalenas. Miguel espera a que ella diga algo. Acerca la olla horno a la estufa, introduce antes de ponerla sobre la misma, dos pequeños troncos, con las tenazas los coloca más al interior de la estufa, para evitar que la llama incida directamente sobre la olla y se quemen las magdalenas. Se le nota nerviosa, ríe y se sonroja, ella que rara vez se sonrojaba, ahora se percibe, incluso bajo la débil luz mortecina de la única bombilla de la estancia, Miguel lo aprecia así, al final pregunta:

—¿Me vas a decir por qué llorabas?

Ella parece no escuchar. Es su cumpleaños, piensa que nada debería enturbiar aquella cita, aunque él todavía no se haya acordado de felicitarla. Sonríe, le señala la silla, él se sienta y ella sobre sus piernas. Coge una magdalena de las que ya están casi frías, quitándole el papel y dándole la vuelta, y con sus dedos realiza delicadamente un pequeño orificio sobre el cual vierte un pequeño chorro de aguardiente, ofreciéndosela a él para que muerda. Lo hace ella también, ambos hacen guiños, ella tose cuando el aguardiente comienza a resbalar por su garganta, él ríe a pesar de que también siente el ardor del anís.

—No tiene azúcar.

—Ya lo sabías, ya me has dicho de dónde quieres, de dónde quiero el azúcar, de tus labios —le responde ella, encogiéndose de hombros y besándolo al mismo tiempo.

Él está sorprendido, no entiende nada, es como si retornase a esa Antonia de cuando era una niña, despreocupada, que siempre marcaba la pauta, pero a diferencia de entonces, la nota extraña y triste. Ella coge la botella y se la acerca.

—Por eso, porque no tenía bastante azúcar, te doy el aguardiente, como está dulce, le echas a la magdalena y estará mejor.

414

—Tú me quieres achispar —responde él riendo y besándola en la nariz, que ella arruga graciosamente.

Ríe ella y coge otra magdalena, repite la operación, en esta ocasión empapando bien la magdalena de aguardiente, unas gotas se escapan cayendo al molde de esta. Antonia la muerde y hace mil guiños y visajes con los ojos, con la boca, multitud de escalofríos recorren su cuerpo, ríe de manera descontrolada. Acerca la botella a él y se la pone en los labios, él bebe un trago largo, nota el aguardiente quemar su garganta. Tampoco está acostumbrado, el escalofrío es intenso y sobre todo exagerado. Busca la risa de ella, imita los guiños y visajes de Antonia, dando licencias a sus manos.

—Está buena —miente él, exhalando un forzado eructo mirándola, que continúa haciendo muecas y dándole manotazos en las manos, al tiempo que se la pone en la boca a él.

—Pues para ti. Me arde hasta el galillo —dice entregándole la magdalena, sujetándole la mano herida —. ¿Qué te ha pasado en la mano? —pregunta.

—¿Y a ti, por qué estabas llorando? —responde él con otra pregunta, intentando introducir su mano por debajo de la ropa.

—He preguntado primero —protestó ella, dejándose acariciar.

—Yo ya te había preguntado antes, pero bueno... —dice él.
—¿Es algo triste?

—Sí —responde lacónica ella—, ya estoy harta de tristezas hoy, las magdalenas no tienen azúcar y yo necesito azúcar... —dice mientras aproxima sus labios a los del muchacho, siendo ahora ella quien se permite idénticas licencias a las de Miguel.

—Me acerco de una carrera a mi casa —responde él, tirando la cabeza para atrás, haciendo el ademán de levantarse, como si tuviera miedo a que fuera ella quien lo buscara. Ella no pesa mucho, pero se lo impide. Lo busca, Antonia estira con sus delgados brazos atrayéndolo, busca sus besos, es ella quien se enrosca en el cuerpo del muchacho buscando su contacto.

—Tú eres todo el azúcar que necesito —dice ella cuando tras un largo beso separan sus labios. Él se fija, los tiene muy rojos como nunca, irritados por su incipiente barba sin afeitar.

—Debería haberme afeitado… —musita él, ella busca de nuevo sus labios sin dejarlo terminar.

—¿Y eso a quién le importa? Voy a abusar de ti…

Ambos se echan a reír, cierran los ojos, él se deja acariciar, sus manos se atreven a subir por los muslos de ella, que recibe el calor de la estufa de leña directamente sobre los mismos. Hace un gesto como de quemarse. Él retira la mano, pero ella se la retiene, aunque se levanta, quedando de pie, junto a él, que se atreve ahora a subir la mano más arriba, hasta llegar a acariciar el vello púbico de la muchacha. Entonces lo abraza con fuerza, luego parece arrepentirse y se separa, le retira la mano, cogiéndosela y obligándolo a levantarse, ríe ella. Le coge la mano y lo arrastra hasta la tarima de madera que hay en el comedor, repleta de cojines floreados de diversos colores. Comienza a desnudarlo, mientras lo acaricia y besa. Se detiene cuando llegan sus manos hasta donde nunca habían llegado, y muchas noches y días soñó. Un escalofrío recorre su cuerpo cuando sus dedos entran en contacto con el sexo del muchacho. De manera instintiva se echa hacia atrás, no ríe, parece asustada. Él está completamente desnudo frente a ella, que ahora tiembla como asustada. Mira como hipnotizada, parece que en cualquier momento va a salir a correr.

—Espera, espera, eso, madre mía, eso no, no, no sé, tengo miedo, yo no sabía…—dice, separándose unos pasos de Miguel.

Se estremece, suspira profundo, «*lo prometido es deuda*». Entonces, sus dedos, nerviosos comienzan a desabrochar su chaqueta de lana. Él intenta ayudarla, pero ella se niega, dando nuevos pasos para alejarse. Le hace un gesto con la mano para que tenga paciencia. El vestido cae al suelo. Miguel da dos pasos hacia ella, ella retrocede tres.

—No puedo, me da miedo, me da mucho miedo eso —titubea ella, y realmente su cara es de pánico, de ansiedad, no por consumar el acto, sino por intentar escapar.

Miguel no dice nada, solo la mira fijamente a los ojos, sin comprender cómo actuar. Tiembla tanto como ella. Eso que asusta a la muchacha, se rinde. Ella baja la guardia, al ver aquello en estado de reposo. Ya no le asusta. Da unos pasos hacia él y la abraza. Tiemblan juntos, mientras torpes caricias les hacen caer sobre los cojines de la tarima, ya sin miedo. Parece que lo inevitable está a punto de producirse cuando se escucha la voz de la anciana Angustias.

—Antonia… ¿Has hecho ya las magdalenas?

Reaccionan al unísono con gesto de fastidio, intentando reprimir la risa. No contestan, se buscan, acomodándose, acariciándose, besándose; pero, la anciana insiste una y otra vez, cada vez con voz más potente. Antonia termina contestando y vistiéndose. Tras coger un par de Magdalenas, las coloca sobre un plato. Se detiene unos instantes y llena una taza de aguardiente hasta más de la mitad.

—A ver si se achispa y nos deja tranquilos, porque ya, ya no tengo miedo —dice, guiñándole un ojo a Miguel.

Al rato se escucha la voz de la anciana quejarse por la falta de azúcar. Miguel apenas percibe lo que le contesta Antonia, al tiempo que escucha las risas de ambas. Llega Antonia con una risa de oreja a oreja, con la taza vacía. De nuevo guiña a Miguel un ojo, mientras que se dirige a la mesa para coger la botella, echando un nuevo chorreón de aguardiente en la taza.

—Angustias dice que quiere una gotilla más de aguardiente para endulzar las magdalenas. A ella no le quema la garganta. Pobrecilla, ni siente, ni sufre —dice entre risas ella—. Anda, vístete, que vas a coger una pulmonía, que esto va para rato, hasta que se duerma…, pero en cuanto se duerma, prepárate que voy…

Él ríe también. Hace caso omiso y se acerca hasta ella para abrazarla y besarla. Alarga la mano agarrando la botella para añadir un chorro más a la taza que lleva Antonia en el plato.

—Para que descanse la pobre mujer.

Los dos ríen, pero Antonia se desprende de los brazos de él y camina nerviosa en dirección al cuarto de la anciana mientras la mano le tiembla, produciendo un leve tintineo al contacto con el plato. Se encuentra confusa, perdida entre el deseo, el miedo y la rabia. La espera se hace eterna, Miguel termina acercándose hasta el cuarto de la anciana, se asoma a la puerta y puede ver a Antonia en la mecedora con la mano de la anciana entre las suyas. Se percata de que los ojos de la anciana miran en dirección a la puerta. Temiendo descubrirse, regresa al comedor. Se sienta desnudo en la tarima, tapándose con uno de los cojines. No es suficiente, siente frío y busca una manta o algo con lo que tapar su cuerpo, termina vistiéndose y sentándose al lado de la estufa. Miguel escucha hablar a la anciana pausadamente. Antonia está en silencio. Miguel escucha a ella llorar débilmente y a la mujer roncar. Se acerca de nuevo a la habitación llegando a entrar, ella le indica que salga.

—Ahora voy —le dice ella sin levantar la vista.

Tarda en regresar y cuando lo hace está descompuesta. Él corre a abrazarla, pero ella nuevamente le hace un gesto con la mano para que se siente. Él espera que se siente sobre sus muslos nuevamente, pero ella no lo hace.

—No estoy con ánimos —se lamenta.

Tienen las manos cogidas como dos enamorados. Durante largos minutos permanecen en silencio contemplando los dos trozos de magdalena sobre el plato. Es ella, nuevamente, quien rompe el silencio para pedirle que le cuente lo de la mano. Él lo relata sin omitir detalles, incluido lo que a él le ha sentado tan mal, el no dejarle participar en la conversación entre el boticario y su padre. Ella escucha con gesto grave y limpiándose las lágrimas que pugnan por salir de sus pupilas.

60

Miel, hiel y aguardiente...

Antonia intenta no llorar, pero le resulta imposible cuando relata lo dicho por Angustias antes de que él llegase, e instantes antes de quedarse dormida la anciana.

—Creo que mis padres ya pensaban que quien mató a tu madre fue el sargento, mi padre me lo dio a entender no hace mucho.

—¿No me dijiste nada?

—Tampoco lo sabe bien ni yo tampoco. Mi madre siempre lo ha pensado, pero no me atrevo a preguntarle. Lo pasa muy mal cada vez que hablan de Clara, la quería mucho. Además, ¿para qué, si ya no hay remedio? ¿Para hacerte malasangre?

—Mi madre también quería mucho a la tuya... pero ¿hacerme malasangre? —Rompe a llorar.

Él se levanta y la abraza, permaneciendo de pie junto a ella, que permanece sentada.

—Malasangre, malasangre tengo desde que me engendraron... —Alza los ojos y mira a Miguel desafiante—. Si no te quisiese tanto... —Lo besa, sin embargo, su mirada es un reproche. Él le acaricia los cabellos, pero ella se retira bruscamente. Lo empuja.

—Yo no tengo la culpa —protesta él.

—Perdona —se disculpa ella—. Tú no tienes la culpa... o tal vez sí. Tú, yo y todos los que aguantamos lo que está pasando, como si contra eso no se pudiese hacer nada —suelta las palabras con rabia, levantándose de la silla con violencia, casi escupiéndole a la cara.

—No podemos hacer nada. Lo único…, marcharnos. Marcharnos a la República Argentina como dice mi padre o a donde sea, aunque sea a Madrid o a Valencia, como los hijos de Casimiro…

—¿Cómo? ¿Qué copón estás diciendo? ¿Como cobardes? Está claro, a cada uno le duele lo que le duele —le corta tajante ella.

—Como lo que tú quieras, pero irnos los dos. Con mis padres o sin ellos, pero irnos —contesta él, que nota que necesita tragar la magdalena empapada en aguardiente, para así, deshacer el nudo que tiene en la garganta.

—Pero era mi madre. ¿Te das cuenta, Miguel? Estamos hablando de mi madre. Ese hijo de puta mató a mi madre y yo me tengo que ir con el rabo entre las piernas. ¿Sabías que eran del mismo pueblo?

Él baja los ojos, se encoge de hombros. La bombilla del techo mantiene la estancia a media luz, sus ojos se han acostumbrado a esa semipenumbra. La mira y siente vergüenza. Baja la mirada, intentando esconder que sabe que el sargento no solo es del mismo pueblo, sino que fue uno de los violadores de su madre. Está claro que no es su padre, al menos eso piensa. Sus rasgos morunos han desaparecido casi por completo, exceptuando sus ojos oscuros y sus carnosos labios, así como sus cabellos encrespados, como si a medida que iba creciendo se hubiesen ido mutando los genes del padre en favor de los de la madre, sin que nadie pudiese, sin conocer la historia, decir que esos rasgos eran fruto de la violencia contra su madre.

—Sí, desde aquel día en el cine.

—Fueron, bueno, no llegaron a ser novios, pero él quería y al final logró engañarla, seguro que la panza era de ese cabrón, hijo de la gran puta…

Miguel asiente sin mirarla a los ojos, ella alarga la mano y le coge la barbilla levantándosela para que la mirase a los ojos, él vuelve a bajar la mirada.

—¿De verdad crees que voy a salir huyendo y dejar que ese hijo de puta se libre de su castigo? ¿De verdad crees eso?

—No podemos hacer otra cosa.

Ella suelta la barbilla de Miguel y le acaricia la mejilla. Después da un puñetazo contra la mesa, se hace daño, no puede evitar el gesto de dolor. Lo mira fijamente y se sienta de nuevo, para de inmediato, elevarse con rabia contenida. Camina en dirección a la ventana acariciándose la mano dolorida sin perder de vista su imagen reflejada en los cristales. Una pequeña rendija deja pasar una corriente de aire, observa cómo cae la nieve, habla de espaldas a él.

—Sí, sí podemos. Claro que también podemos esperar a que nos vayan matando de uno en uno, poco a poco, siempre con miedo en el cuerpo, esperando que llegue nuestro turno… —Sin darse la vuelta, gira su rostro hacia él—. Primero mi madre, después Casimiro, Casilda, después, puede que tu padre… —dibuja una risa irónica…

Se levanta y cierra las hojas de madera de la ventana, él está jugueteando con la botella de aguardiente, sin atreverse a mirarla. Antonia está furiosa, camina en dirección a la mesa y retira la bandeja de magdalenas. Le quita a Miguel la botella de aguardiente de las manos, mientras que él la observa.

—Compraré vino y me las comeré con vino y azúcar, siempre será mejor que tirarlas —dice mientras coloca un paño de cocina sobre las magdalenas y se las lleva en dirección a la alhacena.

Cuando sale, lleva en un plato un par de chorizos, unos trozos de costilla en adobo envueltos en pringue y una cesta de mimbre con huevos. Coloca dos sartenes al lado de la lumbre, arrima cuidadosamente unos sarmientos y unas ascuas. En una deja caer los chorizos y costillas, y en la otra vierte aceite de oliva para freír huevos.

—¿Cuántos huevos quieres para cenar? ¿uno, dos o tres?

Su tono es de enfado, como si por sus venas fermentase un vino agrio que salía de su boca abrasándole los labios. Es una sensación nueva, desconocida. Nota que las lágrimas contenidas le están ahogando. Espera una respuesta imposible de Miguel. Puede verse cual Judith con la cabeza de Holofernes. Ha tomado una decisión: irá al cuartelillo y dará su merecido al sargento de la Guardia Civil, ella sola, sin ayuda de nadie, está segura de tener las agallas que a él le faltan.

«Si me dice vamos, yo voy y le corto los huevos a ese cabrón», piensa apretando sus dedos en la empuñadura de la navaja con la que está cortando unas rebanadas de pan.

Pero él calla y eso es lo que más le duele, no soporta la resignación, la pasividad de Miguel y llora sin que las lágrimas salgan de sus ojos.

«Sangre saldría antes», piensa.

Ella no es así, ella no se resigna ante nada. Cuando decidió que quería a Miguel, fue a por él a pesar de la oposición inicial de su madre. Era una cría cuando se lo dijo con tal claridad a Clara que no le quedó más remedio que aceptar. Ahora ella espera otra respuesta, esgrime la navaja, la cesta de huevos en sus narices, Miguel no la entiende o lo que para ella es peor, no la quiere entender.

—Un par —pregunta, intentando hacer daño—, así por lo menos tendrás— murmura de espaldas a él, que si lo escucha calla. Antonia comienza a cascar los huevos y arrima más ascuas a la sartén para que se frían con más alegría, viendo entre las ascuas a la heroína que se imagina que es ella.

Cenan en silencio, como les decían de niños que debían hacerlo, casi sin mirarse. Antonia apenas come un chorizo y un poco de pan, él tiene hambre y termina dejando los dos platos vacíos. Parece despreocupado, al menos eso le parece a ella, lo cual la indigna. Sin embargo, no es así, él, de la misma manera, ha ido a buscar consuelo, rabioso por no haber sabido enfrentarse a los guardias, por obedecer a su padre al que tampoco comprende. La ilusión de los jóvenes ha desaparecido. Miguel se siente cobarde por no ser capaz de enfrentarse a los guardias y también por no poder demostrarle a Antonia que no tiene miedo, que no se resigna a quedarse quieto. Antonia nunca creyó la versión de la Guardia Civil, conocía poco a Casimiro. No obstante, no lo veía capaz de hacer algo así, menos a su madre. Sospechaba que no era Angustias la única en saber que una mañana, mientras ella dormía, unos guardias se llevaron a su madre para ahorcarla en una encina solitaria del claro de un bosque de pinos, a pesar de estar embarazada o tal vez por ello. Tras el último bocado, él parece que no ha tenido bastante con su cena y parte de la de ella. Se acerca a la alhacena y saca de nuevo las magdalenas y el aguardiente. No le gusta el aguardiente, ni siquiera el vino, al que su padre le añade azúcar para que lo beba. Anímicamente se siente mal, piensa que tal vez necesite algo que le dé ánimo. Se come tres magdalenas bien empapadas en aguardiente y se hace el borracho, sabiendo que provocará las risas de ella. Antonia, a pesar de todo, ríe con sus payasadas, pero la sombra queda ahí, en lo profundo de su mente. Él intenta besarla, sin embargo, ella gira la cara y se distancia, colocando el dedo índice a la altura del corazón de Miguel. Antonia igualmente coge magdalenas y, como él, hace un orificio empapándolas de aguardiente. Como si tratase de un juego inconsciente, comienzan ambos a comer magdalenas sin azúcar y con aguardiente hasta dejar la bandeja y botella vacía. Por cada una que come él, ella come otra. Antonia sabe que está borracha cuando quedan solo dos magdalenas y él coge la penúltima y se la come, ella coge la última y hace lo propio. Está ebria, es consciente de ello y lo prefiere así. Tal vez no necesitaría el aguardiente para decir lo que piensa decir, pero así sabe que lo hará. Es consciente de sus palabras cuando se levanta y camina tambaleándose hacia él. Necesita mitigar su dolor y desea estar con él y olvidarse de todo.

—¿Te quieres casar conmigo? —le pregunta con cierto tono gangoso, que exagera de manera consciente—. ¿Te quieres casar con esta borracha?

Aquella mañana lo había decidido, estaba dispuesta a casarse sin esperar más, ni siquiera la bendición de un sacerdote, eso vendría después. Por la mañana estuvo planchando las sábanas de algodón que bordó Clara para su ajuar, las había colocado sobre la cama con la colcha de lana que también tejió Clara. Esa noche se lo plantearía con claridad y si él decía que sí, se entregaría tal y conforme había soñado. Y por la mañana, al despertar, iría a María y le diría que había cumplido con lo dicho el día anterior, cuando fue a preguntarle cómo hacer las magdalenas. Porque se lo anunció aquella mañana y se lo diría al día siguiente. Lo tenía pensado:

—Usted es como mi madre y quiero que sepa que me he acostado con su chiquillo porque lo quiero y quiero casarme con él …

Sabía que María lo entendería por mucho que le dijera que no lo hiciera por nada del mundo, que esperasen a tener más años.

—Vaya que si lo voy a hacer —le respondió con decisión.

Quería vivir bajo el mismo techo que Miguel con la bendición de la Iglesia o sin ella. La primera vez se lo dijo, cuando era todavía una cría, después fueron múltiples ocasiones, cuando todavía vivían en su casa, la última vez aquella misma mañana.

—Miguel se va a casar conmigo, así usted será al mismo tiempo mi suegra y como decía mi madre, mi segunda madre.

Ella le aconsejó como una madre. A la joven no le servían los consejos de madre, no quería esperar. No le importaban las palabrerías ni cotilleos de la gente. Si le hacía una panza, seguro que se casaría sin esperar. Necesitaba a Miguel a su lado, todos los días, todas las noches, él jamás daría el paso si ella no lo empujaba. Por ello aquella mañana colocó las sábanas de algodón. Estaba dispuesta a dar un paso planeado mucho tiempo atrás. Sería ella quien decidiese, como casi siempre. Las revelaciones de Angustias, las magdalenas sin azúcar y con aguardiente, trastocaron todo. Él ante su pregunta guarda silencio, son solo un par de minutos, los suficientes para que a ella se le vayan los deseos. No tiene ganas ni fuerzas, es entonces cuando él da un paso hacia ella oliendo a aguardiente, fingiendo la borrachera que él todavía no tenía, la abraza y busca sus labios, ella gira la cara evitando el beso.

—Te he preguntado, bien claritoooo, que si te quieres casar conmigo y todavía no me has contestado.

—Estoy borracho.

—Sí, estás borracho y yo también. Entonces, mejor lo dejamos para otro día…

Abrazado a ella, como estaba, introdujo la mano por debajo de la falda, llegando a la fuente de la vida, enredando sus dedos en el vello púbico de la muchacha, sin que ella se inmutase, ni tampoco respondiera a las caricias. Él intentaba aprisionarla, besarla, que respondiera como un par de horas antes, pero ella ni se inmutaba. Se dejó desnudar, besar todo su cuerpo de arriba abajo, explorar su interior, subir y besarla, notando los efluvios de su sexo:

—¿Para otro día? ¿Para cuándo, amooor?

Ella siente asco, sobre todo, del olor a aguardiente de él, de ella misma. Lo empuja bruscamente, zafándose de sus brazos, separándose. Lo mira fijamente, desafiante. Camina hacia la alhacena y saca más magdalenas. Coge otra y la empapa de aguardiente, metiéndosela entera en la boca, nota cómo el aguardiente ya no le quemaba la garganta. Entonces le habla escupiendo las palabras, mezcladas con restos de magdalena y aguardiente.

—Para otro día, para otro día o para cuando nos casemos... Si nos casamos, eso si nos casamos... y te acuerdes, por lo menos, de felicitarme por el cumpleaños...

En la comisura de los labios hay espuma blanca. Siente ganas de vomitar, eructa, pero retiene el vómito. El amargor le queda en la boca, en la garganta, en el corazón.

—Pero..., perdona, se me había olvidado, perdona...

—¡Márchate! Me duele la cabeza, me duele hasta el alma... —dice colocando las dos manos extendidas delante para que él no se acerque.

Antonia agarra la botella de aguardiente y bebe un gran trago, provocando que su cuerpo se estremezca de manera casi cómica. En otras circunstancias Miguel habría reído, pero ahora sabe que no debe hacerlo y no lo hace, ni siquiera cuando ella repite la escena con idénticos espasmos. Le ofrece la botella a él, tal vez en un inconsciente último intento de emborracharse juntos y que ocurriese lo que había deseado durante tanto tiempo. Él rechaza la botella y ella responde con un nuevo y prolongado trago señalándole la puerta.

—Yo también estoy borracha, sal tirando. Esto ya no tiene nada de hermoso, y yo quería que fuese hermoso. No termines de desnudarte, me das asco... ¡márchate!

A cada gesto lo acompañaba con un trago de aguardiente. En un penúltimo intento, él coge la botella, atrayéndola hacia sí, besándola. Ella, ahora, no puede evitar dejarse llevar. Ambos continúan bebiendo y besándose, pero la mirada de ella es desafiante.

—¿Si me dejas preñada te vas a casar conmigo? —vuelve a preguntar ella.

—Y si no, también... te quiero, tú lo sabes, aunque me haya olvidado de tu cumpleaños, te quiero... —responde él exagerando el tono cariñoso, mientras intenta bajarse los pantalones.

—¿Y vamos a matar juntos al cabrón ese? —pregunta mimosa y tierna, comenzando a besarlo piernas arriba.

—No podemos hacer nada...

Ella se alza y lo mira fijamente. Él, de nuevo, rehúye su mirada. La besa, y busca; pero ella le retira su mano violentamente con un gesto firme y la mirada furiosa.

—¿Tú crees que me puedo acostar contigo después de saber quién ha matado a mi madre, y que me digas que no podemos hacer nada? —y a sus palabras, casi escupiéndolas en la cara de Miguel, las acompaña con un nuevo trago.

—Pero es que no podemos hacer nada —musita Miguel.

—Por eso, no podemos hacer nada. ¡Súbete los calzones! Tampoco casarnos ni nada —coge una manta y camina hasta la puerta, abriéndosela —. Vaya usted con Dios.

Lo empuja con desdén, cayendo al suelo, trabado como estaba con los pantalones bajados. Ella no se ríe, recoge la ropa de él y se la tira a la cara. Él se levanta, y comienza a vestirse con la cabeza gacha, camina lentamente hacia el perchero descolgando la pelliza con parsimonia, dirigiéndose a la puerta, por la que comenzaba a entrar nieve. Desde la puerta la mira, encogida y muerta de frío, con la botella en la mano. Cierra la puerta y camina hacia ella, coge la botella, bebe un largo trago, se la entrega sin atreverse a mirarla.

—¡Acuéstate! Hace frío —le susurra, mientras se dirige de nuevo a la puerta, sin dejar de mirarla.

Sale, mientras ella permanece en el quicio, hasta que él se gira, para ver por última vez cómo ella vuelve de nuevo a empinar la botella. Al cerrar la puerta arroja la botella contra el suelo y maldice todo lo habido y por haber. Salta por encima de los cristales y del pegajoso aguardiente y corre a llorar a la cama. Se mete entre las sábanas con prisas. Minutos después las sábanas que con tanta ilusión había dispuesto para el amor, desprenden el olor agrio de sus vómitos. Esa noche, por primera vez, siente que está sola en el mundo.

Él camina despacio, las calles parecen estrecharse a su paso, nota caer los copos sobre su cara, sin prisas, sin ganas llega hasta la esquina de la plazoleta. Debe arrimarse a la esquina y apoyarse. La blanca nieve adquiere un aspecto amarillento por sus vómitos de magdalenas sin azúcar con aguardiente y hiel.

Al día siguiente la nieve continúa cayendo, resulta imposible toda actividad en el monte. Padre e hijo aprovechan la mañana para hacer arreglos en la casa. Pasado el mediodía, Felipe se marcha a la taberna y Miguel pierde el tiempo jugando con sus hermanas. Al caer la tarde, va a ver a Antonia, regresando en menos de quince minutos. Ella no quiso ni abrirle la puerta.

—Miguel está raro —dice su madre a Felipe, aunque prefiere no preguntar al muchacho.

Sabe que no le dirá nada. Y el padre como siempre le quita importancia. También sabe que tiene que ver con Antonia, aunque ignora la visita de esa tarde. Le extraña que la muchacha no haya ido a darle novedades, tal y conforme le había prometido.

Sabe que Antonia le dirá todo lo ocurrido. La muchacha obviará besos y abrazos si existieron, cuanto ni más otras cosas, pero sabrá si lo hubo y si hubo más cosas, aunque no se las diga, que tal vez igualmente se las diría. Durante mucho tiempo fue la hija que deseó, y María para la muchacha, la madre cariñosa que nunca fue Clara, su confidente, la guardiana de sus secretos que no siempre contó a su madre, pero siempre a María.

61

Todo lo malo puede traer algo bueno

Al día siguiente irá y le contará si fue o no fue. Sin embargo, la joven no apareció por su casa al día siguiente, tampoco al otro, lo cual le preocupa. Sabe que algo no ha salido tal y conforme había planeado la muchacha. Ya se lo había advertido:

—Los hombres tienen miedo al compromiso, quieren ser ellos quienes den el primer paso.

—En ese caso, suegra, me quedo para vestir santos. El hijo de usted sabe cómo es, más corto que las mangas de un chaleco, hasta que se le empuja un pelín, después... ya me entiende...

—No me cuentes nada. Mejor no saber. Solo te digo que no tengas prisa, dale tiempo.

—No puedo más, lo quiero y lo necesito, estoy sola...

—Nos tienes a nosotros, somos tu familia.

—Y lo agradezco, usted lo sabe, pero desde lo de mi madre, y, sobre todo, lo de Casilda y Casimiro tengo pesadillas. Necesito abrazarme a algo que no sea la almohada de mi cama. Paso mucho miedo por las noches, el menor ruido me despierta. Pienso en él y pensar en él me calma, sueño que me duermo con mi cabeza apoyada en su pecho, dormir a su lado, despertar con un beso y dormirme con otro. Además, Angustias me angustia...

—Díselo a la hija.

—Lo he pensado, pero entonces más sola aún, ¿no podría venirme aquí?

—Bastante veneno sueltan algunas lenguas, como para darles más tema de qué hablar.

—Pues nos casamos.

—Criatura, que acabas de cumplir dieciséis...

—Lo que usted diga, pero yo ya la he avisado.

—Pero ¿y si te hace una panza?, vas a dar qué hablar...

—¡Madre mía, qué miedo! ¿Qué le vamos a hacer? Ser madre con una panza así... —ríe y hace el gesto como si estuviese embarazada y no fuese suficiente sus brazos para llegar a abrazar su barriga.

—¡Chiquilla!

—Bueno, no la entretengo más. Me voy, tengo prisa. Voy a preparar las magdalenas a su chico —y su risa suena hasta después de salir por la puerta.

Sin esperar a que María pueda convencerla de que cambie de opinión, se marchó calle arriba sin esperar respuesta.

Antonia, cuando se acuesta, mira sus dedos, que acarician un cuerpo que no está a su lado; no obstante, acaricia esa presencia que se derrama como brisa sobre sus senos hasta bajar a su vientre, mirando hacia el interior de sus entrañas. Está dormida, o tal vez despierta, son tan reales esos besos, esos labios que hacen un gracioso mohín al resbalar sobre su piel desnuda.

Al tercer día la nieve arrecia, y los cristales se tornan opacos de vaho. Ese cielo entre gris y blanco, oculta la fuerza del sol, pero es la nieve la que ilumina todo. En su quietud, roto a ratos por el viento helado de un mes de diciembre, que queda mucho para llegar. Desde los tejados los copos derretidos han formado estalactitas de hielo, que casi llegan hasta el suelo, la nieve tiene un grosor de más de dos palmos. Al abrir la puerta, Felipe se encuentra todas las mañanas un muro helado de más de medio metro de nieve y hielo. Debe entrar en busca de la pala para abrir un paso que les permita llegar hasta la calle. Recién comenzada la faena a su lado siempre está Miguel. Cuando la senda está hecha, Miguel se marcha al porche a seguir cortando leña. Felipe sin decir nada a Miguel, pero sí a María agarra media docena de lazos y se marcha al monte con el mulo a cazar sin escopeta porque al igual que todos los republicanos, tiene prohibidas las armas. Sabe dónde están las madrigueras de liebres y conejos, y los pobres animales con la nieve son mucho más fáciles de cazar.

Casi al mediodía, cuando chiquillos y mayores comienzan a tirarse bolas de nieve unos a otros, llega Eduviges, la hija de Angustias con cara de circunstancias. Habla con María y juntas se encaminan calle arriba en dirección a casa de Antonia y Angustias. Miguel no sabe que se ha ido su padre al monte, ni su madre a casa de Antonia. Está muy atareado cortando leña —para no pensar—. Descarga el hacha con rabia, limpia la cuadra, afila las herramientas, con una dedicación como nunca hasta entonces. Cuando se da cuenta de que no está ninguno de sus progenitores, no se preocupa: «a buen seguro estará de charla con alguna vecina, las mujeres son así», piensa, mientras escucha, no muy lejos de la casa a sus hermanas jugar con la nieve.

De su padre piensa que estaría en la taberna, como hacía siempre que no tenía faena. La sorpresa fue cuando al ir a limpiar la cuadra comprobó que solo estaba la mula y que el mulo no se encontraba en la misma. No obstante, tampoco le dio importancia. Cuando cerca del mediodía llegó su padre, lo vio pálido y desfigurado.

—¿De dónde viene usted?

—Del monte, de poner unos lazos.

—¿No podía habérmelo dicho? Lo hubiese acompañado —le reprocha Miguel, que le hubiera encantado ir a cazar con su padre.

Al ver la cara de Felipe, se preocupa. Este adivinando la pregunta que le iba a hacer y se adelanta:

—He cogido tres liebres, así de grandes —extiende las manos exageradamente —, pero solo he podido traer una. Han estado a punto de pillarme los somatenes, ellos se la comerán, creo…

—¿Cómo que cree usted?

Felipe le cuenta que había visto a dos hombres en la lejanía que parecían armados, muy cerca de donde tenía uno de los lazos. En principio pensó que se trataba de guardias, pero que después vio que no, ocultándole que los conocía. Acto seguido divisó a un grupo de guardias y somatenes que llevaban perros e iban armados.

—Por suerte, dejé el macho en el olivar de Eustaquio y no me vieron.

—¿Y los hombres?

—Ellos sí me vieron, aunque me escondí. Vinieron hacia donde estaba yo, pero entonces aparecieron los somatenes. No eran gente ni de Gascas, ni de San Antonio, iban detrás de aquellos hombres. Tal vez serían cazadores…

—¿Cazadores? —dudó Miguel—. ¿Quiénes eran, padre?

—Yo qué sé, cazadores… ¿quién si no…?

Felipe oculta a su hijo que sí sabe quiénes son, que les ha podido ver bien la cara y ha reconocido a dos guardias. Que sabía que no habían ido a cazar. Días antes vio una de las piedras de las estafetas movidas. Que no tocó porque él no era enlace, si lo sabía era por Casimiro, que un día de caza con lazo se lo confió: «Ya no sirven para nada, ya no hay esperanza», le informó Casimiro el invierno pasado.

Después vio más estafetas. Sabía distinguirlas por la forma de poner las piedras en determinados majanos o las señales apenas perceptibles en el tronco de determinados árboles, en la pared de un chozo de pastor…

Felipe también sabía quiénes eran esos dos hombres, aunque no tenía pensado regresar a San Antonio, para dar aviso al boticario ni decírselo a Miguel.

—Lo importante es que ha traído usted una liebre… ¿no? —preguntó con ironía Miguel, claramente molesto, convencido de que su padre le ocultaba algo.

Felipe lo sujeta del brazo, quiso decir algo gracioso, pero no le sale. No puede evitar mostrar su preocupación.

—No, Miguel, no, no es eso. Lo importante es que no me hayan visto los guardias ni los somatenes, que es fácil…

—Padre, eso es lo importante, ahora reconoce que eran guardias y somatenes — contesta intentando zafarse de la mano de su padre —. Soy un hombre para trabajar. Me cuenta usted que, con mi edad su padre lo puso al cargo de las tierras. Yo no quiero eso, tampoco las hay, ni falta que hace, pero quiero ir con usted a trabajar o a poner lazos… a lo que haga falta. A usted le ha pasado algo más, solo basta verle la cara. Yo confió en usted, ¿usted confía en mí?

—Sí, llevas razón, toda la razón, así que te lo voy a contar —hace una pausa y le pone la mano en el hombro —. Un guardia, el gallego, me ha visto, me ha apuntado, y sin decir nada, se ha dado la vuelta y ha hecho como si no me hubiera visto. No sé por qué ni por qué no…

Están hablando, va a decirle que del mismo modo ha visto a don Gervasio y a Venancio y que cuando el guardia le apunta se encuentra a los tres a unos metros con intención de saludarse, y que sabe que el guardia igualmente los ve a ellos y; sin embargo, se da la vuelta y grita a sus compañeros que no hay nadie. En el momento que se lo iba a contar, entra la pequeña María con una bola de nieve en cada mano y le tira una a Miguel y otra a su padre. Los tres se ríen y Miguel coge a la chiquilla en brazos, levantándola hasta tocar con la cabeza el techo de la cuadra, para después dejarla sentada sobre los lomos de la mula, que está tranquilamente chupando la sal mineral.

—Madre dice que vengas a ayudarle a desollar la liebre — le dice la chiquilla, con una sonrisa picarona, a Miguel.

Al entrar en el comedor, ve a Antonia de espaldas, sosteniendo la liebre, y a su madre con un afilado cuchillo intentando desollar al animal, la muchacha no hace intención de girarse. María mira a su hijo con una sonrisa de oreja a oreja. Miguel se queda parado en el umbral, sin saber qué hacer, hasta que su padre le da un pequeño empujón.

—Aprovechando que Eduviges se ha llevado a su madre, le hemos dicho a Antonia que venga a comer …—dice María.

La joven, entonces, se gira con los ojos enrojecidos, fuerza una sonrisa y saluda con un lacónico «buenos días», no menos, fue la respuesta de él, que no llegó ni a abrir la boca, y saludó con un leve movimiento de cabeza.

—Pasa y sujeta la liebre, esta muchacha tiene menos fuerza que un melindre, pero más voluntad que cuarenta arrieros.

Miguel se acerca y hace intención de coger la liebre, pero Antonia se niega. María la mira severa, entonces ella cede una de las patas de la liebre, para después cederle la otra, quedándose parada a su lado sin mirarlo.

—Después de comer, hablamos los tres —indica María.

—Yo pintaré algo también, ¿no? –protesta Felipe.

—No. Bueno sí, pero no. Es cosa de mi hija porque ya sabes que es como si fuera mi hija y de mi hijo, que también es tuyo, sí, algo tendrás que ver —intenta María bromear, utiliza un tono desenfadado que termina siendo grave—. No quiero ni una lágrima más. No quiero más magdalenas sin azúcar, ni a mi hija llorando como una magdalena.

Eduviges, invariablemente lloviese, nevase o hiciese sol iba todos los días a visitar a su madre; aunque, en ocasiones por fuerza mayor, tampoco le llegaba a preocupar, sabiendo que estaba en las buenas manos de Clara. Desde la muerte de Clara, no hay día que no pase al menos una vez, y siempre procura llevar algún potaje, cocido o pisto. Cocina más de la cuenta y lo reparte lo mejor que puede o sabe entre su familia, su madre y Antonia. Se siente obligada con la chiquilla, aunque esta ya se gana el jornal, cose poco, no todas las clientas de su madre confían en ella y pasadas las primeras semanas, pequeños errores propios de su inexperiencia provocan que algunas busquen otra modista.

—Ni siquiera una hija, lo haría con más cariño —asevera Eduviges refiriéndose a Antonia como antes lo dijo de Clara.

Pero aquella mañana cuando llegó con un humeante potaje de garbanzos, en el comedor, todavía se encontraban los restos de cristal de la botella de aguardiente, su madre sin cambiar y la joven acostada con síntomas de haber estado llorando toda la noche, borracha y con la habitación oliendo a vómitos y aguardiente. No dijo nada, adecentó a su madre, lo cual no solía ocurrir, al hacerlo habitualmente Antonia. Pensó en ir a contárselo a María, pero la muchacha se negó y Eduviges respetó su decisión. Regresó por la tarde, la casa y su madre estaban perfectamente limpias y ordenadas. Antonia se encontraba con los ojos hinchados, llegó en esos momentos Miguel y la muchacha se negó a abrir la puerta, lo cual no fue óbice para que ambos se llegasen a jurar odio eterno a través de la madera, si bien ella gritaba, y él apenas se llegaba a escuchar. Tampoco Eduviges contó nada, aparte de intentar consolar a la muchacha procurando que entrase en razón, a pesar de desconocer el motivo de la ruptura, que a ella no se lo quiso decir. Al segundo día Eduviges como todas las mañanas regresó. Su madre estaba bien atendida, la casa continuaba limpia, pero Antonia tenía signos evidentes de haber estado llorando, al igual que el día anterior, por lo que decidió provisionalmente llevarse a su madre, ya que no consintió la muchacha que le dijese nada a María.

—Es una tormenta de verano, seguro que esta tarde viene y lo arreglamos.

—A ver si os arregláis, que estamos en noviembre. Si no, te vas a consumir, muchacha.

Antonia estaba convencida de que Miguel regresaría aquella tarde de nuevo, pero Miguel no regresó, ni tenía pensado hacerlo, ni esa tarde ni ninguna otra. Antonia había sido muy dura con él, hiriéndole en su orgullo y no estaba dispuesto a perdonarla por muchos años que viviese. Él descargó su rabia contra los troncos, trabajando obsesivamente como si le fuera la vida en ello. Ella, ya sin la anciana que cuidar, después de toda la tarde y parte de la noche esperando su llegada, solo tenía lágrimas, magdalenas sin azúcar y aguardiente. Eduviges, no por no estar su madre, faltó a la cita diaria, y el estado de Antonia no era mejor que el primer día, entonces avisó a María.

Nada hablaron ni Miguel ni Antonia durante la comida. Estaba el matrimonio y los dos jóvenes sentados en torno a la sartén de patatas con liebre, el color negro del sabroso caldo era el punto donde se encontraban sus miradas. Cuando introducían la cuchara, en ocasiones, llegaban a rozarse, pero ni aun así levantaban la vista del uno hacia el otro. María y Felipe intentan bromear o hablar de lo bueno que estaba aquel caldo oscuro y las patatas:

—Las patatas mejor que la liebre —decían.

Las chiquillas permanecían a unos metros sentadas en otra mesa con sus respectivos platos. Fue María quien abordó el asunto, había acordado con Eduviges que, durante un tiempo, que terminaría siendo definitivo, al morir Angustias semanas después, Angustias permanecería con su hija, mientras que Antonia regresaría a su casa hasta que se celebrase la boda con su hijo, si es que esta tenía lugar porque ella había decidido que se casarían en breve, pero...

—Mientras tanto en mi casa que es la tuya, bajo el mismo techo, juntos, pero no revueltos.

Así se lo había dicho a Antonia sin que la muchacha, todavía bajo los efectos del aguardiente, fuese capaz de discutirle en esta ocasión. No quería María que se repitiera la historia de Clara. Después calentó agua y la obligó a meterse en la artesa, frotándole y echándole agua por encima, hasta que el agua caliente comenzó a estar fría y Antonia totalmente despejada de los efectos del aguardiente. Mientras que ella le hablaba de la necesidad de hacer las cosas bien sin dar que hablar a la gente, no pudo menos que comparar el cuerpo de la muchacha con el de su madre, cerró los ojos para evitar pensar en ella, para no acariciar aquel cuerpo joven, menos delicado que el de su madre, más moreno, pero al mismo tiempo más hermoso, de formas más redondeadas y pronunciadas. También pensó, como Felipe: «Buena moza se lleva mi chico». Y casi se avergonzó de haber sentido el deseo de acariciar ese hermoso cuerpo.

62

Bajo el mismo techo

A media tarde María convocó a los tres. Se sentaron alrededor de la mesa, ante una fuente de mantecados. Tornó a repetir su decisión, con las mismas palabras:

—Eso lo has pensado tú, pero esto no es tierra de moros, aquí no son los padres quienes deciden por sus hijos… —indicó Felipe, siendo el primero en cuestionarla—. Si se quieren casar o no, es cuestión de ellos, si se quieren arrejuntar…

—Tú te callas. ¡Tierra de moros, tierra de moros…! ¿Ves cómo era cosa de los tres? ¡Metepatas! Son ellos quienes se quieren y ellos quieren casarse, pero de aquí no sale una panza mientras no pasen por el altar, aunque estén bajo el mismo techo —replica a Felipe, luego dirigiéndose a ellos—. No os vais a tocar ni una pestaña…

—Madre, padre lleva razón. Ella no sé lo que ha dicho y si quiere casarse o no conmigo, pero yo tendré que decir que sí y todavía no he abierto la boca —argumenta Miguel en un tono, que intenta ser altanero, sin conseguirlo.

Antonia hace el ademán de levantarse para irse, pero María le coloca la mano sobre el hombro y se dirige a su hijo:

—Esta muchacha, a la que la quiero como a una hija, sin ti vale mucho y contigo también, pero no te necesita, hace así —chasquea María los dedos— y tiene a veinte rondándola. Tú eres mi hijo, sí, y vales mucho, pero sin ella pierdes mucho más de lo que ganarías a su lado. Tú a ella la necesitas, ella a ti no…

Miguel enojado y ofendido, se levanta de la mesa, y en esta ocasión es su padre quien lo retiene.

—Seré un metepatas, iba a decir una barbaridad, tu madre lo sabe, pero me voy a callar. Como en tierra de moros, vamos a decidir nosotros, no lo que nos dé la real gana, si no lo que vosotros queréis, ¿entendido? Y os vais a casar porque es lo que queréis los dos. Cuando os caséis, os vais a vuestra casa y a quien le moleste, que se fastidie —apretando la mano sobre el hombro del muchacho—. Tú vales mucho y seguro que si haces así —Felipe intenta chasquear del mismo modo los dedos, pero no le sale, provocando la risa de todos—, también tendrías otras muchachas que te sabrían querer, pero qué tontería, ¿no? Pudiéndote casar con quien quieres y te quiere...

Miguel respira profundamente, Antonia hace lo propio. Callan, sin terminar de dar su brazo a torcer. Durante unos días continúan sin dirigirse la palabra, se producen escenas absurdas ignorándose mutuamente de una manera cómica, lo que provoca la risa de todos menos de ellos dos:

—Dile que, dice que, dale esto o dale lo otro.

Quien más disfruta con esta situación es la pequeña María que es el correveidile de ambos. Aquel domingo María regresa de misa muy alegre y suelta a la hora de comer:

—He hablado con don Hipólito, me ha dicho que antes de febrero os podréis casar.

No hubo saltos de entusiasmo, ni la más mínima muestra de alegría, la única reacción fuera de la rutina fue la de Felipe que dio un respingo, que a María le recordó padre.

—¡Mujeres! Este país siempre lo mismo, cuatro ignorantes escuchando a un tunante. ¡Mujeres, mujeres!

Nadie manifestó nada más, tampoco rieron por la reacción de Felipe cuando en tantas ocasiones lo habían hecho, tampoco por el fingido enojo de María. Los dos jóvenes continuaron en silencio, como si el asunto les fuese ajeno. Ninguno de los dos declaró estar de acuerdo, tampoco en desacuerdo. Aquella misma tarde regresaron las risas sin motivo aparente, los intentos por estar juntos el mayor tiempo posible, de saltarse las restricciones impuestas por María, el ir a la fuente, subir a por aceite a las nafras, rozarse mientras uno sujeta el embudo y otro echa aceite, sutiles besos y abrazos al sentirse solos. Comportarse como críos rebeldes que buscan hacer lo prohibido. Saber que no hay tiempo para muchos abrazos y besos, porque de un momento a otro aparecerá María, Felipe o cualquiera de las chiquillas. En una estrategia calculada, los dejan solos durante breves instantes, no quieren agobiarlos, y ellos se toman cada día más licencias. Buscan el momento del beso furtivo, de la caricia rápida. María bromea con la situación, Felipe canta y dice refranes sobre las risas tontas de los dos enamorados, castigados a una castidad forzosa, estando pared con pared, ansiosos por derribar muros.

—No hay especia como el ajo, fruta como el madroño ni mujer que no se ría estando delante del novio.

Miguel calla delante de sus padres, Miguel siempre calla. Antonia protesta en ocasiones, en el fondo le divierte el juego del escondite al que están sometidos, pero no deja de protestar en privado ante María, esta abre un poco más la mano.

—En dos meses estaremos casados. Porque nos deje usted estar algún ratico solos, no va a pasar nada, abra una pizca la mano, que me muero de ganas por abrazarlo, besarlo de…ya sabe usted…

—Para, para, muchacha. Solo la mano, no os toméis el brazo entero, que os conozco, solo la mano…

Están más tiempo los dos solos. No están tan pendientes de ellos, al menos eso parece. Antonia duerme con las niñas en el mismo cuarto. A pesar de haber más habitaciones en la parte baja de la casa, María decide que Miguel duerma arriba, en una habitación que hay en la cámara, a la que llaman la camarilla por ser de pequeño tamaño y cumplir una función diferente al resto de la parte alta. La cámara o parte alta de la casa, está dividida en tres partes: el pajar donde se amontona trigo, cebada, otros cereales y paja. La cámara es una especie de desván, donde de su techo cuelgan jamones, paletillas, melones, uvas, pimientos y ristras de ajos, con un rincón en la parte de la escalera donde están las nafras de aceite y orzas con chorizos, morcillas y costillas en aceite o manteca; por último, se encuentra una pequeña habitación adecuada como dormitorio y que por lo general es utilizada para guardar el grano o la harina en costales y las tinajas de vino y alguna garrafa de aguardiente, es también donde se guardan libros y documentos.

María, que siempre tiene el sueño ligero, escucha ruido en la habitación, donde duerme Antonia junto con sus hijas, el ruido del somier, como si se levantase. Piensa que tal vez va a orinar. No escucha el sonido de la micción en el orinal. Sí el chirrido de la puerta al abrirse. Se mantiene quieta en silencio, a la espera. Pronto escucha los pasos descalzos de la muchacha que se alejan en dirección a la puerta que sube a la cámara. Después, el ruido de la puerta de la cámara, a continuación, esos mismos pasos cautelosos suben las escaleras intentando no hacer ruido. Imposible no sospechar lo que estaba recelando María. Espera a que termine de subir, agudiza el oído y escucha los pasos andar encima de su cabeza, hasta llegar a su destino, justo encima de su dormitorio. Apenas es perceptible el sonido del somier al contraerse sin que se produzca ningún ruido más. Se levanta con cuidado de no despertar a Felipe, con pasos más sigilosos aún que los que le precedieron. No necesita abrir la puerta de la cámara, ya está abierta, tampoco la de la camarilla, que también lo está. Sus ojos verdes de gata se asoman. Miguel continúa durmiendo, ajeno a que a su lado está Antonia, quieta con los brazos cruzados al lado de Miguel, sin moverse. María duda y permanece allí conteniendo la respiración. «Si estuviesen así toda la noche», piensa.

Pronto comprueba que esa circunstancia no se ha de dar. Antonia comienza a acariciar la silueta de Miguel por encima de las mantas, lo besa en las orejas, en el rostro, busca sus labios. Él continúa durmiendo. Antonia se confía y cuidadosamente retira mantas y sábanas, se quita antes el camisón, dejando al aire su bello cuerpo desnudo y se mete en la cama. Cuando va a taparse nota una mano que la coge del tobillo y le estira fuera del lecho. Se asusta y puede ver una sonriente María a los pies de la cama. Inmediatamente se levanta y María la besa en la frente entregándole el camisón que acaba de recoger del suelo y tapa a su hijo, que ni se ha enterado.

—Te va a dar frío —le susurra al oído a la muchacha.

La coge de la mano y le da un nuevo beso. La muchacha dibuja un mohín de disgusto, mientras que María sonriente se encoge de hombros.

—¿Qué le vamos a hacer? Tienes una madre-suegra con el sueño muy ligero.

Miguel permanece ajeno y continúa con sus sueños. Bajan las escaleras con igual sigilo que las han subido. En la puerta del cuarto, María le suelta la mano y la joven se abraza fuertemente a ella, también la besa en la frente y le musita al oído:

—Gracias, madre, ni mi madre hubiese velado por mi honra mejor; pero qué puñetera suegra es usted. ¡Córcholis! Ya podía tener el sueño como su hijo.

María sonríe y le hace un gesto para que vuelva a acostarse, devolviéndole el beso. Percibe el olor de Clara, una lágrima se le escapa pensando en ella. Cierra los ojos, se separa y se encoge de hombros.

—Todas las madres deben proteger a sus hijos y tú para mí también eres mi hija, aunque te empeñes en hacerme suegra y abuela.

Antonia asiente con los ojos, puede comprobar las lágrimas de María, se abraza de nuevo y permanecen unos segundos que, no llegando a ser minuto, son intensos.

—Aunque me haya fastidiado usted esta noche, no crea que se va a retrasar mucho en ser abuela. Quien la sigue la consigue y a su hijo, que no es mi hermano, sino mi hombre, lo voy a hacer padre antes con antes —le dice mientras le seca las lágrimas a María.

Después cada una se marcha a su cuarto, María ya no dormirá en toda la noche pensando en Clara, mientras a su lado ronca su marido. Piensa en el atrevimiento de Antonia, ella nunca, ni tan siquiera después de veinte años de casada se hubiese atrevido. Solo al llegar de la guerra y al salir de la cárcel fue ella quien buscó el cuerpo de su hombre. El resto del tiempo ella nunca le robó el sueño a él.

Cuando se percata de que Antonia está dormida, piensa en Clara, inconscientemente comienza a acariciar a Felipe, que no despierta. No puede evitar repetir lo que ha visto hacer a la muchacha y besa la oreja de Felipe, la mejilla, llega hasta sus labios y sus manos se deslizan por el cuerpo de su hombre, y este tiene un inesperado y feliz despertar.

En las largas tardes de aquel otoño nevado, con pocas cosas que poder hacer, en aquella inesperada reclusión, cuando las niñas se han marchado a jugar a la cámara, juegan los cuatro al parchís con un plato de magdalenas o mantecados al lado, una botella de aguardiente y una de vino. Aguardiente solo bebe Felipe, vino ninguno, pero tienen la botella de vino para las magdalenas. Tanto en Gascas, como en otros lugares de la Mancha existe la costumbre de darles la vuelta y echarle un pequeño chorro, no siempre lo hacen, de hacerlo tampoco habría peligro de borrachera. El vino de Gascas es un vino blanco, casi tan blanco como el agua, suave y con poco grado. Salvo Miguel, ninguno come más de dos o tres magdalenas. El parchís es la excusa para el debate, quien más habla es María, que procura desviar lo más posible del tema que les preocupa a todos: la situación que les toca vivir. María les habla de poesía, de poetas muertos, de otros que se han marchado, aunque ella no sepa si están muertos o se han marchado fuera de España. De maravillas del mundo, de la libertad, de su profesión apenas ejercida como maestra, de las Misiones Pedagógicas de la República que terminaron llevándola a Gascas. Felipe habla de su obsesión por escapar del país, a ser posible, después de la boda. Felipe intenta evitar que parezca una huida, pero lo es y sus palabras así lo delatan.

—Es para mejorar, para vivir como viven las personas, sin miedo.

A la muchacha le encanta escuchar a María. Antonia es la hija de dos mujeres, de ambas ha adquirido vicios y virtudes, el amor por la lectura y la curiosidad de María, la decisión y las ganas de luchar de Clara. Obliga a María a recitar versos, aunque al final quien termina recitándolos es Felipe. María se ofrece a buscar libros de esos poetas muertos en la cámara, no todos los ha quemado.

—Alguno queda que no quemé, porque quemé muchos con todo el dolor de mi corazón, incluso en los últimos días he llegado a quemar libros que llegaban al alma por miedo —dice dibujándose la tristeza en sus ojos, pensando en esos libros, en esos poetas muertos...

Felipe quiere probar las magdalenas con aguardiente y coge una echándole un buen chorreón, se la come sin ningún tipo de aspavientos, la saborea.

—Pues a mí no me está tan mala —apunta.

—Tenía azúcar y su mujer las hace más esponjosas que yo. De todos modos, algunos, como usted, se acostumbran a vivir así, sin azúcar. Con miedo a que alguien pueda escuchar lo que dice o piensa, lo que calla, pero piensa qué debe hacer o decir. Y, lo que es peor, sin atreverse a hacerlo; aunque, como las magdalenas sin azúcar y con aguardiente, ese miedo le queme las entrañas y le impida hasta respirar. Vive con miedo a su propio pensamiento, a que alguien pueda escuchar los gritos que nunca saldrán de sus labios. Tiene miedo, está en una gran jaula de barrotes invisibles.

—Por eso tenemos que irnos cuanto antes —interrumpe Felipe— y no solo por lo del pantano.

—¿Abandonar nuestra casa, nuestra tierra sin buscar soluciones, sabiendo que somos muchos quienes nos comemos las magdalenas sin azúcar y con un aguardiente, esas que nos quema las entrañas? — replica Antonia, que es la única que se siente incómoda con esa huida, al menos sin haberse vengado antes.

No ríe, sus labios se tuercen mostrando asco, no hay dulzura en su semblante, sus ojos negros transmiten odio, amargura, pero de igual forma una firmeza impropia de su edad. No siente la impotencia y resignación del resto.

63

El hombre es fuego y la mujer estopa...

En estas reuniones ante el tablero de parchís, de largas tertulias, surge ese tema inevitable, el miedo que todos tienen, y de cómo se viviría si todavía existiera la República. Es Antonia quien sorprende a todos con su metáfora.

—Fijaos en lo que voy a hacer ahora —coge una magdalena, sigue el rito de darle la vuelta, hace un pequeño hoyo en el centro, echa un chorro de vino, se la come, hace un gesto con las manos para que esperen hasta que se la termina de comer—. Deliciosa, está deliciosa, esta magdalena está deliciosa, no le hace falta de nada: esponjosa, dulce, apetecible, después de una, apetece otra...

A sus palabras une la acción de coger otra, pero ahora le pide la botella de aguardiente a Felipe, que la tiene a su lado, en el suelo, este se la entrega extrañado. Antonia de nuevo coge una magdalena y repite la operación y tras morderla, quitándole la parte no empapada, se la acerca a María para que muerda por la parte empapada de aguardiente, la cual, al no estar tampoco acostumbrada al aguardiente, provoca que un escalofrío recorra su cuerpo, al tiempo que mil muecas se dibujan en su rostro, mientras que todos ríen.

—Dígame usted, ¿qué tanto visaje hace por una magdalena? — pregunta la muchacha cuando por fin puede contener la risa.

—Me arden hasta las entrañas —se queja María.

La joven relata lo ocurrido con las magdalenas sin azúcar la noche del disgusto, aunque todos conocen la parte de la historia, y como a falta de azúcar y vino, echaron aguardiente. Comenzando un intenso debate con Felipe:

—Yo no sé cómo será la libertad, pero lo que vivimos ahora es como esas magdalenas sin azúcar que hice yo. Te las comes por no tirarlas, y para tragarlas, le echas aguardiente. Si no le echas, se te atragantan, y si le echas, terminan quemándote las entrañas.

En esas tardes de parchís, María es quien más habla, quien intenta siempre desviar el tema de conversación. En ocasiones, lo consigue, aunque en su interior lleve planeando la venganza casi año y medio, desde el momento que tuvo claro quién fue el causante de la muerte de Clara. El único que permanece casi siempre en silencio es Miguel. Todos ignoran que es el único que medita el modo de llevar a cabo esa venganza que pretende la joven. Felipe habla sobre Emilio, Clara y el matrimonio formado por Casimiro y Casilda, pero sobre todo del Maquis. Les habla de aquellos que renunciaron a rendirse, que quisieron presentar también batalla, del Manco de la Pesquera, de Andrés Galarza que él ignora que compartía apellido con Emilio. Les habla de los Guerrilleros del Llano, omite intencionadamente a don Gervasio y a Venancio. A la muchacha se le iluminan los ojos, como si hubiera descubierto la solución a todos los problemas.

—Ellos sabían lo que tenían que hacer, sabían el camino, sí, lo tenían claro. No se resignaban a llorar sus penas en el colchón, ellos sabían el camino —remarca Antonia sus palabras, alzando la voz, acompañando a sus palabras de un puñetazo en la mesa.

—Los muertos no pueden hacer nada, todos están muertos, aquellos que pensaron que se podía hacer algo están enterrados o en la cárcel a punto de ser fusilados— replica Felipe.

—Todos tenemos miedo —puntualiza María—, pero tampoco podemos esperar que el agua del pantano ahogue nuestra voz sin al menos intentar nadar.

—Todos tenemos miedo, pero no todos somos cobardes. Si hay que nadar, se nada y si hay que ahogarse por defender el barro que pisamos, nos ahogamos —responde Antonia con decisión.

Todos miran a María, que parece ponerse del lado de Antonia, la cual le coge la mano y asiente.

—¡Gracias, madre!

—No es tan fácil, muchachas —dice Felipe—, no es tan fácil...

Les cuenta cómo era el sargento cuando lo conoció en la cárcel. Omite detalles escabrosos, pero deja claro que tras la aparente amabilidad que muestra, es una persona sumamente cruel. Del mismo modo, María aporta los detalles sobre la violación de Clara, y de la muerte de su madre y hermano. Lo cual encoleriza a la muchacha, dejando esa tarde el parchís a medias, levantándose y prometiendo nuevamente venganza.

—Aunque muera en el empeño —dice, dando otro puñetazo sobre la mesa, ahora tan fuerte que le lleva a continuación a cogerse el puño dolorido con la otra mano, y que obliga a que Miguel deba salir a la calle a recoger una olla con nieve para así menguar el dolor.

—Yo a tu lado. Pero debemos esperar el momento adecuado —sorprende Miguel a todos, que en estos temas suele guardar siempre silencio.

Todos lo miran a él, da sus argumentos como si los hubiese estado planificando durante mucho tiempo. Sus padres lo miran asustados. Solo a la joven le parece coherente lo que dice. No obstante, está equivocada, lo que él propone le servirá para ganar tiempo, relegando la venganza a un tiempo posterior, convencer a Antonia de que es necesario esperar el momento adecuado. Mientras tanto, ya irá preparando un plan que realmente piensa ejecutar, solo María termina percatándose del peligroso juego de Miguel, pero lo apoya, aunque convencida de que antes será ella la que decida quién y cómo, y mucho antes de lo que ninguno de los que están alrededor de la mesa piensan. En la comarca ya están Gervasio y Venancio y han venido con una misión concreta. Mientras esperan, seguirán comiendo magdalenas sin azúcar y con aguardiente, para después de haberse vengado, marcharse donde sea. Antonia acepta, pero no quiere irse fuera de España bajo ningún concepto.

—Ya es bastante que tengamos que dejar que el agua inunde nuestros recuerdos sin hacer nada. Al menos, que podamos visitar las orillas de ese pantano y traerles flores de vez en cuando a nuestros muertos —dice la muchacha, que le ha cogido el gusto a lo que ella llama comparaciones—. Hay que vencer el miedo, no podemos vivir así toda la vida —coge una nueva magdalena enseñándola a todos—. Las magdalenas están mejor con azúcar y sin aguardiente.

Miguel la apoya, admira la determinación de la muchacha y se erige en valiente ante su amada. No quiere aparentar ser cobarde, pero en el fondo, al igual que Felipe y María, siente miedo, mucho miedo. No obstante, se atreve a diseñar mil estrategias de cómo llevar a cabo dicha venganza, tan fantasiosas como imposibles. María y Felipe les advierten que no jueguen con esas cosas ni en broma. Es Felipe quien más empeño pone en quitar la idea de vengarse de la cabeza de los jóvenes. Pero ellos siguen con sus bromas imaginando maldades cómicas y coartadas inverosímiles y absurdas. María está preocupada con sus cavilaciones, pero intenta disimular. Felipe se siente incómodo al escucharlos.

Dormir bajo el mismo techo con cuatro personas a su alrededor resulta complicado para la joven pareja, viéndose a casi todas horas, salvo cuando duermen o Felipe requiere ayuda de Miguel o María de Antonia. Pero cuando hay deseo e intención, los amantes se las ingenian, buscan el momento, lugar y forma de romper el cerco. María y la joven van a casa de Angustias y así disponer todo para la boda vistiendo la casa. Felipe y Miguel en el porche continúan preparando las cargas de leña para cuando sea posible transportarla; es importante que sea leña seca y esté preparada por lotes, la que después corten estará muy húmeda y después de las nieves han de pasar días hasta poder volver a cortar en el monte. La nieve, ese año, no se conforma con un par de días, lleva ya casi dos semanas y no hay forma de que esté más de un día seguido sin nevar. La pequeña María suele ir sola a la escuela, pero en los días de nieve o lluvia, siempre que es posible, la acompaña su madre. María no se extraña de que Antonia se ofrezca para tal menester, aunque sepa que tiene llave de su casa no cree que vaya a hacer uso de ella a no ser para recoger algo. Toda la noche después de tres días sin nevar ha estado lloviendo y por la mañana amanece el día con un sol radiante, que alegra a todos, sobre todo a Felipe.

—En un par de días podremos volver al monte, habrá que acercarse al porche y engrasar los ejes de la galera. Mañana, te podrías acercar a la herrería y le dices a Martín que te venda un poco de sebo —ordenó Felipe a Miguel.

—Sin falta padre, ya está bien de tanto vaguear, mañana sin falta a primera hora, voy a la herrería de Martín.

Felipe no se percató del brillo en los ojos de Miguel, María debería haber estado más atenta, y haberse fijado en los ojos de la muchacha, y en la mirada que ambos jóvenes se cruzaron. Al día siguiente, Miguel salió en busca del sebo para los ejes de la galera, casi antes de que amaneciera, algo absurdo, cuando en el camino no se tardaba más de cinco minutos. A nadie le extrañó que Antonia acompañase a la pequeña María a la escuela, más porque era algo que había hecho en otras ocasiones. El sol lucía radiante, las calles resultaban aún más intransitables que cuando estaban nevadas, el barro resbalaba y aunque, los pies no se hundiesen debido a la dureza del firme, mejor que la acompañase, así no se metería en los charcos la chiquilla. Los días anteriores María les había dejado que le acompañasen juntos. No había motivo para el temor, al fin y al cabo, era un trayecto muy corto con gente haciendo el mismo recorrido, así no se sentían tan cohibidos.

—Me llevo a la chiquilla y luego me paso por casa de Eduviges, por si necesita que le ayude con su madre —indicó Antonia.

Nada sospechó María, al contrario, le pareció digna de admiración que tuviese esos detalles para con la anciana.

—Le das recuerdos a Angustias.

—De su parte. Aunque, de todos modos, no se va a acordar.

Que Miguel hubiese salido al amanecer y Antonia tardase dos horas en regresar no le extrañó a María, ella toda su vida asoció el pecado con la noche.

Por la ventana de la habitación de Angustias entraba ese mismo sol radiante que derretía la nieve del exterior, era la única ventana de la casa que no daba a la calle, sino al patio interior. Miguel estaba a primera hora de la mañana en la casa, con todas las ventanas cerradas menos aquella, que la tenía de par en par para que se disipase aquel fuerte olor a humedad, producido por los días de nieve. Después colocó pequeños talegos de tela con romero, espliego y tomillo repartidos por toda la habitación. Antonia y María en los días previos habían estado limpiando toda la casa, con especial atención a aquel cuarto, el de Angustias, que era el elegido para ser vestido con la dote. Una vez que estuviesen casados, sería la habitación de matrimonio. Ventilada la habitación, cerró las hojas de cristal porque el sol no impedía que el frío fuese intenso. La casa no solo se hallaba húmeda sino también helada. Cuando la muchacha pasó con la chiquilla camino de la escuela, ya hacía más de una hora que salía humo por la chimenea, sin que pasase desapercibido para la pequeña María.

—Sale humo de tu casa.

—No. Esa chimenea es de la casa de Casilda...

—¿No se habían muerto?

—Estará alguno de sus hijos.

—Ah, bueno.

Al regresar, Antonia abre la puerta sofocada, el humo blanco da constancia de que la leña arde con alegría. Va directa al comedor. Efectivamente, Miguel era un maestro echando lumbre, conoce sus secretos...

—No hay duda, Tiene menos luces que un candil apagado, ¿cómo se le ocurre avisar a todo el mundo de que nos vamos a casar detrás de la Iglesia?

Al verlo aparecer, tan orgulloso y feliz, solo pudo decir:

—¿Qué quieres, que sepa todo el pueblo que hoy nos vamos a casar? Anda, retira troncos de la lumbre, tontaina.

Pero él no retiró los troncos de la lumbre. La besó como siempre había deseado, a plena luz del día con el reflejo de las llamas acariciando con su calidez sus rostros. La cogió en brazos sin cesar de besarla y la llevó hasta el cuarto de Angustias, donde el olor a espliego y tomillo lo inundaba todo y dos braseros calentaban la estancia.

Cuando la pequeña María llegó al mediodía a su casa, ya había sacado sus conclusiones y lo soltó de manera pícara, con todos sentados en la mesa.

—El hombre es fuego y la mujer estopa, llega el diablo y sopla, donde hay humo hay fuego, y de la chimenea de la casa de Angustias salía mucho humo.

María mira a uno y otro, ve cómo los colores suben por las mejillas de su hijo, Antonia ríe y se encoge de hombros, como diciendo: «Ya se lo advertí».

—Así..., Felipe, —dice María inesperadamente—, mañana sin falta al monte, hay mucha leña que acarrear y la gente ociosa tiene malos pensamientos.

—¿A qué tanta prisa? Ya te lo dije esta mañana, no hace falta que me arrees —protesta Felipe sin comprender nada.

—Yo sé lo que me digo, y Antonia también —mira María a Miguel y observa cómo se sonroja de manera ostensible, mueve la cabeza de un lado para otro —. Miguel también sabe el motivo...

—O sea, que el único que no sabe por dónde van los tiros soy yo —dice Felipe, mientras se ríen Antonia y María, sonrojándose aún más Miguel.

—¿Qué le vamos a hacer? Los hombres...—ríe María, intentando adoptar un gesto de reprimenda, que no logra.

María sabe que el hombre es fuego y la mujer estopa, aunque en este caso, el fuego y la llama fuese Antonia, mucho más que Miguel. Mira a ambos y ve la cara de felicidad de la muchacha, y, mueve la cabeza, pero finalmente le echa el brazo por encima y le da un beso en la frente.

64

El guardia, el pastor y el cura

Felipe no se preocupó durante aquellos días, con tanto ajetreo familiar, de si debía ir por la carretera o por el viejo camino, tal y conforme, les había recomendado el boticario. Al final, deciden ir por el camino. Tras un primer viaje embarazoso, ambos deciden regresar a la carretera. Los caminos continúan intransitables. Al derretirse la nieve, los barrizales hacen difícil el trayecto y más con la galera cargada. Por la carretera, el primer viaje lo acarrean sin dificultad, así como el segundo. No fue hasta el tercero cuando estando descargando en casa de don Valentín pasó por allí el guardia gallego y rubio con el que se encontró Felipe en el monte. Se paró a liar un cigarrillo, recostándose en la pared, a escasos metros de los leñadores, sacó la petaca y el papel de fumar, y fingió buscar cerillas o mechero, sin encontrar nada. Llamó a Felipe:

—¡Tú! ¿Tienes lumbre? —Preguntó con acento gallego.

Le flaquean las piernas. Su hijo se da cuenta y se pone en guardia. Responde con un gesto afirmativo, deja la carretilla en el suelo sacando el mechero. Antes de llegar le da a la yesca, para probar que funciona.

—Tú, rapaz, sigue tu faena —ordena el guardia a Miguel.

El muchacho se retira un poco. No obstante, se mantiene a la expectativa. A Felipe le tiemblan las manos cuando acerca el mechero al cigarrillo del guardia, este le coge las manos con las suyas sujetándoselas. Sin mirarlo a los ojos hace un comentario en voz alta sobre el aire tan frío que hace, después baja la voz.

—Felipe, tranquilízate. Pero intenta evitar la carretera.

El leñador intenta decir algo, pero el guardia le hace un gesto para que se calle.

—Si el camino está mal esperas o no traes leña, saldrás ganando, te lo aseguro. Esto te lo dice un amigo.

Y sin esperar respuesta, tras prender el cigarrillo, se marcha sin mirarlo exhalando círculos de humo en el aire.

Esperan unos días para la siguiente carga. Las tempranas y copiosas nieves de aquel año dan paso a unas temperaturas inhabitualmente cálidas en Gascas en un mes de diciembre. Se derrite la nieve y se encharcan tierras y caminos. Por mucho que sondea Miguel, Felipe no está dispuesto a decir nada. Al final se lo cuenta ante el enfado de Miguel. Decide no llevar leña a San Antonio por la carretera, a Miguel le parece absurdo.

—Padre, lo que usted diga se hace, pero los guardias, hagamos lo que hagamos, si nos quieren buscar las cosquillas no las van a encontrar. Usted verá...

—Mejor vamos de momento a cortar leña al monte y cuando los caminos estén en condiciones la acarreamos.

Ante la imposibilidad de ir por el camino con la galera llena, regresan al monte a continuar cortando leña, amontonarla según grosor y tamaño en el mismo monte hasta que los caminos estén transitables para la galera. A Felipe le parece ver de nuevo a don Gervasio y a Venancio. No obstante, no le dice nada a su hijo, ni los dos hombres se acercan a ellos. Otro día notó la ausencia de troncos en uno de los montones de leña, estando seguro de que se trataba del sacerdote y del pastor. No podían ser maquis, pues ya no existían. Consideraba absurdo que los dos hombres estuvieran en el monte por mucho que Venancio conociese el terreno y las cuevas de la zona. Se acercó hasta una de las estafetas y pudo comprobar que la piedra que lo señalizaba había sido cambiada en señal de que había mensaje, estuvo tentado por comprobarlo. Sin embargo, tuvo miedo y no lo hizo. Lo haría cuando no estuviese Miguel.

—Padre, mire usted —indicó Miguel señalando a los dos hombres que terminaba de divisar—. ¿Son somatenes?

—Serán —contestó como única respuesta.

Los dos hombres los saludan con la mano, antes de comenzar a caminar en dirección a ellos. Felipe agudiza la vista, no cabe duda de que se trata de don Gervasio y Venancio. Miguel sonríe, *«ya me habían parecido a mí que eran ellos»*, pero no dice nada a su padre. Un disparo los alerta, provocando que los dos hombres se tiren al suelo y cambien su camino. A caballo se acercan dos guardias civiles, uno de ellos, el que ha disparado, repite un nuevo disparo, es el guardia gallego.

—¡Copón! Que se nos escapan —gritó el otro guardia.

—Yo ya le he dado a uno, apunta, que estos caen —le responde el guardia gallego a su compañero, disparando por tercera vez.

—Si yo no soy capaz de darle a un elefante a un metro —se queja el primer guardia.

El guardia gallego no evita hacer un gesto a modo de saludo a padre e hijo, aprovechando que el otro guardia, centraba su atención en disparar. No responden al saludo, al contrario, no pueden evitar su inquietud hasta llegar a palidecer y se giran con disimulo. A los dos primeros guardias se les unen pronto otros cuatro guardias más, acompañados de media docena de hombres vestidos de paisano, posiblemente somatenes. Felipe recuerda que cuando era un crío y tenía miedo, rezaba. Sin darse cuenta comienza a rezar, para que lo que él estaba imaginándose, también se le hubiese ocurrido a Venancio y no a los guardias.

Se acercan a los leñadores los somatenes, entre ellos Mariano Echániz, se dirigen directamente en dirección a los leñadores. Miguel reconoce a uno de ellos, como acompañante del sargento, la noche en que fueron asesinados Casimiro y Casilda. Sin poderlo evitar, aprieta la mano sobre el hacha.

—Buenos días, don Mariano —saluda Felipe—. ¿Van ustedes de caza? En la vaguada hay una camada de gorrinos ...

—Buenos días, Felipe. Buscamos gorrinos, pero de dos patas. ¿No sabrás tú por dónde andan?

—Como no sean dos hombres que andaban por allí —señaló en dirección a donde había visto a don Gervasio y Venancio, y ahora estaban dos guardias. Convencido de que Venancio habría actuado como buen conocedor del monte.

—Felipe, Felipe, no juegues con fuego que te puedes quemar —dijo en un tono que parecía de buen humor don Mariano —, allí solo hay dos guardias. Anda, vamos a seguir, ¿dices que tras la loma de la Montesina hay gorrinos?

—Sí, pero yo no puedo cazarlos, no tengo escopeta…

—Hasta otra. Si cazo alguno ya te llevaré las criadillas.

Los dos guardias que estaban donde momentos antes se encontraban don Gervasio y Venancio, llaman al grupo para que acudan. Se escucharon disparos entrecruzados. Pronto se ve al grupo mirando para todos lados sin moverse del sitio. Echániz regresa hacia donde están padre e hijo, él solo, sin que lo acompañe ningún guardia.

—Llevabas razón, estaban por allí, pero se los ha tragado la tierra delante de las narices de aquellos dos gilipollas…, en fin. ¿Por dónde dices que hay gorrinos? —pregunta el terrateniente, cambiando de conversación.

—En la vaguada de la Montesina, al calorcito de la loma —responde Felipe intentando mostrar tranquilidad, al tiempo que sabe que aleja del peligro al cura y al pastor.

—Recuérdame que, si cazamos, te lleve las criadillas.

Sin esperar respuesta de Felipe, espoleó el caballo y llamó a sus compañeros, desapareciendo todos tras la loma en dirección a la vaguada. Pronto comenzaron a escuchar disparos. Por suerte para el cura y el pastor parecía que habían cambiado de opinión, olvidándose de ellos para dedicarse a los jabalíes. No obstante, Felipe continuó rezando, sin percatarse de que los nervios le habían hecho aflorar el sonido a sus pensamientos.

—Padre, ¿está usted rezando?

—¡Eh, ah! No, no, no… Bueno, creo que sí. Anda, vámonos ya para casa que aquí hay mucha leña y en el porche no cabe más. Vamos no vaya a ser que se escape algún tiro.

65

¿Por qué padre?, ¿por qué?

Unos días después comienzan a acarrear. Cuando aún no ha salido el sol por el horizonte, ya están descargando la primera galera en la casa de don Joaquín, el boticario de San Antonio, regresando inmediatamente a Gascas con intención de cargar otra galera de leña, para al mediodía llegar a casa del boticario con una segunda carga. El primer trayecto lo realizan por el camino, que todavía no está en condiciones, por lo cual, a pesar del miedo, deciden hacer el segundo por la carretera.

—Como dices tú, si nos quieren buscar las cosquillas, nos las van a encontrar, por muy escondidas que las tengamos. Paciencia, aunque te tengas que tragar la lengua.

Durante esos días Miguel ha ido acumulando rabia al tiempo que inseguridad. Le había hecho una promesa a Antonia, pero él sabe sobradamente en su fuero interno, que no sería capaz llegado el caso de llevar a cabo ninguna acción heroica. Felipe, por su parte, hace cábalas sobre cómo actuar en caso de ser parados por los guardias. Nada más pisar la gravilla de la carretera ahora —gracias a la lluvia y nieve— más compacta, sin polvo, Felipe se baja del pescante y camina delante de la yunta. Pronto se cruzan con unos muleros, que van de pueblo en pueblo vendiendo mulas y burros, y que, asimismo, llevan carros y galeras. Ellos saludan y se les quedan mirando y extrañados. Terminan por preguntar. Estupefactos, los muleros les dicen que ellos recorren España de punta a punta y que jamás han escuchado nada igual. A pesar de ello, Felipe continúa el camino a pie sin permitir el relevo por parte de Miguel. Ambos argumentan que tal vez se trata solo de un intento por parte de los guardias de tener leña gratis, además del aguinaldo para pasar mejor las navidades, porque esos veinte duros no estaban en ningún documento. Quieren creer eso, sin embargo, los dos saben que hay algo más, que algo grave podría llegar a ocurrir después de la advertencia de aquel guardia con acento gallego. Miguel cavila igualmente en cómo actuar en caso de ser parados o más bien sueña con esas acciones heroicas imposibles de llevar a cabo. No obstante, en sus fantasías, las dificultades son fáciles de superar, gracias a su gran destreza y valor. Si piensa, sentiría miedo, por tanto, prefiere soñar. Para Felipe se trata de un mal augurio. Ese día padre e hijo apenas han cruzado las palabras imprescindibles. La locuacidad del hombre ahora es hermetismo. Sus ojos, siempre alegres, reflejan una mezcla entre preocupación y rabia. El muchacho pasa de la sonrisa a la ira, ya pensara o soñara. De vez en cuando, a lo largo del trayecto, el hombre posa la mano en el hombro del muchacho, cuando este baja para caminar a su lado, como si quisiera transmitirle confianza y alivio para su rabia. En cada ocasión que baja Miguel intenta ser él quien camine, Felipe siempre se niega. El muchacho se coloca a su lado, no le salen las palabras y de inmediato estalla en un llanto como si se tratase de un niño. Entonces comienza a preguntar a su padre de manera angustiosa:

—¿Por qué, por qué, padre, por qué?

El padre, sorprendido, intenta calmarle. Se abraza al muchacho y se pone asimismo a llorar, tampoco le salen las palabras. Saca un pañuelo blanco del bolsillo de la chaqueta, seca primero las lágrimas de su hijo y después las suyas, intenta balbucear algo, pero no hay forma. El muchacho sigue con la misma cantinela. El hombre no soporta ver a su hijo así, tampoco llorar delante de Miguel, tan hombre ya, a punto de casarse. Le duele decir que los hombres no lloran cuando él está llorando. De pronto se detiene, sujeta las riendas para que los animales hagan lo propio y comienza a hablar, sin estar seguro de si se lo cuenta al viento, a su hijo o a sí mismo.

—Perdimos la guerra, perdimos la vida y la esperanza, no tenemos nada. Estamos en sus manos para lo que ellos quieran, para lo que les dé la gana.

—Yo no perdí ninguna guerra, yo no aguanto la injusticia —dice el hijo. Su padre no alza la voz, pero él grita.

—¡Calla! —grita el hombre —. Vamos a echar un trago.

Se desvían poco más de doscientos metros de la carretera hasta llegar a las orillas de un pequeño arroyo, el que lleva sus aguas al Júcar, cerca de una pequeña alameda. El arroyo, contrariamente a la última vez que estuvieron un año antes, en las mismas fechas, baja caudaloso como si fuese un río. La sequía del año anterior nada tiene que ver con las tempranas nieves de aquel otoño. El agua corre con más alegría. Cerca del arroyo, a la sombra de los álamos, todavía quedan charcos con el agua helada, incluso en las zonas umbrías, nieve. Se sientan sobre unas piedras al lado del arroyo, dejando la galera entre sol y sombra. Felipe saca la bota de vino del zurrón y una fiambrera de aluminio. No han almorzado pensando en la copiosa comida con que siempre les obsequia el boticario. Por la costumbre, Felipe ha echado en la fiambrera unas tajadas de tocino blanco. El muchacho dice no tener hambre. El padre sabe cómo hacer que le entre. Echa un trago, empinando la bota, la ofrece al muchacho, este hace lo propio. Después el hombre coge una tajada de tocino y cuidadosamente le quita la corteza dejándola en la fiambrera, comienza a comerse lentamente el tocino. Entonces guardaba las cortezas a su hijo porque sabía que le gustaban mucho, a él también, pero cuando el chiquillo le preguntaba:

—Padre, ¿qué me ha traído usted hoy del campo?

Él sacaba la fiambrera, haciéndole entrega de las cortezas como si se tratase del más preciado de los presentes. El chiquillo se comía las cortezas en un santiamén, no sin antes haberle dado mil besos y abrazos hasta notar el escozor en el rostro, por la barba del hombre, y tras el «padre, pincha usted», darse el festín. Ahora las cortezas las reservan para sus hermanas, pero la mayor dice que están duras y la pequeña que no le gustan, así que se las continúa comiendo Miguel, que no comprende cómo no se las come su padre. Este alega que le quedan pocas muelas, ha perdido algunas piezas en la cárcel y no puede masticar, lo cual es una triste realidad. Sabe que cuando le ofrezca la corteza no podrá rechazarla, comenzará a comérsela hasta que se le pegue a la garganta. Entonces cogerá la bota y asimismo beberá. Después de la segunda corteza, con la conversación, ya cogerá pan y tocino y almorzará como «dios manda».

—Año de nieves, año de bienes. Este año vamos a vender más leña que ningún otro —comenta Felipe tirando una piedra al arroyo.

—Padre, no hemos venido aquí a hablar de la nieve, ni de la leña… tampoco para almorzar.

Felipe empina la bota mirando a su hijo. Le dice cosas de las que ya han hablado jugando al parchís, de la conveniencia de irse lejos, no a Madrid o Valencia, como ya se marcharon muchos gasqueños desde el final de la guerra. Ya han comenzado las obras del pantano y Gascas con el tiempo quedará anegado por el Júcar. Se construyese o no, debían irse, participar de ese éxodo rural provocado por la penuria económica de una tierra desagradecida y la esperanza de una vida más digna. Otros muchos para huir de la amenaza que dieciséis años después sienten todavía los perdedores de la guerra. Hablan del sargento, del guardia gallego, del cura, del pastor y de la promesa que le ha hecho a Antonia. Miguel le confiesa que es para ganar tiempo ante el empecinamiento de la muchacha. Felipe le dice que no es tiempo de rebeldías, menos en el medio rural, donde todos se conocen y algunos están esperando el menor desliz para llevar a cabo una venganza.

—Nunca deberías haberle prometido algo que no piensas cumplir. Ella no es tonta y no te lo perdonará jamás.

—Pero padre, yo la quiero.

—Por eso mismo. Mejor que piense que has tenido miedo por quererla a que llegue a saber que le mentiste. Ella también te quiere y tiene tanto miedo como tú.

66

Lo que ayer fue ley...

Hablan emocionados, especialmente Felipe, beben vino, aunque ya no quedan cortezas. Se pasan la bota de uno a otro hasta que la última gota cae en sus gargantas, nunca Miguel había bebido tanto vino. Hablan despacio, el padre le cuenta cosas que nunca le ha contado a nadie y que posiblemente nunca las repita. Le dice todo el miedo que pasó en la cárcel, le habla del cura, de Emilio, del sargento, siente una necesidad de que no quede un recuerdo por transmitir, como si presintiese una invisible amenaza. Lloran abrazados, unidos en su impotencia y amargura. Felipe saca el reloj del bolsillo y dice:

—Nos vamos. No vamos a comer y tenemos caldereta de cordero que nos ha preparado la mujer del boticario.

Ríe entonces, rompe la tensión. Se dirigen a la orilla y lavan sus manos en el río helado, necesitan despejarse, y, los dos al mismo tiempo se lavan la cara, notando la frialdad en el rostro, de nuevo ríen.

—Qué fría está la condenada —dice Felipe. No obstante, mete la cabeza directamente en el río apoyándose con las manos para no caer. Miguel repite la acción. Sacan la cabeza y se miran riendo como niños sin saber bien el motivo.

—Si nos ve tu madre hacer esto nos mata. Bueno, solo a mí, siempre tengo yo la culpa —dice el padre riendo.

Miguel ríe también, y Felipe ve reflejado en su hijo a él mismo, es la primera vez que le ocurre; a pesar de sus dudas. La risa de Miguel y sus ademanes son los suyos, no los de su hermano, y entonces después de haberle contado tantas tristezas, siente la necesidad de contarle cosas que le hagan reír y emocionarse. Por primera vez habla de cómo se enamoró de María, de su locura para conquistarla acompañado de su vieja guitarra, aunque termina con nostalgia triste:

—Imagina, en un ribazo muerto de frío y recitando a un poeta chileno que no recuerdo ni el nombre. Me gustaba mucho la poesía, me gusta, pero Miguel, hijo mío, estos «sin patria» nos la han robado, nos han quitado las ganas de poesía…

—De lo de la guitarra me enteré por Antonia. Madre…

—Madre es mi poesía, lo único que me mantuvo con ganas de vivir aquellos años de cárcel, ella me daba la vida que cualquier mañana me podían arrebatar. Si no hubiera sido por ella…

De nuevo se abrazan, lloran y suspiran hondamente, como si fuesen novios. Abrazados vuelven a la galera.

El carruaje discurre lentamente, al paso de Felipe, aunque después de almorzar parece rodar con más alegría que al principio. Sin embargo, el vino y sobre todo el cansancio acumulado de los últimos días adormece a los dos leñadores y cada vez van más despacio. El hombre está cansado y lo acusa. El hijo se ofrece a reemplazarlo, pero el padre se niega, quiere ser él quien lleve sujetas las riendas. A lo largo del camino, el padre intenta comenzar a cantar alguna canción, su lema «canto mal, pero canto mucho para compensar», siempre lo llevó a rajatabla. Sin embargo, al instante calla. Su canto apenas comienza la primera estrofa se enmudece. Está cansado, pero más que cansado, impotente, con temor, avergonzado por lo que él consideraba cobardía. Él nunca fue valiente, pero siempre había dicho lo que pensaba. Ahora tiene aprensión de decir la verdad. Sus hijos dependen de él y sabe que nadie saldría en su defensa. Desnudados sus sentimientos y sus temores ante Miguel, sin dejar ningún secreto conscientemente en su interior, se ha liberado de una gran carga. Le había confesado su inmenso miedo, le había contado de aquella vez que fue valiente por amor un primero de abril. Que maldecía desde el primer día no haberse marchado del pueblo nada más salir de la cárcel, por temor a lo desconocido, que nunca podía ser peor que la realidad cotidiana, que mil veces planea huir a donde sea. Pero a sus recelos se suma el saberse hijo de la tierra, no se veía a sí mismo lejos de la misma, le resultaría imposible respirar otro aire diferente. En ocasiones habla de Argentina como si se tratase de la tierra prometida, pero en eso se queda, sin realmente estar convencido de querer ir a ella. Lo dice solo por escucharse a sí mismo, por transmitir a los demás la esperanza que él no tiene.

En poco más de una hora, al lado del río, han hablado casi más que nunca, desnudando emociones, sintiendo el sudor frío de sus miedos, la decepción por no ser capaces de llevar adelante sus esperanzas, muertas casi antes de nacer. Pero el padre además quiere hablarle de que hubo un tiempo en que en España se soñó libertad. Y que ese tiempo puede volver.

Se pelean ambos por las riendas, siempre al final la autoridad del padre prima y el muchacho termina subiendo al pescante, pero solo durante escasos minutos. Miguel no ha tenido bastante conversación, quiere saber más; aunque, no pueda evitar las lágrimas, pero también risas. Su padre procura que primen las risas sobre los llantos y cuenta anécdotas de cuando eran novios él y María que hubiesen hecho sonrojar a María, vicisitudes de niños, abrazos y peleas con sus hermanos, su espíritu rebelde y ahora apagado…

—Tu madre supo domarme, me apaciguó y me dio la sensatez que nunca tuve.

Y hablan de María, de lo mucho que la echaba de menos en las noches carcelarias.

—Y no solo por eso, sino por saber que no la tenía a mi lado, por despertarme sin su olor, sin sus risas y hasta sin sus beaterías —Suspira como un adolescente al hablar de ella. Miguel se emociona igualmente—. Al menos ella tiene un Dios que la protege y ella nos protege a quienes no lo tenemos —ríe emocionado. Habla del empeño de su suegro por enseñar, no solo a los niños, sino también a los jornaleros y sobre todo a las mujeres.

—Daba lo mismo que fuesen socialistas, comunistas o fascistas, a las muchachas no les dejaban los padres o maridos ir a aprender a leer. Pandilla de brutos, que decía tu abuelo.

Además, le habla del derecho de pernada que en ocasiones ejercían algunos terratenientes sobre sus sirvientes. Le cuenta cómo pilló siendo un adolescente a su padre con la mujer del capataz, cuando estaba ya enferma su madre casi a punto de morir y que su padre como toda explicación le dijo que eso era cosa de hombres. Él tuvo el valor de contárselo a su madre y esta lo aceptó con resignación.

—Tu padre es muy hombre, tiene sus necesidades y yo ahora no puedo dárselas —Felipe mueve el dedo señalando al cielo—. Eso me dijo mi santa madre, y se murió sabiendo que mi padre se acostaba con otras y que tenía hijos bastardos por toda la comarca. El mayoral de mi hermano, sin ir más lejos, Pepe Galindo. Lo miras ahora y miras un retrato de mi padre y es *«igualico»* a él, se parece más a mi hermano Braulio que yo, y su mujer, la pobre de mi prima, ha parido dos hijos, y encima Pepe, que también es mi hermano, le lame el culo a su hermano…

Van tan abstraídos en la conversación que no se percatan de que tras la caseta de los peones camineros —justo a la entrada de San Antonio de los Llanos— se encuentra una pareja de la Guardia Civil, junto con el sargento. Uno de los guardias formaba parte de la pareja que semanas antes les había multado. Habían pasado unos dos metros la caseta cuando escuchan una voz conocida.

—¡Buenos días nos dé Dios! ¡Alto a la Guardia Civil!

—¡Buenos días! —Sorprendidos giran contestando al unísono en voz alta los dos, para ser bien escuchados.

Felipe repara en los galones del sargento, antes incluso que ver su cara. Nota una sensación extraña en sus mejillas, sus piernas comienzan a temblar. Miguel, por el contrario, parece estar tranquilo.

—Por Dios, por Dios y por la Virgen Santísima, ¿cuándo se ha visto en este mundo de Dios que un carretero no vaya en el pescante? —pregunta el sargento, señalando con el fusil el pescante, lo cual provoca la risa de uno de los guardias que le acompañan, quedando congelada al instante—. José, ¿dónde cojones le ves la gracia?

—Perdone, mi sargento, perdone —se disculpa el guardia.

Felipe se quita la gorra, repitiendo el gesto el hijo.

—El señor guardia hace unas semanas me dijo que debía ir por la carretera delante de las mulas para que no se espantasen, y que, por el camino, debía ir en el pescante.

El sargento mira al guardia y mueve la cabeza.

—¿Qué memez es esa? ¿José no conoces el reglamento?

—Sí, mi sargento, conozco el reglamento y las normas, que dicen claramente que quien manejase carros o similares, como galeras, debe hacerlo siempre desde el pescante, bajo sanción administrativa y tributaria si así lo estimase conveniente la autoridad competente...

—Bien, José, sabes el reglamento —dice con sorna el sargento. Da una vuelta en torno a la galera y dirigiéndose a Felipe—: ¿Quieres decir que miente el señor guardia?

—No, no, señor sargento, pero él me dijo eso...

—Tengamos la fiesta en paz —corta el sargento—. José, no te pudo decir eso, porque es un buen guardia, conoce bien el reglamento y sabe de sobra que el pescante está para algo, precisamente para lo que tú no lo estás utilizando...

—¡Lo que dice el guardia es mentira! —gritó el muchacho sin que de nada sirviese lo hablado su padre y él sobre cómo actuar en caso de que se diese dicha circunstancia.

No ha termina de decirlo cuando tiene la culata del guardia golpeándole a la altura del bajo vientre, cayendo al suelo, retorciéndose de dolor. Mientras que el sargento le coloca a Felipe el cañón del fusil en la mandíbula.

—¡Hijo de puta! —masculla Miguel, recibiendo un nuevo golpe en el hombro.

—¡Cállate, cállate, Miguel! —le ordena su padre.

—Es lo que os pasa a los rojos, no os da la gana enseñar a vuestros hijos buenos modales y nos tenemos que encargar nosotros… ¿Tú eres Felipe López? —preguntó el sargento a pesar de saber sobradamente quién era—. Me temo que tienes un problema y grave. De momento, como mínimo, debéis de pagar cien pesetas de multa y la leña al cuartelillo. Y ahora nos acompañáis. Y no te extrañe que vuelvas a la cárcel. Y tu hijo…, ya veremos, ya veremos.

El trayecto hasta la casa cuartel Miguel lo realiza caminando delante de las mulas, junto con los dos guardias, mientras Felipe y el sargento van sentados en el pescante.

—¿Quieres un cigarro? —le pregunta el sargento sacando un cigarrillo americano de una petaca de metal.

Felipe duda, sin saber muy bien cómo actuar, el sargento insiste y el leñador coge un cigarrillo. Hace intención de sacar el mechero, pero es el sargento quien le dice que no lo haga. Saca el suyo de gasolina, le da fuego al leñador y luego prende el suyo. Felipe mira el cigarrillo, nota un sabor diferente a la picadura que fuma, es suave. En otro tiempo hubiese dicho que era tabaco de mujeres.

—Muy flojo… ¿no?

—Sí, la verdad es que sí. Yo prefiero un buen Farias, y si es posible un Montecristo mejor que este tabaco de maricones, pero ya que me lo regalan…, hablando de maricones. Te repito la pregunta: ¿conoces a don Gervasio? —En realidad, esa pregunta no la había realizado anteriormente.

—Sí, era el cura de San Antonio de los Llanos, le servía leña, al igual que al nuevo cura le sirvo, también fue capellán de la cárcel, pero eso ya lo sabe usted.

—Eso ya lo sabemos los dos. ¿De nada más lo conoces, de nada más? —preguntó empleando un tono punzante.

—A don Gervasio lo conocí en la cárcel, como bien sabe usted, y luego me ayudó con la gente para que me comprase leña. Usted sabe usted, no lo voy a engañar, yo soy de poca misa, aunque le estoy muy agradecido por lo bien que se portó conmigo y mi familia —contesta Felipe, sabiendo que resultaba inútil negar algo de lo cual el sargento tenía conocimiento sobrado.

—¿No sabrás, por un casual, el motivo por el que se fue? Como os conocíais… —recalca la última palabra.

—A mí me contó que su madre estaba mala en Quintanar de la Orden, en su pueblo…, en la provincia de Toledo.

—Hay quien dice que andan vagueando por el monte dos bandoleros. Ya nos han dado algún susto, me parece que es el cura de los huevos, otros dicen que se parecen bastante a vosotros —Señalando a Miguel—. Uno muy alto y fuerte y otro chaparrete como tú. ¿Qué me dices a eso? ¿Sois vosotros o el cura?

—Nosotros no somos y usted lo sabe, nos dedicamos a nuestros quehaceres y a nada más. Bastante sufrimiento y problemas hemos tenido para meternos en donde nadie nos ha llamado.

—Ya sé que no sois vosotros, el alto es recio y tu hijo está más seco que un pino sin sol. Pero, me consta que no has dejado de meterte en problemas, y creo que sabes dónde se esconden. ¿Me tomas por tonto o crees que no sé quiénes os reuníais a conspirar contra el Caudillo? Felipe, por Dios y por la Virgen, que si no estás muerto o en la cárcel es por el coronel don Braulio López… tu hermano. Pero te lo juro por Dios que si me entero de que sabéis quiénes son los bandoleros y no colaboráis, ni tu hermano ni la Virgen Santísima te salvan, ni a ti ni al tontaina de tu hijo.

Felipe niega con la cabeza intentando mantener la mirada del sargento, este sonríe. La conversación cesa con la entrada en el pueblo. Al ver la comitiva el boticario, sale a la calle. El sargento le mira con severidad, moviendo la cabeza de un lado a otro.

—No se meta usted en esto, será mejor, no vaya a ser que le cueste caro —. Ordena el sargento antes de que el boticario abra la boca, haciéndole un gesto para que siguiese con su faena.

El boticario se introduce con celeridad en la farmacia, aunque, de inmediato sale de la botica en dirección a la iglesia en busca del cura. Él es un católico practicante y generoso, desde el primer momento, al igual que lo hiciera con el anterior cura, se ha hecho muy amigo del párroco, es consciente que son muchos los católicos que lo miran con desconfianza, y que algunos lo acusan de ser masón, lo cual, es cierto. El boticario le explica al cura lo más tranquilamente que es capaz la situación. Ambos confían en que lo único que puede salvar a Felipe y a Miguel es la mediación del cura. Los leñadores llegan al cuartelillo y tras bajar del pescante, Felipe va en busca de su hijo y lo abraza fuertemente. Tiene la premonición de que va a ser cierto, que pueden ir los dos a la cárcel. Comienzan de nuevo las conjeturas, está convencido de que el sargento ya había decidido el resultado de la sentencia.

—Dejad los cariños para otra ocasión, tenemos trabajo por delante y no es cuestión de dejarlo para más tarde — Separa bruscamente el sargento a padre e hijo—. Comenzad a descargar rapidito, que no tenemos todo el día.

Un aire gélido comienza a soplar, las nubes ocultan el sol, cuando Miguel y Felipe comienzan a meter la leña dentro del cuartel. Ven al guardia gallego salir de la Casa Cuartel, baja los ojos con tristeza y desaparece entre las calles.

Boticario y sacerdote se apresuran, piensan que puede estar en manos del sacerdote que todo se quede en una multa. Pero, presienten que puede ser mucho más grave, cada día que pasa el sargento está mucho más alterado. Cuando llegan a las puertas del cuartelillo ven a los leñadores descargando con naturalidad la leña, deciden ir a la taberna y esperar acontecimientos.

67

El candil que se apaga

Desde la taberna, el boticario y el sacerdote de San Antonio de los Llanos contemplan cómo los dos hombres descargan la leña y la introducen en la Casa Cuartel. Permanecen casi dos horas, que dura la tarea, sin acercarse y observando. Felipe y Miguel tardan casi el doble de lo que hubiera costado normalmente porque la leña es repartida entre las distintas viviendas de los guardias, en lugar de una tinada o leñera como hubiese sido lo normal. Solo cuando han terminado de entrar la leña se acercan el sacerdote y boticario a la Casa Cuartel.

—Bueno, ya os podéis venir a comer —indica el sacerdote, dirigiéndose a padre e hijo en un tono desenfadado, aunque mirando al guardia que custodia a los leñadores.

—Yo ni pincho ni corto —responde el guardia, colocándose entre los recién llegados y Felipe y Miguel—, eso es cosa del sargento.

—Si es esa la voluntad del sargento, vamos a hablar con el sargento —contestó el cura decidido.

Con los leñadores delante, pasan al cuartelillo, hasta donde se encuentra el sargento comiendo, junto a otros guardias. Tras desearles buen provecho, pregunta el sacerdote si los leñadores han comido, el sargento sin levantarse le ofrece el porrón de vino al sacerdote, rechazándolo este, sin ofrecérselo al boticario, echa el sargento un trago.

—Dionisio, ¿no te he dicho que en el momento que terminasen les pusieses las esposas y los llevases al calabozo?

—Sí, mi sargento —contesta el tal Dionisio, esposando de inmediato a los leñadores.

—¿Pero han comido? —Pregunta ahora el boticario.

El sargento fulmina con la mirada al boticario, hace un gesto como de decir algo fuerte y mira al cielo como implorando paciencia. Señala al boticario con el dedo, parece arrepentirse y echa otro trago de vino del porrón.

—Estos hombres deberían comer, la hora que es —insiste el sacerdote.

—No me toquen los cojones, no me toquen los cojones. ¿Me meto yo en sus sermones? ¿Acaso le digo cómo envenenar a la gente? Pues entonces cogen el caminito, por donde han venido y me dejan hacer mi trabajo, que yo sé cómo hacerlo, y si deben comer o no. A lo mejor con las tripas vacías se les aclaran más las ideas.

—Son buena gente —se atreve a decir el boticario.

—¡Copón! Vuelta la borrica al trigo —increpa al boticario—. Usted será capaz de decir que son buenos cristianos, ¿no? —le pregunta al sacerdote.

—Son buenos trabajadores y me consta que buenas personas —responde el párroco.

—En ese caso no tienen nada que temer. ¡Vayan con Dios! —cortó el sargento señalando la puerta que daba a la calle.

Ambos se dirigen hacia la puerta, la cual chirría al cerrarse, terminando en un fuerte portazo dado por el sacerdote. El boticario vuelve a abrir de nuevo la puerta, va a preguntar algo, pero tras mirar fijamente al sargento permanece en silencio y sale por la puerta maldiciendo algo entre dientes. De refilón puede ver la puerta entreabierta que lleva a los calabozos donde están esperando que termine de comer el sargento. Hay un banco de madera al lado de la pared. Ve a Miguel de pie, altivo y sereno, no parece tener miedo. Sin embargo, al ver sus ojos comprende que tiene mucho. Felipe permanece sentado de espaldas a la puerta, mirando a su hijo. Al darse cuenta de la presencia del boticario, guiándose por la mirada de su hijo, se gira, parece abatido, su mirada se cruza con la del boticario, que se encuentra tan desolado como aterrorizado. Felipe lo mira implorando con los ojos ayuda. A pesar de notar el boticario el sudor frío del miedo empapar su cuerpo se atreve a abrir la puerta: dos guardias vigilan a los leñadores, girándose al instante.

—Tranquilos, que todo se arreglará, yo me encargo.

—Dios le oiga, don Joaquín, Dios le oiga… —responde Felipe, sorprendiéndose a sí mismo de haber implorado a Dios y, además, dos veces seguidas—. «Lo que hace el miedo», piensa y sonríe dibujando una amarga mueca.

—Ya verás como sí. Ya lo verás —se despide el boticario y el cura—. ¡Hasta luego!

El sargento no parece tener prisa por interrogarles, se sabe que ha hecho una llamada, pero le han dado largas. El coronel López no quiere ser molestado hasta después de la siesta. Después de un par de llamadas para intentar hablar con don Braulio López, el sargento desiste. Ernesto Pujalte entra comiéndose una manzana a bocados, escupe las semillas al frente, llegando hasta los leñadores.

—Bueno, vamos a empezar —dice dando una palmada sobre la mesa—. ¿Habéis comido? Bueno, da lo mismo, así tendrán las ideas más claras. De todos modos, vamos a terminar rápido.

Comienza el interrogatorio, dos guardias golpean a Miguel cada vez que Felipe no responde a lo que le pregunta el sargento, o no responde lo que quiere escuchar este. Felipe se encuentra sentado frente al sargento, en una silla con la mesa del despacho entre ambos, lo mantienen esposado. El sargento está de espaldas a Miguel y los guardias. Felipe puede ver horrorizado cada golpe que le dan a su hijo, quiere morir cuando Miguel dibuja esa sonrisa estúpida que conoce bien, y que mantiene tras el último golpe en la sien. No quiere pensar lo que piensa: «Peor que la muerte, peor que la muerte». Lo ha visto en la cárcel, sabe cómo quedaban los cerebros de algunos presos después de las palizas, con esa risa estúpida de demente.

Miguel nota cómo la sangre le resbala por la cara; es poca y proviene de un pequeño rasguño cerca de la sien. Su boca tiene el sabor metálico de la sangre, sus labios sangran y siente el escozor de las heridas. Algunas gotas manchan su ropa, otras han caído al suelo. A pesar del dolor y el miedo mira al frente, con esa mirada que tanto asusta a su padre. Él nunca se ha sentido valiente, jamás se ha tenido que enfrentar a una situación similar. Se alegra de ser él quien reciba los golpes en lugar de su padre, a pesar de considerar que su progenitor es más fuerte, así podrá presentarse ante Antonia como un guerrero, un héroe, que ha aguantado el dolor. Si bien las heridas no parecen graves, su rostro y su cuerpo son un auténtico mapa de hematomas, que, incluso en esos momentos piensa que será curado y aliviado por su novia. Sonríe interiormente imaginándola a ella curándolo. El último golpe lo traslada a los brazos de Antonia. Contempla todo como desde el exterior, escucha y ve, pero no está allí, el golpe recibido en la sien lo mantiene un tanto aturdido, a pesar del tiempo transcurrido.

En su mente «le está contando a su novia que ha tenido el valor de llamarles asesinos. Omite que su tono fue tan débil que por suerte para él no llegaron a escucharlo, pero no le miente y eso para él es importante, y ella le cura las heridas a besos, desnuda ante él...»

—Seguimos sin avanzar, ni sois capaces de decirme quién escribe esas cartas ni dónde está el cura.

—Se lo repito, no sé nada de cartas.

El sargento le coloca ante sus ojos unas cartas escritas a máquina, todas con algo en común, la virgulilla de la ñ está a mano. Son cartas que amenazan de muerte al sargento, acusándole de múltiples asesinatos, desde los cometidos en la Serranía hasta los últimos, sin nombrar los de Clara, Casimiro y Casilda. Felipe, que sospechaba y no quería creerlo, sabe ya quién es el autor de esas cartas, mejor dicho, la autora. Aunque él nunca haya visto ninguna máquina de escribir en su casa. No fueron figuraciones suyas, fue real y él lo sabía. María no hace una raya sobre la ñ, hace una «*S*» tumbada, justamente al revés de como lo haría cualquier persona. De quien menos sospecha el sargento es de ella, está convencido de que se trata del antiguo sacerdote.

—Ese cabrón nos robó hace más de dos años la máquina de escribir de aquí —y señala la mesa del despacho, donde hay otra igual a la robada, dando pequeños golpes con el dedo sobre la misma —. El hijo puta se permite escribir amenazas contra mi persona y contra el Caudillo. No tengo nada contra ti, menos contra el trozo de carne con ojos que tienes por hijo. ¿Qué necesidad tenemos de pasar por este mal trago? Me conformo solo con que me digas dónde está el cura. Te he dado pistas de dónde se le ha visto, pero quiero el sitio concreto, ¿dónde se esconde? y sé que tú lo sabes. Va con el analfabeto, el pastor de la Montesina. Tu monte está en ese paraje, ayúdanos a encontrarles y todos contentos.

—No lo sé, hace ya muchos años se fue a Quintanar porque su madre estaba mala, luego me suena que se fue a Cuenca, pero no lo sé, lo juro por Dios bendito y adorado…

—¿Otra vez? ¿Tú quieres hacerme creer que no le has visto desde entonces?

—Ya se lo digo a usted, se fue a Quintanar —responde con voz desentonada Felipe, sintiendo un impulso de rabia. Aprieta los puños clavándose las uñas en las palmas de su mano.

El sargento, en un primer intento, les habla de acusarles de ser ellos quienes colgaron el «judas» en los arcos de la Casa Cuartel, de ser los dos hombres que cualquier testigo podría reconocer haber visto por la comarca y que parecían tener como misión acabar con él. Sabe sobradamente que no son ellos. Está al tanto de que fue don Gervasio quien colgó al muñeco de trapo, similar al que cuelgan en Semana Santa en diversos pueblos y que llaman «el judas». Está convencido de que Felipe sabe cómo encontrarlos, son muchos los datos y testigos que le hacen sospechoso de saberlo. Felipe no sabe que la antigua asistenta del sacerdote fue presionada hábilmente con amenazas y denunció que, antes de marcharse el sacerdote, Felipe fue agasajado por este y tuvieron una larga conversación. Incluso, la mujer contó que escuchó la llegada de un nuevo sargento, que había estado en el Castillo de Cuenca y que luego se fue a perseguir maquis. La mujer sabe igualmente que Felipe había sido enterrador en la cárcel. El sargento, por su parte, está enterado de la amistad con Emilio y de las reuniones en casa de Casimiro; de la misma forma sabe de la implicación de Clara como enlace, y sospecha que hay alguien más en Gascas que está en contacto con el sacerdote. Sabe que hay una persona más involucrada. Para el sargento esa persona solo puede ser Felipe. Antes de la aparición del «judas», hubo más amenazas, la última colocada sobre la mesa de su despacho veinte días antes, después un intento de matarlo, la cual no había trascendido. El sargento tiene miedo y teme por su vida. El «héroe» de la lucha contra la guerrilla, urdidor de mil estrategias, se siente inseguro ahora que hace tres años que el último guerrillero ha desaparecido. Sabe que no son guerrilleros, aunque compartan ideas, sabe que quieren matarle, que van a por él, por ello se ha saltado la recomendación del coronel Braulio López de no tocar a su hermano. Ha intentado hablar con él por teléfono y no ha querido ponerse. Está seguro de que el leñador le puede llevar hasta don Gervasio. Es experto en sacar información, sus estrategias para hacer cantar siempre le dieron muy buenos resultados y ahora de igual forma le darán. No le tocará un pelo a Felipe, solo lo amenazaría y daría algún pescozón a su hijo, aunque sin que llegase la sangre al río. Solo asustarlo un poco, estaba seguro de que lo conseguiría. No hay vuelta atrás, piensa que Felipe tiene la información que necesita y está convencido de que en ello va su vida.

—Federico, refréscale la memoria.

Y Federico golpea al muchacho. No le pega fuerte, pero sí lo suficiente para que vaya perdiendo el sentido. La débil lluvia de sangre termina mojando el suelo, es golpe sobre golpe. Mientras Miguel se retuerce ante cada puñetazo, se dobla de dolor para erguirse de nuevo para que su padre lo vea como un valiente, y luego así lo cuente a la joven. Él, en su imaginación, está contándoselo a Antonia.

—¿Por qué no lo dejan en paz? Es un chiquillo —suplica Felipe entre lágrimas, incluso hace intención de ir a ponerse de rodillas—. Le he contado todo, palabra por palabra, ustedes no tienen derecho, si hay un culpable soy yo, es un chiquillo...

—No, no has contado todo, todo no...

—Vi a dos hombres en la Montesina.

—Eso ya te lo he dicho yo. Federico...sigue.

—En la cueva, está en la cueva de la Montesina.

—Eres testarudo, la cueva de la Montesina está llena de zarzas y hay una sima, ya hemos estado. Están en otro sitio, esto no es la Serranía, no hay muchos sitios para esconderse...

—Yo los he visto en la Montesina, pero no sé quiénes eran.

—Sí, hombre, sí, y mucha gente. Yo quiero saber dónde se esconden, de algún modo contactarás con tus camaradas.

—Yo no contacto con nadie.

—Vuelta la borrica al trigo. Tú, tu camarada Casimiro, la roja de su mujer, Clara, mi paisana... para entendernos, la puta madre de la novia del memo ese... —señala a Miguel—, estabais en contacto con don Gervasio...

—Si hay aquí una puta, es tu puta madre, cacho asesino... ¡Asesino! ¡Asesino de mujeres! —grita Miguel con toda su fuerza, como si de repente hubiese regresado a la realidad en aquel instante.

El sargento se gira mirando fijamente al muchacho

—Si hay aquí una puta es tu puta madre, cacho asesino... ¡Asesino! ¡Asesino de mujeres! —grita Miguel con todas sus fuerzas.

—¿Cómo has dicho, cacho cabrón? —se dirige enfurecido el sargento a Miguel.

—¡Asesino de mujeres! ¡Cobarde! —insiste Miguel.

El grito se escucha con tal fuerza que traspasa las paredes de la Casa Cuartel. El cura que se encontraba fuera bajo los soportales llega a escucharlo con claridad, incluso llega hasta la taberna el grito difuminado, pero claro, de Miguel. Algunos llegan inclusive a salir a la calle desde sus casas. El boticario no había abierto la botica, se encontraba con don Genaro, el médico, tomando café e intentando convencerlo de que aquellos leñadores eran gente de bien, por mucho que el padre hubiese sido rojo, seguro que el médico podría hacer algo, era el jefe de Falange de la comarca y presumía de ser muy amigo de don Braulio. Al escuchar el grito de Miguel ambos salieron a la calle.

El sargento se abalanzó sobre Miguel comenzando a golpearlo sin piedad. Primero con puños y pies y después con el fusil de uno de los guardias hasta que este cayó derrumbado en el suelo. Con el semblante satisfecho, el sargento regresó la vista hacia Felipe, encontrándose que este había logrado agarrar la pistola que él tenía colgada en la silla, y con los ojos cerrados, como cuando estaba en el frente, tenía ya el dedo en el gatillo apuntándole. Desde la calle se escucharon tres disparos. Miguel fue cerrando poco a poco los ojos sin tener conciencia de lo que estaba pasando. La luz de la estancia fue apagándose como se apaga un candil cuando se queda sin mecha. Lo último que vio fue a su padre con una pistola en la mano y al sargento girarse con el fusil entre las suyas. Escuchó tres disparos, no llegó a ver que el primero en disparar fue su padre, pero sí que los dos siguientes fueron contra su padre. Acudieron otros guardias con las armas preparadas. Al rato dejaron pasar al sacerdote y al médico. En el suelo se encontraban dos cuerpos, uno moribundo, que no cesaba de pronunciar el nombre de su hijo y el de este, que se encontraba envuelto en sangre, y parecía muerto. A nadie, salvo al sacerdote, pareció importarle el estado de los leñadores. Todos acudieron en auxilio del sargento, el cual tenía un tiro en el muslo izquierdo y se encontraba agarrado a la silla. El sacerdote llegó a tiempo de ver cómo Felipe, que nunca quiso tener nada que ver con la iglesia, daba su último suspiro, con la cabeza apoyada en las manos de un sacerdote, el cual le estaba dando la extremaunción.

68

Insomnio y sangre

El recién ascendido general don Braulio López, al coger el teléfono que le tendía su asistente, y escuchar con atención las palabras del cabo de la guardia civil de San Antonio, colgó el teléfono con rabia. Comenzando a salir por su boca todo tipo de maldiciones e improperios. Él mismo, sin ordenárselo al asistente, marcó de nuevo el número de teléfono de la centralita de la Casa Cuartel de la Guardia Civil de San Antonio. El cabo, nervioso, comenzó desde el principio a relatarle lo sucedido a Felipe y a Miguel, intentando endulzar los acontecimientos, los cuales calificó el cabo, «como un desgraciado accidente en defensa propia.»

—Lo fusilo, a ese hijo de la gran puta lo mando fusilar. Que se ponga. Mejor que no. ¿Y mi sobrino?

—Está herido, mi coronel, solo herido.

—Dile al cabrón ese que como le ocurra algo a mi sobrino, lo mato con mis propias manos, que se encomiende a Dios y a toda su corte celestial, que lo mato.

Después fue el general quien llamó al médico de San Antonio para conocer el estado de salud de su sobrino.

—Mira, Braulio, no te quiero engañar, tu sobrino está muy mal. Haré lo que esté en mi mano, que es poco. Si lo llevamos a Madrid mal, si lo mando contigo a Valencia no creo ni que llegue ni a las Cuestas de Contreras, pero si se queda aquí se muere, a no ser que consigamos los medios necesarios sin moverlo de San Antonio. Incluso así no te garantizo nada.

Cuando María, acompañada de Antonia, llegan a San Antonio de los Llanos, Felipe ya se encuentra en el ataúd y a su hijo lo han trasladado a casa del médico, sin saber si viviría o no; aunque, el facultativo les asegura que posiblemente no viviría. La única esperanza está en que llegue a tiempo la ambulancia que don Braulio había enviado desde Valencia, acompañada de material quirúrgico y un par de buenos médicos militares. Unas horas después, la ambulancia paraba en la misma puerta del facultativo. Pasados dos días, dijeron que Miguel era muy fuerte y que se salvaría, pero que su recuperación sería muy lenta.

Durante el sepelio de Felipe, María ve por primera vez, desde que saliese Felipe de la cárcel, a Braulio. Ambos se muestran fríos y distantes, pero dentro de la confusión del momento el general promete a su cuñada que Miguel se salvará. Cuando los médicos le den garantías de que está fuera de peligro, será trasladado al hospital militar de Mislata, en Valencia.

El boticario ofrece a María cederles una casa de su propiedad que se encuentra en las afueras del pueblo, mientras que Miguel permanezca en San Antonio; como es de suponer aceptan y en ella se alojan. Durante el día permanecen todo el tiempo que les dejan en casa del médico. Por la noche apenas duermen. Antonia ha tomado una decisión, la misma que María, aunque las dos se guardan el secreto.

La herida del sargento es superficial, apenas una rozadura provocada por alguien que tenía miedo a disparar y lo hizo con los ojos cerrados. El sargento, antes del interrogatorio, quiso hablar con el general, pero este, cuando su asistente le dice de quién se trata, se niega a coger el teléfono «que llame después de la siesta», dice a su asistente. La segunda vez, es para comunicarle lo sucedido, aunque quien llama es el cabo, para después más reposado llamar directamente Braulio. El militar llama una tercera vez al sargento para decirle que lo pondrá ante un pelotón de fusilamiento, ya que tiene pruebas más que suficientes para ello. El aplomo y la frialdad que siempre ha mostrado el sargento desaparecen por completo, sabe que ha matado a gente inocente para conseguir confesiones y denuncias, y que en no pocas ocasiones mató a familias católicas a sabiendas, para así conseguir más efectivos. Siempre temió que se llegase a saber, no había pruebas, pero no era la primera vez que don Braulio López le lanzaba esa amenaza en caso de que tocase a su hermano. Acaba de enterarse de que ya es general, así se lo ha dicho el cabo:

—Su excelencia, el general, me ha dicho que pondrá a usted, mi sargento, ante un pelotón de fusilamiento.

—¿General?

—Sí, su excelencia el general don Braulio López.

El sargento, que ya era asiduo de la taberna, ahora lo era mucho más. Comenzó a encontrarse mucho más nervioso. A media tarde ya se le ve medio borracho. Es entonces cuando se encontró con Antonia por primera vez, desde que ella está en San Antonio de los Llanos. Al verla, borracho como iba, se acerca pensando decirle algo —no sabe muy bien si una obscenidad o simplemente saludarla—, pero ella desvía su camino.

A medianoche Antonia aprovecha una de esas escasas ocasiones en que María parecía haberse quedado dormida para escapar. Divisó al sargento desde lejos, pensó que podría matarlo fácilmente aquella misma noche al salir de la taberna. Contra todo pronóstico no salía solo y sintió miedo de ser descubierta. Estuvo toda la noche en vela pensando la manera de hacerlo, pero siempre encontraba algún obstáculo que se lo impedía.

El sargento tampoco pudo dormir aquella noche, por la mañana fue el primero en entrar en la taberna y por la noche el último en salir. Junto con el café se tomó un par de copas de aguardiente. Se encontraba muy nervioso y agresivo, hasta el punto de golpear a su mujer y a uno de los guardias. Todo el día lo pasó en la taberna. Al día siguiente se acostó sin cenar poco después de atardecer tras haberse cruzado por segunda vez con la «Morita», sin que ella pudiera llegar a desviarse de su camino.

—Lo que yo te haría… —le dijo.

La muchacha bajó la vista avergonzada. Notó el rubor subir por sus mejillas, él se envalentonó.

—Morita, te iba a cristianar bien cristianada —amenazó a la muchacha mientras esta intentaba acelerar el paso y zafarse; pero él le agarró del brazo diciéndole algo al oído, mientras a Antonia le llegaba el tufo a aguardiente.

—¡Mi sargento! —gritó el guardia gallego, interrumpiendo lo que parecía que iba a terminar mal para la muchacha, aprovechando ella asustada, para escapar.

—Cuiña, ¿qué coño quieres? —Se volvió el sargento enojado—. No creas que te vas a escapar, zorra asquerosa —le gritó a ella.

—Mi sargento, no se me enoje. ¿Usted quiere yacer con la rapaciña? Yo tengo la llave…

—Pedro, a veces no sé si eres más listo que nadie o un cacho maricón de aquí te espero…

—Hablemos y haga caso a este gallego, que yo tengo la llave, mi sargento, yo tengo la llave…

Antonia llegó sofocada y temblando de miedo a casa del médico, donde se encontraba María. Ya no ve tan fácil cumplir lo que ella considera su deber. Intenta disimular delante de María, alegando tener frío. Ha averiguado la puerta de la Casa Cuartel que corresponde a la vivienda del sargento, como todas, con reja, y que hay un guardia en la puerta principal, imposible acceder dentro.

Ernesto Pujalte, a medianoche, es incapaz de conciliar el sueño, se levanta y de nuevo comienza a beber, maldice no poder hacerlo en la taberna. A las cuatro de la mañana está completamente borracho. Se acuesta y a los pocos minutos tiene la sensación de que la cama comienza a dar vueltas. Se levanta procurando no hacer ruido. Se lava la cara, nota el agua muy fría. «Mejor, así me despejo», piensa. Sale a la calle para intentar despejarse, hace frío, aunque apenas corre una ligera brisa. El cielo presenta un magnífico manto estrellado iluminado por la luna en cuarto creciente.

Faltan todavía más de dos horas para la cita con Pedro Cuiña, él se encargaría, le dijo. Lo harían como cuando Clara, aquella muchacha embarazada de Gascas. Cuiña, el guardia gallego participó igualmente en la muerte de Clara, pero estuvo frío, recuerda el sargento, hasta que él se lo echó en cara.

—Tenía la mierda pegada a los pantalones —recuerda en voz alta el sargento ante los otros participantes—, pero al final el muy cabrón no le hizo ascos —ríe al rememorar aquellos momentos, mientras se queda fijo en la punta iluminada del Farias, que acaba de encender—. Entonces, después de follarse a la madre, puso pegas a montárselo con la morita el muy cabrón. Y ahora me la prepara...

Continúa pensando en aquel guardia gallego. Nunca se ha fiado de él, esa es la verdad, pero tampoco le dio motivos para no hacerlo. Aquella noche se lo llevó para ponerlo a prueba y la superó, vaya si la superó, aunque pusiese el reparo de los bisoños, y se opusiese a llevarse también a la chiquilla, aquella noche, en que mataron a Clara y abusaron de ella todos los guardias presentes.

—Los dos solos, mi sargento, los dos solos mejor. No deja de ser una cría y bastante tenemos —le comentó el gallego—, ya sabe usted que ando rondando a la criada del boticario y tengo una llave de la casa, para nosotros dos solos — le dijo el gallego estallando en sonoras carcajadas, seguidas por las del sargento.

Y así habían quedado. De no haber ido tan mareado, medio borracho, le habrían extrañado muchas cosas. Habría desconfiado más del gallego, del mismo modo que desconfiaba del boticario, pero nunca pensó que algo así se le iba a escapar de las manos. ¿Cómo tuvo el descuido de dejar la pistola colgada de la silla, cómo perdió los nervios con aquel muchacho? Por la inercia de la costumbre, estaba claro, nunca pasaba nada. Si era necesario pegarle una paliza a alguien se le pegaba y ya está. Sí, se le iba la mano. ¿Qué le vamos a hacer? Pero aquel muchacho era el sobrino de don Braulio López, el ahora general don Braulio López, el cacique don Braulio López. Pensó como si se tratase de tres hombres diferentes. No le hacía gracia el gallego, pero necesitaba un desahogo, y de perdidos al río. Recuerda aquellas noches en la Serranía persiguiendo maquis, durmiendo bajo las estrellas con la vista y el oído atento. Cómo asustaban a los campesinos y abusaban de sus mujeres o hijas. La culpa de los maquis recuerda, ahora a aquella familia de derechas, y a sus hijas, casi unas niñas. Fue un acto necesario, gracias a eso se acabó con el maquis, gracias a su idea se llenó la Serranía de contrapartidas. Sí, morían inocentes y gentes de bien. Era un tributo necesario. El señor gobernador estaba al tanto, también el obispo, y nada decía, solo pedía moderación. De lo que ocurría, ahora, la culpa del gobernador provincial, que se lo contó al cabrón del coronel, porque el coronel le pagaba borracheras y putas caras, para que no matasen a su hermano. Pero si va él «palante», no iba a ser el único, él también tenía sus padrinos, vaya que si los tenía. Sonríe y piensa en lo bien que le había venido ser de origen campesino, ser capaz de distinguir entre los diversos aromas y ruidos de la naturaleza. El Farias se le ha apagado, lo vuelve a encender tragando su humo profundamente, mientras contemplaba el brillo rojizo de sus cenizas. Mira al cielo estrellado, tiene motivos para sentirse orgulloso de su trayectoria. No era nadie cuando entró en la benemérita y en tiempo récord consiguió llegar a sargento gracias a su valía. Ahora por culpa de un «piojoso» podía ir todo al traste. Incluso podría llegar a ir con sus huesos a la cárcel y eso con suerte.

—Le va a costar muy cara la muerte del hermano del general —le había dicho el asistente del general don Braulio López, por teléfono.

Sabe que hablaba en serio. Sus contactos le podrían dar la espalda —piensa una cosa y la contraria—, para nada serviría su trayectoria de servicio a la patria persiguiendo bandoleros rojos, siendo el mejor en tal menester. Sí, él había sido capaz de rastrear las huellas de los guerrilleros como nadie, conocía las reacciones de los campesinos porque él al fin y al cabo era uno de ellos.

Ahora está borracho, contemplando un maravilloso manto de estrellas, de no haberlo estado, habría visto que Pedro Cuiña está vigilándolo desde una ventana de la Casa Cuartel, que se encuentra haciendo señas a dos hombres que se acercan sigilosos. El alcohol le nubla la vista, de no haber estado ebrio se habría percatado de que bajo los soportales de la casa cuartel había una mujer vestida de negro, escondida, esperándolo.

Mira de nuevo al cielo, al bajar la cabeza siente retortijones en el vientre, masculla una maldición y comienza a vomitar en la misma puerta de la Casa Cuartel. Fue entonces —donde segundos antes se había colocado la mano al sentir las convulsiones— donde nota cómo un afilado cuchillo se clava en su abdomen. No le da tiempo de gritar, ahogado por sus vómitos, apenas le da tiempo a girarse y encontrarse con unos ojos verdes llenos de rabia que brillan en la oscuridad como los de una gata negra, que con felina celeridad saca el cuchillo introduciéndolo de nuevo con ira.

—¿Te acuerdas de Clara? ¿Te acuerdas de Casilda? ¿Te acuerdas de Casimiro? ¿Te acuerdas de Felipe? Hijo de puta, ¿te acuerdas de mi hijo, que está entre la vida y la muerte? —pregunta la mujer, que después pronuncia otros nombres, pero él solo escuchó los primeros no porque hubiese muerto, sino porque ese primer nombre comenzó a repetirlo en su mente una y otra vez.

Él también pronuncia el nombre de Clara, y el de su hija, que el guardia, Pedro Cuiña, le había dicho que le podría conseguir aquella misma noche. Todavía le da tiempo a pensar que, si la casualidad o el destino así lo hubiese querido, podría haber sido su hija, tal vez hubiese deseado que así fuese, entonces quizás no habría sido capaz de matar a la madre. Entre brumas visuales, ve al guardia gallego que aparece en la puerta de la Casa Cuartel, quiere pedirle ayuda, pero no le salen las palabras. La mujer le vuelve a clavar el cuchillo y se queda fijamente mirando al sargento absorto, viendo cómo cae al suelo, formándose un charco de sangre a su lado. Ella no se percata de la presencia del guardia, lo conoce, esa misma noche ha hablado con él. El gallego le ha contado las pretensiones del sargento sobre Antonia y de sus sospechas de que la muchacha maquina algo para matar al sargento:

—Puede estropearlo todo. Es necesario adelantar el plan, para que no se vaya todo al traste...

—Pero quiero ser yo la primera —le contestó María.

—Mejor déjame a mí. Además, vendrán también ellos, entre los cuatro mejor...

María quedó con el guardia a las cinco. No quiso dormirse, ni llegó a acostarse, no fuera a ser que se quedase traspuesta y fuese Antonia.

Una hora antes se dirigió a la Casa Cuartel, no esperaba encontrárselo tan pronto. Según el guardia, se levantaba a las seis. A pesar de ello, está en la puerta como si tuviera prisa en morir, está fumando tan tranquilo, mientras su hombre está enterrado. No esperará la señal del guardia, ni a don Gervasio y Venancio, no necesita a nadie. Puede hacerlo sola, necesita ser ella, es ella la doliente. Por eso, cuando descubre el cuchillo que tiene guardado Antonia, lo esconde entre sus ropas junto a su corazón, no permitirá que nadie le quite el placer de hacer justicia.

La mujer, tras coger la pistola del sargento, huye sin intercambiar una palabra con el guardia gallego, que ni lo ve, y que se había adelantado de acuerdo con los otros dos hombres, para así dejarla a ella fuera. Se marcha sin ver tampoco a los otros dos hombres que se acercan por una de las calles y que paran para dejar salir a un rebaño de ovejas.

El guardia llevaba un buen rato esperando la llegada de los dos hombres, cuando ve huir a María. El guardia gallego maldice algo entre dientes.

— *Xa lle dixen a María que tivese coidado coa rapaza. Botou todo a perder. Quen con nenos déitase, cagado ou meado levántase*[1] —musita pensando que es Antonia quien huye.

De repente, ve las piernas del sargento en posición horizontal. Se acerca acelerado hasta él. Todavía Ernesto Pujalte tiene los ojos abiertos, mueve las manos y gesticula con los labios intentando llamarlo, el cuchillo lo tiene clavado en el abdomen, al tiempo que ve cómo la enlutada figura de María se aleja en silencio. El sargento intenta decirle algo.

El gallego se agacha sonriente yendo directo a coger el cuchillo, el sargento piensa que va a sacárselo.

—Tranquilo, tranquilo, mi sargento, ya está, ya estoy aquí, puede estar tranquilo. Tranquilo. *A rapaciña soubo facer ben o seu traballo.*[2] —termina en gallego.

Pero no lo tranquiliza, nota entrar el cuchillo con más fuerza en su cuerpo, al tiempo que el guardia le pone la mano en la boca. Sin embargo, el sargento no nota cuando sale el arma. No está todavía muerto y puede ver cómo el guardia gallego limpia el cuchillo con sus propias ropas y se lo guarda. Incluso, antes de cerrar para siempre los ojos vive lo suficiente para ver a los dos

---

[1] Ya le dije a María que tuviera cuidado con la muchacha. Arruinó todo. Quien con niños se acuesta, cagado o meado se levanta.
[2] Tranquilo. La muchacha supo hacer bien su trabajo.

hombres que lleva buscando meses, y cómo le dan una palmada amistosa al guardia en la espalda.

El más alto desenrolla una soga y la pasa por encima del soportal y con la ayuda de los otros dos incorpora al sargento ahorcándolo, aunque para entonces ya está muerto.

Antonia despierta al escuchar llegar a María. Ve cómo comienza a desnudarse de manera precipitada. Se despoja de sus ropas negras, incluidas sus enaguas blancas, también manchadas de sangre. Observa que todas las prendas van directamente al fuego. De pie, desnuda ante la lumbre, embelesada por las llamas, llora María. La joven salta de la cama, sabe lo que ha pasado, coge una manta y la coloca por encima del cuerpo de María. No son necesarias las palabras, se abraza a ella y lloran juntas.

—Duerme, duérmete —le dice María y de la mano se acercan a la cama, coge el camisón de debajo de la almohada y se acuestan abrazadas. No duerme ninguna, solo lloran, mientras las llamas poco a poco van consumiendo las ropas húmedas de sangre.

Cuando Florencio, el dueño de la taberna, bajó por las escaleras exteriores de su casa para abrir la misma todavía no había amanecido. Como siempre miró en dirección a la Casa Cuartel. Es testigo de la huida de dos hombres que se pierden en dirección contraria tras chocar con Isidro, el pastor, que de buena mañana ya va con sus ovejas en busca de pastos. Escucha los gritos y maldiciones contra quienes le espantan las ovejas. El tabernero se alarma ante tan inesperada carrera y los gritos del pastor, los cuales despiertan a los vecinos. Ya no ve a los hombres, pero escucha al pastor y las ovejas que comienzan a entrar a la plaza. Florencio distingue un bulto alargado que pende de uno de los soportales, del mismo modo que viese meses antes una figura humana suspendida. Entonces se asustó pensando que era un hombre, ahora hubiera hecho caso omiso, pensando que era de nuevo un «judas» de no haber sido por la carrera de aquellos dos hombres y los gritos del pastor. Al fijarse bien puede distinguir que es un cuerpo humano real. Se acerca y distingue con claridad el cadáver del sargento y en el suelo un gran charco de sangre. No puede evitar salir corriendo en dirección a la taberna y comenzar a gritar:

—¡Dios mío! ¡Socorro, socorro! —Después golpea la puerta de la taberna, como si alguien desde dentro pudiese abrir la puerta de la que él tenía la única llave.

Por la puerta del cuartel sale el primer guardia civil en calzoncillos largos y camiseta, va subiéndose los pantalones y con el máuser en la mano. Se trata de Pedro Cuiña, que es quien da la voz de alarma, aunque a esas horas, ya estaba despierta toda la Casa Cuartel, y los vecinos de la plaza y calles aledañas despertados por las voces del pastor y el tabernero.

Al día siguiente, cuando las mujeres fueron a hacer la colada al lavadero de Santa Ana, que está antes de llegar a la alameda que lleva al cementerio, al lado del Júcar, todas saben que el sargento el día anterior amaneció suspendido de una viga de los soportales de la Casa Cuartel. También, que a final de la mañana su féretro pasaría por ese mismo camino para darle sepultura. Todas saben, a pesar de que decían que ya no existía el maquis, que por primera vez, había actuado en el pueblo en San Antonio de los Llanos.

En las conversaciones de las mujeres, los dos hombres que vio el tabernero y el pastor se habían multiplicado por tres o por cuatro. Sin embargo, de lo que más se hablaba en San Antonio de los Llanos, no era de la muerte del sargento, sino del autor. El pastor había visto con claridad al hombre con el cual chocó. Según el pobre hombre, se trataba, ni más ni menos, que de don Gervasio, el antiguo sacerdote de San Antonio de los Llanos. Pronto un nuevo tema se añadirá a las conversaciones. Allí justo, donde mana el agua del lavadero, en el chopo que está junto al caño, encontraron un papel pinchado con un cuchillo muy bien afilado, con la siguiente leyenda escrita a máquina con una elegante virgulilla en forma de «s» sobre la «ñ»:

«Junto a este caño se lava la ropa y las ofensas, hoy podemos decir que la sangre derramada, por fin, se ha vengado. ¡Viva la República Española! A.G.L.A. 5º Sector de la Agrupación Guerrillera de Levante y Aragón.»

Todas supieron que aquel cuchillo había sido el causante de la muerte del sargento. Algunas mujeres miraron horrorizadas arma y papel, otras se limitaron a disimular las sensaciones que sentían, no precisamente de pena. Después, las más atrevidas, marcharon juntas a avisar a la Guardia Civil, el resto se apresuró a coger los mejores puestos para tender sus sábanas y ropas para, si era posible, quitarlos antes de que pasase el cortejo fúnebre.

69

Con aroma a azahar

Si a Miguel le hubiesen preguntado dónde se encontraba no habría podido responder. Era un lugar totalmente desconocido para él, que en nada se parecía a las casas en las que antes estuvo. Ni tan siquiera era capaz de saber si estaba vivo o muerto, ni mucho menos el tiempo que permanecía en aquel estado. Percibe el olor de la flor del azahar, aunque él no recuerda ese aroma en los recovecos de su memoria. No siente dolor, es como si estuviese en un estado de inconsciencia placentera. No borracho, la cama no da vueltas, ni siente ningún tipo de mareo. Despierta en mitad de la noche y ve entre penumbras frascos conectados a su brazo izquierdo mediante tubos de plástico transparente, no sabe qué significan, ni el motivo por el cual están conectados a su brazo. Intenta escapar, pero no puede moverse. Mira a su alrededor y entonces ve a su madre sentada en una silla. Llama a María, sin embargo, ella no contesta a pesar de no parecer estar dormida. En la semipenumbra se fija en ella y comprueba que está despierta, puede verla repasar las cuentas de un rosario. Vestida de luto murmura rezos que en tantas ocasiones había escuchado en la iglesia. Puede ver cómo, de vez en cuando, saca un pañuelo y se seca las lágrimas. Le grita, le implora, pero ella no escucha, es como si no le saliese el sonido de las cuerdas vocales.

En otra ocasión, al despertar, el sol entra por entre las rendijas de las persianas de la ventana, dibujando en las paredes líneas horizontales. Ve que alguien abre las hojas entrando la luz resplandeciente del sol, acompañado de ese mismo intenso aroma a azahar de la vez anterior, como si la luz fuese la portadora de esa esencia. Abren la puerta y ve el pasillo, y en el lado opuesto del pasillo, grandes ventanales desde donde puede ver unos árboles que desconoce y que tienen una pequeña flor blanca. Pronto ese aroma, de la flor de los naranjos y mandarinos, pasa a serle cotidianamente familiar: el olor a mediterráneo, la flor de azahar de los jardines del hospital militar de Mislata. Son cientos de mandarinos, naranjos y limoneros alrededor de los pabellones hospitalarios.

Ignora si es al día siguiente, si ha pasado un día o varios, cuando cambia el personaje, en la misma silla que antes viese a su madre, ahora está sentada Antonia. Tiene los ojos enrojecidos, de vez en cuando arranca a llorar. Ella no reza, no tiene rosarios, ni cruces, ni en la mano, ni en el cuello. Los rezos de María los sustituye por frases de autoinculpación.

—Por mi culpa, por mi culpa, te han matado por mi culpa…

Él quisiera decirle que no es culpa suya, que no está muerto, pero no le salen las palabras. Ella siempre le coge la mano y permanece minutos y minutos con la misma entre las suyas, la suelta cuando alguien entra, para comer, beber agua, pasear por la habitación, abrir la ventana o cerrarla si entra corriente de aire. Puede sentirla, nota el juguetear de los dedos de ella recorriendo las venas, los dedos y brazos, subir hasta su rostro, besar sus labios.

—Estoy vivo —grita con todas sus fuerzas, pero nadie lo oye.

Intenta acariciar la mano de ella, pero sus dedos ni siquiera resbalan, simplemente no responden. Ve alternarse a una y a otra, cada vez durante espacios más prolongados. Él las escucha hablar, contándose las mejorías y avances, que dicen los médicos que él experimenta, siempre hablan de él. La que llega pregunta por él, la que está pregunta por las chiquillas, permanecen las dos más de una hora entre turno y turno. Hablan, se miran, lloran, se abrazan, y él las escucha. Sin embargo, ellas a él no. Algunas tardes entra en la habitación un militar, el cual guarda cierto parecido con su padre, pero mucho más con el mayoral de su tío Braulio. No lo conoce, debe ser él, su tío. El militar siempre permanece en silencio, en sus bocamangas y en su gorra, las insignias de general que delatan el grado. No obstante, Miguel no entiende de graduaciones militares, sabía que tiene un tío que es coronel, que todo el mundo llama don Braulio y que él nunca le ha llamado tío, ni tan siquiera lo conocía, al menos no recuerda haberlo visto. Miguel recuerda que era coronel, pero, los médicos militares le llaman «mi general». El militar no le habla ni a su madre, ni tampoco a Antonia, solo habla con los médicos. Si llega cuando está su madre, ella sale sin mirarlo fuera de la habitación y no entra hasta que el militar se marcha. Fue una de esas veces cuando su madre salía de la habitación Miguel gritó:

—¡Madre!

Y todos lo escucharon, y entonces alrededor suyo se arremolinaron: su madre, los médicos y el militar. Casi no dejan acercarse a su madre, cuando la dejan, se abraza a él, diciendo:

—Hijo mío, hijo mío.

Mientras que él repite una y otra vez:

—Madre, madre, madre... —repite varias veces.

Cuando ya estuvo bien le dijeron que solo pronunciaba esa palabra. Hablaba con lengua de trapo, repitiendo siempre la misma palabra, como el ajo de un bebé. Apenas se le entendía, eso le dijeron, pero estaban todos muy contentos, hasta su madre y el militar llegaron a abrazarse unos segundos.

Todos se marcharon a los pocos minutos, todos menos su madre. Cuando llegó Antonia era de noche, lo sabía, podía verlo por la ventana y entonces como un niño pronunció la segunda palabra, «Antonia», y sonrió. Por primera vez sus labios dibujaron una sonrisa, abriendo al mismo tiempo más los ojos, en un esfuerzo titánico. Antonia se puso de pie, ajustándose el ancho vestido a su barriga, al tiempo que estallaba en sollozos, pero de alegría.

—Creía que nunca llegarías a ver a nuestro hijo. Ahora veo que sí, que al final los rezos de tu madre...

Se abrazó a él, lloraron y se emocionaron juntos.

Con el tiempo llegaron los paseos, primero en silla de ruedas, después del brazo de Antonia o de María. En aquellos paseos siempre estaban presentes Felipe y Clara, nunca faltaba alguna referencia a ambos, algunas risas y también llantos.

Cuando ya las flores de azahar habían dejado de ser flores para convertirse en pequeños frutos verdes, Miguel salió del hospital. Meses después tendría en sus brazos a su primera hija nacida en una famosa clínica que llamaban La Cigüeña, un hospital que muchos años después se haría famoso por la dama de Rosa buscando a su hijo, tal vez uno de los muchos niños robados del franquismo, pero esa es otra historia.

Epílogo

¿Quién llevará flores a los muertos de Gascas si están bajo las aguas del pantano?

(Diciembre 1988)

Miguel mira el reloj de la pared. Está nervioso, de la sala adyacente salen apagados murmullos de rezos y lamentaciones de mujeres. A través de la rendija de la puerta entreabierta puede ver el ataúd donde yace su madre, María Flores. Antonia está sentada al lado del ataúd de su suegra, con sus manos sobre las manos entrelazadas de la difunta. De pie, en silencio, están aquellos tres hombres que tanto habían significado en los últimos años de la vida de la anciana: un viejo sacerdote, que encorvado se servía de un bastón especial, más alto de lo normal, para caminar, el antiguo pastor de ovejas, enjuto y ágil a pesar de la edad, por último, aquel guardia civil gallego que siempre parecía guardar un misterio entre sus cabellos despeinados, antes rubios y ahora escasos y blancos. A los tres, Miguel había visto en dos ocasiones durante los diez últimos años en Gascas, aunque, era sabedor de que solían pasar largas temporadas en el pueblo. La última vez fue en el mes de abril cuando llegaron de vacaciones sin avisar una semana antes de lo previsto. Estaban los cuatro en aquel enorme salón, donde antaño se encontraba el almacén de leña de la casa. Donde, como adorno principal, se encontraba la galera de Felipe López, barnizada y cuidada como nunca había estado. Los cuatro se encontraban ante una fuente de magdalenas y unas tazas de humeante café con leche. Sobre los varales de la galera colgaba una bandera republicana con el escudo constitucional de la República bordado a mano.

—Estamos conspirando por última vez en Gascas —dijo su madre, sonriente, al verlos entrar.

Miguel estaba al corriente de que, desde la llegada del sacerdote y el pastor del exilio, todos los años en el mes de abril, se reunían con su madre en Gascas, con la cual ambos pasaban en ocasiones semanas enteras. Reuniones a las cuales acudía el guardia gallego, Pedro Cuiña, ya jubilado y residente en San Antonio de los Llanos, que había terminado perdiendo el acento de su tierra y fácilmente podría pasar por manchego. Mientras que los otros dos, el pastor y el antiguo cura habían adquirido un ligero acento francés y aunque nadie lo decía, se sabía que el pastor de almas y el pastor de ovejas eran una pareja bien avenida en todos los aspectos.

Se reunían, decían, para conspirar, recordar a los muertos, recitar unos poemas y degustar unas exquisitas magdalenas con mucha azúcar que su madre, María Flores, se encargaba de preparar. A Miguel ver a aquellos hombres, lo ponía nervioso, no podía evitarlo, era como revivir aquella trágica historia muchos años después de que tuviera lugar. No le sirve el ver a su madre feliz al lado de ellos, ni que fuesen ellos, como se dice, quienes vengasen la muerte de su padre. Ignora que fue su madre quien empuñó el cuchillo y que fue su mujer, Antonia Galarza de las Heras, quien lo afiló con la misma intención, mientras él se debatía entre la vida y la muerte.

Miguel camina nervioso hasta el viejo porche de la casa, donde guardaba su padre la leña, reconvertido ahora en un gran salón con chimenea, en la cual no existe signo alguno de haberse encendido jamás fuego, a pesar de los impresionantes troncos, que, de manera armoniosa, parecen estar esperando la acción purificadora del fuego. Las paredes están adornadas con aperos de labranza de todo tipo, desde yugos, cabezales, hoces, zoquetas, tijeras de esquilar mulas y ovejas, cestillos de coger aceitunas a ordeño, espuertas de esparto, destacando aquella vieja galera, lijada y barnizada como si fuese un mueble más del salón, un monumento digno de admiración, un carruaje que fue tan familiar por las tierras de la Mancha, pero que no parecía pegar en el interior del salón. Sobre el pescante de la galera, una vieja máquina de escribir marca Urania, de fabricación alemana sin la letra ñ, a su lado una caja metálica semiabierta de té Hornimans, de la que sobresale la tela morada de la bandera, que meses antes había visto colgada de la galera, como queriendo escapar del encierro de muchos años.

Junto a la cocina de gas se encuentra Clara, su hija mayor, nacida ocho meses después de la muerte de Felipe. La cual está a su vez embarazada de ocho meses, de una niña, que igualmente se llamará Clara, como ella y como su bisabuela. Se encuentran asimismo sus dos hijos varones, sus dos hermanas María y Concha, y los maridos de las tres, todas vestidas de negro riguroso. Su hija se encuentra preparando café y calentando leche, mientras que su hermana Concha reparte las magdalenas en tres fuentes distribuidas por aquella larga mesa. Magdalenas que su madre había preparado antes de cortar la manguera del gas y abrir la espita, que acabaría, tras un dulce sueño, con su vida. En la mesa se encuentran dos botellas de vino blanco, una de coñac Peinado y una de anisete Marie Brizar, ya la gente no bebe aguardiente que quema la garganta, prefiere cosas más suaves. Su hermana María se encuentra frente al gran banco de cocina cortando carne y verduras, preparando todos los ingredientes que posteriormente echará a una enorme olla, para hacer un cocido manchego y dar de comer a todos aquellos que llegarán al sepelio de la anciana. Su hija Clara, al verlo entrar, lo mira con ojos apenados. La joven esboza una sonrisa, mientras se acerca caminando sujetándose la barriga con las manos, lo abraza y le da un beso.

—Papá, siéntate y descansa… —Ahora, piensa Miguel, ya nadie habla de usted a los padres. Sin embargo, Miguel, hasta el último día llamó de usted a su madre, dándose la paradoja de que sus hijos sí se permitían la licencia de tutear a su abuela—. ¿Prefieres tila mejor que café?

Miguel niega con la cabeza, abraza de nuevo a su hija y nota cómo las lágrimas comienzan a correr por sus mejillas. Su hija también llora y le da ligeras palmadas en la espalda, subiendo y bajando la mano por la misma. Después lo agarra de la mano y lo lleva hasta una silla haciéndole sentar. Le sirve un poco de café en una taza, acercándole el azucarero, el cual rechaza Miguel. Bebe un sorbo, nota su calor en el paladar, hace el mismo gesto de siempre, que tanto hacía reír a su hija cuando era una niña, como de estremecerse al saborear el amargor del café y sonríe.

—¡Copón! Cómo quema y qué amargo está.

—¿Quieres un poco de leche fría? ¿Prefieres azúcar o sacarina?

—Sacarina —pide Miguel pensativo.

Su hija se acerca a la cornisa de la chimenea que nunca se encendió, y coge una cajita blanca con letras azules de sacarina. Fue el propio Miguel quien se la trajo para su madre de Andorra.

Miguel recuerda la última conversación con su madre ante dos tazas de café. Apenas había pasado un mes, durante el puente de Todos los Santos. Entonces María Flores, ya convencida y resignada a tener que abandonar Gascas, después de la última carga policial contra el primer intento de dar paso al agua, que anegaría para siempre el pueblo. Fueron varios los heridos, aunque lo más grave fue el suicidio de un matrimonio de ancianos, suceso que había conseguido retrasar dos meses la apertura de las compuertas. Ahora saben que, con el nuevo año, Gascas dejará de existir en los mapas de la geografía española.

—Esto se acaba, Miguel. Don Mariano y tu tío Braulio vendieron sus tierras hace muchos años, hasta la viña, pobrecito mío, y se lo pagaron mejor que ni en la huerta de Valencia se lo habrían pagado.

—¿Abuela, por qué a ti no te lo pagan igual? —le había preguntado su nieta Clara.

—A los pobres nos expropian —contesta Antonia en lugar de su suegra—, pero a ellos no. Ellos son ricos y con influencias, están en el chanchullo del pantano. Fíjate en el hijo de don Mariano, ahora alcalde socialista, como antes lo fue su padre con Franco y su abuelo con Franco y la República. ¿Y tu primo? — Dirigiéndose a Miguel— Diputado de la derecha y por supuesto enchufado... — Antonia dibuja un rictus de amargura—. ¿Cómo no se lo han de pagar bien? Ellos son ricos y poderosos, ellos negocian y hacen sus tejemanejes. A los pobres nos expropian... — argumenta Antonia con rotundidad a su hija.

—Ya, pero ahora hay democracia —alega de nuevo Clara—. Podremos reclamar, protestar...

—Mira los resultados, nos roban y si protestamos nos apalean y encima nos multan —argumenta Antonia, que ha estado muy activa contra la apertura de compuertas del pantano, pero sobre todo contra el modo de hacer las expropiaciones. No como Miguel, que si ha protestado ha sido por acompañarla.

—¡Anda! No le deis más vueltas, dame esas «pastillicas» que me trajiste de Andorra, a ver cómo están con el café —pide la anciana echando café en su taza.

María sonríe, coge la cajita de sacarina que le entrega su nieta y que todavía no la ha abierto desde que se las trajese su hijo en el mes de agosto. Busca el modo de quitarle el precinto y al final es Miguel quien logra quitarlo, no sin cierta dificultad. Echa una pastilla de sacarina, lo mueve, toma un sorbo y hace un gesto de desagrado. Echa una segunda y tras probarlo, aparta la taza y coge otra taza vacía, en la que echa café solo. A continuación, agarra el azucarero, y su hijo se lo aparta de las manos.

—Madre, tiene usted el azúcar muy alto por eso le traje la sacarina, para que se vaya acostumbrando a tomar las cosas sin azúcar… —le regaña Miguel —no debe echarles tanta azúcar a las magdalenas.

—Papá, no le amargues la vida, estas magdalenas están riquísimas —protesta su hija Clara, mordiendo una magdalena empapada en vino.

—Eso es, eso es —dice la anciana, dirigiéndose a su nieta—. Nada sustituye el azúcar, nada sustituye a la libertad. Tu madre en cierta ocasión dijo algo así como que, vivir sin libertad era como comer magdalenas sin azúcar y con aguardiente, que te las comes por no tirarlas y para tragarlas le echas aguardiente, pero entonces te abrasas las entrañas. Ahora, se sustituye el azúcar por sacarina… Está dulce, parece lo mismo, pero no lo es.

Miguel sostiene la caja de sacarina en la mano, comprueba que, en un mes, posiblemente, su madre no ha gastado ni una sola pastilla de la caja. Minutos antes ha visto las otras cuatro en la cocina sin abrir. Cierra los ojos y puede ver cómo su madre agarra la taza de café, sin azúcar ni sacarina, se lo toma, arrugando la nariz y estremeciéndose al tomarlo.

—Prefiero lo auténtico, aunque amargue, he tomado mucha malta y achicoria, y ya soy muy vieja para sucedáneos…

—No, no quiero tampoco sacarina —rechaza mentalmente Miguel, mientras coge una magdalena y tras quitarle el papel, acerca la botella de vino, le da la vuelta y recuerda aquella noche de magdalenas sin azúcar, aguardiente y amargura; asimismo recuerda aquella tarde de un mes antes. Rememora las últimas palabras de su madre, justo antes de subir al coche:

—Antes de dos meses, el pueblo estará cubierto por las aguas del Júcar, ya no podré traerle flores a padre, ni a Clara…

—Madre, no podemos hacer ya nada más.

—¿Quién les traerá flores a los muertos de Gascas si están bajo las aguas del pantano?

Veinticinco años después es Miguel quien se hace esa misma pregunta instantes antes de morir:

—¿Quién llevará flores a los muertos de Gascas si están bajo las aguas del pantano?

Gracias de todo corazón, a vosotros, los lectores, que me dais todos los días razones para seguir escribiendo.

Si os gustado «Magdalenas sin azúcar», os animo a conocer «Las abarcas desiertas» y no dudes en valorar el libro.

NOTA ACLARATORIA DEL AUTOR:

    La ambientación original de esta novela se ubica en Gascas, pueblo de origen gascón, asentado en la Mancha Conquense entre Valverde de Júcar, Buenache de Alarcón y Olmedilla de Alarcón. Dicho pueblo ahora está bajo las aguas del pantano de Alarcón. Gascas fue conocido por su microclima privilegiado ideal para la siembra de plantel de hortalizas, de los cuales surtía a la huerta valenciana principalmente. Al mismo tiempo, sus hortelanos distribuían los productos de sus bancales por diversas ciudades españolas, llegando a ser muy conocidos en los mercados madrileños.

    Desde principios de los años treinta del pasado siglo se proyectó la construcción de un embalse con tres presas, las cuales respetaban absolutamente los núcleos urbanos y que tenía como principal misión dinamizar la agricultura y la economía de la comarca de las Tierras de Alarcón, transformando amplias zonas de secano en regadío. Las obras continuaron incluso durante la guerra civil, quedando en suspenso al terminar la contienda durante más de un año. Las obras se reanudaron sin el proyecto tuviera nada que ver con el anterior. En el nuevo plan no contemplaba respetar los núcleos urbanos, ni se permitía el aprovechamiento de las aguas por parte de los agricultores de la comarca, el agua se convertía en un bien privativo de la Confederación de Regantes Valencianos. Por tanto. Gascas junto con trece núcleos urbanos y parte de la entonces villa muy floreciente de Valverde del Júcar, fueron anegados. El agua resultaba un bien tan privativo que todo pozo que se perforase en las inmediaciones sería declarado ilegal con las consecuencias que ello acarreaba en plena dictadura.

Contra todo lo que se pueda llegar a pensar, las personas desalojadas no todas fueron indemnizadas, solo los más ricos o afectos al régimen franquista. Muchos de los habitantes de Gascas y de sus aldeas permanecieron en chabolas durante casi tres años en la colina desde la que podían divisar las ruinas de Gascas bajo las aguas del pantano.

Después de ese tiempo comenzó la diáspora del pueblo gasqueño por distintas partes de la provincia de Cuenca y de España, sin que quienes entonces no recibieron compensaciones, muchos años después, las hayan recibido aún.

La novela comienza y termina con una pregunta en honor a todos los gasqueños que quedaron bajo las aguas:

¿Quién llevará flores a los muertos si están bajo las aguas del pantano?

Todos los años, el primer sábado de agosto, se reúnen los descendientes de aquellos gasqueños a llevar flores a sus muertos.

Agradecimientos y dedicatorias:

A Gascas y sus gentes.

A mis panas de Juncos-Puerto Rico, del hijo de quien siempre vistió pana, por todo el cariño que me tienen y les tengo.

A don Jaime Flores Flores, catedrático de la Universidad de Puerto Rico, por su ayuda y sobre todo por su amistad.

A Galina Strashnova por el cariño que siempre me ha mostrado y la bella fotografía de su persona para la portada de Magdalenas sin azúcar.

A Merche Rodrigo Gil, por su ayuda y generosidad.

Al grupo de Cruz Roja de Tudela «Espiral de Lectoras».

A mis hijos, a mi esposa, que me regaló el título ideal.

A mis padres y a todos aquellos que me regalaron sus historias, sin su testimonio y memoria jamás habría podido escribir esta novela.

A mi abuelo Felipe López, que pasó siete años de su vida en prisión tan solo por soñar con la libertad.

A todos aquellos que, como mi abuelo y mis padres, lucharon y perdieron, y a pesar de todo, siempre tuvieron la esperanza de que un día la lluvia de la libertad, la verdad, la justicia y la reparación caería sobre las secas tierras de España. A ellos y por ellos, porque sus huesos y sus penurias sean semilla de justicia y libertad, y nunca más lagunas de memoria.

El autor y sus libros:

Soy Paco Arenas (Paco Martínez López). Nací con las primeras nieves del otoño, en 1959, en un pequeño pueblo de la provincia de Cuenca que llevo grabado en lo más hondo del corazón: Pinarrejo. A los siete años fui arrancado de allí tras la muerte de mi padre. Después viví una década en Sant Antoni de Portmany (Ibiza), y desde los diecisiete años resido en Valencia.

Aunque nunca he cruzado un océano tan inmenso como el Atlántico, en julio de 2022 tuve el honor de ser nombrado Hijo Adoptivo del Municipio de Juncos (Puerto Rico), distinción que recibí con profunda gratitud y emoción.

Premios:

2º Premio Revista Zenda «Días inolvidables»

2º Premio Terrassa Contra la Violencia Machista (2014).

2º Premio Univesitat Popular de Burjassot, con «Vicentica» (2016)

Libros y novelas:

«Los Manuscritos de Teresa Panza» (2015) **Novela***:*

¿Y si Don Quijote y Sancho no fueran solo personajes de ficción?

En una cueva olvidada de la Mancha, un niño de doce años descubre un baúl cubierto de polvo y secretos. Dentro, una virgen de mármol del tamaño de un cencerro, una bacía de barbero idéntica a la que usó el caballero de la triste figura… y, lo más inquietante, unos pliegos amarillentos envueltos en una capa.

¿Leyenda o verdad?

Atrévete a descubrir Los manuscritos de Teresa Panza. Cada página es una pista, cada frase una pregunta. ¿Te atreves a resolver el enigma?

«Caricias rotas» (2016) **Novela**:

Aurora debe tomar una decisión: continuar atada a su pasado o divorciarse definitivamente de su marido, romper las cadenas que todavía le unen a él.

El día de la boda de su hija, reúne el valor necesario para dar un nuevo rumbo a su vida, para romper amarras y ser libre. Tiene derecho a ser feliz, a amarse a sí misma sobre todas las cosas. Debe ser valiente, dar el paso, asomarse al futuro sin miedo a caer por el precipicio.

«*Las abarcas desiertas*» (2025)

Es un libro compuesto por una novela, dos novelas breves y tres relatos largos. Todos los textos, salvo uno, transcurren en época navideña, en los duros años de la dictadura, y tienen como protagonistas a esos niños, que como en el poema de Miguel Hernández, se quedaron con las abarcas vacías, las abarcas desiertas.

«*Águeda y el secreto de su mano zurda*» (2021) **Novela**:

En aquella época, cuando Águeda abrió el baúl delante de Miguel, pocos hombres, incluso entre la nobleza, sabían leer. Mucho menos las mujeres, algunas entre las nobles eran capaces de leer y firmar su nombre. Por su condición de mujer no lo precisaban, con ser buenas esposas y dar herederos les bastaba. Águeda, una campesina de cabellos bermejos, aprendió a leer siguiendo el dedo de Miguel, su marido, mientras este leía el Quijote. Llegó a coger la pluma delante de él, no siendo capaz de trazar una letra entendible, era mujer. No obstante, a su dictado, él comenzó a escribir una novela, sin saber qué mano trazó aquellas frases que salían de los labios de su ocurrente esposa. Su secreto era su arma de mujer contra los prejuicios de su entorno, que ni Miguel debía llegar a conocer.

«¡*Voto a Rus!* (*Nuevas aventuras de don Quijote y Sancho Panza*)» **Novela**:

En esta novela nos encontraremos a un don Quijote capaz de enfrentarse a la hidra de tres cabezas en el pozo Airón, de La Almarcha; de arrodillarse ante el Santo Rostro de Honrubia; de bajar los humos al mismísimo don Juan Pacheco en el Castillo de Garcimuñoz; de hallar el famoso elixir de Fierabrás en el fondo de la cueva de las Grajas; y de descubrir el amor de una doncella real en una posada de Pinarejo.

«Esperando la lluvia-Cuentos al calor de la lumbre» (2018) **Libro de relatos**:

Libro de relatos inspirados en la tradición oral manchega, algunos tan conocidos como «***La borrica, el vinatero y el obispo***», publicado en el diario Público, y recopilado en la antología «***Cuentos de Iberia***», junto con autores como ***Federico García Lorc***a, ***Vicente Blasco Ibáñez*** y ***Carmen de Burgos*** entre otros autores españoles y portugueses.

«*Palabras calladas*»(2025) **Mi último poemario**:

Hubo un tiempo en que los frutos de la tierra se aventaban en las eras, y las palabras se murmuraban apenas, con los labios tensos, los ojos vigilando las esquinas, como si las piedras pudieran delatar los pensamientos no pronunciados. Entonces, no discutíamos de política...

Tengo también adaptaciones de clásicos del castellano y este que tienes en tus manos: ***Magdalenas sin azúcar*** (2018), que va por su octava edición, y si te gusta y lo dices, seguirá adelante.

Mi correo electrónico, que pongo a tu disposición es:

fmlarenas@hotmail.com

Índice

Prólogo *7*
Preámbulo *9*
1. .... *13*
2 .... *21*
3 .... *29*
4 .... *33*
5 .... *39*
6 .... *47*
7 .... *57*
8 .... *63*
9 .... *71*
10 .... *81*
11 .... *91*
12 .... *99*
13 .... *107*
14 .... *119*
15 .... *123*
16 .... *129*
17 .... *135*
18 .... *143*
19 .... *147*
20 .... *151*
21 .... *159*
22 .... *163*
23 .... *167*
24 .... *173*
25 .... *185*

26..193
27..201
29..205
30..213
28..221
31..224
32..229
33..233
34..239
35..245
36..249
37..257
38..263
39..271
40..279
41..283
42..287
43..293
44..299
45..311
46..317
47..325
48..331
49..341
50..347
51..355
52..365
53..373
54..377

55.. *385*
56.. *393*
57.. *399*
58.. *407*
59.. *411*
60.. *419*
61.. *429*
62.. *437*
63.. *445*
64.. *453*
65.. *457*
66.. *461*
67.. *469*
68.. *477*
69.. *489*
Epílogo *493*
NOTA ACLARATORIA DEL AUTOR: *501*
Agradecimientos y dedicatorias: *503*
El autor y sus libros: *504*
Libros y novelas: *505*

www.ingramcontent.com/pod-product-compliance
Lightning Source LLC
Chambersburg PA
CBHW031610160426
43196CB00006B/76